CHRONIQUES
DE SAINT-MARTIAL
DE LIMOGES.

IMPRIMERIE DE A. GOUVERNEUR

A NOGENT-LE-ROTROU.

CHRONIQUES

DE SAINT-MARTIAL

DE LIMOGES

PUBLIÉES D'APRÈS LES MANUSCRITS ORIGINAUX

POUR LA SOCIÉTÉ DE L'HISTOIRE DE FRANCE

PAR H. DUPLÈS-AGIER

A PARIS
CHEZ Mme Ve JULES RENOUARD
LIBRAIRE DE LA SOCIÉTÉ DE L'HISTOIRE DE FRANCE
RUE DE TOURNON, N° 6

M DCCC LXXIV

EXTRAIT DU RÈGLEMENT.

Art. 14. — Le Conseil désigne les ouvrages à publier, et choisit les personnes les plus capables d'en préparer et d'en suivre la publication.

Il nomme, pour chaque ouvrage à publier, un Commissaire responsable, chargé d'en surveiller l'exécution.

Le nom de l'éditeur sera placé à la tête de chaque volume.

Aucun volume ne pourra paraître sous le nom de la Société sans l'autorisation du Conseil, et s'il n'est accompagné d'une déclaration du Commissaire responsable, portant que le travail lui a paru mériter d'être publié.

Le Commissaire responsable soussigné déclare que l'édition des Chroniques de Saint-Martial de Limoges, *préparée par M. H. Duplès-Agier, lui a paru digne d'être publiée par la* Société de l'Histoire de France.

Fait à Paris, le 2 décembre 1873.

Signé L. DELISLE.

Certifié,

Le Secrétaire de la Société de l'Histoire de France,

J. DESNOYERS.

INTRODUCTION.

L'abbaye de Saint-Martial de Limoges n'existe plus ; elle a disparu, comme beaucoup d'autres, dans la tourmente révolutionnaire (1). « Un théâtre s'élève sur l'emplacement de ce monastère le plus ancien du Limousin (2). » « On a renversé jusqu'aux fondements de cette basilique où Dieu s'était plu à écouter les prières de son peuple » ; on n'a rien laissé subsister de ce sanctuaire vénéré, où vinrent, pendant toute la durée du moyen âge, s'agenouiller des multitudes de pèlerins. « Le saint apôtre » de l'Aquitaine « n'a plus de retraite dans le lieu qui lui a appartenu. » Voilà ce que disait en 1819 Mgr Dubourg, évêque de Limoges, lorsque, à l'occasion de la Fête-Dieu, il faisait amende honorable sur l'emplacement de cette église pour expier le crime de ceux qui l'avaient détruite (3).

(1) Les destructions méthodiques avaient déjà commencé long-temps auparavant. C'est ainsi qu'en 1743 on avait détruit la chapelle de la Courtine, pour faire un chemin ; en 1752 on avait démoli l'ancien cloître et le réfectoire ; le tour des bâtiments de l'abbaye était venu en 1790. Enfin l'église elle-même, fermée en 1791, fut adjugée à un entrepreneur qui en commença la démolition la même année, mais cette œuvre de destruction ne fut achevée qu'en 1807. (N. C. Allou, Description des mon. des diff. âges observés dans le départ. de la Haute-Vienne, Limoges 1821, pag. 164, 157, 163, 85, 166.)

(2) *Les Moines d'Occident*, par le c[te] de Montalembert, tome I, pag. ccx note, introduction.

(3) *Chronique religieuse*, tome IV, pag. 17 et 18. (31 janvier 1820.)

ij INTRODUCTION.

De tout un passé qui n'a pas été sans gloire, il reste bien, il est vrai, de nombreux manuscrits(1), monuments durables de l'activité morale et de la culture intellectuelle des moines qui vécurent dans ce monastère; mais les deux cartulaires qu'il possédait dès le XIII⁰ siècle paraissent aujourd'hui perdus (2). Seules des chroniques assez nombreuses et très-exactes nous font connaître en détail l'histoire de cette riche et ancienne abbaye. Malheureusement, elles n'ont guère été publiées que par fragments isolés ; disséminées dans plusieurs ouvrages, on n'en trouve nulle part la succession complète (3) ; jamais elles n'ont été réunies en un seul corps, ni publiées avec le soin et l'exactitude désirables. Voilà pourquoi nous avons pensé que le public accueillerait favorablement la publication intégrale de tous ces fragments que nous a légués le moyen âge, en un mot, de tout ce qui a résisté aux efforts conjurés du temps et des hommes. Si ces chroniques, encore assez intéressantes dans cette sphère restreinte, ne faisaient que nous retracer l'histoire et en quelque sorte le tableau de la vie intérieure des moines, elles seraient d'un intérêt trop secondaire et trop local pour mériter les honneurs d'une nouvelle publication. Mais, outre l'Aquitaine tout entière, dont elles nous donnent l'histoire pendant une des périodes

(1) On sait que ces manuscrits, au nombre de 204, ont été acquis en 1730 pour la bibliothèque du roi.

(2) Les Archives départementales n'ont rien conservé de ces deux cartulaires mentionnés dans le catalogue des livres de l'abbaye rédigé par B. Itier, et cités dans deux autres catalogues dressés aussi au XIII⁰ siècle ; l'un d'eux y est même accompagné de la mention *vetus*, ce qui semblerait indiquer qu'il remontait à une haute antiquité.

(3) Le bénédictin dom Claude Estiennot de la Serre avait réuni les principaux éléments de ce travail ; il se retrouve aujourd'hui dans les collections de copies entrées en 1795 et 1796 à la bibliothèque nationale avec les manuscrits de Saint-Germain-des-Prés, dont il faisait partie, et est actuellement classé sous les n⁰ˢ 12746-12748, 12763-12776 du fonds latin.

les plus agitées du moyen âge, elles nous font assister parfois aux événements les plus importants de l'histoire générale de la France.

I.

ADÉMAR DE CHABANNAIS.

Parmi les chroniques que nous avons réunies dans ce volume, la première et la plus ancienne qui se présente à notre examen est celle d'Adémar de Chabannais ; c'est aussi par elle que commence le présent volume. Écrite, comme chacun sait, dans la première moitié du xie siècle, elle prend le monastère à son origine, c'est-à-dire au moment où, de chapitre qu'il était, il devint abbaye ; elle forme comme la suite des annales du monastère, ou plutôt un précis de la vie de chacun des abbés qui furent successivement appelés à le régir ; cette sorte d'histoire continue sans interruption jusqu'à l'an 1025, c'est-à-dire à une époque assez rapprochée de la mort de l'auteur, qui succomba en Terre-Sainte l'an 1034 (1).

Les ouvrages d'Adémar sont connus ; outre la chronique dont nous venons de parler, on a de lui des Annales d'Aquitaine, depuis l'année 829 jusqu'à l'année de la mort du roi Robert, qui eut lieu environ trois ans avant la sienne (2).

---

(1) Voy. pag. 47. — Elle a été publiée par Labbe, *Nova bibl. man. libr.* t. II, p. 271-275.

(2) On en trouve un fragment dans le manuscrit lat. 6190. Le texte de cette chronique existe dans les manuscrits lat. 5926, 5927 et 6182. Un autre texte du xive siècle nous est fourni par le manuscrit lat. 11019, pag. 1-44. Cette chronique a été publiée par Labbe, *Nova bibliotheca man. libr.* t. II, pag. 1-189, et par D. Bouquet, t. VIII et IX. Un fragment en a été publié par Pertz, *Monumenta Germaniæ historica*, t. IV, p. 113-148.

A ces chroniques il faut joindre quelques sermons, tous relatifs à saint Martial et à son apostolat, dont Adémar se fit un des plus zélés défenseurs. Ne pouvant pas nous étendre sur ces divers écrits, dont il faudrait présenter ici une analyse détaillée et donner une appréciation critique, nous citerons seulement sa lettre sur l'apostolat de saint Martial (1), dans laquelle il tranche cette grande question et décerne à saint Martial, d'après une tradition pieuse, le titre d'apôtre, qui lui fut plus tard dénié par un concile; un sermon qu'il prononça au mois de novembre de l'an 1028 pour la dédicace de Saint-Sauveur de Limoges, sermon dans lequel il appuyait fortement son opinion touchant l'apostolat de saint Martial; enfin quelques autres sermons importants pour l'histoire du culte de saint Martial qui se trouvent dans plusieurs manuscrits de la bibliothèque nationale (2) et dans d'autres bibliothèques, et qui ne paraissent pas avoir été tous imprimés ou du moins avoir été publiés en entier. Il avait aussi fait transcrire pour Rohan, évêque d'Angoulême, l'histoire des papes, attribuée à Damase, à la tête de laquelle il avait mis un double acrostiche avec les noms de l'évêque et le sien. On sait aussi qu'il avait également fait une copie des livres des divins offices d'Amalaire, à qui il donne le nom de Symphose dans une note placée à la fin de ces livres (3).

(1) Voy. Lat. 5288.
(2) Voy. les manuscrits lat. 2469, 3785, et 13220, fol. 527 et suiv.
(3) Sur Adémar de Chabannais et ses écrits, voir l'*Histoire littéraire de la France*, t. VII, pag. 300-308, et le *Dictionnaire de patrologie* publié par l'abbé Sevestre dans l'Encyclopédie cath. de l'abbé Migne, t. I, col. 105-108.
Il faut y joindre aussi la Dissertation sur le lieu de naissance et sur la famille d'Adémar, dissertation publiée en 1850 par M. E. Castaigne dans le *Bulletin de la Société archéol. et hist. de la Charente*, t. IV, pag. 80-96. L'auteur prouve qu'Adémar, que nous avons nommé de Chabannais dans notre notice, pour nous

On doit encore, ce nous semble, lui attribuer un autre
ouvrage qui ne paraît pas être parvenu jusqu'à nous. Dans
sa pieuse sollicitude pour la mémoire de l'apôtre du Limousin, Adémar avait fait copier en lettres d'or un exemplaire
de la vie de saint Martial par le faux Aurélien(1). Enfin, il est
aussi l'auteur présumé de l'inscription gravée sur une
pierre, qui a été trouvée dans le tombeau de saint Martial
lors de sa destruction à l'époque de la révolution. L'antiquité des caractères et la mention d'Adémar, qu'on lisait
sur l'épaisseur de cette pierre, semblent autoriser et même
justifier cette attribution (2), à moins toutefois qu'il ne
s'agisse d'un autre Adémar, abbé de Saint-Martial, qui,
en 1095, fit exécuter quelques travaux de construction à

conformer à l'usage reçu, n'appartient pas à la famille des seigneurs de Chabanais, et il cherche le lieu de sa naissance dans
une commune rapprochée de Château-Ponsac, arrondissement de
Bellac. Depuis, M. Marvaud (*Histoire des vicomtes et de la vicomté
de Limoges*, Paris, Dumoulin, 1873, t. I, pag. 86, note 1) a cru
retrouver le lieu de la naissance de notre chroniqueur dans une
commune nommée Champagnac, près de Champsac, canton
d'Oradour-sur-Veyre, arrondissement de Rochechouart.

(1) Voy. ci-après p. 47.

(2) Cette pierre, qui a fait partie du cabinet de l'abbé Legros,
a été déposée depuis au séminaire de Limoges. On y lit: Hic
REQUIESCIT CORPUS BEATI MARTIALIS, DISCIPULI ET APOSTOLI CHRISTI
JESUS. Les lettres, d'une grande dimension, paraissent remonter
à une époque fort ancienne.

On lit encore sur l'épaisseur de la pierre : ADEMARI MISERERE
TUI. (C. N. Allou, *Description des monuments obs. dans le départ.
de la Haute-Vienne*, pag. 250.) Il appartenait bien réellement à
Saint-Martial ce moine qui, après avoir soutenu par sa parole et
défendu dans ses écrits l'illustre prérogative du glorieux patron de
Limoges, s'était efforcé de lui faire décerner le titre d'apôtre et
avait voulu que son nom, associé au sien jusque dans la sépulture du saint vénéré, transmît à la postérité la plus reculée le
témoignage de son zèle, en même temps que l'exemple de son
inaltérable piété !

la basilique limousine, de nouveau bénie et consacrée par le pape Urbain II lors de son passage à Limoges.

La biographie d'Adémar, moins connue que ses écrits, fournit bien peu de renseignements et se réduit à bien peu de chose ; on sait seulement qu'il est né en 988, qu'il entra tout jeune encore à l'abbaye de Saint-Cybard d'Angoulême, dont il fut moine ; qu'il vint plus tard achever ses études monastiques à Saint-Martial de Limoges sous la direction de Roger, son oncle paternel, dont il relate la mort dans sa chronique, et qu'avant sa mort, arrivée en 1034 (1), il légua tous ses manuscrits à cette abbaye. Plusieurs d'entre eux sont arrivés jusqu'à nous, avec les autres manuscrits provenant de Saint-Martial de Limoges qui sont entrés depuis à la bibliothèque royale (2).

Adémar terminait sa chronique à l'an 1029 ; un autre religieux de Saint-Martial continue sur le même plan et d'après les mêmes données l'histoire des abbés de Saint-Martial de Limoges. Hélie de Ruffec (3), c'est le nom du

---

(1) C'est peut-être d'Adémar de Chabannais qu'il est fait mention dans le rouleau de Mathilde, abbesse de Caen, n° 153, au titre de Saint-Cybard d'Angoulême. (L. Delisle, *Rouleaux des Morts*, pag. 247.)

(2) Peut-être faut-il placer au nombre de ces manuscrits le manuscrit lat. 1121, qui contient un recueil de tropes dont plusieurs sont relatifs à saint Martial. Il porte la mention expresse qu'il a été noté par un moine de Saint-Martial nommé Adémar, qui nous paraît devoir être Adémar de Chabannais, voy. f° 38 r°, 60 et 72 v°, où se lisent ces vers :

O Danihel monachus prælucens dogmate Christi,
In mirabilibusque bonis, tu sis Ademari
Pertractans actis, qui hunc biblum rite notavit.

Voy. L. Delisle, *Le cabinet des manuscrits de la bibliothèque impériale*, t. I, pag. 388 et 389.

(3) Sur Hélie de Ruffec, voy. l'*Histoire littéraire de la France*, t. XIII.

continuateur d'Adémar, et non pas Hélie de Roffiac, comme le nomme l'auteur de la biographie d'Adémar dans l'Encyclopédie catholique (1), fut chapelain de Henri II, roi d'Angleterre; il poursuit la notice chronologique des abbés et la conduit ainsi jusqu'à l'année 1174, date de la mort de l'abbé Pierre du Barry.

Les autres auteurs de la suite de cette chronique, qui se termine vers le milieu du xv⁰ siècle par une sèche nomenclature des abbés, sont restés complètement inconnus. L'étude que nous avons faite du seul manuscrit (2) qui nous ait conservé cette suite (3), nous donne à penser qu'on peut y reconnaître la main de plusieurs des bibliothécaires de Saint-Martial, et en premier lieu celle de B. Itier. En ce qui touche ce dernier, on nous permettra de renvoyer le lecteur à la notice que nous lui avons consacrée. Bernard Itier, Étienne de Salviniec et Hélie du Breuil seraient donc les continuateurs d'Adémar de Chabannais, comme ces deux derniers ont été les continuateurs de la chronique de B. Itier.

On ne connaît de cette chronique que l'édition donnée par le P. Labbe, édition reproduite depuis par plusieurs auteurs, mais défectueuse et, dans tous les cas, incomplète, puisqu'elle s'arrête tout court après la fin de la continuation d'Hélie de Ruffec. Notre texte, plus complet que celui de Labbe, a été établi d'après deux manuscrits, les seuls que

(1) *Dictionnaire de Patrologie*, tome I, col. 106.
(2) Lat. 11019, fol. 79 r⁰-91 v⁰.
(3) Le texte complet de cette chronique ne se trouvait dans aucune des grandes collections où sa place semblait marquée. La continuation a été omise par Labbe, qui, dans la *Nova bibliotheca man. librorum*, donne seulement le texte d'Hélie de Ruffec; elle n'a été reproduite que par fragments dans Baluze, *Miscellanea* (t. I, p. 190 et 191), et dans les *Historiens de France* (t. XVIII, p. 233 et t. XXI, pag. 791 et 792), où le texte s'arrête au 31 mars 1339. Les dernières années du xiv⁰ siècle et la première moitié du xv⁰, formant 4 pages de notre édition, n'avaient jamais été publiées.

nous connaissions : 1° celui de Rome (1), dont nous devons la collation à l'obligeance de notre confrère M. Henri de Buchère de l'Épinois; 2° celui de la bibliothèque nationale (2). C'est d'après ces deux manuscrits, qui se complètent et se corrigent, que nous avons publié le nouveau texte que l'on trouvera ci-après. En empruntant à l'un et à l'autre les leçons qui nous ont paru les meilleures, nous avons pu corriger, rétablir et éclaircir bien des passages mutilés ou douteux. Le manuscrit de Rome étant le plus ancien, nous l'avons suivi de préférence pour établir notre texte. Nous n'avons emprunté au manuscrit latin 11,019, qui est de la fin du xiii° siècle, que ce qui nous a semblé nécessaire pour restituer le texte parfois mutilé ou énigmatique du manuscrit primitif et le texte de la suite de la chronique. Ce manuscrit nous a fourni quelques bonnes leçons, que nous indiquons toujours dans nos notes quand nous les avons adoptées.

Avant d'aller plus loin, il importe de donner quelques notions sur l'histoire du manuscrit de la bibliothèque nationale qui a servi à établir notre texte. Plusieurs fragments imprimés par D. Brial (3), d'après un manuscrit qui lui avait été communiqué, et qu'il cite en accompagnant ses citations de la note : « ex ms. codice Taillefer Petragoricensi » se rapportent exactement à la pagination de ce manuscrit (4). Il avait été aussi connu et compulsé longtemps auparavant par dom Estiennot de la Serre, qui l'avait copié en partie pendant les années 1675 et 1676 et l'avait fait entrer dans

---

(1) Coté Reginæ 984. Voy. la notice de ce manuscrit dans l'appendice placé à la suite de cette introduction, I.

(2) Olim suppl^t lat. 218⁵, nunc lat. 11019. Voy. la notice de ce manuscrit dans l'appendice, II.

(3) *Historiens de France*, t. XVIII, pag. 224, 226, 230, 231, 233, etc.

(4) Lat. 11019.

un recueil aujourd'hui conservé à la bibliothèque nationale (1). Ce laborieux bénédictin accompagne ses extraits de la note : « ex. ms. cod. bibliothecæ domini præpositi S. Martialis, » ou « ex ms. cod. domini Faure præpositi S^{ti} Martialis, » et les fragments qu'il a transcrits se rapportent aussi au manuscrit latin 11,019. Ce qui prouve, à n'en pas douter, que le manuscrit du prévôt de Saint-Martial de Limoges, copié en partie par D. Estiennot, et le manuscrit signalé comme appartenant à M. de Taillefer de Périgueux, manuscrit qui a été communiqué à D. Brial et dont il a imprimé quelques extraits, ne font qu'un seul et même manuscrit aujourd'hui conservé à la bibliothèque nationale (2). Une grande partie de ce manuscrit avait aussi été copiée par Gaignières, et sa transcription nous a été conservée parmi les autres manuscrits de son cabinet (3). Il y a mieux ; on peut regarder comme certain que ce manuscrit, avant d'appartenir à M. le comte Wlgrin de Taillefer (4), faisait partie

---

(1) *Antiquitates in pago Lemovicum et diœcesibus Lemovicensi necnon et Tutellensi Benedictinæ*, t. I. Olim Saint-Germ. lat. 540, nunc lat. 12746, pag. 401-438.

(2) Lat. 11019.

(3) Olim Gaign. 186, nunc Lat. 17118. On trouve dans ce recueil : 1° Chronicon Lemovicense ex variis authoribus anonymis in eodem ms. cod. S. Martialis ordine confuso gesta variis annis notantibus. — Author istius codicis maxima ex parte videtur scripsisse tempore Philippi, filii s. Ludovici, nam ad hunc usque duxit regum progeniem. Incipit ad ann. 600, desinit ann. 1404. (C'est la partie du ms. Lat. 11019 comprise de la page 1 à la page 66, et de la page 227 à la page 281.) — 2° Commemoratio abbatum basilicæ s. Martialis, apostoli, ex veteri cod. ms. s. Martialis, pag. 525-533. (C'est la chronique qui occupe les pages 67 à 92 du ms. lat. 11019.)

(4) Né à Villamblard en 1788, il est mort en 1833 à Périgueux, où il remplissait les fonctions d'ingénieur. Il était membre de la société des Antiquaires de France, et a composé plusieurs ouvrages. Le plus important est consacré à la description des antiquités de Périgueux, dont il avait fait d'une manière toute spéciale l'objet

de la bibliothèque du chanoine de Cordes. Ce fait résulte d'une note placée par Baluze(1) en marge d'une transcription du même manuscrit que ce savant avait faite pour son usage. Après avoir donné ici les quelques renseignements que nous avons pu recueillir sur le passé de ce manuscrit latin 11,019, nous allons nous occuper d'une manière toute spéciale du plus important des chroniqueurs qui composent le présent volume, B. Itier.

II.

BERNARD ITIER.

La Chronique limousine, rédigée à la fin du XIIe siècle et au commencement du XIIIe par Bernard Itier, religieux et bibliothécaire de Saint-Martial de Limoges, est connue depuis l'édition qu'en ont donnée les Bénédictins (2). L'exactitude de cette chronique locale et les curieux détails historiques qu'elle renferme la recommandaient à l'attention des savants qui, dans plus d'une circonstance, en ont tiré de précieux renseignements.

Malheureusement, l'édition des Bénédictins n'est rien moins que complète et le texte, qui offre de sérieuses difficultés, n'a pas toujours l'exactitude désirable. Éditée d'après une copie de dom Estiennot de la Serre (3), la première partie

---

de ses études ; il l'a publié en 1824 sous le titre : *Antiquités de Vésone*, 1 vol. in-4°. Le manuscrit des chroniques de S. Martial qu'il possédait est sans doute entré à la bibliothèque nationale après sa mort.

(1) *Ex. ms. exemplari Joannis Cordœsii, Lemovicensis ecclesiæ canonici.* Arm. incert. pag. 4 n° 2, auj. n° 262.

(2) *Historiens de France*, t. XII, pag. 452 et suiv., et t. XVIII, pag. 223-238, et pag. 298-299.

(3) *Fragmenta historiæ Aquitanicæ*, I, pag. 289-298. Olim s.

de cette chronique est remplie de fautes, que dom Clément aurait certainement fait disparaître s'il avait connu le manuscrit autographe et original de B. Itier. Cet avantage était réservé à dom Brial, le continuateur de dom Clément. Il put compulser et transcrire, pour le tome XVIII des historiens de France, le précieux manuscrit autographe conservé à la bibliothèque nationale. Quoi qu'il en soit, et bien qu'il ait apporté à la transcription du texte plus de soin que son prédécesseur, il a encore laissé échapper des fautes assez grossières et quelques erreurs de dates inévitables quand on songe à la difficulté que présentaient la lecture et le classement méthodique d'une foule de notes jetées en quelque sorte sans ordre aux marges du manuscrit. Si l'on ajoute que l'écriture est très-serrée et surchargée d'une foule d'abréviations (1), on se fera une idée des obstacles que rencontrait un pareil travail. Un autre inconvénient de l'édition des Bénédictins, c'est qu'elle n'est pas complète. En effet, quoique B. Itier eût écrit le corps et la partie principale de sa chronique sur un des manuscrits de Saint-Martial, il avait déposé de nombreuses et curieuses notes sur beaucoup d'autres manuscrits, et ces notes devaient nécessairement trouver place dans une édition complète. Dom Brial en avait bien recueilli quelques-unes (2); mais, au milieu des soins et des préoccupations que lui causaient ses autres travaux, il n'avait pu, malgré sa bonne volonté, compulser

---

Germ. Lat, 560, nunc lat. 12763. Cette copie, qui ne commençait qu'à l'année 1161, avait été complétée par Bréquigny, qui avait transcrit les notes du manuscrit original de l'an 1007 à l'année 1160 inclusivement, c'est-à-dire du fol. 9 v° au fol. 161 r°. (Voy. Bréquigny, *Notices de ms.*, t. LXXXV, fol. 25 r° - 27 v°.)

(1) Ceux qui voudraient connaître l'écriture de B. Itier en trouveront un fac-simile exact et très-bien exécuté dans les *Eléments de paléographie* de M. N. de Wailly, t. II, pl. VII, n° 1.

(2) *Historiens de France*, t. XVIII, pag. 225, 227, 235, 236, 798-799, 799.

tous les manuscrits (1). D'un autre côté, les Bénédictins avaient cru devoir négliger la première partie de la chronique de B. Itier, moins importante, sans doute, que la partie contemporaine, mais qui n'est pas sans utilité, puisqu'elle paraît avoir été rédigée sur des notes exactes. La rédaction en est d'ailleurs parfois originale et mélangée de vers latins (2), circonstance qui en augmente l'intérêt, ne fût-ce qu'au point de vue littéraire.

Les lacunes et les fautes que nous venons de signaler rendaient nécessaire une nouvelle édition de la chronique de B. Itier. C'est pour combler les unes et faire disparaître les autres que nous avons voulu publier cette chronique, d'après tous les manuscrits que B. Itier avait enrichis de ses notes historiques, et en collationner le texte sur les originaux.

Nous aurons peu de nouveaux détails à ajouter à la biographie déjà connue de notre religieux, puisque nous ne possédons guère d'autres renseignements que ceux qu'il nous a fournis lui-même ; nous nous contenterons de retracer, à l'aide de ces renseignements assez complets et assez exacts, les principales circonstances de cette existence si bien remplie, partagée qu'elle fut entre les pratiques de la vie monastique et les austères labeurs de l'étude.

Un côté plus intéressant et plus neuf de cette notice sera la nomenclature exacte et complète des écrits de B. Itier ; c'était une tâche assez difficile d'en réunir les éléments. Aussi tout n'a-t-il pas été dit sur les travaux du moine bibliothécaire, malgré les trois notices qui lui ont été consacrées : 1° dans les Notices et extraits des manuscrits de la

---

(1) Il déclare cependant en avoir fait une exacte recherche : « Nos autem *notulas eas omnes perscrutati*, chronicum ipsius auctoris verbis confecimus. » (*Historiens de France*, t. XVIII, page 223.)

(2) Ces vers sont rimés.
Voy. pag. 48, 49, 52, 53, 54, 57.

bibliothèque du roi (1); 2° dans les Historiens de France(2); 3° dans l'Histoire littéraire de la France(3). Nulle part on ne trouve la liste complète des ouvrages ou plutôt des écrits de B. Itier, et personne ne les a recueillis. Ce sont, en grande partie, des notes assez confuses et assez courtes qu'il plaçait sur tous les manuscrits confiés à sa garde. Nous aurons, sous ce rapport, beaucoup à ajouter et à modifier aux écrits de nos devanciers, et il nous sera facile d'allonger la liste des écrits qui lui ont été attribués. Pour atteindre ce but, il suffira de passer en revue les manuscrits de Saint-Martial de Limoges qui contiennent des notes de la main de notre bibliothécaire. Nous les avons tous compulsés, en relevant soigneusement ces notes, et nous essaierons d'en donner une idée en rapportant à divers chefs les matières dont elles se composent. Tel sera le sujet de la deuxième partie de cette notice, la première partie restant exclusivement réservée à la biographie.

Bernard Itier naquit en 1163 (4); Itier était son nom de famille. Son père, Pierre Itier, mourut en 1188 (5), le laissant, ainsi que ses frères Hélie (6) et

(1) T. I, pag. 579-596.
(2) T. XII, pag. 453 note *a* et t. XVIII, pag. 223 et 798.
(3) T. XVII, pag. 298-302. De l'aveu des savants, l'article consacré à B. Itier par M. Daunou est fort insuffisant. (Voy. L. Delisle, *Le cabinet des manuscrits de la bibliothèque impériale*, t. I, p. 390.)
(4) Page 56.
(5) Page 62. Son nom figure sur une liste des bienfaiteurs de l'abbaye aux dates du 30 août et du 3 novembre. Voy. p. 295 et 296. Sa femme, qui avait nom Marie, ne nous est connue que par cette même liste, où elle figure à la date du 14 septembre. Voy. p. 295.
(6) En 1212, sa femme, dont le nom est resté inconnu, avait donné le jour à deux jumeaux morts aussitôt après leur baptême. Voy. p. 81. Sur un autre, H. Iterii, moine de Saint-Pardoux d'Arnet, qui promet de réciter cinquante psaumes pour le repos de l'âme

Audier (1), en possession de quelques biens. Ce dernier avait acheté, en 1206, une vigne et un pressoir moyennant la somme de 10,000 sous (2).

En 1177, à peine âgé de quatorze ans, B. Itier entrait comme écolier novice à St-Martial de Limoges (3). Ordonné diacre en 1185 (4) et prêtre en 1189, il devenait, vers le même temps, trésorier ou sacristain de son monastère (5). Dix ans après, il était nommé sous-bibliothécaire (6), puis en 1204 il se voyait appelé à remplacer, comme bibliothécaire en chef (7), P. de Verteuil, dont il avait été l'adjoint pendant de longues années (8).

Mais en ce qui touche le prédécesseur de B. Itier, il s'élève une difficulté; plusieurs manuscrits de Saint-Martial de Limoges portent la mention d'un bibliothécaire nommé Gaucelmus, et ce même bibliothécaire date une de ses notes de la veille des nones d'avril de l'an 1202 (9). Cette mention, si

---

de Bertrand de Baux, mort vers 1181, voir L. Delisle, *Rouleaux des morts* p. 382.

(1) Nous savons que sa femme, nommée Melicens, est morte en 1223. Voy. pag. 115 et 116.

(2) Pag. 71.

(3) Pag. 59.

(4) Pag. 62. Il avait été fait diacre à Bourges avec Guillaume III Tempers, depuis évêque de Poitiers et mort le 27 avril 1197 en odeur de sainteté; on disait que sur son tombeau s'étaient accomplis de nombreux miracles. Voy. pag. 65.

(5) Pag. 63.

(6) Pag. 64.

(7) Pag. 69.

(8) On ne devenait bibliothécaire en chef (*armarius*) qu'après avoir rempli les fonctions de sous-bibliothécaire (*subarmarius*). Outre ces deux bibliothécaires en titre, il y avait encore un moine spécialement préposé à la garde de la clef de la bibliothèque (*custos clavis armarii*), voy. pag. 247.

(9) C'est d'abord le manuscrit lat. 1835, à la fin duquel on lit, au fol. 100 r°, une note ainsi conçue : « Hunc librum fecit facere Gaucelmus, armarius, ad honorem et servicium sancti Marcialis

elle est exacte, paraît au premier abord inconciliable avec les énonciations de la chronique de B. Itier, qui parle de son prédécesseur Pierre de Verteuil, et qui ne nomme jamais dans ses notes ce Gaucelmus, alors qu'il donne la liste de tous les bibliothécaires qu'il a connus en charge. Il n'y a qu'un seul moyen de résoudre cette difficulté, c'est de supposer que ce Gaucelmus n'a exercé que peu de temps les fonctions de bibliothécaire et qu'il a été à dessein omis par B. Itier.

Nous ne mentionnerons que pour mémoire les dignités et les offices ecclésiastiques dont il fut revêtu. Il était sous-chantre en 1198(1), charge qu'il conserva au moins jusqu'à l'an 1205(2). En 1204, en même temps qu'il était appelé aux fonctions de bibliothécaire, il était nommé prieur de Tarn(3) et troisième prieur du monastère (4), titre qu'il se donne encore dans une liste des moines rédigée par lui le 30 octobre 1209(5). Enfin, en 1211, il était préchantre; c'est en cette qualité qu'on le voit figurer comme témoin dans une charte du 19 février 1211 (6).

Lemovicencis. Si quis hunc furatus fuerit, anathema sit. Amen, sic fiat. » Une note identique se lit sur un des feuillets du manuscrit lat. 2428. La feuille sur laquelle se lisait cette inscription a été indûment détachée du manuscrit lat. 2428 pour être réunie au manuscrit lat. 2367. Enfin on lit sur une des feuilles du manuscrit lat. 2406 : « Hic liber est scriptus anno M. CC. II pridie nonas aprilis... Hunc librum fecit fieri Gaucelmus, armarius, etc. » Cf. L. Delisle, *Le cabinet des manuscrits de la bibliothèque impériale*, t. I, pag. 393. Il figure encore avec ce titre de bibliothécaire (*armarius*), à la date du X des cal. de novembre dans les deux obituaires de Saint-Martial de Limoges (lat. 5243, fol. 133 v°, et 5245, fol. 159 v°).

(1) Pag. 65.
(2) Voy. pag. 65-67, et le manuscrit lat. 2372, fol. 101 r°.
(3) Il était à Tarn, le 27 janvier 1205, ainsi que nous l'apprend une note historique qu'il a datée de cette résidence, voy. p. 69.
(4) Pag. 69. — (5) Pag. 248.
(6) Cette charte (lat. 5245, fol. 164 v°), fort importante pour la

Notre religieux mourut le 25 janvier 1225 (1), après 62 ans d'une vie entièrement consacrée au monastère dans lequel il avait fait profession ; quarante-huit années de son existence s'étaient donc passées dans cette paisible retraite. Il ne l'avait quittée qu'à de rares intervalles, pour faire des voyages dont l'objet était presque exclusivement religieux. C'est ainsi qu'en 1186, nous le voyons en Poitou, où il resta trois ans et quatre mois et demi (2); en 1187, il se trouvait à l'abbaye de Grammont, au moment où la discorde éclatait entre les moines de cet ordre (3). En 1206, il accompagnait à Cluni l'abbé Hugues; le deuxième dimanche de carême, il visitait ce vénérable monastère, qu'on avait appelé, dit-il, le promencir des anges (4). En 1208, il allait à Clermont, à Notre-Dame du Puy, à la Chaise-Dieu ; à son retour, il était pris d'une maladie qui le conduisait aux portes du tombeau (5). En 1210, autre voyage de notre religieux à Poitiers, d'où il se rendait à Saint-Martin de Tours et à Marmoutier (6); il put vénérer à Saint-Julien la précieuse

connaissance des différends qui s'étaient élevés entre le monastère de Saint-Martial et les bourgeois du château, devait trouver place à la fin de cet ouvrage ; mais nous avons dû renoncer à la publier comme plusieurs autres documents que nous avions réunis, pour ne pas grossir outre mesure le volume.

(1) Pag. 119 et 120.
(2) Pag. 62.
(3) Ibid.
(4) Pag. 71. Ce mot, qui pourrait paraître étrange, et que nous n'avons placé ici que pour conserver au texte de B. Itier sa couleur locale, a cependant été employé au xviie siècle. Il y a un ouvrage de cette époque intitulé : *Le Promenoir de M. Montaigne* par sa fille d'alliance. Ed. troisième plus correcte et plus ample que les précédentes, Rouen, Roland Chambaret, 1607, in-16. Voy. le n° 90 du Catal. des livres de M. le baron Georges de Stengel, 1861, in-8°.
(5) Pag. 73.
(6) Pag. 75.

relique conservée dans ce monastère, la chaussure de Jésus-Christ, et y voir le corps de saint Eudes enfermé dans une châsse d'argent (1).

Mais ces voyages ou pèlerinages pieux ne l'avaient pas empêché de se livrer avec ardeur aux études et aux travaux vers lesquels il se sentait attiré par ses goûts studieux et ses aptitudes littéraires. Jaloux de reproduire en sa personne les qualités dont son prédécesseur, P. de Verteuil, lui avait légué l'exemple, il donnait au dépôt confié à sa garde tous les moments que lui laissaient la prière et les autres exercices religieux imposés à son caractère sacré (2). Il ne perdait aucune occasion d'accroître les richesses littéraires confiées à sa garde, soit en achetant pour la bibliothèque de Saint-Martial des exemplaires d'ouvrages qui lui manquaient, soit en réunissant, pour son propre compte, quelques volumes qui, après sa mort, iraient se ranger parmi ceux de la communauté (3). C'est ainsi qu'en 1210 il

---

(1) Pag. 82.
(2) Le bibliothécaire n'était pas plus que les simples moines dispensé de l'assistance aux offices et aux cérémonies religieuses qui avaient lieu dans le monastère : c'est ce que prouve l'article suivant d'un règlement fait par l'abbé Isembert (1177-sept. 1198.) « : ... revestitis omnibus, celebrabit dominus abbas missam, *armario cum duobus aliis* chorum regente. » (Lat. 5245, fol. 134 v°.) Dans une note sur les usages observés à Saint-Martial de Limoges en ce qui touche la liturgie, on lit : « Capitulum : Ego quasi vittis, R. a tribus, *in arbitrio armaris* » (sic). (Lat. 5347, fol. 145 v°.) La chronique de Geoffroi de Vigeois assigne aussi un rôle au bibliothécaire dans les cérémonies ecclésiastiques : « facientes itaque duos choros, decantant canonici eleganter, occurrunt turbae. *Post hæc armarius elegit ex suis* qui eandem antiphonam modulantur consona voce. » (Labbe, *Nova bibl. man. libr.* t. II, p. 312.) D'ailleurs B. Itier joignait à ses fonctions de bibliothécaire celles de troisième prieur, et il dut officier en 1211, et faire vénérer à tout le peuple de Limoges le chef de saint Martial. (Voy. pag. 69, 80 et 248.)
(3) Voy. pag. 338 et 339.

fit, moyennant cinq sous, l'acquisition du missel de Guillaume Martel (1). Il nous apprend encore qu'un exemplaire des Décrétales lui a été vendu en 1212 par Guillaume Folcau (2), et qu'un texte du Décret de Gratien lui a été remis avec le psautier de Pierre Lombard. Ces livres avaient appartenu à Aimar Ardalo, décédé chapelain de La Souterraine (3). Enfin en novembre 1223, il s'est procuré, nous dit-il, au prix de xxx s. vi d., les cinq premiers livres de l'Ancien Testament (4).

Dans sa constante sollicitude pour la conservation des livres dont il était dépositaire, il se faisait un devoir de revêtir d'une reliure ceux qu'il voulait préserver d'une destruction imminente. Plusieurs des manuscrits de Saint-Martial de Limoges, acquis en 1730 par Louis XV et réunis aux manuscrits de la Bibliothèque nationale, portent la mention des restaurations dues à l'intelligente initiative de B. Itier. Nous citerons en premier lieu une reliure exécutée par ses soins, le 7 des ides de juin de l'an 1197 (5). Nous savons encore qu'un recueil de sermons et d'opuscules ecclésiastiques a été de sa part l'objet des mêmes travaux (6), aussi bien qu'un recueil analogue, contenant entre autres traités celui de saint Prosper d'Aquitaine sur la vie contemplative ; dans une note placée à la fin de ce manuscrit, notre bibliothécaire déclare qu'il a fait relier ce volume en 1205 et qu'il l'a augmenté des quatre derniers cahiers qui n'y étaient pas auparavant (7). Il ne nous laisse

---

(1) Pag. 339.
(2) Pag. 87.
(3) Pag. 86.
(4) Pag. 116.
(5) Pag. 64.
(6) Lat. 3549. Au fol. 1 v° de ce manuscrit, on lit : « Anno » M° CC° V° ab incarn. D. fecit me ligare Bernardus Iterii. »
(7) Lat. 2770. On lit à la fin de ce manuscrit : « Anno M° CC°

pas ignorer non plus le soin qu'il a pris de donner une reliure la même année à un autre manuscrit de la bibliothèque nationale(1) et de revêtir d'une couverture un volume confié à sa garde, notant jusqu'à la date de cette amélioration réalisée au mois de juin de l'an 1210 (2). Enfin, c'est par ses soins qu'un très-grand nombre de manuscrits de la bibliothèque de Saint-Martial ont été pourvus de tables ou d'index destinés à faciliter les recherches (3).

Pendant les vingt-quatre ou vingt-cinq années qu'il occupa cet office de bibliothécaire, il mit tout en œuvre pour justifier la confiance que sa communauté avait placée dans son activité et dans ses lumières. Il se faisait une haute idée de son titre de bibliothécaire, et à l'exemple des princes qui datent leurs actes de la prise de possession de leur souveraineté, il datait ses mémoires de son entrée en fonctions(4). Ce n'est pas tout; il voulut que son administration fût marquée par des travaux utiles. Dans cette pensée, il avait noté avec exactitude tous les accroissements de la bibliothèque confiée à sa garde(5), et avait rédigé un inven-

» v^{to} fecit me ligare Bernardus Iterii, armarius, et quatuor qua-
» terniones ultimos, qui antea non erant mecum adjunxit. »

(1) Lat. 2843. Voy. pag. 71.

(2) Lat. 2036, fol. 2 r°. Il porte une note ainsi conçue : « Anno
» ab incarnat. D. m° cc° x°, mense junio fui ligatus. »

(3) Ce sont les manuscrits latins 196, 585, 887, 903, 1084, 1118, 1119, 1137, 1240, 3154, 3784, 5314, 9572.

(4) Ainsi en 1210 : « Hanc prefationem scripsit Bernardus Ite-
» rii, hujus loci armarius, vii^{mo} anno quo factus fuit ipse arma-
» rius... » En 1219 : « B. Iterii armarius annis xvj. » En 1223 (le 1er juin) : « Anno m° cc° xxij in Pentecosten... B. Iterii nonum
» decimum annum in armariatu explebat. » Et le 18 novembre de la même année : « Anno m° cc° xxij. mense novembri in festo S.
» Odonis emit hunc librum xxx sol. et vj d. Bernardus Iterii, arma-
» rius, xx° sui armariatus anno... » Voy. pag. 75, 253, 273 et 116.

(5) Voy. sa chronique aux années 1034, 1184, 1208, 1212, 1213, 1218, 1222, 1223, pages 47, 61, 73, 86, 87, 90, 102, 112, 116.

taire des livres conservés de son temps à la bibliothèque de Saint-Martial (1). Cet inventaire est celui qu'il a écrit sur les marges d'un antiphonaire du xie siècle, où le chant était noté d'après une méthode généralement abandonnée au xiiie siècle (il nous informe lui-même de cette nouvelle destination). Le titre placé en tête de ce catalogue est un hexamètre latin, à la suite duquel notre religieux indique de quelle manière il a utilisé ce manuscrit. On a cru que cette liste de livres et de noms d'auteurs avait dû être rédigée en 1200 ; elle est effectivement du commencement du xiiie siècle, mais elle ne peut être antérieure à l'an 1204, puisque B. Itier y prend le titre de bibliothécaire en chef (armarius), fonctions dont il ne fut investi qu'à partir de cette même année. On peut même affirmer, sans crainte de se tromper, que cet inventaire n'a pas pu être écrit avant l'année 1208, et il est à peu près certain qu'il a dû l'être après l'an 1220. Il est facile de déterminer cette date à l'aide de plusieurs articles qui y figurent : ainsi il est fait mention d'un livre de Décrétales de Gaufredus de Niolio, et nous savons que les livres de ce religieux ne sont entrés dans la bibliothèque qu'après sa mort, arrivée en 1208. La même observation s'applique au livre du prieur Barthélemi mort en 1210, et au missel de Guillaume Martel acheté seulement cette même année. On peut en dire autant du livre du prieur Bernard et de ceux de P. Lombard, dont le monastère n'est entré en possession qu'en 1212, comme ceux de Pierre l'Espanol n'ont été livrés qu'en 1213, lorsqu'il a fait profession. Quant au livre des Coutumes, nous avons le témoignage de B. Itier, qui nous apprend qu'il n'a été rédigé qu'en 1220. Il est donc probable que c'est vers 1223, c'est-à-dire la vingtième année de son entrée en fonctions comme bibliothécaire, qu'il s'est occupé de dresser le catalogue de la bibliothèque de Saint-Martial.

(1) Voy. pag. 330-339.

INTRODUCTION.

La bibliothèque de Saint-Martial qu'il nous fait connaître se composait de 450 volumes, avec les missels, les livres des évangiles et les livres de proses (1). C'était, comme on le voit, pour le temps une collection assez riche. La transcription des titres des volumes décrits par B. Itier est assez exacte et faite avec soin ; elle peut soutenir la comparaison avec les autres travaux du même genre qui nous sont parvenus. Chacun des articles qui composent cet inventaire renferme un certain nombre de titres désignant chacun un auteur ou un ouvrage particulier ; le bibliothécaire, après avoir transcrit ces titres, a soin d'indiquer qu'ils appartiennent à un seul volume contenant tous ces ouvrages. Mais, dans cette énumération, on ne sera pas étonné qu'il ait placé en première ligne les copies des livres saints et les commentaires qui s'y rapportent ; ils formaient les uns et les autres une partie fort importante de cette bibliothèque, qui renfermait beaucoup de classiques latins, mais fort peu de traductions d'auteurs grecs. On s'en fera une idée exacte, quand on aura dit qu'il s'y trouvait encore quelques chroniques et quelques traités des docteurs ou des pères de l'Église. En somme, la rédaction de cet inventaire assurera toujours à B. Itier une place distinguée et attachera à son nom ce titre de bibliothécaire dont il s'est montré à la fois si fier et si jaloux. Nous ne le suivrons pas plus longtemps dans l'exercice de ses fonctions. Les faits que nous venons de rapporter témoignent de ses consciencieux efforts, et prouvent que, pour le dévouement et l'assiduité, ces antiques bibliothécaires n'avaient rien à envier à leurs modernes successeurs (2).

(1) La note qui fournit cette indication est tirée du manuscrit Lat. 1338. Une autre note plus récente porte aussi à 450 le nombre des volumes de la bibliothèque de Saint-Martial ; elle est tirée du manuscrit Lat. 1139. Voy. pag. 354.

(2) Dans sa laborieuse carrière B. Itier avait eu pour collabora-

La rédaction du catalogue et la garde de la bibliothèque n'épuisaient pas toute l'activité de notre religieux. Il consacrait de longues heures à l'étude et au travail ; dans ses loisirs, il a composé de nombreux écrits qui sont parvenus jusqu'à nous. Il faut placer en première ligne la chronique à laquelle il a attaché son nom. Nous n'avons pas à démontrer ici que cette chronique est l'œuvre de B. Itier lui-même et qu'elle a été écrite de sa propre main. Ces questions ont été résolues par Bréquigny(1), d'après le témoignage de notre religieux et par la comparaison attentive des manuscrits que nous avons sous les yeux.

Une particularité digne de remarque recommande cette chronique à l'attention des érudits. Comme le parchemin était devenu rare et cher au commencement du xiii° siècle, B. Itier avait placé les notes historiques qui la composent sur les marges d'un ancien antiphonaire (2), dont le chant était noté d'après une méthode abandonnée à l'époque où il écrivait. On sait déjà qu'il en avait usé de même pour le catalogue des livres de Saint-Martial de Limoges, dont nous avons parlé (3). Cette façon d'utiliser les marges des manuscrits nous semblerait insolite si nous ne savions qu'on trouve souvent dans les manuscrits du moyen âge des notes historiques du même genre. D'ailleurs, notre religieux lui-même en a déposé en grand nombre sur les livres dont il

---

teurs : 1° P. Passereau, qui figure sur une liste des dignitaires de l'abbaye (30 juillet 1209) en qualité de *subarmarius et pistancerius*, fonctions qu'il exerça au moins jusqu'à l'an 1218 (voy. pag. 250 et 102), mais qui ne figure plus que comme infirme sur une liste du 29 nov. 1218 (voy. pag. 258); 2° Et. Salvaniec placé au nombre des lévites sur cette même liste (voy. pag. 258), et qui figure comme *subarmarius* sur une autre liste du 1ᵉʳ juin 1223, p. 273.

(1) *Notices et extraits des manuscrits de la bibliothèque du Roi*, t. I, pag. 581-583.
(2) Lat. 1338.
(3) Voy. ci-dessus pag. xx.

disposait, et plus d'une fois il a fait usage des pages de parchemin restées libres dans les manuscrits pour y placer soit des opuscules de sa composition, soit des fragments historiques ou littéraires.

En ce qui touche le manuscrit de sa chronique, il est probable que B. Itier ne se proposa d'abord que de recueillir les évènements les plus importants depuis le xi° siècle. C'est donc à partir de l'an 1000 qu'il a commencé à écrire ses notes, et il les a continuées ainsi sur les rectos avec un certain ordre (1) jusqu'à la fin de l'année 1224. On peut même ajouter que c'est le 12 novembre 1224, c'est-à-dire environ trois mois et demi avant sa mort, qu'il a écrit le dernier fragment qui nous ait été conservé (2). Plus tard son plan s'agrandit ; il voulut ajouter à sa chronique les faits antérieurs à l'an 1000. Les versos du manuscrit furent affectés à cette destination ; il y inscrivit sans beaucoup d'ordre les faits de cette période et ceux de l'histoire géné-

---

(1) Bréquigny, *Notices et extraits des manuscrits*, etc., t. I, pag. 582, et D. Brial (*Historiens de France*, t. XVIII, p. 223) se sont trompés lorsqu'ils ont parlé « du désordre des articles de cette chronique, semés pour ainsi dire au hasard. » Le désordre des notes qui la composent est plutôt apparent que réel. Car à partir de l'an 1000 elles sont placées sur le fol. r° correspondant à la dizaine qui termine le millésime, et pour la suite des notes à partir de l'an 1077, on peut noter la concordance complète des deux derniers chiffres avec le n° du feuillet, par exemple, fol. 77-1077 et ainsi de suite pour les notes du xii° siècle jusqu'à l'an 1189. Pour celles du xiii° siècle, qui s'étendent du fol. 202 r° au fol. 225 r°, elles ont été placées sur des feuillets dont les deux premiers chiffres sont en rapport avec le 2° et le 3° chiffre du millésime, et dont le 3° se rapproche le plus possible du dernier chiffre énoncé dans la date. On voit que B. Itier s'était ménagé des moyens de recherches, et qu'il pouvait, quand il voulait y recourir, retrouver ses notes. Il lui suffisait de compter les feuillets du manuscrit sur lequel il les avait écrites.

(2) Voy. p. 119.

rale depuis le commencement du monde. De cette façon, son œuvre se trouva complète.

Mais quelle est la portée et le caractère de ces notes? C'est, pour l'époque contemporaine de notre religieux, une sorte de memorandum chronologique et une espèce de journal qui présente d'une manière fort exacte, quoique concise, l'exposé des faits accomplis sous ses yeux dans le monastère de Saint-Martial, avec la mention succincte des événements de l'histoire générale : naissances et morts de hauts personnages et de moines, professions monastiques, cérémonies religieuses, changements et innovations liturgiques, œuvres et travaux d'art, artistes célèbres, réparations, reconstructions, embellissements de la basilique de Saint-Martial, dons, legs et bienfaits accordés à son monastère, tout y est rapporté avec une exactitude au-dessus de tout éloge ; mais quoiqu'on y trouve parfois quelques renseignements utiles pour le règne de Philippe-Auguste, les événements de l'histoire générale, les sièges et les batailles n'occupent le plus souvent qu'une place secondaire dans ces annales, et n'y sont relatés qu'autant qu'ils ont trait à l'histoire particulière du Limousin, objet principal des préoccupations de notre chroniqueur.

Par exemple, il n'oublie rien de ce qui le concerne ou de ce qui a trait à sa famille, et à cet égard il se montre prodigue de détails et de renseignements qui, aujourd'hui, ne sont pas sans intérêt.

Si, comme nous l'avons déjà dit, cette partie de la chronique est évidemment contemporaine et écrite par B. Itier lui-même, il peut être intéressant de rechercher à quelle époque il en a commencé la rédaction. Bréquigny dit en 1204 (1), ce qui nous reporte à l'époque où il a été nommé bibliothécaire. Cette date est bien certainement celle de la

---

(1) *Notices et extraits des manuscrits de la bibl. du Roi*, t. I, pag. 581-582.

rédaction du principal manuscrit. Mais nous croyons, nous, que c'est vers l'an 1195(1), date de son entrée en fonctions comme sous-bibliothécaire, qu'il commença à écrire les notes détachées dont il se proposait sans doute de former sa chronique. Voici ce qui semble justifier notre opinion : 1° le premier fragment daté qui soit venu à notre connaissance est de l'an 1197 et du 7 des ides de juin(2); 2° des faits relatifs à B. Itier sont énoncés comme passés dans des notes datées 1189 et 1191(3); 3° dans plusieurs notes relatives à sa personne, il se donne la qualité de bibliothécaire, qu'il ne possédait pas encore, ainsi en 1163 et en 1183 (4) : ce qui démontre que ces faits ont été consignés dans la chronique quelque temps après l'époque où ils se sont accomplis; 4° enfin c'est à partir de l'an 1195(5) que la chronique prend plus de développements, probablement parce que, alors, l'auteur consignait les faits à mesure qu'ils arrivaient à sa connaissance.

Plus d'une fois, en relatant des événements qui s'étaient passés sous ses yeux, il a soin de nous dire à quelle époque a été écrite la note qui nous en conserve le souvenir; et il se trouve que cette époque est toujours assez rapprochée de celle où les événements ont eu lieu(6). Cette précaution est bien faite pour nous inspirer une grande confiance dans sa

(1) Il devait avoir alors environ 32 ans. Trois ans plus tard, c'est-à-dire en 1198, il écrivait une note, dans laquelle, en résumant les souvenirs de sa propre vie, il disait que 35 années de sa jeunesse s'étaient passées sous les papes Alexandre III, Lucius III, Urbain III, Grégoire VIII, Clément III, Célestin III et Innocent III; sous les rois de France Louis-le-Jeune et Philippe-Auguste, etc... Voy. pag. 65-66. Cette note nous paraît être une des premières qu'il ait écrites.
(2) Pag. 64.
(3) Pag. 63.
(4) Pag. 56 et 62.
(5) Pag. 63.
(6) Pag. 50, 64, 65, 67, 69, 70, 89, 111, 256, 257, 259.

véracité, et ne permet pas de supposer que sa mémoire se soit trouvée en défaut.

Voilà pour son exactitude comme historien; son impartialité n'est pas moins grande que son exactitude. Témoin impassible des événements qu'il se borne à enregistrer, il donne bien rarement ses appréciations personnelles sur les faits qu'il rapporte sans commentaires. Une seule fois cependant, dans une circonstance importante, il montre combien les intérêts de son monastère lui étaient chers, et faisaient l'objet constant de ses préoccupations. C'était au mois de novembre de l'année 1220(1); il s'agissait d'élire un abbé, après la mort de Pierre d'Analac, qui laissait la communauté chargée d'une dette de 30,000 sous, sans parler de 7,000 sous au compte de deux prieurés, Saint-Vaury et Ruffec; d'un autre côté, il fallait 50,000 sous pour la reconstruction des murs du cloître de l'abbaye qui tombaient de tous côtés en ruines. Dans cette position, notre religieux ne cache pas ses préférences pour l'abbé de Figeac qui était le plus riche et le plus noble des candidats et celui qui paraissait, dit-il, réunir toutes les conditions dans les circonstances particulières où se trouvait la communauté; malheureusement, les voix ne se portèrent pas sur ce candidat, qui fut évincé.

Mais Bernard Itier ne se contentait pas de former des vœux pour ce qu'il croyait être le triomphe de la vérité, il voulait que cette vérité, objet de ses persévérantes recherches, fût respectée dans ses écrits; c'est ainsi que sous l'année 1211(2), il avait admis, au sujet du comte de Saint-Gilles, un bruit erroné et d'autres rumeurs dont l'authenticité n'était rien moins que certaine. Ayant reconnu la fausseté de ces nouvelles, il barre le passage qui les contenait, et pour que sa bonne foi ne puisse pas être suspectée,

(1) Pag. 108 et 109.
(2) Pag. 78.

il signale dans une note marginale la fausseté des faits qu'il avait admis sur la foi de renseignements inexacts. Une autre fois, ayant à se prononcer sur la date d'événements qui s'étaient passés à une époque assez reculée (1), il corrige la date qui lui semblait erronée et dit d'après quels documents il proposait cette rectification. On le voit, B. Itier n'est pas, comme il se plaît à le dire lui-même, un simple compilateur ; car si pour les temps anciens il s'est contenté de réunir dans divers auteurs les éléments de sa chronique, il a dû, pour la période du moyen âge et surtout pour l'époque contemporaine, composer lui-même le récit des faits qui parvenaient à sa connaissance, et il sait, en les racontant, les apprécier à sa manière et même parfois les rejeter quand ils lui paraissaient invraisemblables.

Très-souvent c'est comme témoin oculaire ou comme acteur qu'il rapporte les faits (2), d'autres fois c'est comme témoin auriculaire, lorsqu'il fait connaître des particularités et des détails, en quelque sorte confidentiels, sur des personnages qu'il avait vus et avec lesquels il avait pu s'entretenir (3); il recueille avec soin tous ces renseignements pour les intercaler dans sa chronique. D'un autre côté, quand il rapporte ce qu'il a entendu dire, ou quand il relate les faits ou les nouvelles qui étaient arrivées jusqu'à lui, il ne néglige pas de les accompagner d'une formule de doute et nous met ainsi dans le secret de ses incertitudes au sujet de ces on-dit (4). Si, dans ces circonstances, il montre une

(1) A propos de la translation du corps de saint Martial à Mont-Jovi en 994, voy. p. 43-44.

(2) Pag. 62, 64, 65, 71, 73, 75, 76, 80, 81, 82, 84, 86, 87, 92, 99, 103, 110, 114, 116. En général lorsqu'il rapporte les faits qui le concernent ou ceux auxquels il s'est trouvé mêlé par l'effet des circonstances, B. Itier se sert du style direct, mais quelquefois aussi il parle à la troisième personne, formule plus solennelle.

(3) Pag. 81, 86, 96.

(4) Pag. 72, 78, 99.

louable réserve et s'il n'admet pas tout sans contrôle, il accepte sans restriction les traditions relatives à saint Martial, à qui, dans mainte circonstance, il décerne le titre d'apôtre (1); mais en cela il subissait l'influence de son siècle, que les conciles n'avaient pas convaincu.

On ne s'étonnera pas non plus de trouver dans la chronique de B. Itier des traces de cette croyance naïve, qui était le caractère distinctif du moyen-âge. Il ajoutait foi aux présages et aux horoscopes; il y a dans le manuscrit latin 1338 (2) plusieurs notes relatives à ce sujet. Enfin, il s'élève parfois à des appréciations morales sur les faits qu'il rapporte; par exemple, il flétrit l'adultère en la personne d'un vieillard riche, victime d'une honteuse passion, frappé de mort subite dans sa vigne (3).

Comme toutes celles de cette époque, la chronique de B. Itier est écrite en latin, mais en latin tel qu'on peut l'attendre d'un clerc du xiiie siècle; c'est assez dire que sa latinité est incorrecte et parfois barbare. Ainsi, notre bibliothécaire ne se fait pas scrupule d'emprunter au provençal des mots ou des phrases entières, quand le mot ou la tournure latine ne se présente pas à son esprit (4). La rencontre de ces mots et de ces membres de phrases en langage limousin surprend le lecteur et donne au style de B. Itier quelque chose d'étrange et d'original. Ces négligences ne l'empêchent pas cependant de viser parfois à l'élégance et à une certaine recherche qui lui fait emprunter à l'antiquité classique certains mots qui ne conviennent guère au temps où il a vécu (5). On retrouve même dans sa chronique et

---

(1) Pag. 43, 64, 80, 88, 116, 117, 119, 248, 320.

(2) Fol. 262 r° et 259 r°. Cf. pag. 82, note 4, à propos d'une naissance au mois de janvier.

(3) Voy. pag. 70.

(4) Voy. notamment pag. 59, 60, 67, 73, 77, 96, 97, 218.

(5) Comme le mot *proconsul* en parlant d'Adémar II, vicomte de Limoges. Voy. pag. 49.

dans ses autres écrits, certains mots grecs ou empruntés à la langue grecque (1) dont il n'avait probablement aucune connaissance.

Malgré ces défauts et ces incorrections, son style, on peut le dire, s'élève parfois à la hauteur des sujets qu'il traite; sa latinité s'épure, sa phrase prend de l'ampleur et on y trouve même une sorte d'harmonie imitative, et comme une réminiscence éloignée des classiques latins. Ainsi, quand il décrit un tremblement de terre et les effets de ce phénomène, arrivé le 3 mars 1215 (2); on peut remarquer aussi dans un autre genre la note qu'il a consacrée à Foulques de Neuilly, prédicateur de la croisade (3), et celle où il raconte que pendant l'avent de l'année 1203, la basilique limousine fut illuminée d'une clarté soudaine si vive que tous les assistants en étaient comme ravis d'admiration (4). En résumé, la lecture de sa chronique et de ses autres écrits montre que Bernard Itier avait des connaissances assez variées et assez étendues; c'était, pour le siècle où il a vécu, un esprit cultivé.

Il avait reçu à l'abbaye de Saint-Martial, où il avait fait profession, une bonne instruction classique; il va sans dire que la bible et les textes de l'Écriture sainte lui étaient familiers. Il était également versé dans la connaissance de l'antiquité païenne et des pères de l'Église. Il paraît avoir connu la traduction de quelques auteurs grecs et un assez grand nombre d'auteurs latins. Parmi les auteurs grecs on peut citer Platon(5), Aristote(6), Josèphe (7), Dexippus (8), l'historien

(1) Comme analogium pag. 89, anathema pag. 76, cimbala pag. 94, icona pag. 43, organum pag. 82, scema pag. 37, 38, simbolum pag. 92, 94, thiriaca, pag. 72, zima pag. 218.
(2) Pag. 94-95.
(3) Pag. 65.
(4) Pag. 68.
(5) Lat. 3719, fol. 3 v° et 113 v°.
(6) Id. ibid.
(7) Ibid., fol. 8 r°.
(8) Lat. 1338, fol. 147 v°, cf. pag. 34.

Eusèbe(1); parmi les prosateurs latins : Salluste(2), Cicéron(3), Sénèque (4), Pline le naturaliste (5), Solin (6), Paul Orose (7), Boëce (8), le philosophe Secundus (9); parmi les poètes : Virgile (10), Horace (11), Ovide (12), Lucain (13), Juvénal (14), et Perse (15). Parmi les auteurs ecclésiastiques, saint Ambroise (16), saint Augustin (17), Anastase le bibliothécaire (18), Alain de l'Isle (19), Jean Belet (20), Pierre Comestor (21), saint Eudes (22), Francon (23), et enfin parmi les chroniqueurs Eginhard (24). A ces auteurs il convient d'ajouter pour les prosateurs latins Suétone, Trogue Pompée, Florus, Valère Maxime, Pomponius Mela, Priscien et Flavius; pour les poètes latins Térence et Pallade; pour les pères de l'église grecque et

(1) Lat. 3237, fol. 121 r°.
(2) Lat. 3719, fol. 108 r°, cf. pag. 233.
(3) Ibid. fol. 2 v°, 4 v°, 108 r°, 113 v°, cf. pag. 228, 233.
(4) Ibid., fol. 8 v°, cf. pag. 234 et 235.
(5) Lat. 2367, fol. 1 v°.
(6) Lat. 3719, fol. 108 r°, cf. pag. 232.
(7) Lat. 1338, fol. 253 r°, cf. pag. 35.
(8) Lat. 3237, fol. 99 r° et 3719, fol. 108 r°, cf. pag. 232.
(9) Lat. 3719, fol. 113 v°, cf. Lat. 7901, fol. 38 v°. Sur ce feuillet B. Itier a écrit la vie du philosophe Secundus.
(10) Lat. 3719, fol. 2 r° et Lat. 3237, fol. 107 r°.
(11) Ibid., fol. 8 v° et Lat. 3237, fol. 114 v°.
(12) Ibid., fol. 2 r° et Lat. 3237, fol. 104 r° et v°, 107 r°.
(13) Ibid., fol. 111 r° et Lat. 3237, fol. 99 v° et 114 v°.
(14) Ibid., fol. 2 r°.
(15) Ibid., fol. 2 r° et Lat. 2367, fol. 2 v°.
(16) Ibid., fol. 7 r°.
(17) Ibid., fol. 8 r° et 113 v°, et Lat. 3237, fol. 104 v°.
(18) Lat. 1338, fol. 3 v°, cf. pag. 37.
(19) Lat. 3237, fol. 112 v°.
(20) Lat. 3719, f° 109 r°.
(21) Id. ibid.
(22) Ibid., fol. 110 r°, cf. Lat. 2799, fol. 1 r°.
(23) Ibid., fol 109 v°.
(24) Ibid., fol. 110 r°.

latine, Origène, saint Basile, Egesippe, saint Jérôme, Ildefonse, et pour les scholastiques Raban Maur, Adémar de Chabannais, etc. (1), tous auteurs dont les ouvrages se trouvaient dans la bibliothèque de Saint-Martial de Limoges, dont B. Itier avait rédigé l'inventaire et dont il avait nécessairement lu quelques passages, s'il ne les avait pas lus en entier.

Outre la chronique dont nous venons de parler, composée par Bernard Itier et ses continuateurs, le manuscrit de la Bibliothèque nationale contient des listes et d'autres documents recueillis par B. Itier à titre de renseignements. Ce sont : 1° la liste des moines qui ont acquis des revenus pour l'abbaye (2); 2° la liste des abbés de Solignac (3); 3° la liste des sermonaires qui s'étaient fait entendre à Saint-Martial (4); 4° la liste des évêques de Limoges (5); 5° la liste des abbés de Saint-Martial (6); 6° la liste des abbés de Cluni (7); 7° une note sur des dons et travaux d'art faits à l'abbaye (8); 8° une liste de quelques moines (9); 9° la liste des abbés, cheveciers, sous-prieurs, prieurs, bibliothécaires, sacristains et aumôniers jusqu'en 1212 (10); 10° la liste des dignités du monastère (11).

Après avoir essayé de faire connaître le manuscrit qui renferme la chronique de B. Itier, nous allons passer en revue quelques autres manuscrits où se trouvent des notes

---

(1) Voy. pag. 333-337.
(2) Pag. 271-272.
(3) Pag. 245-246.
(4) Pag. 254-256.
(5) Pag. 244-245.
(6) Pag. 241-243.
(7) Pag. 246.
(8) Pag. 287-288.
(9) Lat. 1338, fol. 256 v°.
(10) Pag. 256-257.
(11) Pag. 247.

historiques qui, dans l'intention de notre religieux, étaient destinées à compléter sa chronique.

Dans cette revue, nous rencontrons tout d'abord un manuscrit (1) qui présente, sous forme énigmatique, une sorte de memorandum de faits historiques pendant une période de soixante-deux ans. Cette série chronologique, qui commence à l'année 1159 (2), offre une particularité curieuse : disposée sur autant de lignes qu'il y a d'années, elle débute sur chaque ligne par un mot qui, réuni aux mots des lignes suivantes, forme un vers latin hexamètre; mais les mots qui composent ces vers sont sans suite et semblent ne présenter aucun sens. Quoi qu'il en soit, il y a lieu de croire que le premier mot de chaque ligne désigne le chiffre d'une année et indique à quelle époque s'est passé le fait relaté. Ceci étant, ces mots n'ont été ainsi placés les uns sous les autres que pour marquer l'ordre et la succession des années. Il y a dans le même manuscrit un essai ou plutôt un commencement d'obituaire dressé par B. Itier en 1218 (3), où les jours sont marqués par les lettres dominicales. Quelques notes énigmatiques du même genre que celles dont nous venons de parler avec des mots latins pour leur servir de clef ont été aussi écrites par B. Itier sur un autre manuscrit (4); mais la date placée en tête qui indiquait le point de départ de ce tableau chronologique est effacée.

Voyons maintenant quel parti on peut tirer de l'examen de quelques autres manuscrits pour la restitution du texte complet de la chronique. Une note de l'année 1018 nous a conservé le récit de la mort de cinquante-deux pèlerins étouffés à

---

(1) Lat. 2135, fol. 192 r°. Il y avait aussi dans le même manuscrit une sorte d'obituaire de l'an 1218 (fol. 191 r°). Voy. pag. 261-267.

(2) Voy. pag. 236-238.

(3) Voy. pag. 261-267.

(4) Lat. 1121, fol. 1 v°, 6 r°.

la porte de la basilique de Saint-Martial, avec la date précise du jour où cet événement a eu lieu. B. Itier a aussi consigné, dans le même manuscrit, les incidents d'un pèlerinage qui se fit à Sainte-Marie-Madeleine, le 21 mai 1224 (1). Un autre manuscrit, où se trouvent beaucoup de notes de B. Itier (2), nous fournit une note curieuse de l'an 848 sur les chanoines de Saint-Martin de Tours et sur un fait merveilleux arrivé dans les premiers temps de leur institution. Il y a encore dans le même manuscrit le récit d'une apparition ou d'une vision qu'avait eue Adémar de Chabannais et qui est attestée par lui, puis une note sur les pâques de l'an 1204, et une autre note de quelques lignes, datée de l'an 1207(3). La date de l'élection de Jean de Veirac (1197), ainsi que la mort de Guillaume Tempier, évêque de Poitiers, et celle de quelques autres personnages appartenant à l'épiscopat ou au clergé, sont rapportées dans un autre manuscrit (4), avec la mention de la chemise ou couverture dont Bernard Itier avait revêtu ce volume (5). D'autres décès appartenant à l'année 1208 y sont aussi relatés, ainsi que la mention de départs pour la Terre-Sainte en 1218 (6). A la suite d'un traité écrit par B. Itier on lit aussi de sa main le récit de divers faits de l'an 1198, parmi lesquels il faut placer en première ligne la mention de Foulques de Neuilly et les merveilles opérées par sa parole entraînante (7). Il est aussi parlé, en 1204, de la captivité de l'abbé Hugues de Brosse et des otages qu'il dut fournir pour sa rançon (8).

Des meurtres et d'autres évènements funestes sont rap-

(1) Lat. 4281, fol. 137 v° et fol. 1 r°. Voy. pag. 46 et 117-118.
(2) Lat. 3719.
(3) Voy. pag. 38-39, 47, 69, 72-73.
(4) Lat. 1248, fol. 71 v°.
(5) Voy. pag. 64-65.
(6) Même manuscrit fol. 71 v°, cf. pag. 73-74 et 101.
(7) Lat. 3549, fol. 22 r° et v°, cf. pag. 65-66.
(8) Même manuscrit, fol. 140 r°, cf. pag. 69-70.

portés dans le même manuscrit, sous la date de l'an 1205 (1). En 1207, il y est fait mention du débarquement du roi d'Angleterre à La Rochelle (2). Un écrit, composé par notre religieux et suivi de sa date, est accompagné de la mention du mariage de Jean Sans-Terre avec Isabelle d'Angoulême, fille d'Adémar, comte d'Angoulême (3). Nous trouvons ailleurs une note synchronique pour l'an 1201 (4). Une petite note de l'an 1201, relative à Gui V, vicomte de Limoges, et un résumé des faits de l'année 1224, nous ont été conservés dans un autre manuscrit (5). Une espèce de nécrologe pour l'année 1206 relate les noms de quelques personnages marquants (6). A la fin d'un autre volume de la bibliothèque de Saint-Martial, B. Itier avait écrit la vie du philosophe Secundus, et il l'avait datée de l'année 1207, puis il y avait joint une note sur les agrandissements du sépulcre (7). L'abrégé des morales de saint Grégoire composé par saint Eudes reçut de la main de B. Itier une préface qu'il a datée de l'an 1210 et de la mort d'un nommé Gouffier (8). Pour l'année 1215, nous avons une note assez étendue, qui relate le fait curieux de la coexistence de trois abbés pour l'abbaye de Saint-Martial à cette même date(9).

(1) Même manuscrit, fol. 82 r° et 83 v°, cf. pag. 70.
(2) Ibid. fol. 148 v°, cf. pag. 72.
(3) Lat. 5137, fol. 13 r°, cf. pag. 67.
(4) Lat. 740, fol. 175 v°, cf. pag. 67.
(5) Lat. 2770, fol. 161 v°, et 178 v°-179 r°, cf. pag. 67 et 119.
(6) Lat. 2843, fol. 161 r°, cf. pag. 71.
(7) Lat. 7901, fol. 38 v°, cf. pag. 317. « En 1207, il ajouta un » morceau à la fin de Térence. » (L. Delisle, *le Cabinet des manuscrits de la Bibliothèque Impériale*, t. I, pag. 390). C'est sans doute la vie du philosophe Secundus.
(8) Lat. 2455, fol. 1 r°, cf. pag. 75.
(9) Lat. 5064, fol. 1 r°, cf. pag. 95-97. Cette note, qui avait été publiée par dom Brial, *Historiens de France*, t. XVIII, pag. 799, a été publiée de nouveau par Hercule Géraud, (*Bibliothèque de*

En 1218, B. Itier a dressé une sorte de nécrologe et une nomenclature très-détaillée des moines qui composaient l'abbaye (1). Les faits de l'année 1219, parmi lesquels on remarque une fondation pieuse faite par B. Itier, et ceux de l'année 1222 sous une forme très-brève, forment la matière de deux notes tirées d'un manuscrit conservé à Rome (2). Cette même année 1219 fut signalée par des évènements importants et par un grand nombre de morts violentes dont le récit nous est parvenu (3). Un fragment assez étendu qui se rapporte à l'année 1220, fournit, entre autres renseignements intéressants, la succession des comtes de la Marche (4). L'année 1220 est encore représentée par une note de quelques lignes qui relate la mort de Pierre d'Analac (5). Nous avons encore, sous la date du 12 novembre 1220, le récit de l'élection de W. de Jaunac, nommé abbé de Saint-Martial en dépit des intrigues et des cabales que soulevait sa candidature, et nous savons quels étaient ses compétiteurs; il faut joindre à ce récit la mention de quelques morts pour la même année (6). Une très-abondante récolte de vin et des guerres sanglantes en Limousin signalèrent l'année 1221 (7). L'année suivante est complétée par deux fragments qui relatent entre autres choses la maladie de B. de Savenne, évêque de Limoges (8), la mort

l'Ecole des chartes, t. IV, 1re série, pag. 352-353) qui la croyait inédite.

(1) Lat. 3237, fol. 101 v°-102 v°, cf. pag. 257-261.
(2) A la bibliothèque du Vatican, Reg. 857, fol. 147 r° et v° et 148 r°, cf. pag. 103-104 et 112. Voy. la notice de ce manuscrit dans l'appendice placé à la suite de cette introduction. III.
(3) Lat. 1012, fol. 66 r° et 1 r°, cf. pag. 105-106.
(4) Lat. 7927, fol. 126 r°, cf. pag. 106-107.
(5) Lat. 2316, fol. 1 r°, cf. pag. 107-108.
(6) Lat. 2034, f° 2 v° et 3 r°, cf. p. 108-109, et f° 1 v°, cf. p. 109.
(7) Lat. 2768. A, fol. 168 v°, cf. pag. 110.
(8) Lat. 2328, feuille de garde placée en tête du manuscrit, cf. pag. 111.

d'Hélie Itier, neveu de B. Itier, celle de plusieurs personnages notables et quelques innovations dans le régime intérieur de la communauté (1). Il y a encore, pour cette même année, deux notes relatives aux prieurés dépendant de Saint-Martial de Limoges et une note nécrologique sur quelques abbés (2). Une réunion des prévôts et des prieurs convoqués par W. de Jaunac, abbé de Saint-Martial, eut lieu en 1223 (3). Nous trouvons dans un autre manuscrit (4) une liste assez étendue des personnes notables mortes cette même année, qu'elles appartinssent au clergé ou au siècle. Des notes nécrologiques sur diverses personnes, parmi lesquelles il faut placer, en première ligne, Adémar, fils unique du vicomte de Limoges, et quelques renseignements liturgiques, sont le résumé de ce que nous donne un autre manuscrit (5); il faut y joindre une liste des moines et des dignitaires qui composaient l'abbaye de Saint-Martial en 1223 (6). Il y a encore, pour la même année, une note (7) qui mentionne, entre autres faits tels que morts célèbres, augmentation de fêtes et fondations d'ordres religieux, une ostension du chef de saint Martial pendant 4 jours, du 11 au 14 novembre 1223. Au milieu de diverses notes liturgiques et nécrologiques, on rencontre dans un autre manuscrit (8) le fait curieux d'une ordination qui eut lieu dans la basilique de Saint-Martial à l'autel du Sauveur par un évêque italien. Les deux derniers fragments que nous ayons recueillis sont relatifs à la soumission de l'Aquitaine

---

(1) Lat. 2262, fol. 166 v° et 167 r°, cf. pag. 113-114.
(2) Lat. 544, fol. 114 v°, cf. pag. 111 et 112.
(3) Lat. 5240, fol. 1 r°, cf. pag. 112-113.
(4) Lat. 5600, fol. 1 r°, cf. pag. 115.
(5) Lat. 2400, fol. 1 v°, cf. pag. 115-116.
(6) Même manuscrit, fol. II r° et I v°, cf. pag. 273-275.
(7) Lat. 54, fol. 1 r°, cf. pag. 116.
(8) Olim St-Germ. Harl. 369, nunc lat. 13220, fol. 121 r° et 120 v°.

par Louis VIII (1), à divers travaux d'art, à diverses cérémonies religieuses, et à l'ostension du chef de saint Martial (2). Trois obituaires de Saint-Martial de Limoges ont été peut-être écrits en partie par Bernard Itier; du moins ils ont été augmentés de nombreuses notes manuscrites par notre bibliothécaire, qui y a ajouté la mention des personnages morts de son temps. Deux d'entre eux portent comme titre une sorte de vers spondaïque de huit pieds probablement fait par B. Itier : « Hic defunctorum fratrum nostrorum nomina describuntur (3). » En tête du troisième (4) est un vers hexamètre que voici : « Hic defunctorum nostrorum nomina fratrum. » Quelques-unes de ces notes de B. Itier ont été, dans la présente édition, jointes au texte de la chronique, auxquel elles servent de commentaire et de développement.

Bernard Itier avait aussi composé des notes chronologiques et fait divers calculs qui devaient lui servir de points de repère pour retrouver certaines époques principales et fixer la date de certains faits importants (5). D'un autre côté, il avait dressé une sorte de chronique abrégée des abbés de Saint-Martial depuis l'an 741 jusqu'à l'abbé Hugues (6). On a encore de lui un catalogue des abbés commençant à Dodon, premier abbé, et finissant à l'abbé Guillaume de Jaunac (7), enfin une simple nomenclature toujours jusqu'à l'abbé Hugues (8). On doit aussi à Bernard Itier de nombreuses listes des moines et des dignitaires de l'abbaye. La première que nous ayons rencontrée est du 30 octobre 1209; les noms

---

(1) Lat. 528, fol. 1 v°, cf. pag. 118-119.
(2) Lat. 2770, fol. 178 v° et 179 r°.
(3) Lat. 5243, fol. 93-137, et Lat. 5245, fol. 130-163.
(4) Lat. 5257, fol. 44 v°.
(5) Lat. 1154, fol. 1 r°, cf. pag. 239.
(6) Lat. 3237, fol. 105 r°, cf. pag. 240-241.
(7) Lat. 1338, fol. 237 v°, cf. pag. 241-242.
(8) Lat. 2651, fol. 129 v°, cf. pag. 243.

dont elle se compose y sont rangés par ordre alphabétique (1). Nous avons encore d'autres listes où les noms sont ainsi disposés : des 8 juillet 1221 (2), 6 juillet 1223 (3) et 5 octobre 1224 (4), puis une autre nomenclature très-étendue où le même ordre n'a pas été suivi (5). On rencontre aussi, dans un autre manuscrit, un fragment de liste par ordre alphabétique, mais ne comprenant que les lettres A à H (6), puis ailleurs d'autres listes alphabétiques sans date (7). Enfin nous trouvons dans d'autres manuscrits (8), des listes des moines qui avaient augmenté les revenus de l'abbaye ou fondé des anniversaires, et rehaussé l'éclat de certaines fêtes et de quelques solennités religieuses.

A ces notes historiques de B. Itier il faut joindre deux pouillés (9) renfermant un état très-exact des prieurés ou prévôtés dépendant du monastère de Saint-Martial de Limoges. Dans ce travail très-complet (nous voulons parler du pouillé le plus étendu), chacun des prieurés est classé sous le nom du diocèse auquel il appartenait. Cette classification méthodique fait de cette nomenclature un document très-curieux et très-important pour la géographie du Limousin et pour celle des provinces du midi de la France.

Outre ces notes historiques d'un intérêt en quelque sorte

---

(1) Lat. 1993, fol. 119 v°-120, cf. pag. 248-253.
(2) Lat. 1842, fol. 145 v°, cf. pag. 269-270.
(3) Lat. 5611, fol. 109 v°, cf. pag. 275-276.
(4) Lat. 10400, fol. 133, cf. pag. 281-282.
(5) Lat. 3237, fol. 101 v° et 102 r°, cf. pag. 257-259.
(6) Lat. 2034, fol. 160 r° et v°, 161 r° et 163 r°.
(7) Lat. 3784, fol. 122 v° cf. pag. 283-284. Il y a aussi dans le ms. Lat. 1927, fol. 1 v°, une autre note du même genre.
(8) Lat. 3237, fol. 102 v°, 1785, fol. 2 v° et 3 r°, 1338, fol. 227 v°, 5321, fol. 14 v° et 21 r° et v°, 2826, fol. 157 v°, 1121, fol. 247 v°, 5239, fol. 3 r° et 1338, fol. 252 v° et 253 r°, cf. pag. 259-261, 267-272, 277-280, 284-288.
(9) Lat. 5943, A, fol. 79 r°, et Lat. 544, fol. 113 v° et 114 r°, cf. pag. 320-323.

local, B. Itier a laissé quelques travaux historiques d'un intérêt plus général : telle est une généalogie des rois de France de Pharamond jusqu'à Charlemagne (1). Mais les données sur lesquelles repose cette généalogie sont aujourd'hui reconnues erronées et réfutées par la critique moderne. Dans une autre note, qu'il paraît avoir empruntée à Eginhard (2), il nous fait connaître la sollicitude de cet empereur pour l'éducation de ses enfants et les soins paternels dont il les entourait. Il avait aussi dressé pour son usage, ou plutôt complété une liste chronologique des papes, accompagnée de quelques notes synchroniques placées en marge (3).

Enfin ce n'est pas sans quelque hésitation que nous proposons d'attribuer à B. Itier la continuation de la chronique des abbés de Saint-Martial depuis l'abbé Isembert jusqu'à l'abbé Hugues. Cette suite, dont l'auteur est resté inconnu, nous paraît devoir être donnée avec quelque vraisemblance à notre bibliothécaire, quoique, pour décider cette attribution, nous n'ayons pas, comme pour ses autres travaux, le contrôle à peu près certain qui résulte de la connaissance de son écriture, puisque c'est dans un manuscrit d'une autre main que la sienne (4) et d'une écriture plus récente, que nous trouvons cette suite. Mais il y a tant d'analogies, et sous le rapport du style et sous le rapport des récits, entre cette continuation et la partie correspondante de la chronique de B. Itier, qu'il nous semble impossible de dire que l'auteur de l'un soit resté étranger à l'autre.

Parmi les travaux de diverses natures du bibliothécaire de Saint-Martial, les écrits religieux et moraux occupent la

(1) Lat. 3719, fol. 110 v°. On trouve encore quelques notes très-sommaires pour une généalogie semblable dans le manuscrit Lat. 1338, fol. 262 v°.
(2) Lat. 3719, fol. 110 r°.
(3) Lat. 2372, fol. 1 v° et fol. 100 r°.
(4) Lat. 11019, fol. 79 r° et suiv.

première place soit par leur nombre, soit par leur importance : nous avons de lui un sermon pour le jour de l'Ascension (1); ce sermon, qu'il a certainement composé puisqu'il s'en reconnaît l'auteur, est peut-être celui qu'il dit avoir prêché dans le cimetière des Arènes la veille de l'Ascension de l'an 1211 (2). Il a écrit ailleurs (3) une sorte de commentaire sur l'évangile du jour de Pâques ; il remarque que saint Mathieu et saint Luc sont d'accord avec saint Marc au sujet des signes du dernier avénement du fils de l'homme, et passe en revue les diverses figures du sacrifice de J.-C. sous l'ancienne loi.

Dans d'autres notes (4) il indiquait les preuves de la résurrection de J.-C., définissait en les distinguant la naissance charnelle et la naissance spirituelle, et prenant pour texte d'instruction les trois morts rappelés à la vie par le Sauveur du monde, il développait le sens allégorique de ces trois résurrections. Il s'est encore signalé par d'autres écrits plus spécialement religieux et en quelque sorte liturgiques : de ce nombre est un office complet qu'il avait rédigé en l'honneur de tous les saints et des habitants de la patrie céleste. Il promet, au nom des saints et des anges, une récompense à celui qui le récitera tous les jours (5). A côté de cette compilation liturgique, figurent dans le même manuscrit (6) quelques notes sur le nombre sept et sur les douze abus qui détruisent l'esprit religieux. Il a aussi dressé une sorte de tableau (7), où l'orgueil est comparé à un

---

(1) Lat. 1813, fol. 145 r° et v°, cf. pag. 219-225.
(2) Voy. pag. 81.
(3) Lat. 1785, fol. 143 v°, 146 r°.
(4) Lat. 2770, fol. 161 v°.
(5) Lat. 5505, fol. 27 r°-29 r°.
(6) Même manuscrit, fol. 139 r° et v°.
(7) Même manuscrit, fol. 40 v°. Il y a dans un autre manuscrit (Lat. 585, fol. 119 v°) une sorte de tableau généalogique des vices,

arbre, dont le tronc donne naissance à sept branches principales, qui sont les sept péchés capitaux, d'où partent, comme une foule de rameaux accessoires, tous les vices de l'humanité (1). Pour les extirper, il faut s'armer des sept demandes de l'oraison dominicale, des sept dons du Saint-Esprit et des sept vertus, origine et cause première des sept béatitudes. Après avoir prouvé par quelques exemples empruntés à l'ancienne et à la nouvelle loi que ce nombre sept est sacré et par conséquent parfait, il nous montre l'orgueil dirigeant toute la force de ses attaques contre cette perfection, soutenu qu'il est par tous les péchés et par la réunion de tous les vices. Survenant tout d'un coup, ces redoutables adversaires surprennent sans défense le soldat du Christ qui, comme ce voyageur allant de Jérusalem à Jéricho dont nous parle l'Évangile, est dépouillé et roué de coups. Mais un Samaritain qui suit la même route prend pitié de ce malheureux et lui donne, sur sa demande, sept moyens de s'adresser à Dieu : ce sont les sept demandes de l'oraison dominicale, qui lui obtiendront les sept dons, les sept dons qui lui feront mériter les sept vertus, et les sept vertus qui le mettront en possession des sept béatitudes.

Toujours préoccupé de la perfection de ce nombre sept, qui est pour lui un nombre en quelque sorte symbolique, Bernard Itier se plaît à en énumérer toutes les applications (2) : ce sont les sept paroles de J.-C. sur la croix, les sept psaumes de la pénitence, les sept demandes de l'oraison dominicale, les sept lettres canoniques, les sept damnations, les sept parfums les plus rares, les sept étoiles qui brillent au septentrion, les sept règles du discours, les sept endroits

---

mais il ne paraît pas avoir été écrit par B. Itier, quoique ce manuscrit renferme quelques notes de sa main.

(1) Cette pensée paraît empruntée à saint Jean Chrysostome et à saint Augustin (*de pecc. mer.* l. II, ch. XVII, cf. Eccli. X).

(2) Lat. 3719, fol. 4 r°, fol. 6 v°, fol. 7 r°, fol. 111 v°.

du corps sur lesquels le prêtre fait les onctions saintes en forme de croix, les sept tables de l'ancienne loi, les sept saints enlevés aux Bretons par des voleurs, les sept degrés pour arriver à la contemplation du Seigneur, les sept monts d'or que la Grèce dit être frères, etc., etc. Toutes les propriétés de ce nombre sacramentel sont résumées dans des vers hexamètres dont la latinité n'est rien moins que pure et dont l'intelligence offre plus d'une difficulté.

D'autres notes ont été consacrées par notre religieux à des dissertations philosophiques ou au développement de vérités morales. Ainsi il a, en quelques pages, fait une sorte de résumé de la philosophie scolastique telle qu'il l'entendait; il a été jusqu'à tracer les divisions de cette science, définissant chacune des parties dont elle se compose (1). Après avoir posé ces bases, il se jette dans les subtilités d'une métaphysique plus ingénieuse que sensée, comme, par exemple, quand il définit l'homme un animal raisonnable et sujet à la mort, et quand il ajoute que le propre de l'homme, son caractère distinctif est le rire, faculté qu'il possède seul entre tous les êtres de la création (2). Il y a peut-être une plus grande part de vérité dans la nomenclature que B. Itier a donnée des facultés de l'homme (3); après avoir reconnu en lui deux substances, l'âme et le corps, il essaye de distinguer les facultés et s'attache à déterminer le rôle, la fonction spéciale de chacune d'elles : l'âme est une, mais il y a en elle l'esprit qui s'élève à la contemplation, la sensibilité qui perçoit les impressions, la raison qui règle les passions, l'intelligence qui comprend, le jugement qui discerne, la volonté qui consent, la mémoire qui se souvient, la vie qui anime les membres. Le souffle vital trouve de puissants auxiliaires dans les sens qui sont, sui-

---

(1) Même manuscrit, fol. 4 v°, cf. pag. 226-230.
(2) Même manuscrit, voy. pag. 229.
(3) Id. ibid., pag. 230-231.

vant notre religieux, des instruments dociles à l'usage du corps. Bernard Itier n'est guère plus heureux quand il recherche ce qui constitue le vrai sage : c'est, dit-il, l'esprit ou l'intelligence, la raison ou le discernement et la mémoire du passé, trois facultés qu'il localise dans la tête. A ces facultés il assigne dans le cerveau trois cellules : celle du devant est le siége de l'intellect; le discernement est dans celle du milieu, et dans celle qui est placée en arrière réside la mémoire. Pour démontrer l'exactitude de cette théorie métaphysique, notre religieux invoque l'expérimentation : ne sait-on pas que des blessures à la tête peuvent faire perdre l'usage d'une de ces facultés, tout en laissant les autres dans leur état d'intégrité? Voilà une raison qui lui semble démontrer d'une manière péremptoire la vérité de son hypothèse.

Mais nous nous sommes peut-être trop longuement étendu sur ces doctrines philosophiques, dont l'imagination plutôt que le raisonnement a fait les frais. Il y a plus de solidité et partant plus d'utilité pratique dans les notes que B. Itier a consacrées à la discussion de vérités morales ou à l'explication des commandements de Dieu et de l'Église (1). Il passe en revue chacun des préceptes de la loi et montre de quelle manière on peut les enfreindre. C'est une thèse qu'il a développée plus d'une fois, mais qu'il a traitée plus complètement dans le manuscrit lat. 3719. Après avoir exposé les préceptes qui sont contenus dans le texte des commandements de Dieu, il s'arrête à chacune des transgressions de la loi dont il déduit toutes les conséquences. En parlant du péché, il établit que tout péché qui n'a pas été expié par la pénitence est une cause toujours présente de péché qui doit nécessairement faire tomber l'homme dans de nouvelles fautes et le perdre pour l'éternité (2). C'est surtout contre

(1) Lat. 3719, fol. 8 r°, 7 v°, 8 r°.
(2) Id. ibid. 7 v°.

la volupté qu'il trouve les accents de la plus vive indignation. Ailleurs il montre en combien de manières on peut violer le septième commandement (1); l'adultère est, suivant lui, le plus énorme de tous les crimes, et une infraction à la loi qui ne sera pardonnée ni en ce monde ni dans l'autre (2).

On peut encore rattacher aux œuvres morales de B. Itier une sorte de traité sur les défauts de la langue (3); c'est un recueil de sentences, une collection de textes, comme il y en a beaucoup dans les manuscrits du moyen-âge; parmi ces textes tirés des auteurs ecclésiastiques et profanes de l'antiquité et des siècles suivants, il se trouve bien des centons et des proverbes sur le défaut qui consiste à trop parler, mais il y a une foule de centons sur d'autres sujets soit en vers soit en prose. Ce traité, ou plutôt ce recueil de textes, ne paraît pas avoir été jamais achevé; pour s'en faire une idée, il faut encore consulter un autre manuscrit (4) sur les pages duquel B. Itier avait écrit d'autres sentences qui, comme celles dont nous venons de parler, devaient former la collection complète. Enfin, pour ne rien omettre, il faut signaler un autre manuscrit (5) où se trouve aussi un recueil de sentences morales, peut-être réunies dans le même but, suivies de quelques étymologies (6).

Parmi les autres notes de B. Itier on trouve encore des extraits et des résumés relatifs à l'histoire sacrée ou à l'histoire ecclésiastique, dont il avait une connaissance assez exacte pour le temps où il a vécu. Ainsi on a de lui une nomenclature de quelques personnages de l'ancien Testa-

---

(1) Même manuscrit fol. 8 r°.
(2) Même manuscrit fol. 2 v° et fol. 8 r°, cf. Lat. 1338, fol. 84 v°
(3) Lat. 3719, fol. 1 v°-2 v°. Il commence : « Si quis verbo non offendit, hic perfectus est vir, » et finit : « Judicium sine misericordia illi qui non fecit misericordiam. »
(4) Lat. 3333, fol. 1 v°. — 85 passim.
(5) Lat. 3713, fol. 29 v°. — 51 r°.
(6) Même manuscrit, fol. 51-52.

ment ou de l'antiquité, qui se sont donné la mort ou qui ont péri de mort violente (1). Il avait aussi fait une liste de divers morts miraculeusement rappelés à la vie par Jésus-Christ ou par de saints personnages, soit dans l'antiquité, soit au moyen-âge (2). Il avait réuni une série d'exemples mémorables de femmes, qui avaient entraîné des hommes (leurs maris ou leurs amants) dans des fautes énormes ou dans de graves erreurs ; il y avait joint de curieux exemples d'hommes persécutés par des femmes (3). Il avait aussi donné une liste de personnages de la Bible ou de l'antiquité, célèbres par leurs vertus ou par leurs vices (4). Enfin il avait rapproché les noms de dix personnages qui, sous l'ancienne loi, avaient conservé le dépôt sacré des vertus, et qui lui semblaient représenter les dix drachmes de la femme de l'Évangile (5). Il avait encore raconté le prodige arrivé sur le Galgala lors de la venue du prophète Elisée, l'extinction du feu du sacrifice sous le règne d'Antiochus, et les combats de cavaliers qu'on vit apparaître dans les airs à Jérusalem, après la mort d'Onias. Enfin, il nous dit comment le soleil de justice (Jésus-Christ) s'est manifesté aux patriarches et aux saints de l'ancien Testament, et comment, après être descendu aux enfers, il était remonté dans les cieux (6). Ce n'est pas tout ; nous trouvons encore dans le même manuscrit une note sur saint Jean-Baptiste, le glorieux précurseur de Jésus-Christ (7). Bernard Itier avait même réuni, pour la

---

(1) Lat. 2799, fol. 90 v°.
(2) Lat. 5321, fol. 1 v°, à la suite de ces quelques lignes on lit la note que voici : « m°. cc. xviii, vigilia S. Lucie, B. Iterii scripsit. »
(3) Lat. 3237, fol. 105 v°.
(4) Même manuscrit, même folio.
(5) Lat. 3237, fol. 104 r°.
(6) Même manuscrit, fol. 104 r° et v°.
(7) Même manuscrit, fol. 111 r°. Cette note commence :

biographie de ce saint personnage, tous les passages des quatre évangélistes et de la chronique d'Eusèbe qui se rapportent à lui, se faisant une loi dans ces extraits, qu'il a datés de l'an 1213, d'écrire à l'encre rouge le nom du saint de manière à attirer d'une manière toute particulière l'attention du lecteur (1). Il s'était aussi occupé des traditions et des légendes relatives au bois de la Croix, sur laquelle le Sauveur des hommes avait été attaché; il avait recueilli les opinions de plusieurs auteurs sur ce sujet (2). La description des portes de la Cité Sainte avait aussi été résumée par lui en quelques lignes, où il rapportait les noms de chacune d'elles (3).

Dans un autre ordre d'idées, il ne faut pas oublier quelques essais de B. Itier sur la physique et sur l'histoire naturelle (4). Ces essais, empruntés pour la plupart à Pline l'ancien et à Solin, fournissent plusieurs notes sur les propriétés des métaux, sur des phénomènes météorologiques, sur les mœurs et les habitudes des animaux; puis une répartie d'Antoine à qui on reprochait, dit-il, d'être illettré, quelques indications sur les divisions du temps, sur les âges du monde, sur l'origine des lettres et l'invention de l'alphabet attribuée à Nicostrate Carmenta, enfin sur le sens mystérieux de certaines lettres grecques.

On a déjà vu que Bernard Itier avait composé quelques

« m°. cc°. xxiiii, ii° anno regni Ludovici, et in die solemnitatis, etc. », et se termine par une hymne ou prière en vers.

(1) Cet opuscule commence : « Incipit vita sancti Johannis Babtiste sumpta ex iiij°r evangelistis, » et finit au fol. 122 r°. « Explicit. hoc scripsit B. armarius m°. cc°. xiij°. »

(2) Lat. 3719, fol. 109 v° et 110 r°.

(3) Même manuscrit, fol. 4 r°.

(4) Lat. 2367, fol. 1 r°-fol. 2 v°. Il y a aussi dans le même manuscrit une note curieuse sur les passions humaines que les poètes comparent à trois furies, à cause du trouble qu'elles jettent dans les âmes : la colère, la cupidité et la volupté.

pièces de vers; on trouve plusieurs essais de ce genre dans la première partie de sa chronique (1); il avait fait aussi (du moins on en rencontre dans ses notes) (2) plusieurs énigmes, des distiques moraux, l'épitaphe d'un abbé et une sentence en vers pour placer sur une tombe, des vers concordants, c'est-à-dire terminés par un mot dont les deux dernières syllabes sont les mêmes (3); une prose notée en musique, en l'honneur de la sainte Vierge (4); il avait aussi rédigé une paraphrase de l'*Ave maris stella,* des conseils en vers adressés à un prêtre (5), des chants à deux parties notés en musique, une recette pour conserver la voix, une poésie sur le jeu des échecs, un titre funèbre pour un rouleau mortuaire (6), une antienne, des vers et une oraison en l'honneur de la Sainte Face, beaucoup de vers sur les propriétés du nombre sept et sur divers sujets ecclésiastiques (7), enfin une sorte de prose ou paraphrase rimée

(1) Voy. ci-dessus pag. xij.
(2) Lat. 3237, fol. 104 r°, et v°.
(3) Même manuscrit, fol. 114 v°, comme ceux-ci :

« Quicquid habes meriti proventrix gracia d ⎫
« Nil Deus in nobis preter sua dona cor ⎭ onat. »

(4) Lat. 5505, fol. 1 v°-2 r°, cf. pag. 218-219.
(5) Lat. 3237, fol. 103 r° et v°, 106 v°.
(6) Lat. 3719, fol. 15 r°, 91 v°, 111 v°, 115 v°. On lit au bas de ce feuillet : « hec scripsi anno m°. cc°. x ab inc. D. in festo Stephani pape. »
(7) Même manuscrit, fol. 7 r°, 111 v°. Ces vers sont rimés deux à deux et terminés par des voyelles ou des consonnes : par exemple :

« Fit tipus ecclesie septem septentrio stellis,
» Fulget in axe maris, nec mergitur in[de] procellis.
» Elevat, inclinat sua iiii°r et tria signa,
» Sic manet ecclesia dono septemplice digna.
» Est in scriptis septemplex regula fandi,
» Sed labor est et honos exemplis heccine pandi.
» Crux infirmorum septem loca pingit, et horum
» Dimittit peccata Deus prece presbiterorum. »

des douleurs de la sainte Vierge, au pied de la croix (1), et une autre prose fort longue en l'honneur de saint Martial et de son apostolat (2).

Outre ces écrits, on doit à Bernard Itier la transcription de plusieurs manuscrits. Ainsi on a de lui un texte du Cantique des cantiques (3), la vie du philosophe Secundus (4), quelques sermons de saint Bernard (5). Il a encore écrit une partie du manuscrit lat. 3549 (6), comme diverses notes de son écriture placées sur ce manuscrit en font foi, et ajouté quelques cahiers au manuscrit lat. 5505 (7).

III.

CONTINUATEURS DE B. ITIER.

Le premier des continuateurs de B. Itier est Etienne de

(1) Lat. 5064.
(2) Lat. 1813, fol. 146 r°.
(3) Lat. 5369, fol. 13 r°-122 v°. Cantica canticorum. « Osculetur me osculo oris sui.... » « Assimilare capree hinnuloque cervorum super montes aromatum. » Expliciunt Cantica can[ti]corum, m°. cc°. xxiii, post obitum Philipi regis. » A la suite se trouve une liste de personnages de la bible, de l'écriture de B. Itier.
(4) Lat. 7901, fol. 38 v°.
(5) Lat. 2027, fol. 2 r°-3 v°. Le premier est intitulé : Sermo beati Bernardi, abbatis, in Assumptione beate Marie. Il commence : « Virgo hodie gloriosa celos ascendens, supernorum gaudia civium copiosis sine dubio cumulat augmentis; » et finit : « gratie munera largiatur Jesus Christus, filius tuus, dominus noster, qui est super omnia Dominus benedictus in secula, amen. »
(6) On lit en tête du fol. 18 r° :
« B. Iterii scripsit, succentor ecclesie Sancti Marcialis. » Au fol. 87 v° : « Hunc quaternum consummavit Bernardus Iterii, armarius, anno m°. cc°. v° in octavis Omnium Sanctorum. »
Au fol. 140 v° : « Hoc scripsit Bernardus Iterii apud Tarnum, etc. » et au fol. 148 v° : « Hos dccc xxxiii versus scripsit Bernardus Iterii, armarius, anno m°. cc. vii. ab inc. D. »
(7) Fol. 103 r° : « Hos quinque quaternos, etc.... »

INTRODUCTION. xlix

Salvaniec ou Salviniec. Il fut d'abord sous-bibliothécaire du vivant de B. Itier (1), puis bibliothécaire en chef après sa mort (2). Ce que nous savons de lui se réduit à bien peu de chose. On le voit en 1229 assister, en qualité de prieur de Vigeois, aux conférences tenues par le chapitre réuni pour préparer l'élection d'un abbé de Vigeois, en remplacement de Raimond qui avait résigné (3). Il était aussi prieur de Saint-Martial, et conserva cette charge au moins jusqu'à l'an 1254 (4); c'est ce qui résulte d'une note d'une autre main que la sienne. Sa chronique commence au 29 janvier 1224, date de la mort de B. Itier, et finit à l'an 1264, époque à laquelle on voit apparaître son successeur.

Hélie du Breuil (5), bibliothécaire de Saint-Martial de Limoges, comme ses devanciers, avait été fait moine en 1243 (6). Nous savons qu'il était bibliothécaire en 1264 (7) et qu'il joignait à cet office celui de chantre(8), qui lui fut conféré la même année. La bibliothèque de Saint-Martial de Limoges, dont il avait la garde, fut l'objet de ses soins; il fit d'abord relier, en 1265, vingt et quelques volumes qui étaient en mauvais état, et réalisa aussi plusieurs autres améliorations utiles (9); cinq ans plus tard, en 1270, il fit relier et cou-

---

(1) Le 29 novembre 1218, la charge de sous-bibliothécaire était vacante. Etienne de Salvaniec en fut sans doute pourvu entre 1218 et 1223; car un document de cette année, une liste des dignitaires de l'abbaye, nous donne son nom suivi du titre de sous-bibliothécaire à la fête de la Pentecôte, c'est-à-dire le 1ᵉʳ juin. Voy. pag. 258 et 273.
(2) Pag. 120.
(3) Pag. 121.
(4) Pag. 123.
(5) Voy. *Hist. littéraire de la France*, t. XXI, p. 770-771.
(6) Pag. 122.
(7) Ibid. et pag. 124.
(8) Pag. 122, 123, 124 et 158. Il porte ce titre de chantre dans une note du 17 avril 1264 après Pâques.
(9) Pag. 124.

d

vrir à neuf, aux frais de la communauté, tous les volumes de la bibliothèque (1). Il dit lui-même qu'il avait conservé sa charge de bibliothécaire pendant 20 années (2); mais à ce chiffre il faut encore ajouter treize ans, puisque dans l'exemplaire manuscrit, qui nous a été conservé de sa chronique, ses notes ne se terminent qu'à l'année 1297 (3). Du reste il a lui-même fourni les éléments de cette rectification quand, à la liste des abbés de Saint-Martial de Limoges qu'il avait connus, il a ajouté, après coup, les noms de Pierre de St-Vaury et de G. Faidit (4). Dans une de ses notes Hélie du Breuil fixe la date de la mort de son frère Pierre du Breuil, qu'il qualifie chevalier (24 janvier 1286) (5). On est moins exactement renseigné sur la mort de sa femme Sibilla (6); il n'est resté de la date du millésime, dans le manuscrit, que les trois derniers chiffres, de sorte qu'il y a lieu d'hésiter entre 1283 et 1293. Enfin, pour compléter ce que nous avons à dire d'Hélie du Breuil, notons une particularité curieuse : nous avons trouvé sa signature apposée sur le dernier feuillet du manuscrit lat. 2406 (7). Il eut pour collaborateur Hélie de Bencha, dont on ne sait absolument rien, si ce n'est qu'il fut sous-chantre en 1265 et qu'il devint sous-bibliothécaire l'année suivante (8).

Cette continuation de la chronique de B. Itier par Etienne

---

(1) Ibid. Le manuscrit lat. 1013 est un de ceux qui ont été revêtus d'une reliure par les soins d'Hélie du Breuil, voy. pag. 124. Il faut y joindre le manuscrit lat. 1139, qui porte, fol. 1, la mention d'un fait analogue.

(2) Pag. 122. Dans une note de l'an 1265, il dit dix-neuf ans, pag. 124.

(3) Voy. pag. 129.

(4) Pag. 123.

(5) Pag. 128.

(6) Pag. 129.

(7) Fol. 140 r°.

(8) Voy. pag. 124.

de Salvaniec et par Hélie du Breuil est, beaucoup plus que celle de leur prédécesseur, défigurée par une latinité barbare. On sent que ceux qui l'ont écrite n'ont même plus aucune idée des traditions de l'antiquité classique. La décadence des études monastiques, à la fin du XIIIe siècle, avait nécessairement amené ce résultat, dont les conséquences devinrent encore plus sensibles au XIVe siècle.

Pour le fond aussi, cette chronique est beaucoup moins riche en événements que celle de B. Itier; elle se borne presque exclusivement à rapporter les faits qui intéressent l'abbaye de Saint-Martial ; ceux de l'histoire générale et ceux qui regardent le Limousin n'y sont que bien rarement l'objet d'une mention spéciale. C'est dans la véritable acception du mot une chronique monastique ; et l'incorrection du style des deux continuateurs en rend parfois la lecture assez difficile.

IV.

AUTRES CHRONIQUES DE S. MARTIAL.

Après avoir examiné les manuscrits de l'ancienne abbaye de Saint-Martial de Limoges, et réuni les notes qui sont l'œuvre de Bernard Itier et de ses successeurs, il reste à faire une opération beaucoup plus délicate que la reconnaissance assez facile des fragments soit historiques soit littéraires de notre religieux ; c'est de déterminer exactement à qui doit être attribuée la rédaction de quelques chroniques qui font suite à celle de B. Itier, chroniques que les manuscrits nous offrent à l'état de confusion. Je m'explique : un grand nombre de manuscrits qui ont fait partie de l'abbaye de Saint-Martial ont reçu de la main des successeurs de B. Itier de nombreuses notes détachées, analogues aux siennes, qui ont été, comme celles de notre bibliothécaire, jetées sur les pages blanches ou sur les marges; à l'exemple de B. Itier, ses successeurs ont recueilli et transcrit successivement et isolément tous les faits historiques qui pouvaient intéresser leur monastère. Plus tard, à la fin du XIIIe siècle, un moine de Saint-Martial, dont le nom ne nous est pas parvenu, a transcrit tous ces fragments dans un ordre qui lui paraissait logique, mais qui n'est ni un ordre de matières, ni un ordre chronologique (1); de plus il n'a pas même pris la peine d'indiquer ou de distinguer les auteurs des divers fragments. Il a joint à ces fragments tout ce qu'il a pu réunir dans les chroniqueurs anciens sur l'abbaye de Saint-Martial de Limoges. Une autre copie de la fin du XIVe siècle (2) reproduit les mêmes notes historiques dans un ordre un peu différent, mais la même confusion y règne encore. De ces deux compilations, l'une, la première, a été rédigée par un moine de Saint-Martial et dans cette abbaye, l'autre, la seconde, a été faite à Saint-Martin de Limoges, par un moine appartenant à ce monastère. Voilà ce qui résulte tout d'abord de l'examen des deux manuscrits que nous avons sous les yeux. En effet, 1° l'auteur du 1er manuscrit a recueilli, avec un soin et une prédilection toute particulière, les textes relatifs à Saint-Martial de Limoges. Il a placé, dans la première partie de sa compilation, un texte très-complet de la chronique des abbés de Saint-Martial (3); il a réuni dans son livre tout ce qu'il a pu trouver de faits relatifs à son monastère, de sorte que ce sont les fragments concernant Saint-Martial qui en forment le fonds et le principal intérêt. Il y a bien mis aussi un certain nombre de passages concernant l'abbaye de Saint-Martin ou d'autres sujets, mais il est évident qu'ils sont la partie accessoire de sa compilation, et qu'ils ne font que la compléter. 2° Dans

---

(1) C'est le travail contenu dans le manuscrit lat. 11019.
(2) Lat. 5452.
(3) Lat. 11019, pag. 67-90, cf. pag. 1-27 du présent volume.

un certain nombre de passages qu'il a transcrits, surtout dans quelques fragments de la fin du XIIIe siècle, celui qui les a écrits emploie le style direct (1), circonstance qui ne permet pas de douter qu'il n'ait appartenu au monastère de Saint-Martial, et c'est peut-être même l'auteur de la compilation que nous avons sous les yeux. 3° Pour tous les passages que l'auteur du second manuscrit a empruntés au premier, c'est le texte du premier manuscrit qui est le plus correct (2); le second manuscrit tronque les phrases, omet ou change des mots, enfin dénature le sens, de sorte que c'est le texte du premier manuscrit qui doit être considéré comme l'original. 4° Quand la première compilation est copiée par l'auteur du second manuscrit, le compilateur ajoute quelque chose de particulier à son monastère, et parle au style direct (3); réciproquement quand l'auteur du premier manuscrit transcrit des faits relatifs à l'abbaye de Saint-Martin, il quitte le style direct et substitue partout à ces désignations particulières le nom de l'abbaye de Saint-Martin. L'auteur du second manuscrit fait tout le contraire; il donne bien, il est vrai, un grand nombre de faits et de récits empruntés à la première compilation, mais il ne transcrit pas la chronique des abbés de Saint-Martial, et omet à dessein nombre d'autres passages relatifs à cette abbaye, sujet étranger à l'objet de ses recherches. Enfin quand il s'agit d'apprécier un acte qui avait gravement compromis les intérêts de l'abbaye de Saint-Martial, c'est avec un sentiment de satisfaction mal dissimulé et en ajoutant à sa phrase quelques mots d'amère raillerie, que le chroniqueur

(1) Même manuscrit, pag. 3, 24, 107, 109, 110, 112, 178, 180, 131, 151, 254, 256, 257.
(2) Même manuscrit. voy. pag. 18, 32, 35, 106, 108, 110, 113, 118, 120, 121, 125, 152, 153, 162.
(3) Lat. 5452, fol. 5 r° et v°, 9 r°, 15 r°.

de Saint-Martin juge cet évènement (1). On le voit, après cet examen des deux manuscrits, il est impossible d'adopter les conclusions des savants éditeurs du tome XXI des Historiens de France, qui veulent attribuer la rédaction du manuscrit lat. 11019 à Pierre Coral et aussi à quelques moines de Saint-Martial. Il faut de toute nécessité admettre qu'il a dû être écrit par un moine de Saint-Martial, comme il est indubitable que le texte du manuscrit latin 5452 est l'œuvre d'un moine de Saint-Martin. Nous ne croyons pas non plus à l'existence d'une grande chronique de Limoges, dont les éditeurs du recueil des Historiens de France (2) ont trouvé les éléments dans le ms. lat. 11019. L'auteur de cette compilation ne s'est jamais proposé un plan aussi vaste; il a écrit dans son abbaye et pour son usage une chronique ou plutôt une sorte de recueil où les faits concernant le Limousin sont mentionnés quelquefois d'une manière assez détaillée et où figurent aussi des événements de l'histoire générale, mais c'est avant tout une chronique de Saint-Martial qu'il a voulu écrire. Nous avons donc extrait de cet amas confus de notes les chroniques qui semblaient se rapporter spécialement à ce monastère et qui toutes étaient intéressantes. Les moines qui les ont écrites étaient contemporains des faits qu'ils rapportent, c'est-à-dire qu'ils existaient dans la 2e partie du xiiie siècle. Ce fait qu'il est facile de constater par plusieurs passages de leurs chroniques donne une grande valeur à leur témoignage. D'autres moines, dont les noms sont restés inconnus, ont ajouté à ces chroniques, dans le manuscrit que nous avons sous les yeux, des notes qui les conduisent jusqu'à l'an 1320.

Voilà ce que nous avions à dire du manuscrit où se trou-

---

(1) Lat. 5452, fol. 15 r°. — Cf. *Historiens de France*, t. XXI, pag. 778, a. b.... « in qua compositione facta illi de Sancto Martiali bene diviserunt scamas gratis et fatue. »

(2) T. XXI, pag. 763-788.

vent les chroniques que nous publions. Elles ont été connues des bénédictins; D. Estiennot de la Serre comptait jusqu'à six ou sept chroniques anonymes composées par des moines de Saint-Martial (1). Nous en aurons à peu près autant puisque nous avons sous les yeux le manuscrit dont s'est servi ce bénédictin.

La première chronique qui se présente à notre examen se rapporte évidemment au xiv° siècle, tant à cause de l'écriture du manuscrit qu'à cause des notes qu'elle renferme. Elle commence à l'an 1207 et finit à l'an 1320; elle a dû être écrite en grande partie en 1310, puisque c'est en prenant cette date pour point de départ que le chroniqueur compte les époques de la création du monde, du déluge et de la venue du messie (2). D'un autre côté il parle, comme existant encore, d'Arthur de Bretagne (3), qui n'est mort qu'en 1312 comme on sait, et relate le procès fait à Guillaume de Nogaret (4), dont il ignorait l'issue. Le soin qu'il prend de rapporter en détail ce qui intéresse le monastère de Saint-Martial, comme les ostensions du chef de saint Martial (5), les actes de foi et hommages prêtés aux abbés, leurs entreprises sur les domaines des vicomtes de Limoges

---

(1) Il dit en parlant de Bernard Itier : « Bernardus Ytherii, seu » forte Ytherius Bernardi, scripsit chronicum breve sui temporis » ab anno videlicet MCLXXV ad an. MCCXXV, et quidem non » contemnendum. Illud leges in Fragmentorum nostrorum historiæ » Aquitanicæ parte 1ª, sicut et alia sex aut septem chronica ab » anonymis, sed Sancti Martialis, ascetis consarcinata. » *Antiquitates in pago Lemovicensi et diocesi Lemovicensi nec non et Tutellensi benedictinæ*, t. I, pag. 40 et 41. Olim St-Germ. lat. 540, nunc lat. 12746.

(2) Pag. 130.
(3) Voy. pag. 135, 137, 143.
(4) Pag. 139.
(5) Pag. 136-137.
(6) Pag. 135, 140, 143.

et plusieurs autres particularités de leur administration (1), enfin quelques constructions ou aménagements intérieurs (2), sont autant de circonstances qui ne permettent pas de douter que le chroniqueur n'ait été moine de Saint-Martial, et qu'il n'ait vécu dans ce monastère. Sans pouvoir rien affirmer, puisqu'il a écrit sans se faire connaître, nous inclinons à penser qu'on peut trouver son nom dans une mention qui a été ajoutée en 1320 par un des continuateurs. Simon de Châteauneuf, moine et chantre de Saint-Martin, mort le 17 avril 1320 (3), l'aurait écrite et composée. La note assez solennelle que ses successeurs ont consacrée à la mention de sa mort et les quelques mots dont ils la font suivre autoriseraient cette attribution, qui nous semble d'ailleurs très-probable. Les quelques notes qui suivent, à partir de l'an 1309 (4), sont l'œuvre de divers moines de Saint-Martial, contemporains des faits qu'ils rapportent, qui les ont ajoutées après coup et successivement sur les feuillets du manuscrit.

Après cette chronique, nous avons donné, d'après une copie de Gaignières (5), une petite chronique limousine, ou plutôt un fragment de chronique, qui nous paraît avoir été écrit vers la fin du xive siècle dans le monastère de Saint-Martial de Limoges, et par un moine appartenant à ce monastère. Ce que nous en avons recueilli commence à l'an

---

(1) Pag. 135, 136, 142, 143.
(2) Pag. 146.
(3) Voy. pag. 147... « Obiit Simon de Castro Novo, monachus et cantor Sancti Marcialis, plenus bonis moribus et honestis, cujus anima requiescat in pace, amen. Et fuit de villa Sancti Juniani. » — L'auteur de cette chronique relate les noms des deux commissaires choisis par l'évêque de Limoges, en 1300, pour faire des enquêtes sur les usuriers, et il se trouve qu'un des deux était « Sancti Juniani canonicus. » Voy. pag. 140.
(4) Voy. pag. 144-148.
(5) Olim Gaign. 186, nunc lat. 17118, fol. 211 et suiv.

804 et finit en 1370, c'est-à-dire au moment de la prise de Limoges par les Anglais, et au moment de l'entrée d'Edouard III dans cette ville (1). Le soin que prend le rédacteur de cette chronique de rapporter en détail tout ce qui concerne l'histoire de Saint-Martial de Limoges, et les principales circonstances qui s'y rattachent, telles que la transformation du chapitre en abbaye (2), le transport du corps de saint Martial à Montjovi (3), la découverte du chef de saint Martial (4), la prise de possession du monastère par l'abbé de Cluni (5), les fondations d'anniversaires faites par l'abbé Isembert (6) et plusieurs autres détails relatifs à cette abbaye, donnent à penser que c'est à Saint-Martial et sur les chroniques de ce monastère, dont elle n'est souvent qu'une traduction, qu'il a composé son œuvre. Une note jointe à la copie de Gaignières (7) vient confirmer cette induction; cette note porte que le manuscrit, d'où cette chronique avait été tirée, faisait partie de la bibliothèque de Saint-Martial et qu'il avait été donné par des chanoines de Saint-Martial à celui qui en avait fait la copie.

Nous avons déjà dit que nous ne croyons pas à l'existence d'une grande chronique de Limoges, qui aurait été rédigée tantôt par des moines de Saint-Martial, tantôt par des moines de Saint-Martin. Outre les raisons que nous avons données plus haut (8), nous devons remarquer que le

(1) Voy. pag. 154.
(2) Pag. 149.
(3) Pag. 150.
(4) Ibid.
(5) Pag. 150.
(6) Pag. 151.
(7) Voici cette note qui se trouve au fol. 211 r° : « Extrait d'un
» manuscrit que monsieur de la Charlonie, juge provost d'Angou-
» lesme, m'a dit avoir été tiré de Saint-Martial de Limoges et luy
» avoir été donné par des chanoines de l'église dudit Saint-
» Martial. »
(8) Voy. ci-dessus pag. liv.

texte du ms. lat. 11019, qui a servi de base à notre publication, ne semble pas se prêter à cette combinaison; il renferme au contraire tout ce qui peut exclure cette idée. En l'examinant attentivement, nous y avons reconnu une chronique contemporaine qui paraît se rapporter à la seconde moitié du xiiie siècle. L'auteur de cette chronique, qui n'a pas prolongé son œuvre au-delà de l'an 1284 (1), s'étend longuement sur tout ce qui se rapporte à l'abbaye de Saint-Martial de Limoges; les procès faits au monastère (2), les questions de préséance, la place des prieurs dans les processions(3), et divers autres détails relatifs à des constructions faites dans le monastère (4) sont de sa part l'objet d'une mention spéciale; il traite tous ces sujets dans les plus grands détails et il nous initie aux plus petites circonstances. On le voit même parlant au style direct se mettre lui-même en scène (5) dans une des notes qu'il a écrites. C'est évidemment un moine de Saint-Martial qui a composé ces notes et on ne peut douter qu'il n'ait été prieur. On peut, croyons-nous, retrouver le nom de ce chroniqueur dans celui d'Hélie Autenc qui était prieur de Saint-Martial en 1276 et qui est mort le 12 novembre 1284 (6). Il se trouve précisément que les notes qui nous ont été conservées dans le ms. lat. 11019 s'arrêtent à cette date.

Nous proposerons la même attribution pour la chronique que nous avons placée immédiatement après celle-ci (7). Elle commence à l'an 1274 et finit, comme la précédente, à l'an 1284; elle serait aussi l'œuvre d'Hélie Autenc, prieur

---

(1) Voy. pag. 155-171; d'après le manuscrit lat. 11019.
(2) Pag. 157.
(3) Pag. 158, 159, 160, 161.
(4) Pag. 156.
(5) Pag. 158, 159, 161.
(6) Voy. pag. 126, 127 et 128.
(7) Voy. pag. 172-183, d'après le manuscrit lat. 11019.

de Saint-Martial. L'auteur, après avoir transcrit, pour le commencement de sa chronique, le texte même de Gerard Frachet, relate ensuite tous les faits qui se rapportent, soit à l'histoire générale, soit à l'histoire particulière du Limousin jusqu'à l'année 1284. Après cette date, des moines dont les noms ne sont pas arrivés jusqu'à nous ont ajouté, chacun de leur main, des notes relatives à l'histoire de leur abbaye, jusqu'à l'an 1315.

Quant à la très-courte chronique qui suit (1), elle doit aussi avoir été écrite par un moine de Saint-Martial de Limoges et dans ce monastère. On ne trouve guère ailleurs que dans ce résumé les dates exactes de l'élection ou de la mort de plusieurs abbés de Saint-Martial.

A l'égard des fragments que nous avons réunis à la suite de cette chronique (2), nous n'avons point à rechercher les auteurs de chacun d'eux. Qu'il nous suffise de dire d'une manière générale qu'ils ont tous été publiés d'après des manuscrits provenant de l'ancienne abbaye de Saint-Martial de Limoges et que, par conséquent, ils ont tous été écrits et composés par des moines appartenant à ce monastère. La provenance de ces fragments est donc certaine; il est également certain qu'ils ont été écrits par des moines contemporains des événements et à une époque très-rapprochée de celle où ils se sont accomplis. Ces deux circonstances donnent à ces chroniques une certaine valeur, puisqu'elles ont été écrites par des témoins oculaires. Aussi les détails qu'elles renferment sont-ils, la plupart du temps, exacts et précis. Chacune de ces notes a sa couleur et son style particuliers; elles participent des passions et des préjugés du siècle où elles ont été écrites, des passions et des préjugés de ceux qui les ont composées. Nous avons réuni sous un

(1) Voy. pag. 184-185, d'après le manuscrit lat. 11019, pag. 258.

(2) *Varia chronicorum fragmenta*, pag. 186-216.

même titre, depuis la fondation de l'abbaye, en 848, jusqu'à l'an 1658, toutes les notes détachées que nous avons trouvées en parcourant les manuscrits. Nous devons faire connaître les manuscrits qui les ont fournies et le sujet de chacune d'elles. C'est d'après le manuscrit lat. 11019 que nous avons publié toutes les notes qui précédent l'année 1178 (1), comme celles des années 1182, 1202, 1203, 1219, 1404 et 1658 (2). Une note intéressante écrite en 1178 (3) nous a conservé la description très-exacte d'une éclipse et tous les détails de ce phénomène. Nous trouvons dans le même manuscrit (4), sous l'an 1217, l'indication de divers travaux et aménagements intérieurs, notamment la construction d'un escalier de pierre pour le dortoir et l'établissement de deux armoires dans le cloître. En l'an 1225 (5) une contestation s'était élevée entre l'évêque de Limoges et l'abbé de Saint-Martial; le doyen de Limoges s'était mis aussi de la partie. Mais le souverain juge, dit le moine chroniqueur, appela les adversaires à son tribunal, et termina ainsi le différend. Un autre manuscrit (6) rapporte une distribution de chaussures faite aux moines par l'abbé Raimond Gaucelm et la réception du prieur de Chambon que l'abbé voulut conduire, à ses frais, à sa résidence. Une note, de l'an 1230 (7), relate la mort de Gui V, vicomte de Limoges, comme une note de l'an 1241 (8) nous donne la succession des papes depuis Célestin IV jusqu'à Clément IV et la description d'une comète qui apparut à la mort d'Urbain IV. Il

---

(1) Pag. 186-189.
(2) Pag. 190, 191, 192, 193, 194, 200-202, 216.
(3) Lat. 5243, fol. 89 r°, cf. pag. 189-190.
(4) Id. ibid., cf. pag. 193, 194.
(5) Lat. 1013, fol. 102 r°, cf. pag. 194.
(6) Lat. 2208, fol. 2 v°, cf. pag. 194 et 195.
(7) Lat. 5/2, fol. 221 v°, cf. pag. 195.
(8) Lat. 1013, fol. 102 r°, cf. pag. 195.

INTRODUCTION. lxj

y a aussi dans le manuscrit lat. 1341 (1) deux notes relatives à des comptes et à un obit. L'année 1272 fut marquée par une visite de Philippe-le-Hardi à Saint-Martial, visite dont les circonstances sont rapportées en détail dans une note (2). Les années 1286, 1290 et 1300 relatent trois ostensions du chef de saint Martial, dont une, celle de 1300, fut accompagnée de miracles ; il y eut, cette même année 1290, une éclipse partielle de soleil et deux éclipses de lune dont une complète (3). En 1294, nous trouvons dans une de ces notes (4) le récit d'un dramatique événement : le 30 juin, quatre moines qui se trouvaient sur la place du Creux des Arènes se prennent de querelle avec le prévôt et avec le juge du vicomte de Limoges (5) ; un des moines est blessé à mort ; le prévôt pénètre ensuite dans le couvent avec le juge et plusieurs autres personnes, et là, il tue un moine qu'il rencontre sur son passage et en blesse un autre. Là-dessus survient un sergent du roi qui arrête le prévôt et ses complices et livre le juge à l'official. L'année 1294 ne fut pas une année prospère pour les moines de Saint-Martial ; du 11 novembre au 24 mars le vin fit défaut ; le 24 mars ce fut encore pis : il n'y eut rien à manger dans le monastère et personne ne prit de nourriture ce jour-là dans le réfectoire ; les vivres firent aussi complètement défaut pendant les deux jours suivants, chose inouïe, dit le chroniqueur (6). C'est encore la description d'une éclipse totale de lune dont une note (7) nous apporte les détails ; cette même année les vignes et les noyers furent entièrement gelés à Limoges et

(1) Fol. 109 r° et 3 r°, cf. pag. 196.
(2) Lat. 743, fol. 10 r°, cf. pag. 196.
(3) Lat. 3885, fol. 256 v°, cf. pag 196-197.
(4) Lat. 3784, fol. 121 v°, cf. pag. 197-198.
(5) Arthur de Bretagne.
(6) Lat. 2670, fol. 127 r°, cf. pag. 198-199.
(7) Lat. 3885, fol. 256 v° et 257 v°, cf. pag. 199.

dans le Poitou. Le même chroniqueur rapporte qu'en 1302 on commença les vendanges le 15 octobre seulement. Entre 1302 et 1363, nous ne rencontrons aucunes notes rédigées ou écrites par les moines de Saint-Martial. Mais l'année 1363 fut marquée par des événements importants ; le chroniqueur qui nous en a conservé le récit (1) relate avec la même indifférence le froid rigoureux de cet hiver, l'entrée à Limoges du prince Noir, le 1er mai de l'année suivante, et l'ostension du chef de saint Martial, qui fut faite, dit-il, en l'honneur d'un si grand personnage. Les dix-huit personnes qui furent tuées en cette circonstance, l'occupation du prince Noir, qui ne dura pas moins de cinq semaines, et la destruction des vignes sont autant de faits qu'il ne mentionne, en quelque sorte, qu'en passant et par manière d'acquit. On trouve aussi dans un autre manuscrit (2) une note synchronique pour l'année 1376. Nous arrivons ainsi, sans transitions, à l'année 1404. Une disette fut la suite et la conséquence des inondations qui anéantirent les récoltes ; le clergé fit partout des processions ; on porta le chef de saint Martial hors la ville de Limoges : le chroniqueur (3) relate aussi sept processions qui eurent lieu le 8 juillet de la même année et l'ordre de ces mêmes processions. On voudra lire en entier le récit des cérémonies qui eurent lieu lors de l'entrée à Limoges de Charles VII et de son fils le dauphin, en 1438 (4). Ce récit, très-intéressant, est défiguré par une latinité détestable et un style fort incorrect, qui en rendent parfois la lecture très-difficile. Il est évidemment l'œuvre

---

(1) Lat. 3885, fol. 1 r°, cf. pag. 199 et 200.
(2) Lat. 740, fol. 175 v°.
(3) Lat. 11019, pag. 279-281, cf. pag. 200-202 de cette édition.
(4) Ce fragment, dont le texte avait été publié par M. Allou, n'a pas été conservé en original. On en a une copie de D. Estiennot de la Serre, *Fragmenta historiæ Aquitanicæ*, t. I, pag. 247-254, Lat. 12763.

d'un moine de Saint-Martial, qui paraît avoir assisté à toutes les fêtes données à cette occasion, et qui les décrit dans tous les plus petits détails. Si ce n'est pas au même moine, c'est au moins à un moine contemporain qu'il faut attribuer aussi le récit (1) de l'entrée du roi Charles VII à Limoges, le 1ᵉʳ mai de l'an 1442. Une autre note, celle-ci en vieux français (2), nous a conservé le souvenir d'une ostension du chef de saint Martial qui eut lieu en 1520 ; la note indique même le chemin suivi par la procession des reliques. Nous terminerons cette revue par la mention d'un froid très-rigoureux qui eut lieu en 1658 (3); ce froid fut tel, dit le chroniqueur, qu'on ne se souvenait pas d'en avoir jamais éprouvé de semblable.

Pour terminer cette introduction, il nous reste à faire connaître quelques documents que nous avons à dessein laissés de côté, parce qu'il était impossible de les faire figurer dans les notices que nous avons consacrées aux diverses chroniques et aux documents réunis dans le présent volume, bien qu'ils aient été placés à la suite des notes de B. Itier, où ils sont appelés par l'ordre chronologique. Nous mentionnerons, en première ligne, les pièces que nous avons réunies sous les nᵒˢ 32, 33, 34, 36, 37, 38, 39, 40 et 41 des *Fragmenta ad historiam spectantia*. Ces pièces, qui paraissent se rapporter aux premières années de l'administration de l'abbé Raimond Gaucelm, peuvent servir utilement à éclaircir et à contrôler plusieurs faits mentionnés dans les chroniques des successeurs de B. Itier. On y trouve une sorte d'obituaire ou de calendrier marquant jour par jour les noms des bienfaiteurs de l'abbaye, un état exact des moines qui ont fait des fondations pieuses ou contribué par

---

(1) On trouve aussi une copie de ce récit dans les mêmes *Fragmenta hist. Aquitanicæ*, t. I, pag. 358-359.
(2) Lat. 5239, fol. 21 rᵒ, cf. pag. 215.
(3) Lat. 11019, fol. ultimo, cf. pag. 216.

des donations à augmenter la solennité de certaines fêtes, des états de travaux d'art exécutés par W. La Concha (1) comme ouvrier (operarius) du monastère, des comptes de sa gestion comme sacristain, et l'énumération de fondations pieuses ou de dons qu'il avait faits à son abbaye. C'est encore à la même époque qu'il faut rapporter l'inventaire des ornements et des joyaux qui étaient conservés dans le trésor ou dans la sacristie de Saint-Martial de Limoges (2). Rédigé du temps de l'abbé Raimond Gaucelm, cet inventaire ne peut guère être postérieur à l'année 1227. L'écriture du manuscrit et quelques autres circonstances avaient engagé les bénédictins (3) à fixer cette date, qui nous semble approximativement exacte. On remarquera tout l'intérêt que présente ce document au double point de vue de l'histoire de l'art et de l'archéologie. Il avait déjà été publié ailleurs (4), mais nous avons cru devoir le joindre à cette publication parce qu'il la complète et l'éclaire. Toutefois nous y avons introduit quelques corrections nécessaires et quelques notes qui nous ont été fournies par la lecture et le rapprochement de plusieurs passages de la chronique et des autres écrits de B. Itier.

Quant au catalogue des livres de Saint-Martial de Limoges, que nous avons placé le quatrième dans ce volume (5), c'est le plus étendu et le plus moderne de tous ceux que nous possédons (6). Il paraît avoir été copié, en partie, sur celui du manuscrit lat. 5243 (7). Dans tous les cas, la rédaction de cet inventaire se rapporte à une époque

---

(1) Voy. la note relative à W. La Concha, pag. 312-313.
(2) Lat. 1139, fol. 28 r°-29 r°, cf. pag. 309-318.
(3) Supplément au dictionnaire de Du Cange.
(4) *Bibliothèque de l'Ec. des chartes*, 4ᵉ série, t. I, pag. 28.
(5) Même manuscrit, fol. 229 r°-236 r°, cf. pag. 339-355.
(6) Malheureusement un feuillet a été arraché (le feuillet 235); ce qui en reste est bien peu de chose.
(7) Pag. 323-327.

relativement plus moderne que celle des trois autres. C'est assurément à l'administration d'Etienne de Salviniec qu'il faut en fixer la date, si même il n'est pas de sa main. Depuis la mort de Bernard Itier, car c'est sans doute son successeur qui a écrit ou fait écrire cet inventaire, la bibliothèque de Saint-Martial n'avait pas reçu de bien notables accroissements. C'est encore 450 volumes que trouve le bibliothécaire en faisant le récolement général. Seulement les mots « pour le moins » qu'il a ajoutés à ce chiffre laissent supposer une certaine augmentation sur celui qu'avait fixé B. Itier. Quant aux deux inventaires que nous avons publiés les premiers, ils appartiennent aux premières années du XIIIe siècle, peut-être même à l'administration de ce bibliothécaire, nommé Gaucelmus, dont B. Itier ne prononce pas le nom, mais qui a, croyons-nous, une existence réelle malgré le silence de son successeur. Dans tous les cas, ils sont antérieurs de quelques années à celui qu'avait composé B. Itier; cette date résulte du caractère de l'écriture et de l'examen des articles parmi lesquels il ne s'en trouve aucun de l'époque de B. Itier. Sa chronique n'y est pas mentionnée et les auteurs des ouvrages sont tous antérieurs à cette même époque. A la suite de ces catalogues on trouvera une note assez intéressante, relative à un moine nommé B., qui avait reçu 11 volumes, dont les titres sont indiqués, pour les remettre au sous-prieur. Cette note paraît être de la fin du XIIIe siècle (1).

Pour terminer cette introduction, il resterait à faire connaître en quoi consistaient précisément les fonctions de bibliothécaire, dont il a été si souvent question dans les pages qui précèdent. Une note du XIIIe siècle, que nous avons trouvée dans un manuscrit provenant de l'abbaye de Saint-Martial de Limoges (2), nous permet de donner au moins

---

(1) Lat. 483, fol. 9 r°, 78 v°, 182 r°, cf. pag. 356.
(2) Lat. 1320, fol. 32 r° et v°. Cette note se trouve intercalée au

quelques détails intéressants sur la remise des livres aux moines et sur la restitution de ces mêmes livres par les moines. Au commencement du carême, un lundi que nous croyons être celui de la Quinquagésime, s'il tombait ce jour-là une fête de 12 leçons, après l'absoute des défunts, un enfant lisait à haute voix l'article de la règle relatif à l'observance du carême. Après cette lecture faite suivant les usages, le bibliothécaire lisait sur des tablettes les noms des frères à qui des livres avaient été remis l'année précédente à pareil jour. A l'appel de son nom, chaque frère devait se lever et poser sur un tapis le livre qui lui avait été remis. S'il ne l'avait pas lu en entier, il devait demander grâce après la distribution des livres. Lorsqu'on chantait la messe le matin, on disposait des tapis sur lesquels étaient placés les livres apportés de la bibliothèque pour être distribués aux frères le même jour. Le sous-bibliothécaire prenait en écrit les noms des frères qui avaient reçu les livres et les titres des livres qui leur avaient été confiés. Après quoi l'abbé accordait aux frères la permission de jeûner avec modération et en observant une juste mesure.

Nous voulions encore joindre à cette introduction la liste des bibliothécaires de Saint-Martial. Mais ce sujet a déjà été traité ailleurs (1) d'une manière très-complète et avec la science qu'il comporte. Nous n'aurions que bien peu de détails à ajouter à ceux qui ont été réunis dans cet ouvrage avec patience et connaissance du sujet.

En achevant ces quelques pages, consacrées à la description et à l'examen des chroniques de Saint-Martial, nous nous faisons un devoir de remercier toutes les personnes qui ont bien voulu nous aider de leurs conseils et de leurs lumières;

milieu d'une sorte d'*ordo cæremoniarum* pour toutes les fêtes de l'année.

(1) *Le Cabinet des manuscrits de la Bibliothèque impériale*, par M. L. Delisle, t. I, pag. 388-394.

ces remerciements s'adressent surtout à M. L. Delisle qui nous a signalé plusieurs fragments de la chronique de B. Itier, et qui, comme commissaire responsable de cet ouvrage, nous a soutenu de ses bienveillants avis durant tout le cours de la publication.

Je ne dois pas oublier non plus de mentionner M. de L'Épinois, qui a copié le texte de la chronique des abbés de Saint-Martial et deux fragments de B. Itier sur les manuscrits du Vatican.

H. D.-A.

APPENDICE

I.

Voici la notice de ce manuscrit, d'après les notes que nous a communiquées M. H. de L'Épinois :

Ms. de la bibliothèque du Vatican à Rome, coté Reg. 984, du fonds de la reine de Suède, jadis 214 (ce n° qui se trouvait au dos est barré). In-4°, sur parchemin, de 46 feuillets. Ecriture de la fin du XIIe siècle pour les feuillets 1 à 10, de la fin du XIIIe siècle pour les feuillets 11 à 36, et du XVe siècle pour le reste. Sur le 1er feuillet on lit cette mention : « Alexander Pauli filius Petavius, senator Parisiensis. » Ce manuscrit contient :

1° (fol. 1) Concilium Lateranense (1180).

2° (fol. 8) Sancti Martialis Lemovicensis abbatum chronicon ab anno 848 ad annum usque 1174.

Cette chronique commence sans titre : « Anno DCCC XLVIII ab incarnatione Domini, ind. XI, pridie kal. aprilis, temporibus regum Lotharii et Karoli calvi nono anno, etc. » Elle finit : « et duos textos argenteos et xx cubitos lati aurifrisii ad capas orandas (*sic*). Explicit feliciter. »

3° (fol. 11) Consolation de Boëce. On lit en tête : « Iste liber est fratrum minorum Aralatencium. »

4° (fol. 37) Sermones sancti Cesarii, Arelatensis archiepiscopi, ad monachos Lirinenses.

C'est sans doute le ms. qui est cité dans la Bibliothèque historique de la France, t. I, pag. 781, sous le n° 12597.

II.

Je vais essayer de donner de ce manuscrit une notice plus exacte et plus complète que celles qu'on connaît généralement.

Ms. Lat. 11019, olim suppl. Lat. 218[3]. — In-4° sur vélin, de 141 feuillets ou 242 pages, écrit à la fin du XIIIe siècle par des moines de Saint-Martial de Limoges et dans ce monastère. Les deux premiers feuillets manquent.

1° Sur le premier feuillet se trouvait le diplôme de Louis-le-Débonnaire portant donation à Saint-Martial du *castrum Lemovicense* et de sept autres églises, avec leurs dépendances (833). Le texte de ce document, dont la place est indiquée en marge du fol. vii r°, se trouve dans le manuscrit lat. 5/2, fol. 221 v°.

2° Pag. 1 (anc. fol. iij). Ademari chronici et aliorum chronicorum fragmenta. Ils commencent : « ....filius ejus Clotarius; iste genuit Dagobertum et.i. filiam Blitildem, de qua fuit progenies domni Karoli. » Cette partie du manuscrit, composée de fragments d'Adémar de Chabannais, de Geoffroi de Vigeois, de Bernard Itier et d'autres chroniqueurs, va jusqu'à la page 46, et de l'année 744 à l'année 1276.

3° Pag. 47. Hanc ordinationem fecit scribere Helias, prior claustralis.

4° Pag. 49. Duces, imperatores, reges.

5° Pag. 50-55. Breve chronicon summorum pontificum. C'est une liste des papes, avec quelques notes plus étendues sur les souverains pontifes de la fin du XIIIe siècle, jusqu'à Honorius IV (1285). La fin de cette chronique est écrite de diverses mains; on peut y reconnaître celle de plusieurs bibliothécaires de Saint-Martial.

6° Pag. 55-62. Nomina episcoporum Lemovicensium.

C'est aussi une liste des évêques, avec quelques notes plus étendues sur plusieurs évêques de la seconde moitié du xiiie siècle, particulièrement sur Aimery de la Serre de Malemort, notes qui se continuent jusqu'à l'élection de Gilbert de Malemort, le 16 décembre 1275. Ces dernières notes sont écrites de plusieurs mains.

7° Pag. 65. In Gallia sunt isti archiepiscopi.

8° Pag. 67-92. Commemoratio abbatum Lemovicensium basilicæ S. Martialis, apostoli. Chronique des abbés par Adémar de Chabannais et ses continuateurs, parmi lesquels on peut reconnaître l'écriture de plusieurs des bibliothécaires de Saint-Martial.

9° Pag. 101-163. Chronicon incipiens anno 607; desinit anno 1277 vel circa. Ce sont des fragments de chroniques de Saint-Martial, empruntés, en grande partie, à Adémar, à Geoffroi de Vigeois et autres chroniqueurs Limousins.

10° Pag. 165-191. Variarum chartarum transcripta, et fragmenta chronicorum.

Pag. 165-168. Nota quomodo Cluniacenses occupaverunt locum S. Martialis.

Pag. 169-170. Transcriptum littere Johannis, episcopi Lemovicensis.

Pag. 171-172. Transcriptum littere magistri Guidonis, archidiaconi Lemovicensis.

Pag. 173. Nota anni 1202.

Pag. 174. Transcriptum littere super transitu sive via, quam dicti consules dicebant se habere in orto abbatis.

Pag. 176. Transcriptum littere regis Anglie.

Pag. 177. Transcriptum littere consulum.

Pag. 178. De priore S. Martialis, quando mandavit eum descendere in civitatem.

Pag. 179. Quando obiit Helias Duretz.

Pag. 181. Transcriptum privilegii Innocentii (papæ iii).

Pag. 182. De contentione que erat inter venerabilem

decanum et capitulum Lemovicensem ex una parte, et conventum Sancti Martialis, ex altera.

Pag. 191. Transcriptum littere domini archiepiscopi Bituricensis de Rosaco.

Ibid. Note sur « Burchardus archidiaconus ».

11° Pag. 196. Talis erat equus (*sic*).

12° Pag. 199-219. Descriptio locorum Terræ sanctæ.

13° Pag. 220-222. Incipiunt verba quibus rex Ludovicus instruebat filium suum Philippum, cum moreretur.

14° Pag. 223. De Cera.

15° Pag. 227-246. Gerardi Fracheti chronicon, commençant : Beda, de gestis Francorum.

16° Pag. 246-255. Anonymum S. Martialis chronicon ad annum 1315 perductum.

17° Pag. 258-259. Item brevissimum Sancti Martialis chronicon.

18° Pag. 263-265. Duæ bullæ Bonifacii papæ VIII[vi].

19° Pag. 266-278. Chronicon anonymum S. Martialis ab anno 1310 ad ann. 1320 continuatum.

20° Pag. 279. Chronicon anni 1404.

21° Pag. 282. Chronicon anni 1650.

III.

Ms. de la bibliothèque du Vatican à Rome, coté Reg. 857, du fonds de la reine de Suède. On lit au dos les n°s 1174, plus bas 1041, et sur papier collé 1538; tous ces numéros sont rayés. On lit encore, d'une écriture moderne, A 30. In-8° de 148 feuillets chiffrés, relié en parch. blanc, écrit sur vélin à longues lignes à la fin du IXe siècle ou au commencement du Xe. Sur le premier feuillet, on lit d'une écriture ancienne : « Hic est liber Sancti Marcialis. » Ce manuscrit contient (1) :

(1) Je complète cette notice, que m'a fournie M. de L'Épinois,

1° Lex salica.

Au v° du premier feuillet, sous le titre : « Incipiunt capitula legis salicæ » est l'index des rubriques de cette loi, au nombre de 70 : puis le corps de la loi, au même nombre de titres, jusqu'au fol. 40.

2° Leges Alemannorum, etc.

Au fol. 41, les rubriques, puis le texte de la « lex Alamanorum » rédigée sous Clotaire, d'après l'intitulé, jusqu'au fol. 72.

3° Abrégé de la « lex Romana Visigothorum, » depuis le fol. 73 jusques et y compris le fol. 147.

4° (fol. 78 v°) Une litanie.

5° (fol. 147 r°) Au bas de ce feuillet, formant feuillet de garde, est une première note de B. Itier, qui se continue au v°, commençant : « Anno M. CC. xviiij, O. Aimar Gui, A. Maomet, P. Borsau.... » et finissant : « ccc libr. de cera ardent ibi per annum, excepto oleo.... »; au fol. 147 v° on lit, d'une autre écriture que celle de B. Itier : « Liber sancti Marcialis, » puis au fol. 148 r° une autre note de B. Itier, commençant : « Anno M. CC. xxij missus est lapis jaspis magnus in sepulcro.... » et finissant : « Philipus miles fit in Pentecosten a fratre suo Ludovico. »

par les renseignements que donne, sur ce manuscrit, Pardessus, *Loi Salique*, pag. LX.

I.

COMMEMORATIO ABBATUM LEMOVICENSIUM

BASILICE S. MARCIALIS APOSTOLI.

Anno DCCC XL VIII° ab Incarnatione Domini, indictione XI, pridie kalendas aprilis, temporibus regum Lotharii et Karoli Calvi, nono anno post mortem Ludovici imperatoris, filii Karoli magni imperatoris, et prelium Fontaneticum, mutatus est canonicalis habitus in monasticum in basilica Salvatoris mundi et Marcialis(1), ejus apostoli, Lemovica civitate. Hoc Ainardus abbas ipsius loci, non invitus, set voluntarius, cum ipsis canonicis, Deo inspirante, egit. Et tam ipse quam omnes canonici ejus semetipsos in eodem loco monachos fecerunt (2) et noluerunt ex semetipsis abbatem constituere, sed regularem abbatem Sancti Savini, nomine Dodonem, sibi abbatem elegerunt, et perfecte regulares extiterunt.

Primus itaque abbas hujus loci ex monacho fuit idem Dodo, et prefuit tribus annis.

---

(1) On remarquera que le nom de *Martialis* n'est jamais précédé du mot *sanctus* dans le ▓▓▓ du Vatican, que nous avons suivi.

(2) On lit en marge : *omnes* ▓▓▓*nici effecti fuerunt monachi*. Cette note marginale, comme celles qui suivront, appartient au ms. lat. 11019.

Secundus abbas Abbo prefuit annis undecim; cujus anno v^{to}, Karolus Calvus in regem Lemovicas unctus est a Radulfo, Bituricensi archiepiscopo, et Stodilo, Lemovicensi episcopo, et aliis Francie et Aquitanie et Italie et Burgundie multis archiepiscopis et episcopis. Hoc anno, cenobium Bellocum (1) a Radulfo (2) archiepiscopo fundatum et consecratum, et sanctus Geraldus Aureliacensis natus est; obiit Abbo abbas xiiii kalendas junii.

Tercius abbas prefuit Benedictus annis quindecim. Hujus presulatu, Normanni ceperunt se primum infundere (3) in Franciam et Aquitaniam (4). Obiit xiiii kalendas februarii. Stodilo episcopo succedit Aldo episcopus, et obiit nonas (5) octobris, sepultus in basilica Salvatoris Lemovice. Post eum, Geilo episcopus extitit, qui obiit iiii idus julii. Post eum Anselmus episcopatum tenuit.

Quartus abbas prefuit Gonsindus annis xviii. Hujus secundo anno, Karolus Calvus imperator obiit, et filius ejus Ludovicus Balbus regnum suscepit. Hic tribus annis postquam regnasset, obiit, et frater ejus Carlus (6) regnum suscepit; cui Odo rex regnum abstulit, et pro eo regnavit. Hunc abbatem non mitterem in cathalogo, nisi fuerit monasticho habitu indutus; nam nimis corde

---

(1) Le texte impr. de Labbe porte *Bello-Locum*. — (2) Labbe, *Rodulfo*. — (3) Le texte imprimé de Labbe porte *effundere*. — (4) *Immo potius secunda irruptione*, dit Labbe; le chroniqueur s'est effectivement trompé, et c'est de la seconde invasion des Normands qu'il s'a[...]. — (5) Labbe, *nonis*. — (6) Il y a ici erreur du chroniqueu[r...]t l'observation du père Labbe. Charles-le-Simple était le fi[ls et] non pas le frère de Louis-le-Bègue, et puis Charles-le-Simple ne succéda pas immédiatement à Louis-le-Bègue.

secularis, multas ecclesias et terras a basilica Marcialis apostoli abstulit, et secularibus potestatibus inutiliter concessit. Obiit vii kalendas novembris.

Quintus abbas Fulbertus prefuit annis vi : obiit viiii kalendas februarii. Hujus quinto anno, Odo rex obiit, et Carlus minor regnum recuperavit. Ipso anno Anselmus, episcopus Lemovicensis, obiit v idus februarii, sepultus in basilica Salvatoris, juxta corpus supradicti Aldonis episcopi.

Sextus abbas Fulbertus prefuit annis xx^{ti}; hujus sexto anno, sanctus Geraldus aput Aureliacum obiit, tercio idus octobris, sepultus in monasterio Petri apostoli, quod ipse edificaverat. Hujus abbatis xviiii anno, obiit Willelmus dux comes Arvernis, qui Cluniacum cenobium edificavit (1). Idem abbas Fulbertus obiit kal. februarii.

Septimus abbas Stephanus prefuit annis xvii : obiit xviii kalendas decembris. Hic composuit super altare Salvatoris ecclesiam ex auro et gemmis et argento, quam vocavit Muneram. Hic turres in castello Marcialis duas fecit (2), unam contra Scutarios, nomine Orgoletum, alteram contra Arenas, nomine Fustiniam, precipiente hoc rege Karolo minore ad repellendum Willelmum ducem, Pictavinum comitem, et ex nomine suo ipsum castellum nominavit Stenopolim (3), quasi Stephani civitatem.

Octavus abbas Aimo prefuit annis vi : obiit nonas

---

(1) En marge : *de edificacione Cluniaci.* — (2) En marge : *Nota qualiter iste abbas Stephanus duas turres in castello Sancti Marcialis fecit.* — (3) In catalogo Gallico eorumdem S. Martialis abbatum emendatius dicitur *Stephanopolis*, et portæ dicuntur non turres. (Note de Labbe.)

maii. Hic amiciciam habuit cum sancto Odone, Cluniacensi abbate, cui jussit edere vitam sancti Geraldi. Hic Turpionem, episcopum Lemovicensem, fratrem suum, summo amore excoluit et, tercio post obitum ejus anno, idem sanctus Turpio episcopus obiit vii kalendas augusti. Ex cujus nepte, Ofitia nomine, nati sunt Adalbertus decanus et Rotgerius, patre Fulcherio, in proprio jure hereditario, quod vocatur Capannense (1), juxta castellum Potentiacum (2). Tercius quoque Raimundus, junior natu, germanus extitit amborum, cujus ego Ademarus filius fui matre Hildegarde.

Post Aimonem abbatem, vaccavit abbatia xxxi annis sine pastore(3). Illum enim qui tot annis prefuit tantum, non profuit, nolo in cathalogo abbatum ponere, cum injustum hoc sit; nam habitu nequaquam monachili, sed canonicali, immo laicali, per tot annos principatum loci tenuit, solo nomine abbas. Qui vult ejus nomen scire, Aimiricus (4) vocatus est. Hujus anno decimo, monasterium Marcialis divino judicio igne crematum est. Hic omnem terram monasterii hujus et ecclesias tam parentibus suis quam ceteris secularibus potestatibus dare non timuit. Hic tercio die ante mortem suam, habitum monachi induit, timens perjurium quia regi Lothario in Francia firmaverat, quando a rege abbas constitutus est (5). Nam juravit regi se monachum fieri, sed derisor Dei, hoc usque ad mortem distulit. Qui, nisi scelus presumtionis ejus eum deleret, nonus abbas scriberetur.

(1) Labbe, *Campanense.*—(2) Labbe, *Potentiam.*— (3) En marge: *Nota quot annis vacavit tunc abbatia ista.* — (4) En marge : *Iste Aimericus fuit nonus.* — (5) En marge : *Nota quod rex tunc constitutuit* (sic) *ut hic innuere videtur cronica ista.*

Nonus(1) abbas Guigo prefuit annis XVII : obiit Engolisme, III kalendas octobris, sepultus in basilica Sancti Eparchii ante altare Sancti Stephani, quia et de ipso monasterio abbas erat. Hic Adalbertum supra dictum constituit sibi decanum in basilica Marcialis. Hujus decimo anno, rex Lotharius Lemovicas venit (2), precepitque abbati ut edificaret muros castri. Qui reversus in Franciam, post paucos dies mortuus est, et progenies ejus deinceps regno privata est. Nam frater ejus Karolus in carcerem missus est ab Hugone duce, et ipse Hugo rex factus est. Cujus filius Rotbertus, rex sapientissimus et piissimus, usque hodie vivit. Ipsius abbatis principatu, cripta aurea Marcialis apostoli media nocte igne combusta est (3), cadente candela una minus extincta inter multitudinem candelarum (4); et lapides preciosissimi tunc ab igne corrupti sunt, et quicquid intra domum ipsam erat quod ardere poterat, flammis concrematum est, libri cremati, aurum et argentum liquefactum et intra XV dies cripta aurea cum gemmis a novo restaurata est a Gauberto, custode sepulcri, monacho. Isdem Gauzbertus iconam auream Marcialis apostoli fecit sedentem super altare et manu dextera populum benedicentem, sinistra librum tenentem Evangelii.

(1) Le ms. lat. 11019 porte *decimus*, et ainsi de suite pour les autres abbés, jusqu'au XVe.
(2) En marge: *Nota quod rex precepit abbati quod muros edificaret*. Après *Lemovicas venit*, le ms. du Vatican ajoute seulement : *et Marcialis Willelmo duci prebuit*. — (3) En marge : *Nota cripta beati Marcialis de sepulcro cremata est*. — (4) En marge : *Nota multa mala que contigerunt, candela cadente; unde cavendum a similibus*.

Supradictum incendium in mense junio accidit ante festivitatem Marcialis (1).

Decimus abbas Josfredus prefuit annis VII : obiit v idus octobris. Hujus principatu, plagua ignis super corpora Aquitanorum (2) desevit (3), et mortui sunt plus XL milia hominum ab eadem pestilentia. Ideo Josfredus abbas et episcopi Aquitanie adunati Lemovicas levaverunt corpus apostoli et in Montis Gaudio transtulerunt, et exinde pridie nonas decembris tumulo suo restituerunt, et cessavit pestilentia ignis. Hic de icona aurea loculum fecit aureum cum gemmis, in quo vectum est corpus Marcialis. Hic duas cruces ex auro et gemmis fecit.

Undecimus abbas Adabaldus prefuit annis VIIII. Hic regulariter (4) basilicam Marcialis recuperavit. Hujus principatu, supradictus decanus Adalbertus, vir clarissimus, obiit XI kalendas maii; juxta eum mortuus est ipse Adalbaldus tercio mense, hoc est XI kalendas augusti.

Duodecimus abbas item Joffredus prefuit annis XII^{cim}. Hic coronam auream cum gemmis pendentem ante corpus Marcialis fecit (5); hic a novo basilicam Salvatoris magnifico opere renovavit. Hujus tercio anno, sepulcrum Domini nostri Jhesu Christi aput Jherosolimam confractum est a Sarracenis et Judeis, et cetere ecclesie per ipsam provinciam. Sola ecclesia Betleem, ubi natus est Dominus, confringi non potuit; nam virtus Dei eam deffendit, et Sarracenos qui eam

---

(1) C'est-à-dire avant le 30 juin. — (2) En marge : *plaga ignis hoc tempore fuit.* — (3) Labbe, *deseviit.* — (4) Labbe, *regularem.* — (5) En marge : *ergo mentiuntur qui ipsam Stephani ducis esse dicunt.*

violare venerant pessima morte omnes extinxit. Crepuerunt enim mox ventribus omnes, et ira Dei secuta est super Sarracenos (1), et mortui sunt tam fame quam pestilentia per tres annos Sarracenorum et Judeorum plus quam nongencies c milia. Confractum est autem idem sepulcrum III kalendas octobris et mox ab ipsis Sarracenis cepit reedificari; fuerunt enim timore perterriti. Hujus abbatis XI anno, Dominice vero Incarnationis M et decimo octavo, dominice medie quadragesime nocte, dum intrarent turbe ad matutinos in basilicam vetustam Salvatoris, impressione nimia in introitu portarum quinquaginta duo homines extincti sunt. Obiit ipse Joffredus nonas decembris.

Tercius decimus abbas Hugo prefuit annis VI. Hic in Francia collacionem fecit cum rege Roberto et archiepiscopo Bituricensi, Gauzleno, et cum multis episcopis et sapientibus viris Francie, de apostolatu Marcialis (2) cur alii in apostolorum, alii in confessorum numero eum tenere videbantur. Qui in numero confessorum eum tenebant, ideo hoc agebant quia non putabant esse aliquos apostolos preter duodecim; alii vero hoc agebant quia nomen ejus in quatuor Evangelistis non reperiebant. Qui vero saniori intellectu sapiebant, affirmabant eum esse apostolum unum precipuum post duodecim (3), quia cum duodecim conversatus (4) est et eandem graciam apostolatus, quam et illi, a Domino accipere meruit. In quo concilio ab omnibus deffinitum est non eum numerari nisi in

---

(1) En marge : *Nota de ira Dei.* — (2) En marge : *Nota de apostolatu sancti Marcialis.*— (3) En marge : *precipuum apostolum post xij.* — (4) Le texte impr. de Labbe porte : *conversus.*

cathalogo apostolorum sicut et Johannem evangelistam, qui in pace migravit, debere. Nam plurima testimonia reperta sunt antiquitus eum in letaniis et aliis scriptis apostolum fateri per Galliam et Britanniam, Italiam et Yspaniam (1), et illos Hebionitas hereticos esse qui non credunt preter duodecim apostolos. Nam gesta ejus, canonica semper ab ecclesia recepta, satis declarant privilegium apostolatus ejus, et quia sine omni dubitatione unus est de septuaginta duobus apostolis, quos Dominus misit velut agnos inter lupos (2), quos lxx. II. non solum Greci, verum etiam Lucas evangelista, et Paulus apostolus in epistola ad Corintios prima vocat apostolos. Nam et apud Grecos (3) sapientiores Marcialis apostolus notissimus est. Hic a Francia rediens mox, sicut comperit veritatem in consilio, Marcialem scripsit in letaniis inter apostolos, non confidens disputacioni proprie, sed antiquis testimoniis; et exinde ex toto, non ex parte, Marcialis adclamatus est apostolus ab omnibus catholicis, et confusi sunt Hebionite. Hujus VI anno obiit Rotgerius, frater Adalberti decani, vir clarissimus et meus magister et patruus, VI kalendas maii. Post eum XXX II° die mortuus est idem abbas Hugo VI kalendas junii; quorum animas tibi commendo, Domine Jhesu.

Quartus decimus Odolricus abbas prefuit. Iste comparavit duo pallia leonina et textum evangelii minorem de auro, et fecit dedicare caput istius ecclesie, cum

---

(1) En marge : *Nota ad quas partes fuit nominatus apostolus beatus Marcialis.* — (2) Luc, X, 3. — (3) En marge : *Nota apud Grecos.*

magno honore, et redemit duas ecclesias, muros et castellum; v kalendas octobris obiit (1).

Quintus decimus Petrus abbas prefuit, [qui fecit portam *a Monmelier*] (2). Post eum vi decimus abbas prefuit Mainardus. Septimus decimus loci istius abbas sancte ac venerabilis memorie domnus extitit Ademarus. Hic igitur (3) quantum locum hunc pre ceteris qui ante se fuerant (4) nobilitaverit, qualiterve eum in ordine et religione simulque in rerum temporalium copia ampliaverit, ad plenum ennarrari non potest. Ipse quippe navem monasterii majoris ab altari (5) sancte crucis usque ad portam occidentalem volvi (6), omneque ipsum monasterium honeste deintus depingi ac decorari fecit. Pallium quoque album auro intextum aliaque plurima (7), que preciosa sunt, ipse comparavit. Cappas vero duas candidas, tintinnabulis aureis et argenteis ornatas, ipse fieri fecit (8), alias etiam plures preciosas, necnon et varia ornamenta, casulas, collaria, manipulos, stolas auro gemmisque ac margaritis (9) ornatas, aliaque perplura ipse et emit et

---

(1) Ici le ms. lat. 11019 intercale un abbé; on lit en marge : *sextus decimus abbas fuit Auterius*. Au lieu d'arriver le quinzième, l'abbé Pierre est désigné *septimus xmus*, et ainsi de suite des autres abbés jusqu'au xxive.

(2) C'est peut-être cette porte qui a donné son nom au faubourg Montmailler.

(3) On trouve aux pages 168 et 169 du ms. lat. 11019 une copie un peu différente de ce passage; nous allons en donner les principales variantes.

(4) *fuerunt* au lieu de *fuerant*. — (5) *ab altare* au lieu de *ab altari*. — (6) Labbe propose la leçon *absolvit*. — (7) *pallium album cum regibus, aliaque plurima*. — (8) *cappas duas cum chillis* ...... *emit; armarium librorum*... — (9) Le ms. du Vatican omet le mot *stolas* et porte *margaritas*.

adquisivit. Signa quoque duo illa obtima que nova vocantur, cum reliquis ipse fieri precepit (1). Armarium quoque librorum copia adornavit, claustrum quoque marmoreum ipse fabricari fecit. Refectorium atque dormitorium, infirmarias etiam, que antea non fuerant, reliquasque omnes officinas ipse diligenter construxit et edificavit (2). Terras etiam exteriores et obedientias per omnia augmentare curavit, abbatiam siquidem Vosiencem atque Terracinensem aliasque plures obedientias ipse huic loco adquisivit atque subjecit (3). Post hec igitur et alia bona quam plurima, cum per quinquaginta annos et novem menses locum istum religiose atque fideliter gubernasset, ipsumque, ut dictum est, bonis omnibus adornasset, anno ab Incarnatione Domini millesimo centesimo XIIII in pace quievit x kalendas septembris, et in capitulo quiescit (4).

XVIII extitit B. abbas.

VIIIIX hujus loci abbas fuit dominus Amblardus [de Cluniaco, prior de Silvinico] (5), magne religionis et honestatis vir. In cujus tempore, hoc monasterium cum adjacenti villa incendio concrematum est. Claustrum etiam, et cetere officine que ignis consumere potuit, deletum est. In cujus restitutione predictus pater plurimum laborans, non viliora quam prius consumare studuit. Cellarium tamen, quod vetustate pene dirutum

---

(1) En marge: *signa fecit fieri magna*. — (2) En marge : *claustrum marmoreum et alias officinas fieri fecit*. — (3) En marge : *Vosiencem et Terracinensem aliasque plures obedientias adquisivit*. — (4) B. Itier, dans sa chronique sous l'année 1213, nous apprend que a tombe de cet abbé se trouvait dans la salle du chapitre, devant le pupitre. — (5) En marge : *hic abbas fuit de Cluniaco*.

erat, a fundamento edificavit. Fecit et alia multa bona tam in possessionibus quam in ornamentis. Precipue tamen apud castrum Exidolium de Ademaro vicecomite terram adquisivit, ubi et vineas plantavit et domum cum contigua capella ibi edificavit. Rexit monasterium istud per xx et octo annos ; quievit in pace (1) anno Incarnationis Dominice millesimo centesimo XL. III. Qui precepit consulibus ut facerent muros et fossata (2).

XX istius loci extitit abbas Albertus modo quidem istius ecclesie, vir admodum religiosus et honestus, qui ecclesiam sibi creditam tam in spiritualibus quam etiam in temporalibus pro posse suo augmentare studuit. Nam abbatiam Terracinensem, que amissa fuerat, nobis restituit, et capellas de castello Axie multo labore nobis adquisivit ; adquisivit etiam in pago Lemovicense ecclesiam que vocatur Monasterium, et terram de Usuraco, et in ornamentis casulam purpuream et multa alia. Rexit monasterium istud per tredecim annos ; quievit in pace anno ab Incarnatione Domini millesimo centesimo L. VI ; obiit V idus augusti.

XXI hujus loci extitit abbas domnus Petrus, [prior Cluniaci] (3), vir magne religionis et onestatis. Prefuit per quatuor annos et menses tres ; obiit XII kalendas septembris.

XXII hujus loci extitit abbas bone memorie Petrus [*de Barri*], magne vir honestatis, pravorumque morum rigidus corrector. [Iste Petrus, dum adviveret, multa bona huic ecclesie contulit, et eam inter multas hujus

---

(1) Suivant le témoignage de B. Itier la tombe de cet abbé existait dans la salle du chapitre, au devant du pupitre. — (2) En marge : *Qui precepit consulibus ut facerent muros et fossata castri Lemovicensis.* — (3) En marge : *item alius abbas de Cluniacensibus.*

mundi procellas et turbines fluctuantem pro posse suo augmentari studuit] (1). Edificavit enim a fundamento claustra infirmorum(2), que nulla ibi erant, et a dextra parte ejusdem claustri fecit quam plures domos, que usque hodie fenestrate et picte a transeuntibus cernuntur, necnon et illam per quam ad cameras itur (3) privatas(4). In curia vero ante coquinam fecit illas ligneas, [quarum fenestre apparent]. Magnam autem infirmariam [cum columpnis illis ligneis que intus sunt] (5) lambruscavit, [sed, morte preventus,] eam imperfectam reliquit. Adquisivit etiam ut in vineis Axie, ad colligendas inde decimas, custodes perpetuo haberemus, necnon ecclesiam Sancti Marcialis de Exidolio. Libros autem quam plures, tam paganos quam divinos, [qui in hoc monasterio continentur], fieri fecit. Obedientias vero, videlicet Vernolium, Coseium, Rossacum(6), Roserium non modicis debitis relaxavit, [et multa alia debita persolvit, que gaudens brevitate sub silentio pertranseo]. Circa autem finem vite sue, fecit fieri crucem argenteam ad altare Sancti Salvatoris, xx[ti] duarum marcarum preter aurum et facturas ; fecit ibidem fieri calicem argenteum, cum duabus ampulis, vii marcarum preter aurum et facturas. Reliquit ibi tres marcas ad faciendam(7) quandam crucem, et quatuor marcas ad duos textos et filacteria quedam, que satis valent x marcas. Ad anniversarium vero suum sollempniter annuatim pera-

---

(1) Les crochets indiquent les passages ajoutés d'après le ms. lat. 11019. — (2) En marge : *fecit fieri claustra infirmorum et alias domos*. — (3) Le ms. lat. 11019 porte *tenditur*. — (4) En marge : *videlicet cameram pictam*. — (5) En marge : *videlicet los pl*. — (6) Le ms. lat. 11019 porte *Coseum*, *Rosacum*. — (7) Lat. 11019 *reficiendam*.

gendum reliquit xl libras, ad emendam terram vel peccuniam de quo fieri posset, [et multa alia bona que longum esset enumerare.] Rexit autem hanc ecclesiam per tresdecim annos et octo menses, quibus transactis, per veram confessionem et piam cordis contricionem, iii idus septembris, sicut religiosus christianus, in bona pace vitam finivit et celo spiritum, ut credo, reddidit](1) anno ab Incarnatione Domini millesimo centesimo lxx. iiii, in quo anno sedata est tempestas inter Henricum, probissimum regem Anglie terre, et filios suos, que fere per duos annos duravit. Item reliquit ad jam dictum altare duo candelabra argentea vii marcarum, et duos textos argenteos, et xx^{ti} cubitos lati aurifrisii ad cappas ornandas.

Explicit feliciter.

[Hec autem huic libro commendare dignum duxi, ne forcia gesta tanti et eximii patroni oblivioni tradantur, et in futuro noticiam habeantur. Si vero aliquis, instigante diabolo, quod absit, aliqua malivolentia ista de hoc libro radere vel aliquo modo delere presumpserit, omnipotentis Dei iram, cujus ipse minister fuit, incessanter incurrat. Humatus vero juxta abbatem Albericum, ante bibliotecham claustri.]

Vicesimus quintus abbas hujus loci fuit dominus Isenbertus, vir mitissimus et quietus, et apud potentes plurimum graciosus. Hic adhuc juvenis prioratum de *Rofiec* (2) primo tenuit, in quo monasterium, claustra, domos et omnes officinas et muros per circuitum

---

(1) Le ms. du Vatican porte seulement : *octo menses, obiit iiij idus septembris, anno,* etc.

(2) En marge : *Nota de Isemberto abbate, qui edificavit prioratum de Roffiec.*

ab ipsis fundamentis edificavit et ipsum monasterium utensilibus adornavit, tabulam et capsam deauratam ad reponendum corpus sancti Alpiniani ibidem fecit, et locum copiosissimis ampliavit redditibus, ut cum ibi vix duo monachi viverent, modo septem sufficienter maneant, et honeste domum infirmarie Lemovice ad instar palacii regalis extollens confirmavit. In prepositura de Vernolio cccc solidos annuatim reddendos adquisivit. Ex quibus x libras agmentum vestiture fratrum donavit, molendina ad Aquas Sparsas edificavit, de cujus censu lx solidos ad procuracionem fratrum feria II post Misericordia Domini(1) annuatim instituit, et xl sol. ad anniversarium suum de eodem censu similiter constituit. Capellam que est in cimiterio edificari et dedicari fecit, cellarium justa capellam Sancte Marie construxit, conventum populorum coram legatis et pontificibus Romanis Alexandro III° et Lucio nichilominus tercio legitime recuperavit. Exactionem, quam episcopus Lemovicensis vel canonici sub nomine confratrie a populo violenter expectabant, sedulis reclamationibus irritam fecit. Pro his et hujuscemodi bene gestis, licet diverso tempore, infinitum expendit argentum. Cenobium quod dicitur *Arcx* cum pertinenciis suis adquisivit, et *Mansac* de III. millibus sol. redemit. Instituit etiam pro salute anime sue, et unde nos et ille pariter a debitis nostris super exequiis defunctorum minus plene persolutis aliquantulum valeamus relevari (2), v. missas in quinque abbatiis pro defunctis per singulos dies in perpetuum celebrari,

---

(1) Le lundi de la semaine qui suit le 2ᵉ dimanche après Pâques.
(2) En marge: *Nota nos relevari*.

videlicet in ista Lemovicensi, Sancte Marie Dolensi, Sancti Petri Prulin., Sancte Marie de Misericordia Dei, S. Marie de Columna ; instituit etiam ut feria II post dominicam qua cantatur Misericordia Domini, generale anniversarium (1) pro se et pro fratribus nostris et pro omnibus in nostro cimiterio quiescentibus annuatim solemniter fiat, cum processione a fratribus et presbiteris per totum cemeterium facienda. Eodem vero die, omnes presbiteri qui albis induti interfuerint, panem et vinum, sicut unus de fratribus, de redditu quem ipse aquisivit habebunt. Similiter CC pauperes in elemosina et CCC in pistrino et fratres in refectorio de redditibus ab eodem aquisitis procurantur, sicut in regula nova scriptum habetur. Qui, cum ecclesiam istam inter procellas et varios eventus hujus seculi per XXIIII annos strenue rexisset, per unum mensem antequam decederet cure pastorali in capitulo resignavit, et, cum ad diem prefixam peragendis electionibus tam domnus abbas Cluniacensis quam priores et prepositi et alii multi ex nostris pariter convenissent, in bona confessione inter omnes qui simul convenerant animam exalavit (2), nocte videlicet precedenti diem electionis, dum conventus completorium celebrasset. In crastino libere electio celebrata est. Feria ij traditur honorifice sepulture, presentibus episcopis J. Lemovicensi (3), G. Caturcensi (4), et abbatibus Hu. Cluniacensi, Hu.

---

(1) On trouvera plus loin aux pièces justificatives la charte de fondation de cet anniversaire.

(2) En marge : *obitus mirabilis*. — (3) Jean Ier de Veirac, élu évêque de Limoges le 7 juin 1197, d'après une note de B. Itier, et non pas vers 1200, comme le disent les Bénédictins (*Gall. Christ.* t. II, col. 527). — (4) Guillaume III.

noviter electo Sancti Marcialis, Sancti Petri Solemniacensis, Sancti Augustini, Sancti Martini anno м° cc° minus ij°, mense septembris.

Vicesimus vj^us fuit abbas Hugo de Brussia. Prefuit annis XIIII et VI menses, in bona corporis valitudine. In cena Domini (1), postquam in capitulo mandatum fratrum ex more complevit, antequam se [post] completorium collocasset, percussus est morbo incurabili, ita quod, sensum retinens, vix propria amicorum nomina recitare valeret. Cumque per annum integrum a medicis non posset sanari, vergebat istud cenobium ad detrimentum, cum nec ipse illud gubernare sufficeret, nec a fratribus monitus, regimini resignare vellet (2). Unde contigit, in illis diebus, qu[and]o Johannes, rex Anglorum, castrum de Axia cepit (3), quod quidam monachus, nomine Alelmus, predicti Regis penitenciarius, ad nos veniens, societatem nostram in capitulo obtinuit, et statim ad abbatiam adipiscendam anelare cepit.

Secundo anno (4), mense augusto, visitavit hunc locum quidam legatus natione Anglicus, Robertus de Corso, populos admonens cruces facere ad terram Jherusalem liberandam. Unde domnus Hugo abbas, ei placere gestiens, crucem in umero sponte suscepit, et J., episcopus Lemovicensis, similiter. Deinde legatus, perpendens abbatem esse insufficientem, et cum alium

(1) En 1213.
(2) En marge : *hic, ut dicitur, resignavit abbacie, et postea fuit prior de Duno et de Roffiec, et prepositus Sancti Benedicti de Saltu.* On trouvera le fait de cette résignation énoncé dans la suite de la présente chronique. Voy. ci-après, p. 19.
(3) En marge: *quo tempore castrum Axie a Joanne, Anglie rege, captum fuerit.* — (4) En 1214.

apostolica auctoritate ad placitum suum in ejus loco vellet intronizare, cepit rogare conventum in capitulo, ut tam abbas quam monachi hujus loci ordinationem in eum ponerent : quod abbas, quasi de ipso bene confidens, adquievit; sed conventus ei nullo modo in hoc adquiescere voluit. Qui cum a nobis recessisset, lx libras *de Tornes* ab abbate nostro pro munere suscepisset, et eum confirmasset in abbatem, post duos menses iterum mandavit tam abbati quam majoribus istius loci, ut in festo sancti Dionisii (1) *à Peiteus* ipsi occurrerent; quod cum fecissent, ex insperato abbatem deposuit, et, monachis appellantibus, Alelmum supradictum abbatem eis nominavit, quem postea episcopo Engolismensi benedicere fecit, nullo de monachis nostris consenciente.

Cumque hoc ad aures nostras pervenisset, omnes simul in unum congregati, affirmavimus nos hunc Alelmum pro abbate nullo modo suscipere, nisi per dominum papam coacti. Tunc mandantes prepositos et priores nostros, diem electionis assignantes dominica infra octabas S. Martini (2), more antiquo, electio facta est de Petro la Girsa, tunc preposito de *Rossac*, qui tunc erat diaconus, quem statim J., episcopus Lemovicensis, confirmavit, sed benedictionem ei dare distulit. Cumque generalis sinodus Rome in anno sequenti (3) immineret, Alelmus illuc perrexit ; sed P. electus noster, infirmitate detentus, pro se nuncios misit, qui domino pape nichil obtulerunt, sed .vi^m. solidos inutiliter expenderunt (4). Cumque post Epiphaniam

---

(1) Le 9 octobre. — (2) Le 16 novembre. — (3) En 1215. — (4) En marge : *Nota qualiter procuratores hujus loci inutiliter*

domnus papa Innocentius III^{us} causam nostram audisset, extimplo electum nostrum cassavit, et nos privilegio eligendi privavit ; insuper Johannem episcopum vehementer increpavit, quod talem electionem confirmasset. Post duos menses dedit commissionem R. *las Tors*, episcopo Petragoricensi, et P. *Rossinhol*, decano Engolismensi, et G., archidiacono Sanctonensi, ut, ad hanc ecclesiam personaliter accedentes, prefatum Alelmum, si possent probare fore ydoneum, abbatem preficerent, et nos ad exhibendam ei reverentiam auctoritate apostolica compellerent : qui, accepta commissione, diem nobis assignaverunt in festo sancti Laurencii (1). Sed infra hos dies audita est repentina mors domini pape (2).

Tunc convenerunt multi sapientes et jurisperiti a nobis rogati. Sed Girardus, abbas Cluniacensis, misit pro se priorem Nivernensem et magistrum J. *lo Gales*, qui omnes jurisperitos sciencia preibant. In primis dictum est ad .III. judices, eos fore privatos potestate judiciaria ; sed ad dandum consilium, qualiter ecclesia ydoneum pastorem haberet, socii sunt admissi.

Lecta epistola domini pape, apparebat nullum alium abbatem esse, nisi Alelmum, si ydoneus a judicibus comprobaretur : quod revera contigisset, nisi mors summi pontificis intervenisset. Cumque temptatum omnimodis fuisset si aliquis ex nostris eum [reciperet], et nullus fuit inventus. Quid plura ? Omnes simul tam monachi quam clerici et laici in capitulo convenerunt et Alelmum rogaverunt ut daret pacem ecclesie perin-

---

expenderunt peccunias sibi commissas ab antiquo tanquam homines de Lemovicis quanto pejus possunt in omnibus se habentes.

(1) Le 10 août.— (2) Innocent III, mort le 16 ou 17 juillet 1216.

clitanti, et acciperet de bonis ecclesie quicquid vellet :
qui cum precibus nostris annuisset, juravit unus pro
omnibus aliis, Aimonius nomine, quod ad arbitrium
trium judicum erga Alelmum provideretur. Quo facto,
P. *d'Analac*, capicerius, et R. Gaucelmi, vini cellararius,
et R. de Longa, frater abbatis Vosiensis, qui .III. ydonei
admodum ad abbatiam regendam censebantur, adjunctis sibi prepositis Cambonensi et Palnatensi, cum
tribus predictis judicibus in sepulcrum sunt ingressi,
et post duas horas egressi et in capitulum ingressi,
dixit decanus Engolismensis quod cum summa concordia P. capicerium in abbatem elegissent. Quo audito,
cum *Te Deum laudamus* incoassent, in sedem miserunt; et postea in capitulum ingressi, Subterraneam et
centum marchas argenti Alelmo dari censuerunt. Hoc
autem factum est anno gracie M. CC. XVI°, in festo sancte
Radegundis regine (1) ad vesperas, et post ingressi in
refectorium ad prandium, qui fere omnes jejuni erant;
dominica infra octavas Assumptionis (2) benedictionem
accepit, et missam cantans, sex abbates eum cum processione susceperunt.

[Anno] M. CC. xiij, incepit infirmari Hugo in Cena
Domini.

[Anno] M. CC. xiiij, resignavit abbacie predicte et
transtulit se apud Sanctum Benedictum *de Saus* et ibi
decessit (3). Post eum eligitur quidam monachus Anglicus, nomine Alelmus, per Robertum de Corso,
legatum in Francia, conventum appellantem et con-
tradicentem, et conventus elegit communiter Petrum

---

(1) Le 13 août. — (2) Le 21 août. — (3) En marge : *Nota ubi
decessit Hugo de Brucia abbas.*

de la Guirssa, prepositum de Rossaco, et fuit confirmatus a Johanne, episcopo Lemovicensi, non benedictus, sed in sede receptus per annum et tres menses. Postea fuit cassatus et depositus per dominum papam propter dicenssionem dicti Alelmi, prout superius est expressum. Isti duo, Alelmus nec Petrus, non sunt conputati in numero abbatum.

Vicesimus vii^{us} abbas prefuit Petrus de *Nalhac*, prepositus de Sancto Valerico. Annis .iiii. et .iii. mensibus rexit hanc ecclesiam sine capicerio (1).

Vicesimus octavus prefuit abbas Willelmus de *Jaunhac*, prior de Monmorlho. Rexit ecclesiam annis quinque et .vi. mensibus; obiit in vigilia sancti Georgii (2) anno m. cc. vicesimo.

Vicesimus nonus prefuit hujus loci abbas dominus Raimundus Gaucelmi, qui liberavit et exoneravit abbatiam magnis debitis (3); que in tantum erat honerata et apauperata tempore suo, quod ipse voluit resignare. Postmodum vero inceperunt miracula beati Marcialis crebrescere, et abbatia bonis affluere et in tantum habundare, quod debita plurima solvit, et partem claustri regularis a parte monasterii, ubi sunt ymagines apostolorum lapidee, dictus abbas de proprio suo hedificavit; et constitit illa pars .xx^{ti}. millia solidorum.

Item, hedificavit novas domos abbatis omnino et funditus de novo, silicet aulam, cameram, coquinam, cum aliis cameris appendentibus; et constiterunt .xxx^{ta}. millia solidorum vel circa.

(1) En marge : *Nota quod ille abbas rexit abbaciam per quatuor annos sine capicerio.* — (2) Le 22 avril. — (3) En marge : *Nota hic multa bona que fecit dominus R. abbas.*

Item, fecit plurima ornamenta ecclesiastica, videlicet cappam, casulam, dalmaticam, cortiballum de samicio albo; item, plurima vestimenta et ornamenta alia.

Item, hic liberavit villam de Subterranea a comite Marchie, qui violenter usurpaverat sibi altum dominium et bassum, et recipiebat singulis annis ab hominibus de Subterranea .IIII^{ter}. viginti libras Tur. pro tallia, et uxor sua, regina quondam Anglie (1), decem libras Tur.; et plurimas injurias et exactiones faciebat dictus comes in terra prepositatus Beate Marie de Subterranea, a quibus omnibus predictus abbas villam, prepositatum et terram liberavit, et in prosequendo causam hujusmodi coram rege Francie plures expensas fecit.

Item, tempore suo, fuit facta ordinatio inter monasterium nostrum et monasterium Canbonense.

Item, hic movit et tenuit causam contra Cluniacum usque ad obitum suum, et plura bona fecit in hoc monasterio. Obiit anno M. CC. XL, quinta die septembris intrante.

Tricesimus abbas hujus loci fuit Guillermus Amalvini; prefuit annis .XV^{cim}. et .VIII. mensibus, vir religiosus et discretus in spiritualibus et temporalibus. Obiit in vigilia Sancti Laurencii (2), anno M. CC. LX primo.

Tricesimus primus fuit Guillermus de Marolio; prefuit annis .X^{cim}. et sex mensibus.

Hic fecit domos abbatis cementari seu indui, et desuper tronari seu tabulatu parari.

---

(1) En note: *Nota quod regina Anglie fuit uxor comitis Marchie, et illa fecit magnam turrem in Crosenco.* — (2) Le 9 août.

Item, fecit fieri appendicia, ubi sunt coquine et camere private infirmarie.

Item, fecit fieri aulam et duas cameras apud Vernolium.

Item, hic sustinuit defectum vini duabus continuis annatis, et constitit vinum .xxx^{ta}. viij milia solidorum.

Item, hic emit a domino Hugone de *Pairac*, milite, medietatem homagiorum cástri Lemovicensis ad vigerios pertinencium, et partem lede castri Lemovicensis.

Item, emit a venerabili viro domino Guidone de Brucia, milite, in parrochiis *de Saralhac*, et de Gora xl.vIII. solidos renduales, et .vIII. sextaria frumenti, et vII. homagia, et unum convivium; quem convivium debet capellanus *de Saralhac*.

Item, emit decimam *deu Brugayrens*, que valet xxxvIIII. sest. bladi vel circa.

Item, emit mansum Jo. Vincencii in parrochia Sancti Lazari, et alia plura bona fecit. Obiit in Cathedra sancti Petri (1), anno Domini m. cc. septuagesimo primo.

Tricesimus secundus abbas fuit Jacobus, prior de Calesio; et fuit electus die Veneris post Pascha, que fuit pridie kal. maii (2), anno Domini m. cc. septuagesimo secundo; et in festo apostolorum Philippi et Jacobi (3) fuit confirmatus et benedictus a domino Aymerico, episcopo Lemovicensi, in octabis Pasche; et obiit anno Domini m°. cc°. lxx°. quinto, in crastinum beate Agathe (4), apud *Crassai* in Bituricis, redeundo de curia regis Francie, ubi litigabat cum rege

---

(1) Le 12 février 1272. — (2) Le 30 avril. — (3) Le 1er mai. — (4) Le 6 février 1276.

Anglie et cum vicecomitissa Lemovicensi. Et fuit sepultus sequenti die Mercuri[i](1) Lemovicis, que dies erat VII. mortis ejus.

Tricesimus tercius dominus P. de Sancto Valerico (2).

Tricesimus quartus fuit abbas dominus Geraldus *Faydit* (3).

Tricesimus quintus, Guido *la Porta*, frater Raynaldi *la Porta*, episcopi Lemovicensis; qui Guido fuit depositus per Bonifacium papam.

Actus et modus (4) istorum plenius alibi sunt (5) descripti.

Tricesimus sextus hujus loci abbas est dominus Galhardus de Miromonte, olim abbas Monasterii (6); de quo fuit provisum huic abbacie per dictum Bonifacium in Romana curia, post deposicionem dicti Guidonis.

Tricesimus septimus abbas fuit dominus Helias Gaufridi de Chabrinhaco (7), qui fuit electus anno Domini M°. CCC^{mo}. xj, die... (8) mensis novembris; et decessit anno Domini millesimo CCC^{mo}. xxxix, die ultima marcii.

---

(1) Le mercredi 13 février.

(2) Sur Petrus de Sancto Valerico à peine indiqué ici, voy. la chronique d'Hélie du Breuil sous l'année 1276, et deux chroniques anonymes de St-Martial sous la même date et sous l'année 1295. Après avoir été élu, il reçut la bénédiction comme abbé de Saint-Martial, le 21 juin 1276; il est mort le 29 janvier 1295.

(3) Sur Geraldus Faydit mentionné si brièvement ici, voir plusieurs chroniques anonymes de Saint-Martial de Limoges, et entre autres celle qui relate sa mort arrivée en 1298. Voyez ci-après.

(4) La copie de Gaignières porte *mores*. — (5) Gaign. *sunt alibi plenius*. — (6) Gaign. *Mathei* aut *Mauriaci*. — (7) Gaign. *Chabrignhaco*. Chabrignac, arr. de Brives (Corrèze). — (8) La date du jour est restée en blanc dans le manuscrit.

xxxviij^us abbas fuit dominus Guillelmus de Ventodoro (1), frater domini de Donzenaco, qui fuit electus anno predicto .xxxix., et obiit anno millesimo ccc. [xl.] (2).

Tricesimus nonus abbas fuit dominus Helias de Lodio, de loco de *Colaures* (3), Petragoricensis diocesis, qui fuit electus anno Domini m°. ccc°. xl. die… mensis…. (4), et obiit anno Domini millesimo ccc^mo lxj°.

Quadragesimus abbas fuit dominus Aymericus de Brolio, oriundus de loco vocato *Leychonsier* (5), parrochie de Bonaco, Lemovicensis diocesis. Hic fuit a puericia indutus et nutritus (6) in presenti monasterio ; deinde fuit magister puerorum (7), et post prior claustralis et prepositus de Rossaco, demumque (8) fuit electus die (9)…. mensis, anno Domini millesimo ccc°. lxj. Iste obtinuit a domino Gregorio papa xij° (10) conservatoriam perpetuam pro monasterio, et privilegium de creando penitenciarios qui absolvunt (11) et dispensant, tempore (12) ostencionis capitis sancti

---

(1) Gaign. *Ventadoro.*

(2) Nous restituons la date de sa mort d'après le *Gallia Christ.*, t. II, p. 563; il avait pris possession de l'abbaye le samedi avant la décollation de saint Jean-Baptiste.

(3) Gaign. *Colamel.*

(4) Les dates du jour et du mois sont restées en blanc dans le manuscrit.

(5) Gaign. *Leychousier.* — (6) Gaign. *novitius.* — (7) Gaign. *novitiorum.* — (8) Gaign. *denique.*

(9) La date du jour et du mois est restée en blanc dans le ms.

(10) Sic, sans doute, pour *Gregorio papa XI.* Grégoire XI est mort en 1378; Grégoire XII appartient aux premières années du xve siècle.

(11) Gaign. *absolvant.* — (12) Gaign. *quando fit.*

Martialis, de omnibus, ut alii de curia Romana. Obiit die .xiij. januarii anno a nativitate Domini м⁰. ccc⁰.ᵉ lxxx⁰. iij⁰, et fuit sepultus in capitulo cum preffato domino H. Gauffridi abbate xxxvij⁰, quondam avunculo suo. Tempore istius, idem dominus papa Gregorius fecit fieri preciosum jocale ad recondendam benedictum caput sancti Martialis (1).

xlj^us abbas fuit dominus Geraldus Jouviondi (2), de loco de Jouvionderia prope Treynhacum (3), Lemovicensis diocesis. Hic fuit abbas Sancti Martini Lemovicensis, et post (4) fuit abbas Karrofensis (5), et postea fuit hic electus die februarii anno jam dicto (6). Hic

---

(1) Le chroniqueur veut sans doute désigner les deux coupes d'or d'un travail précieux, entre lesquelles était renfermé le chef de saint Martial. Elles avaient bien été données par le pape Grégoire XI, mais non pas en 1380, comme le disait l'inscription tracée sur les coupes elles-mêmes. On sait qu'elles étaient aux armes de ce pontife, surmontées de la tiare et de deux clefs en sautoir, avec cette légende au-dessous : « PP Gᵉ GORI XI donet aquestas coppas l'an M CCC IIIIˣˣ. B. Vidal me f. (me fecit); » C. N. Allou, *Descr. des monuments de la Haute-Vienne*, p. 238. Pour tout concilier, on peut supposer que le travail et la matière précieuse avaient été confiés à B. Vidal qui ne l'avait terminé qu'en 1380, c'est-à-dire deux ans après la mort du pape.

(2) Gaign. *Bernardus*. Dicitur Geraldus in possessione B. de Bonavalle episcopi 1391 et in actis capitularibus ecclesiæ Lemovicensis 1387. Le *Gall. Christ.*, t. II, col. 564, le nomme Geraldus de Jovion.

(3) Gaign. *Treinacum*. Treignac, arr. de Tulle (Corrèze).

(4) Gaign. *Post ea*. Avant l'année 1379, époque à laquelle son successeur Stephanus Maliani gouvernait l'abbaye de Saint-Martin.

(5) Gaign. *Carroufensis*.

(6) En 1384. Voy. du reste sur cet abbé la chronique de Saint-Martin rédigée par Pierre Coral (*Hist. de Fr.*, t. XXI, p. 795, a. b.).

recuperavit dictum jocale et viridarium nostrum quod est juxta muros ville. Obiit die. ij. marcii, anno a Nativitate Domini M°. CCC°. XC°. j°.

xlij^{us} abbas dominus Stephanus Almoynii (1), natus de loco de Valle Alba, de comitatu Marchie, Lemovicensis diocesis.

xliij^{us} abbas dominus Petrus de Drolliis (2), alias Jouviondi, nepos preffati quondam domini Giraldi, licenciati in decreto (3) qui, inquam, fuit prepositus de Combis et officialis Lemovicensis, et postmodum abbas Sancti Augustini, et deinde effectus est abbas Sancti Marcialis, ubi requiescit, et, in suo tempore, fecit fieri grebam (4) sancti Marcialis existentem in s[e]pulcro, et quam plurima alia bona in eodem monasterio fecit.

Quadragesimus quartus abbas fuit dominus Bartholomeus Audierii, qui, a principio sui temporis, fuit prior de Duneto et demum effectus fuit abbas sepedicti (5) monasterii Sancti Marcialis.

Quadragesimus sextus abbas fuit dominus Petrus de Verseilhis (6), qui, in suo tempore, postmodum effectus est episcopus de *Meaulx*.

Quadragesimus septimus abbas fuit dominus Jacobus Jouviondi, nepos dictorum Petri et Geraldi, qui, a

---

(1) Gaign. *Exmoini* ou *Almexdis*.

(2) Dicitur Petrus de Drulhis in actis capitularibus ecclesiæ Lemovicensis 1412. (Note de Gaignières.)

(3) Gaign. *in decretis*. — (4) Gaign. *glebam*. — (5) Gaign. *predicti*.

(6) Gaign. *Versilhac*. D'après le *Gall. Christiana*, il cessa d'être abbé en 1433, pour devenir évêque de Digne, puis évêque de Meaux le 9 octobre 1439 jusqu'au 11 novembre 1446, époque de sa mort.

principio sui temporis, fuit prepositus de Rilhaco et de Sancto Augustino, [prepositus eciam de] Seniaco (1), et postmodum prepositus de Subterranea, et [permulta] (2) bona in eodem prepositatu fecit et a post (3) fuit abbas Sancti Sipriani extra muros Pictavenses(4), et eciam multa bona in eadem abbacia fecit, et deinde fuit abbas Sancti Marcialis. Qui, dum vivebat in eadem abbacia, multa bona fecit(5), et edifficare(6) fecit domum abbacialem ejusdem monasterii, [et domum prepositi] de Cozeyo, ac eciam domum sive castrum [*de Bellovidere*. Dedit] eidem monasterio [quamdam pulcram cappam], quam plurima alia bona extra villam Lemovicensem fecit, et fundavit unum anniversarium pro ejus anima suorumque parentum in eodem monasterio Sancti Marcialis, et postmodum permutavit eamdem abbaciam cum nepote suo cum abbacia Sancti Martini et cum decanatu de Rivo Petroso, et a post fuit episcopus Andrensis; cujus corpus in capitulo Sancti Marcialis est in tumulo quondam avunculi sui Petri de Drolliis: requiescit juxta tumulum eciam quondam Geraldi, avunculi ejusdem domini Jacobi Jouviondi (7). (Lat. 11019, p. 67-90.)

(1) Gaign. *et prior de Seinaco*. — (2) Gaign. *qui plurima*. — (3) Gaign. *post*. — (4) Gaign. *Pictavi*.

(5) Il augmenta la bibliothèque d'un certain nombre de volumes. Voyez mss. lat. 315, 404, 2268, 2372, 2637, 3154, 3582, 3804 A., 5257.

(6) Gaign. *edificari*.

(7) Dicitur episcopus Andrensis 1457, quo tempore Jacobus Jouviondi, nepos ejus abbas S. Martialis in possessione J. Barton, episcopi Lemovicensis et alibi 1473 et præpositus de Subterranea. (Note de Gaignières.)

II.

CHRONICON BERNARDI ITERII

ARMARII MONASTERII S. MARCIALIS.

   Adam c. xxx.
   Seth c. v.
   Enos xc.
   Cainan lxx.
(Lat. 1338, fol. 1 v°.)
   Malalehel lxv.
   Jareth c. lxij.
   Enoch lxv.
(fol. 2 r°.)
   Matusalam c. lxxxvij. Prima ætas.
   Lamech c. lxxxij.
   Noe anno D. c. venit diluvium.
(fol. 2 v°.)
  Prima ætas M. DC. lvj annos juxta Hebreos (fol. 5 v°.)
   Sem c.
   Arfaxath xxxv.
   Sale c. xxxiiij.
(fol. 3 r°.)
   Heber c. xxxiiij.
   Falech c. xxx.
   Reu c. xxxij.
(fol. 3 v°.)

Nachor lxxix.
Thare lxxj.
Abraham .lxxx. genuit Ismahel, qui genuit .xij. duces. Tercia ætas cepit a nativitate Habrae. Ninus, rex Assiriorum, regnavit (1).

(fol. 4 r°.)
Abraham c.
Isaac .lx. Apud Argos regnavit Inachus ann. l. cujus filia Io. Memphis condita. Jacob c. xxx. ivit in Egiptum.

(fol. 4 v°.)
Ab archa Noe usque ad archam Moysi fuerunt anni m. cccc. xlv. (Lat. 572, fol. 150 r°.)

Moyses rexit Israel annos xl. v^{que} libri Moysi .iij. m. annos continent.
Josue xxvj.
Othoniel xl.

(fol. 5 r°.)
Aoth lxxx.
Debora xl.
Gedeon xl.

(fol. 5 v°.)
Abimelech iij.
Thola xxxiij. Priamus regnat in Troja.
Gair xxij.
Jepte vj.

(fol. 6 r°.)
Sub judicibus d anni et amplius. (fol. 262 r°.)

---

(1) On lit au fol. 253 r° : Ante Urbem conditam anno m° ccc° Ninus, rex Assiriorum, regnare cepit.

REGES JUDA.	REGES ISRAEL.
Saul.	Jerobam.
David a. xl. Latinus Silvius in Italia a. l.	Nadab.
	Baasa.
Salomon.	Hela.
Roboam.	Zamri.
Abia.	Achath.
Asa.	Ocosias.
Josaphat.	Joram.
Joram.	Jeu.
Ochosias.	Joas.
Amasias.	Jeroboam.
Ozias.	Zacharias.
Joathan.	Sellum.
Achat.	Manahen.
Ezechias.	Phaceia.
Manasses.	Phacee.
Amon.	Osee.
Josias.	Migraverunt. x. tribus de Judea.
Joachat.	
Joachin.	A divisione regni fluxerant anni cc. xl.
Joachim (1).	
Sedechias.	(fol. 144 v°.)
Regnatum est annis D. C. xiiij.	
Aristobolus.	
Alexander.	
Alexandra.	
Aristobol. (fol. 144 r°.)	

(1) On lit au fol. 262 r° : Ab Adam usque ad captivitatem Babilonie III M. D. [annos], menses VI, dies X.

Qui primi in Italia regnaverunt.

Janus.
Saturnus.
Picus.
Faunus.
   Isti iiij^{or}. c. l. annos regnaverunt.
Latinus. Troja capitur, expletis a mundi principio annis iiij^{or}. milibus xviij.
Eneas a. iij.
Ascanius qui et Julius xxxiij.
Silvius xxx. ix annis.
Eneas Silvius a. xxx. j.
Latinus Silvius a. xl., David super Israel regnante.
Alba Silvius a. xxxix.
Egipcius a. xx. iiij.
Capis Silvius xxviij.
Carpentus Silvius.
Tyberinus.
Agrippa Silvius. Omerus.
Aremus Silvius.
Aventimus Silvius.
Procas Silvius.
Amulius.
Numitor. (fol. 144, r°.)
Romulus a. xxxix.
Numa Pompilius a. xl.
Tullus Ostilius a. xxxij. Bizancium civitas condita.
Ancus Marcius. a xx.iij.
Priscus Tarquinius a. xxxvij.
Servius Tullus a. xxx.iiij.
Tarquinius Superbus a. xxx.iiij. Cirus, rex Persarum, relaxavit Judeos captos.

Ita Rome regnatum est per reges annis cc. xl. tribus.

Tarquinii Superbi temporibus, castissima Judith Olofernem peremit. Pitagoras claruit.

Hinc consules cepere, pro uno rege duo.

Hac causa creati, ut si unus malus esse voluisset..... (1) (fol. 143, r°.)

Consules regnaverunt post vij reges, annis cccc.lxvij. Nam cum Romani regum superbam dominationem non ferrent, annua imperia binosque consules sibi fecerunt. (fol. 146, v°.)

Ptolemus Philadelphus cccc. Elephantos ex Ethiopia adduxit. (fol. 262, r°.)

dcc. anno a condicione combusta est Kartago in Affrica, post annos xxij reparata. (fol. 228, r°.)

Julius. . . . . . cia occiditur (fol. 158, v°.)

Anno sexagesimo ante incarnationem Domini, Gaiius Julius Cesar primus Romanorum Britannias bello pulsavit et vicit, nec tamen regnum ibi potuit obtinere. (fol. 147 r°.)

Ab Alexandro usque ad Augustum anni ccc^{ti} (fol. 147, r°). Romani, tempore Augusti, quia pax fuit continua per xij^{cim} annos, templum pacis edificaverunt, quod pulcherrimum erat in oculis hominum et mirabilissimum; qui consulentes Apollinem de duratione illius templi, acceperunt ipsum duraturum quousque pareret virgo. Hoc audientes, eternum esse crediderunt, quia impossibile eis videbatur de virgine paritura. Unde in foribus illius templi titulum scripserunt : TEMPLUM PACIS ETERNUM. Nocte vero qua beata Virgo

---

(1) La suite de la phrase manque dans le manuscrit.

peperit, destructum est, ita ut non remansit lapis super lapidem in templo. (Lat. 2770, fol. 161 v°.)

Anno Mundi v. m. d. evoluto et altero incipiente, facta est incarnatio Christi 1^a die mensis Nisan, qui apud Hebreos 1us creatus. Nota? Gabriel nature tocius mundi gaudii optulit evangelia; sic resurrectionis ejus dies eadem 1^a mensis die, contra et tamen secundum apostolicas traditiones. (fol. 1 v°.)

Ab Abraham usque ad Christum anni ii. m. xv. (fol. 262 r°.)

Ab Alexandro usque ad Augustum anni ccc^{ti}. (fol. 147 r°.)

Augustus ann. l. vi. m. vi. (fol. 158 v°.)

A passione Christi usque ad transitum s. Martini, episcopi, sunt anni. ccc. xij : obiit anno xl. v., ut reor. (fol. 219 v°.)

Tiberius xvii annos. (fol. 158 v°.)

xxxvij. Stephanus lapidatus est. (fol. 3 r°.)

Gaius Caligula..... in palatio occiditur. (fol. 158 v°.)

Anno gracie xl^o. Petrus pergit Romam, ubi 1us per annos xx. v prefuit (1).

L. Claudius imperat. (fol. 3 r°.)

Anno gracie xl. vj, in diebus Azimorum, dissentione facta in Jherusalem, conculcata circa portarum exitus Judei perierunt circa xxx^{ta} milia. Tunc apud Athenienses supra scripta ara ignoto Deo. (fol. 3 r°.)

Anno gracie quadragesimo sexto, Claudius secundus Romanorum Britanniam adiens, plurimam insule

---

(1) Ici B. Itier plaçait la mention de la mort de 30,000 Juifs à Jérusalem, qu'on va lire; le commencement seul varie : xlvj, anno x., xxx. m. Judeorum perierunt, etc.

partem in dedicione recepit, et Orcades quoque insulas Romano adjecit imperio. (fol. 148 r°.)

Anno gracie L^{mo}. Claudius imperat. His temporibus, visa est avis illa phœnix, quemadmodum scribunt Egipcii, que ante sexcentos annos et .l. iiij^{or} apparuerat, et Dexippus in hoc concordat. (fol. 147 v°.)

[Cl]audius a. xiiij. veneno extinctus ab Agrippina uxore sua.

[Nero a.] xiij. Prima persecutio Christianorum. Se ipsum perimit.

. . . . Occiditur.

[Galba M.] xiij. Occiditur.

[Vitellius] . . . Occiditur. (fol. 158 v°.)

Anno gracie l. xv. Vespasianus imperat. (fol. 5 v°.)

Templum est concrematum post annos ccc. et lxx et menses vj et dies x. (fol. 262 r°.)

[Vespasia]nus a. ix. Colossus in altitudine pedum c. et vij erigitur.

[D]omicianus. II^{a} persecut[io.]

Nerva. (fol. 158 v°.)

Anno gracie .xc. Trajanus imperat. (fol. 5 v°.)

Trajanus. iij^{a}. persec[utio.] (fol. 158 v°.)

Adrianus a. xxj.

Titus Antoninus pius a. xxiij.

Marcus Aurelius et Verus xix.

Commodus a. xiij. Colossi capite sublato, sue imaginis caput jussit imponi.

Helius Pertinax m. vj.

Severus a. xvj.

Antoninus Caracalla cum fratre Geta a. vij.

Macrinus a. j.

Antoninus iij.

Aurelius.

Alexander Mammeas a. xiij. (fol. 160 v°.)

Maximinus a. iij. occiditur.

Gordianus a. vj. occiditur.

Philipus a. vij. M^us. annus Romane urbis expletur; occiditur.

Decius a. j. m. iij. occiditur.

Gallus Volusianus a. ij. occiditur. (fol. 262 v°.)

Constantinus magnus. (Lat. 1121, fol. 1 v°.)

Tempore Valentis, Basilius Cesariensis clarus habetur, qui multa continencie et ingenii bona uno superbie malo perdidit.

Valentinianus apoplexia, Valens ignis incendio periit.

Tempore Graciani apud Atrabatas lana celo pluvia mixta defluxit. (fol. 262 r°.)

Anno gracie CCC. lxxx, Theodosio imperante, apud Palestinam, in castello Emaus, natus est puer perfectus ab umbilico et sursum divisus, ita ut haberet duo pectora et duo capita, et unusquisque sensus, et unus edebat et bibebat, et alter non edebat nec bibebat; [unus dor]miebat, et alter vigilabat. Nonnun[quam insim]ul lude[bant]..... alterutrum ; et flebat uterque et perc. ..... se ad ...... vixerunt annis ij. et unus ..... tu ...... ix[it] iiij^or .... bus et obiit ipse. (fol. 154 v°.)

Archadius et Onorius. (Lat. 1121, fol. 1 v°.)

Orosius texuit mundi miserias per annos V. M. DC. viij, usque ad tempora Arcadii et Honorii, filiis (sic) magni Theodosii. (fol. 253 r°.)

Anno gracie CCCC. lxx.v., Augustulo deposito, imperium Romanum, quod a Julio Cesare per annos D. xvij duraverat apud Romam, Zenone imperante apud Constantinopolim. (fol. 102 v°.)

Anno gracie D. xxxij, Dionisius paschales scripsit circulos (1), incipiens ab anno prenotato, quo anno codex Justinianus orbi promulgatus est. (fol. 78 v°.)

Anno gracie D. C. vij, obiit Arturus rex Anglorum christianus. (fol. 2 r°.)

Anno gracie D. C. viij, regnante imperatore Heracleo, incepta est tabula, que continet annos D. et xxx. ij, et consummata est anno gracie M°. C°. xxxix (2). (fol. 29 r°.)

Anno gracie DC. viij. ipse est x^{us}. Heraclii imperii. (fol. 228 r°.)

Anno gracie. D. C. xxij, i. papa Heracleus xxj. anno obiit Maomet, princeps Arabum et pseudopropheta, qui docuit quod qui occidit inimicum vel qui ab inimico occiditur in Paradisum ingreditur. Paradisum vero carnalis cibi ac potus et commixtionis perhibebat fluviumque vini ac mellis et lactis et feminarum non presentium sed aliarum et mixturam multorum annorum futuram et affluentem voluptatem et alia quedam luxuria et stulticia plena.

Uxor Chadigan, successor Abubarcarus. (fol. 31 v° et 32 r°.)

Anno gracie D. C. xlv. Mauhias destruxit colossum Rodi, qui steterat annos M. CCC. lx. Cujus hes (sic) in nongentis camelis deportatum est. (fol. 107 v°.)

---

(1) Cette période, dite période victorine ou cycle pascal, avait été adoptée par Denys le Petit, qui la faisait commencer à l'année de l'Incarnation. Mais cette même période avait aussi, suivant notre chronique, d'autres commencements qui paraissent avoir été en usage au moins à Limoges. Voyez ci-après sous les années 608 et 1140.

(2) C'est sans doute la table dont B. Itier parle sous l'année 1140; alors il se serait trompé dans ses calculs et ce ne serait pas M° C° XXXIX qu'il faudrait lire ici, mais bien M° C° XL.

Anno gracie D. CC. xl i°, obiit Karolus Martellus, et retro in alio anno turbatio fuit de Pascha; debuit esse dominicus dies resurrectionis Christi .viij°. kalendas maii, quod fuit in ultimo anno cicli decemnovennalis. Regnavit Karolus annis .xxv.; sed non est vocatus rex, sed dux Francorum; obiit xj. kal. novembris (fol. 2 r°.)

Anno gracie D. CC. xl. j°. obiit Karolus Martellus, qui fuit avus Karoli imperatoris. (fol. 15 v°.)

Pipinus pius obiit anno gracie D. CC. lx. viij, et .vij annis regnavit, rex Francorum appellatus; qui sancto Marciali dedit sanctum Valericum et sancto Stephano *Salanac*. (fol. 2 r°.)

Anno gracie D. CCC. ij° Michael, piissimus curopalates, appellatus est imperator Romanorum, ut legitur in cronica Anastasii(1), qui per .ij^{os}. annos regnavit, cum sciamus Karolum post ea .xiij. annos regnasse, qui Augustus dicitur. Forsitan Michael Constantinopoli regnabat. (fol. 3 v°.)

Anno gracie D. CCC. vj^{to}, imperii vero Caroli v^{to}, s. Willelmus, dux Aquitanie, arma secularia deserens, monachicum scema induit. (fol. 7 v°.)

Anno gracie D. CCC. xiiij°, obiit Karolus imperator, mense januario. (fol. 21 v°.)

Anno gracie D. CCC. xxx. j°, obiit Dodo (2), primus abbas Sancti Marcialis ex monachis, cui successit Abbo. (fol. 52 v°.)

Anno gracie D. CCC. xxx. vj^{to}, Karolus Calvus inunctus

---

(1) La bibliothèque de Saint-Martial possédait un manuscrit de la chronique d'Anastase, comme on peut le voir dans le catalogue de cette Bibliothèque rédigé par B. Itier. Voy. ci-après.

(2) Il y a ici erreur de B. Itier; c'est en 851 que l'abbé Dodon est mort.

est in regem Lemovicas a Radulfo, Bituricensi archiepiscopo, et Stodilo, Lemovicensi episcopo, et cenobium Bellocum a Radulfo prefato fundatum et consecratum est, et s. Geraldus Aureliacensis natus est. (fol. 57 v°.)

Anno gracie D. CCC. xl. obiit Ludovicus rex, qui hanc basilicam edificari precepit. (fol. 41 v°.)

Anno gracie D. CCC. xl. ij°, obiit Abbo ij^{us} abbas(1), cui successit Benedictus. Hujus temporibus, Normanni ceperunt se primum infundere in Franciam et Aquitaniam. Stodilo episcopo successit Aldo, qui obiens in basilica Sancti Salvatoris sepultus est. Post eum Geilo episcopus, post eum Anselmus episcopatum tenuit. (fol. 62 v°.)

Anno gracie D. CCC. xlviij, canonicalis habitus versus est in monachicum apud Sanctum Marcialem, Karolo Calvo concedente, et Stodilo, Lemovicensi episcopo, nolente. (fol 49 v°.)

[Anno D. CCC. xlviij], temporibus Ludovici imperatoris, monachi Sancti Martini Turonensis, nemine cogente, ante corpus ejusdem abjecto monachi scemate, scema induunt canonicale, super corpus beati Martini sacramentis hoc firmato; et carnibus refecti, mox peste corrupti, mane facto in lectis mortui sunt reperti omnes a majore ad minorem, et de reliquo a canonicis ipse locus inhabitatur. Ita inveni quod fuit apud S^{tum} Hylarium, sed non inveni scriptum. (Cf. Estiennot I, 112, ex cod. Biblioth. Domini præpositi S^{ti} Martialis Lemovic.) Sanctus Odo sic refert. — Ante hos annos,

---

(1) Bernard Itier s'est trompé sur la date de la mort de cet abbé; il indique ci-dessous l'année 861 qui est plus exacte.

persistente monastica congregatione apud ecclesiam Beati Martini que est Turonis, ceperunt modum suum consuetudinesque relinquere, et adsueta vestimenta relinquere, ac propriis voluptatibus vitam suam propositumque corrumpere ; et ceperunt fucata atque fluxas pallioque ornatas circumferre cucullas et tunicas; calciamenta quibus utebantur adeo erant cocleata ac nitida, ut vitreum colorem viderentur assumere. Ad laudes nocturnas, ne aliquo pede offenderentur, cum luce diei surgebant. Ista et harum similia multa contra regule jura faciebant. Quibus rebus cum decrevisset Deus finem imponere, nocte quadam, omnibus quiescentibus, cum unus ex eis eamdem horam insompnem duceret, vidit duos viros, dormitorium ingredi, unum scilicet gladium manu tenens, cui alius imperabat indice singillatim eos his verbis : « Hunc et hunc percute »; cumque eum qui hec intuebatur gladio voluisset appetere, emissa voce adjuravit eum dicens : « Adjuro te per Deum viventem ut non interficias me. » Statim percussor gladium contraxit, et ipse solus evasit ex omnibus. (Lat. 3719, fol. 110 r°.)

[Anno gracie] D. CCC. lxj, obiit Abbo abbas, qui *Rot* S. Celsum detulit. (fol. 34 v°.)

[Anno gracie] D. CCC. lxvij fames valida. (fol. 34 v°.)

Anno gracie D. CCC. lxxv obiit Gonsindus (1) iiij^{us}. abbas, et prefuit Fulbertus .vj. annis ; hujus v^{to} anno, Odo rex obiit, et Carlus minor regnum recuperavit. (au v° du feuillet non chiffré placé après le feuillet 94.)

1. Dans une autre note B. Itier indique l'année 893 comme date de la mort de cet abbé.

Anno gracie D. CCC. l[xx]vij (1) obiit Benedictus, cui successit Gonsindus. Hujus ij⁰ anno Karolus Calvus, imperator, obiit, et filius ejus, Ludovicus Balbus, regnum suscepit. Hic tribus annis regnavit, et frater (2) ejus Karlus post eum; cui Odo rex regnum abstulit, et pro eo regnavit. Gonsindus abbas fuit corde secularis, multas ecclesias et terras a Sancto Marciale alienavit. (fol. 77 v⁰.)

Anno gracie D. CCC. et lxxx. j⁰. obiit Fulbertus (3) v^{us} abbas, et prefuit alter Fulbertus annos xx. Hujus vj. anno sanctus Geraldus obiit; hujus abbatis .xviiij. anno, obiit Willelmus dux, comes Arvernorum, qui Cluniacense cenobium edificavit. (fol 100 v⁰.)

[Anno gracie] D. CCC. xciij, obiit Gonsindus abbas. (fol. 34 v⁰.)

[Anno gracie] D. CCC. xc ix, obiit Fulbertus (4) abbas. (fol. 34 v⁰.)

Anno gracie D. CCCC. ij, obiit Fulbertus, cui successit Stephanus annos xvij, et fecit morenam et turrem de cortina et domum *aus eschausiers*, precipiente rege Karolo minore, contra Willelmum, comitem Pictavensem. (fol. 120 v⁰.)

Anno gracie D. CCCC. xix, obiit Stephanus (5), vij^{us}.

---

(1) Le ms. porte par erreur DCCC. L. VII au lieu de DCCC. LXXVII. Une note d'une main moderne placée en marge indique cette correction.

(2) Sic, sans doute pour *filius*. Voy. du reste le passage de la Chronique d'Adhémar, auquel cette note a été empruntée et l'observation relative aux erreurs du chroniqueur.

(3) Ailleurs B. Itier fixe à l'année 899 la mort de cet abbé. Cette dernière date est plus exacte.

(4) L'abbé Fulbert est mort en 901.

(5) B. Itier, dans une note ci-après, donne l'année 936 comme date de la mort de cet abbé.

abbas, et Aimo vj annis prefuit. Hic amiciciam habuit cum sancto Odone, Cluniacensi abbate, cui jussit edere vitam sancti Geraldi (1). Hic Turpionem, episcopum Lemovicensem, fratrem suum, summo amore excoluit, et iij° post obitum ejus anno idem sanctus episcopus Turpio obiit .vij. kal. augusti. (fol. 136 v°.)

Anno gracie D. cccc. xxv, obiit Aimo abbas(2) viij^{us}, et prefuit Aimericus, licet in gestis Francorum legamus Aimericum successisse Gonsindo. Hic A. non monacus, abbas Sancti Marcialis, in fine monacus extitit, quia rex Ludovicus, timens ejus tirannidem, honorem Sancti Marcialis ei commiserat, sacramentis acceptis ut monacus esset futurus; hic A. Geraldum, vicecomitem Lemovicensem, et Bosonem vetulum de Marcha (3) in manibus suis habuit commandatos; hic construxit castrum de *Roncum*; hic juxta Cambonense monasterium destruxit castellum vj expugnatum Cambonearem, eo quod erat molestum monachis. Rex Lotarius (4) Lemovicas advenit, et tempus aliquantum in Aquitanie exegit; unde reversus, veneno a regina sua adhultera extinctus

(1) Cette vie de saint Geraud d'Aurillac, composée par Odon, abbé de Cluny, dont on connaît plusieurs éditions, notamment celle des nouveaux Bollandistes (tome VI, p. 277, du mois d'octobre), a reçu, longtemps après la mort de l'auteur, de nombreuses interpolations qui n'existent pas dans le véritable texte tel qu'il nous a été conservé dans les mss. lat. 5301, 3783, et 3809 A de la Bibl. Nat. Voy. *B. Hauréau*, Singularités hist. et litt. p. 162 et s. 1 vol. in-12. Michel Lévy, 1861.

(2) Dans une autre note, B. Itier place la mort de cet abbé à l'année 942.

(3) Boson Ier, dit le Vieux, comte de la Marche.

(4) Tout ce récit paraît emprunté à la chronique de St-Maixent, qui rapporte ces faits sous les années 986 et 996. (*Chroniques des égl. d'Anjou*, par MM. Marchegay et E. Mabille, p. 382, 383.)

est, filiumque reliquit Ludovicum (1), qui uno tantum anno supervivens et ipse potu maleficii a sua conjuge, Blancha nomine, est necatus. Regnum pro eo accipere voluit patruus ejus, Karolus, sed nequivit, quia Deus judicio suo meliorem elegit ; nam episcopus Ascelinus (2) Montisleudenensis urbis post convivium in lecto quiescentem eum dolo cepit, et, consensu plurimorum, Hugo dux, filius Hugonis Capecii, in regem elevatus est. Aimericus abbas .xxxj. annis rexit abbatiam, et multas terras ac possessiones alienavit ab ecclesia ista. (fol. 142 v°.)

[Anno gracie] D. CCCC. xxx. vj. obiit Stephanus abbas. (fol. 34 v°.)

Anno gracie D. CCCC. xlij. obiit Aimo abbas (3). (fol. 35 v°.)

Anno gracie D. CCCC. xliiij obiit Turpio episcopus (4). (fol. 35 v°.)

Anno gracie D. CCCC. lvj. obiit Aimericus (5) nonus abbas; hujus anno .x°. monasterium hoc igne crematum est (6). Huic successit Guigo annis .xvij. [prefuit, et obiit] Engolisme... [sep]ultus in basilica Sancti Eparchii,

---

(1) Louis V, le Fainéant, dernier roi de la dynastie Carlovingienne.

(2) Sur la trahison d'Ascelin (ou Adalbéron), évêque de Laon, voy. Orderic Vital, *Hist. ecclesiast.* lib. I, cap. 24, et lib. VII, cap. I, t. I, p. 170, et t. III, p. 152 de l'édit. donnée par M. Le Prévost.

(3) La même note se trouve au fol. 34 v°.

(4) La même note se trouve au fol. 34 v°.

(5) Cet abbé est mort en 975.

(6) Dans un sermon prononcé en 1015 et faussement attribué à saint Odon, abbé de Cluni, il est fait mention de l'incendie de l'église de Saint-Martial de Limoges, arrivé en 952. Voy. la *Bibliothèque de l'Ecole des chartes*, année 1869, pag. 192.

quia de ipso [monasterio ab]bas erat. Hujus .xij^{mo}. anno rex Lotharius [Lemovicas venit; qui..... re]versus in Franciam, post paucos dies obiit, [et progenies ejus deinceps] regno privata est. Nam Karolus, frater ejus, [in carcerem missus est ab Hugone duce, et ipse Hugo r]ex effectus est, et Robertus filius ejus, post eum. [Cripta aurea] Sancti Marcialis cremata est, lapides preciosi [ab igne corrupti sunt], libri et vestimenta cremata, [et intra .xv. dies cripta aurea cum gemmis] restaurata a Josberto capicerio [et ab ipso Josberto (1) icona sancti Marcialis sedens] super altare ex auro tunc facta est (2). (fol. 173 v°).

Anno gracie D. CCCC. lxxiij° obiit Guigo (3) abbas x^{us} ; cui successit Joffredus annis .vij. qui fecit .ij^{as}. cruces aureas et scrinium ubi est caput apostoli de Icona que erat super sepulcri altare; et corpus sancti Marcialis translatum fuit ad Montem Gaudii (4) propter ardentes anno gratie D. CCCC^{mo} nonagesimo (5) iiij^{to}, sed, juxta veritatem cronice, veracius mihi videtur temporibus alterius Joffredi hec translatio contigisse ; sed non possumus scribere nisi que in exemplaribus repperimus. (fol. 190 v°.)

(1) Un fragment du rouleau de Gauzbert a été publié par M. L. Delisle, *Rouleaux des morts*, p. 8-11.

(2) Nous restituons ce passage d'après la Chronique des abbés de St-Martial, attribuée à Adémar de Chabannais, chronique à laquelle B. Itier a fait de nombreux emprunts pour la rédaction de la présente chronique.

(3) Dans une autre note B. Itier fait mourir cet abbé en 990.

(4) Mont-Jovi, commune de Limoges (Haute-Vienne).

(5) Ce mot a été ajouté en marge, et la phrase « sed juxta, etc., » est supprimée dans le ms. 'par le mot *vacat*, écrit à la marge. Voy. sur cette translation la note ci-dessous publiée d'après les mss. lat. 2353, et 810.

[An]no gracie D. CCCC. lxxx^{mo}, [obiit Adabal]dus(1) abbas xj^{us}. Hic [Adabaldus prefuit ann]is .ix. et regular]iter basili[cam S. Ma]rcialis [recuperav]it. (fol. 197 v°.)

Anno gracie [D. CCCC.] lxxxiiij, Robertus incipit regnare. (fol. 2 r°.)

Anno gracie D. CCCC. lxxxv construxit cenobium Sancti Michaelis de Clusa Hugo *Descozuz*. (fol 182 v°.)

[Anno gracie] D.CCCC. lxxxvj obiit Lotarius rex. (fol. 34 v°.)

Anno gracie D.CCCC. lxxxix obiit Adabaldus abbas xij^{us}, cui successit Joffredus annis .xij. Hic coronam auream, cum gemmis pendentem, super altare sepulcri fecit, [et] a novo basilicam Sancti [S]alvatoris fecit re[n]ovari. Hujus anno .xj. agitur factum de obitu .L. duorum peregrinorum, dominica medie .xl., quod alibi factum legimus anno gracie .M° xviij. Unde, secundum computationem annorum, videtur factum fuisse ultimo anno Hugonis vel primo Odolrici. (fol. 206 v°.)

[Anno gracie] D. CCCC. xc obiit Guigo abbas. (fol. 34 v°.)

Anno gracie D. CCCC. xc, obiit Wigo abbas .iij. kal. oct. (fol. 74 v°.)

[Anno gracie] D. CCCC. xc viij, obiit Gaufredus I^{us}. (fol. 34 v°.)

Anno gracie D. CCCC. xc. viij, obiit Gaufredus abbas, v. idus octobris. (fol. 75 r°.)

(2) Anno ab incarnatione Domini M°, Rotbertus, rex

---

(1) L'abbé Adabaldus n'est mort ni en 980 ni en 989, comme le fait mourir B. Itier, mais vers l'an 1008.

(2) Cette même note se trouve aussi fol. 1 v° du ms. lat. 1121, écrite de la main de B. Itier.

Francorum, regnat. Translatio Karoli imperatoris ab Otthone III° imperatore. Dagobertus, Bituricensis archiepiscopus, et sanctus Odilo, quintus abbas Cluniacensis, floret. Ilduinus, episcopus Lemovicensis, et Adabaldus, abbas Sancti Marcialis, vigebant. W^{us}., dux Aquitanie, qui construxit monasteria *Borguol* (1) *e Malazes* (2), et dedit sancto Marciali *Anes* (3), quod pater suus eciam dederat, tunc florebat. (fol. 2 r°.)

Anno gracie M°. v, xxj°. Rotberti regis, Johannes papa misit privilegium ne soldate a cenobio S. Marcialis amodo solverentur aut exigerentur, Alduino, episcopo Lemovicensi, abbate Odolbaudo; c. libre quotannis dabantur. Guido, vicecomes Lemovicensis, xx. v^{que}. libras gurpivit, precibus Odobaldi abbatis. (fol. 6 r°.)

Anno gracie M°. vij. obiit Adalbaldus abbas, xj. kal. augusti. (fol. 9 r°.)

Anno gracie M°. viij^{mo}. eligitur in abbatem Sancti Marcialis Jozfredus, Alduino, episcopo Lemovicensi, annuente. (fol. 10 r°.)

Anno gracie M°. x. sepulcrum Domini confractum est a Paganis .iij. kal. octobris Jerusalem capitur. (fol. 12 r°.)

Anno gracie M°. xiiij, obiit Hilduinus (4), episcopus Lemovicensis. (fol. 16 r°.)

---

(1) Le monastère de Bourgueil construit par la comtesse Emma, femme de Guillaume Fier à Bras.

(2) Maillezais, que Guillaume Fier à Bras fit construire en 1010, suivant la chronique de St-Maixent.

(3) Sur ce prieuré, qui dépendait de St-Martial de Limoges, et qui faisait partie du diocèse d'Angoulême, voir les deux pouillés de St-Martial publiés ci-après.

(4) Cette date diffère de celle qui nous est fournie par les au-

Anno gracie M⁰. xviij(1), obierunt .L. ij⁰. peregrini subito ad portam occidentalem basilice Sancti Salvatoris Lemovicensis, a turba conculcati, dominica medie xl. ad matutinos cum valve aperirentur (2). (fol. 20 r⁰.)

Anno gracie M⁰. xx^mo, obiit Jozfredus abbas, cui successit Hugo. (fol. 22 r⁰.)

Anno gracie M⁰. xx. iij⁰. obiit Geraldus (3), episcopus Lemovicensis. (fol. 25 r⁰.)

Anno gracie M⁰ xxv. obiit Hugo, abbas Lemovicensis. (fol. 27 r⁰.)

Anno gracie M⁰. xxviij, Jordanus, episcopus Lemovicensis, consecravit basilicam Sancti Salvatoris Lemovicensis et basilicam S. Pardulfi de Arnaco, presente Guidone de Turribus, et Engalcia, uxore sua (4). (fol. 30 r⁰.)

Anno gracie M⁰. xxx. i⁰. Aimo Bituricensis et Jordanus, episcopus Lemovicensis, concilium aggregarunt

---

teurs du Gall. Christ. (t. II, col. 514) de la mort d'Hilduin, évêque de Limoges.

(1) On lit sous la même date, au fol. 88 r⁰ du ms. Lat. 5343 une note ainsi conçue : « M. xviij, edificata est scala lapidea.......; » le reste est effacé.

(2) Dans un autre manuscrit, B. Itier rapporte le même événement comme il suit : « M. xviij, lij peregrini a turba conculcati, dum aperirentur valve S. Salvatoris, ad matutinas medie xl, vij decimo kal. aprilis (*). » (Lat. 4281, fol. 137 v⁰.)

(3) C'est à l'an 1020 que les auteurs du Gall. Christ. (t. II, col. 514) placent la mort de cet évêque, qui est ici reportée à l'année 1023.

(4) Sur la descendance de Guido de Turribus, dit le Noir, et sur sa femme Engalcia, voy. la Chronique de Geoffroi de Vigeois, chap. 3 et 6. (Historiens de France, t. XII, p. 422 A.)

(*) Le 16 mars.

de apostolatu Marcialis, Rotberto regnante in Francia (1). (fol. 33. r°.)

Anno gracie M°. xxxij, obiit Johannes papa, qui altare sancti Marcialis et collectam ipsius fecit, et epistolam Jordano, Lemovicensi episcopo, misit. (fol. 34 r°.)

Anno gracie M°. xxx. iiij°, obiit Ademarus monacus (2), qui jussit fieri vitam sancti Marcialis cum litteris aureis, et multos alios libros, et in Jherusalem migravit ad Christum. (fol. 36 r°.)

Ademarus, monacus Sancti Eparchii et Sancti Marcialis, qui scripsit multos sermones de beato Marciali (3), cum esset in monasterio prefati Sancti Marcialis, expergefactus intempesta noctis, dum foris astra aspiceret, vidit contra austrum in altitudine celi magnum crucifixum in celo quasi confixum, et Domini figuram in cruce pendentem multo flumine lacrimarum plorantem. Qui autem hoc vidit adtonitus nichil aliud potuit agere quam lacrimas ab oculis profundere: vidit vero tam ipsam crucem quam figuram crucifixi colore igneo nimis sanguineo totam per dimidiam noctis horam, quousque celo se se clauderet, et quod vidit, semper in corde celavit quousque hoc inscripsit, testisque est Dominus quod hoc vidit. (Lat. 3719, fol. 111 r°.)

Anno gracie M°. xl. obiit Odolricus, abbas Lemovicensis. (fol. 42 r°.)

(1) Voy. le texte de ce concile ci-après, d'après le ms. Lat. 5ᵃ.

(2) C'est donc par erreur que les auteurs de l'Histoire littéraire de la France (t. VII, p. 301) font mourir Adémar de Chabannais en 1031.

(3) Sur les manuscrits des sermons d'Adémar de Chabannais légués à l'abbaye de St-Martial, voir les catalogues rédigés par B. Itier ci-après.

Anno gracie M⁰. xlv⁰, obiit Auterius abbas(1). (fol. 47 r⁰.)

Anno gracie M⁰. xl. viij⁰, obiit Odilo, quintus abbas Cluniacensis. (fol. 50 r⁰.)

Anno gracie M⁰. l. iij⁰, basilica Sancti Salvatoris Lemovicencis cum tribus monachis concrematur. (fol. 55 r⁰.)

Anno gracie M⁰. lx. iij⁰, Cluniacenses occupaverunt domum istam (2). (fol. 64 r⁰.)

 Sexagenus erat sextus millesimus annus
 Quo pereunt Angli(3), monstrante dira cometa(4).
         (fol. 67 r⁰.)
 Mille cum septuaginta sex a nato Virgine
 Fiunt anni quo levita Stephanus que nomine
 Nostro primus heremita floruit in ordine.
 Hujus fere non humana vita fore creditur,
 Dum in tota septimana semel tantum vescitur.

(1) Cet abbé, dont la Chronique d'Hélie de Ruffec ne fait qu'une mention sommaire et que Mabillon n'a pas placé dans sa liste des abbés de Saint-Martial, est à peine indiqué par les auteurs du Gall. Christ. (t. II, col. 552), qui n'ont pas même fixé la durée de son administration; il est cependant facile de la déterminer, circonscrite qu'elle est entre la mort de son prédécesseur, arrivée en 1040, et la sienne, arrivée en 1045.

(2) Voy. ci-après la charte qui constate cette prise de possession de l'abbaye de St-Martial par les moines de Cluni.

(3) Allusion à la bataille d'Hastings où, suivant les historiens contemporains, il périt plus de 15000 Anglais. Voy. Orderic Vital, *Hist. ecclesiast.*, lib. III, cap. 14 (t. II, p. 147, 148, 149, 150 et 151 de l'édit. donné par M. Le Prévost).

(4) L'apparition de cette comète mentionnée avec plus de détails dans Orderic Vital, *Hist. ecclesiastica*, lib. III, cap. XI (tome II, p. 116 de l'édition donnée par M. Le Prévost), est rappelée dans les *Annales Uticenses*, publiées par M. L. Delisle, (t. V, p. 157 de cette même édition).

Lectus aderat de lignis (1), vestis quoque ferrea.
Quot virtutibus insignis fuit, scribam postea,
Quinquaginta regens annis ordinem interea.

(fol. 77 r°.)

Anno M°. lxxvij°, Ademarus, vicecomes Lemovicensis, et uxor ipsius Umberga, et filii Petrus et Ademarus, gurpiverunt x libras de soldatis cenobio S. Marcialis, Philippo, Francorum rege, Guidone, episcopo Lemovicensi, Ademaro abbate (2). (fol. 77 r°.)

Anno gracie M°. lxxx. vij°, Jordanus *de Cabanes* gurpivit c. solidos ex soldatis, Philippo regnante; proconsul Lemovicensis Ademarus accepit tamen ab abbate tunc mille et quingentos solidos et mulam optimam. (fol. 87 r°.)

Anno gracie M°. lxxx. vij°, delatum est corpus sancti Nicolai de Mirrea apud Barum. (fol. 88 r°.)

Anno gracie M°. lxxxxj°, nascitur s. Bernardus abbas. (fol. 93 r°.)

Anno gracie M°. xc. v°, Urbanus II^{us} papa (3), monacus Cluniacensis, consecravit basilicas Sancti Salvatoris et Sancti Stephani Lemovicensis, et deposuit

---

(1) Ce qui pourrait faire suspecter l'exactitude des traditions recueillies par notre chroniqueur au sujet de la couche de saint Etienne, c'est qu'on montrait encore naguères dans les bois de Muret, voisins d'Ambazac, l'oratoire du fondateur de l'ordre de Grammont, et surtout la pierre qui lui servit de lit pendant 40 ans (Allou, Description des mon. des diff. âges observés dans le dépt. de la Haute-Vienne, p. 300).

(2) On trouve la mention du même fait dans les mss. lat. 1834, fol. 151 r°, 1960, fol. 2 r°, 1969, fol. 211 v°, 2157, fol. 192 v°, 2262, 2704, fol. 1 r°.

(3) Sur le séjour d'Urbain II à Limoges et sur les cérémonies auxquelles il assista voy. Chron. Gaufredi Vosiensis et Beslius in veteri notitia eccl. Lemovicensis.

Humbaldum *d'Uirec*(1), episcopum Lemovicensem, ad clamorem Ademari, abbatis Sancti Marcialis. (fol. 95 r°.)

Anno gracie M°. xc. vj^{to}, Cisterciencis ordo oritur, cui prefuit Rotbertus i^{us} abbas, qui in tantum excrevit, ut DCC. et viginti abbacie in eo computentur. Papa Eugenius (2), et plus quam C. episcopi de illo ordine sumpti sunt. Est annus ab inc. D. M^{us}. CC^{us}. XIJ^{us}. (fol. 96 r°.)

Anno gracie M°. xc°. nono, Jherusalem capitur a Christianis, et dux Godefridus rex efficitur. Ordo *de Sisteus* incipit, papa Urbano. (fol. 99 r°.)

Anno gracie M° C° j°. Terrasso (3) nobis datur. (fol. 101 r°.)

Anno gracie M°. C°. ij°. Petrus *de Bordeus* preerat episcopus Lemovicensis. (fol. 102 r°.)

Anno gracie M°. C°. vij°, sanctus Hugo (4) migravit, qui hoc monasterium subjugaverat Cluniacensibus. (fol. 107 r°.)

Anno gracie M°. C°. ix°, incipit regnare *lo reis gros*, qui appellabatur Ludovicus. (fol. 109 r°.)

Anno gracie M°. C°. xj°, res hujusmodi sabbato Pasche(5)facta est, per quam gratia resurgentis nobis arridet. Cum abbas Sancti Laurencii Rome ant. imponeret, mulieres sedentes, extinctis luminibus, ante pedes cujusdam fratris projectum cecidit ipsius quo firmiter sub-

---

(1) On trouvera ci-après le récit détaillé des faits qui ont amené la déposition de cet évêque.

(2) Eugène III. Il avait été abbé de Saint-Anastase de Rome.

(3) Terrasson, arrondissement de Sarlat (Dordogne).

(4) Saint Hugues, 6e abbé de Cluni.

(5) Le samedi saint qui était le 24 mars de cette année.

strictus erat cingulum cervini corii ; ille solutum esse et se cecidisse suspicatus, inclinavit se ut tolleret illud rursum et sese accingeret; cumque manus injecisset ut sibimet illud circumdaret, nodum non cedere sibi fortiter astrictum admiratus est. Cui quidnam hoc sibi vellet stupore intendenti celitus vox facta est.

Sic potuit clauso Dominus prodire sepulcro. (fol. 111 r° et 110 v°.)

Anno gracie M°. C°. xij°, anno pontificatus domini pape Pascalis secundi xiij°, concelebratum est concilium Rome, Lateranis(1), in quo surrexit pro omnibus Girardus, Engolismensis episcopus, legatus in Aquitania; coram omnibus legit hanc scripturam: « Privilegium illud quod non est privilegium, sed vere dici debet pravilegium pro liberatione captivorum, et ecclesie a domino Paschali papa per violenciam regis Heinrici extortum, nos omnes in hoc sancto concilio cum domino papa congregati canonica censura et ecclesiastica auctoritate judicio Sancti Spiritus dampnamus et irritum esse judicamus atque omnino cassamus; et ne quid auctoritatis et efficacitatis habeat penitus excommunicamus. Et hoc ideo dampnatum est, quia in eo pravilegio continetur, quod electus canonice a clero et populo, a nomine consecretur, nisi prius a rege investiatur; quod est contra Spiritum Sanctum. » Perlecta vero hac carta, acclamatum est ab universo concilio : « Amen, amen. » Archiepiscopi erant XI, episcopi centum et duodecim. (fol. 112 r.°)

Anno gracie M°. C°. xiij°. Bernardus Clarevallensis habitum religionis induit cum xxx sociis, quinto decimo

(1) Voy. Concil. Hard., t. VI, part. 2, p. 1902.

anno post incoationem ordinis Cisterciensis. (fol. 113 r°.)

Anno gracie м°. с° xiiij°. obiit Ademarus, abbas Sancti Marcialis. (fol. 114 r°.)

Anno gracie м°с°. xv°. Paschalis papa, Eustorgius episcopus, eligitur abbas Amblardus, Poncio abbate Cluniacensi, et facte sunt pactiones inter nos et Cluniacenses, que continentur in cartulario novo (1), de eligendo abbate. (fol. 114 v°.)

Anno gracie м°. с°. xix°. exordium sumpsit ordo milicie templi Jherosolimitani. (fol. 119 r°.)

Annogracie м°. с°. xxiij°, Petrus(2), [qui erat monacus Cluniaci, in abbatem eligitur, et per] xxxv annos [rexit abbatiam]. (fol. 123 r°.)

Anno gracie [м°. с°. xxiij°, castrum Lemovicense conburitur] in festo s. Egidii (3). (fol. 122 r°.) (4).

Anno gracie м°. с°. xx. iiij^{to}, obiit Stephanus [de Muret] (5).

Post hunc subrogatur vir (6) vite laudabilis,

(1) Le catalogue de la bibliothèque de Saint-Martial, rédigé par B. Itier, fait mention de deux cartulaires ; deux autres catalogues de la même bibliothèque indiquent aussi deux cartulaires qu'ils désignent : *Cartularium vetus, cartularium novum.* (Voy. ci-après, ces catalogues.)

(2) Pierre Maurice, dit le Vénérable, abbé de Cluni. B. Itier paraît ici s'être trompé sur l'époque de son élection, tout en indiquant avec exactitude la durée de son administration. On sait qu'il fut élu par tout l'ordre et solennellement béni le jour de l'octave de l'Assomption de la sainte Vierge de l'an 1122.

(3) Le 1er septembre.

(4) Nous restituons ce passage effacé dans le manuscrit d'après le ms. lat. 11019, p. 101.

(5) Voy. Liber de doctrina B. Stephani Grandimontensis, dans le ms. lat. 13771, fol. 26 et suiv.

(6) Petrus I, Lemovicinus, 2e prieur de Grammont.

Cujus virtus consimilis, honestate nobilis.
Huic fertur revelatus [locus] divinitus
Ut hic caput prioratus faceret amonitus,
Hic invenit induendis honestatem vestibus,
Tredecimque vixit annis cum commissis ovibus.
(fol. 124 r°.)

Anno gracie M°. C°. xxx°. capud sancti Marcialis repertum est, Vulgrino, Bituricensi archiepiscopo, Aimerico, Clarmontensi episcopo, Giraldo Engolismensi episcopo, cum Amblardo abbate, presentibus. (fol. 130 r°.)

Anno gracie M° [C]xxxvij° (1) obiit Petrus, prior de Grandimonte.

Hinc Petrus Christoforensis fuit prior tertius.
Ille, manibus extensis, orabat tam sepius,
Quod abjecta terrenarum cura sive specie,
Sulcos fluxu lacrimarum haberet in facie.
Sic pervenit ad optatum sine fine gaudium,
Duos annos prioratum tenens et dimidium.

Obiit Eustorgius episcopus. Ludovicus rex duxit uxorem Alienor. (fol. 136 r°.)

Anno gracie M°. [C]xxx°. nono (2) obiit Petrus de Sancto Christophoro, prior Grandismontis.

Huic Stephanus(3) successit, vir quidem magnificus,
Cujus vultum expavescit etiam rex Anglicus.

---

(1) Le ms. porte par erreur *m°. xxxvij* au lieu de *m°. cxxxvij*. Mais ceci ne s'accorde pas avec les renseignements qui nous sont fournis par le Gallia Christ., t. II, col. 646. Cet ouvrage fait mourir Petrus Lemovicinus en 1139.

(2) Le ms. porte m° xxx. nono au lieu de m°. cxxx nono. Cette date ne s'accorde pas avec celle de 1141 que les Bénédictins proposent sous forme de doute (Gall. Christ, t. II, col. 648).

(3) Stephanus II, de Liciaco, 4ᵉ prieur de Grammont.

Ipse regulam confecit et constrinxit ordinem.
Tantam fidei concessit Deus ei rectitudinem,
Quod non solum sanitatis prestet beneficia,
Quin ad nutum voluntatis cedunt animalia,
xx^{ti} iiij^{or} annis regens in ecclesia. (fol. 138 r°.)

Anno gracie M°. C°. XL°. incepimus tabulam (1) que continet annos D°. xxx. ij°. (fol. 141 r°.)

Anno gracie M°. C°. xliij° obiit Amblardus abbas. (fol. 143 r°.)

Anno gracie M°. C°. xl. vij°. Ludovicus rex crozavit se apud Sanctum Dionisium, presente papa Eugenio, qui fuit monacus Cisterciensis, cum uxore sua Alienor, que postea fuit regina Anglorum. Hoc factum est infra octavas Pentecostes. (fol. 147 r°.)

Anno gracie M°. C°. l. ij°, obiit Stephanus (2) iiij^{us} prior *de Grantmont*. (fol. 152 r°.)

Anno gracie M°. C°. lij°, obiit Stephanus, prior Grandismontis iiij^{us}.

Petrus denique Bernardi v^{us} locum tenuit;
Qui, cum mundo militaret, postea promeruit
Ut sacerdos ministraret Christi sub officio,
vij annis *e demei* jam expletis domus edificio. (fol. 162 r°.)

Anno gracie M°. C°L. iij°, S. Bernardus et papa Eugenius II (3) migrarunt a seculo. (fol. 153 r°.)

---

(1) Voy. sur cette table la note de l'année D.xxxii et l'observation qui a été faite à l'année DC. viij.

(2) Le mot Stephanus dans le ms. est suivi de la désignation *de Muret*, qui a été barrée. C'est ici sans doute Stephanus de Liciaco; quant à la date de sa mort, elle n'est même pas exacte en prenant pour base les notes de B. Itier lui-même : il dit qu'il fut 24 ans prieur de Grammont, et cela à partir de 1139, ce qui met la date de sa mort en 1163, et non en 1152.

(3) Sic dans le ms., mais c'est sans doute le pape Eugène III

(1) Anastasius(2), successor Eugenii, consecratur, cui suc[cessit Adrianus, qui erat abbas] de S. Rupho. Hospit[ale pauperum S. Marcialis inc]hoatur. S. Lupus, episcopus Lem[ovicensis, facit] miracula in ecclesia S. Micha[elis (3) .... Dux N]ormannorum Heinricus duxit ux[orem Alienor].... ex tunc in castro illo non est ing[ressus........ destruxit. (fol. 158 r°.)

Anno gracie M° C° L. vj°, obiit Petrus, abbas Cluniacensis(4); cui succedit Hugo de Frisa(5). Obiit Albertus abbas (6). Revelatum est Helizab[et] (7) ..... de resurrectione cor.... [sanc]te Dei genitricis. In natale Domini, fames et mortalitas fuit magna. Hen[ricus Wintoni]ensis episcopus(8), frater Stephani reg[is]........, [m]onacus Cluniacensis extiterat, Clunia................ a calamitate liberavit..... residebat. (fol. 156 r°.)

que désigne la chronique, puisqu'on sait qu'il est mort le 8 juillet 1153.

(1) Dans le ms. ce paragraphe est attribué à l'an 1158, ou du moins copié sous cette date. Nous le remettons à sa véritable place.

(2) Anastase IV, élu le 9 juillet 1153, mort le 2 décembre 1154.

(3) Voy. ci-après sous l'année 1213 la dédicace de cette église.

(4) Pierre le vénérable; il est mort le 25 décembre de cette année, ou le premier jour de l'année 1157, pour ceux qui commencent l'année à Noël. Voyez la chron. de Cluni sous l'année 1157 (Historiens de France, t. XII, p. 315 c et note d).

(5) Hugues III de Frasan, Fraisens ou Faisens, nommé abbé de Cluni en 1158. Voy. *Gallia Christiana*, t. IV, col. 1140, et *Historiens de France*, t. XII, pag. 315. c.

(6) Abbé de Saint-Martial; il mourut le jour des ides d'août, c'est-à-dire le 13 de ce mois, suivant une autre note de B. Itier.

(7) Sans doute sainte Elisabeth, abbesse de Sconauge, au diocèse de Trèves. Cette sainte, amie de sainte Hildegarde, et connue aussi par ses révélations, est morte en 1165.

(8) Henri, frère du roi Étienne, évêque de Winchester; il avait été moine de Cluni, et se trouvait dans cette abbaye au moment de la mort de Pierre le Vénérable, où il mourut lui-même en 1171.

Anno gracie m°. c°. l. viij° capta est Ascalone a rege Balduino Jherosolimorum (fol. 158 r°) (1).

Anno gracie m°. c°. lx° incipitur edificari ecclesia super decollacionem sancte Valerie, virginis. Boso, comes de Marchia, castrum de Laureira manu armata intravit et munivit de Balma. Poncius erat prior hujus loci, Gaufredus presbiter, prior de Laureria tenens secum duos monacos, Hugo capicerius. (fol. 160 r°.)

Anno gracie m°. c°. lx j°, Petrus abbas abbacie resignavit, et eligitur Petrus *deu Barri*, qui erat abbas Sancti Augustini. Hugo, abbas Cluniacencis, expellitur, et Stephanus, abbas *de S. Micel-la-Clusa*, succedit. (fol. 161 r°.)

Anno gracie m°. c°. lx.iij° natus est Bernardus Iterii (2), armarius postea factus, qui hanc cronicam compilavit. (fol. 163 r°.)

Anno gracie m°. c°. lx. v°. Philipus, rex Francorum, nascitur. (fol. 165 r°.)

Anno gracie m°. c°. lx. vij^{mo}. crematum est castrum Lemovicense, et monasterii navis cum clocario, et omnia signa corruerunt. In Nativitate sancti J. Babtiste

---

(1) Ce qui suit dans le ms. de B. Itier a été rapporté à l'année 1153, ci-dessus p. 55.

(2) Une note de B. Itier fournit pour la date de sa naissance les synchronismes que voici : « Alexander(1) papa, P.(2) primas, G.(3) episcopus, P. (4) abbas, hed Ludo. (5), Heinricus (6), Aude. (7), Adem. (8). S. (9) Cluniacensis, quando natus fui (fol. 16 v°). »

---

1. Alexandre III. — 2. Pierre Ier de la Châtre, archevêque de Bourges de 1141 au 1er mai 1171. — 3. Géraud II de Cher, évêque de Limoges de 1140-8 octobre 1177. — 4. Pierre du Barri, abbé de Saint-Martial de Limoges. — 5. Louis VII, roi de France. — 6. Henri II, roi d'Angleterre. — 7. Audebert, comte de la Marche, mort en 1179. — 8. Adémar V, vicomte de Limoges de 1148 à 1199. — 9. Etienne, abbé de Cluni en 1161. — Voy. ci-dessus.

ad curiam S. Marcialis ducenti xl. milites novi fiunt. (fol. 167 r°.)

Anno gracie m°. c°. lxx° s. Th[omas, (1) archiepiscopus Cantuarie], martirizatur in propria sede......... moritur. Petrus v^{us} prior [Grandismontis] (2)

O quam simplex et (3)...........
Decem atque novem annis..................
Plures cellas adquisivit;..................
Ordo crevit clericalis;.........
Lignum quoque vere crucis (4)...................
De thesauro summi ducis.....

Geraldus Iterii (5); post Ademarus (6). Apud Subterraneam, Raimundus de Vusias, sacerdos et monachus perhimitur ab hominibus ville. Obiit Petrus, Bituricensis archiepiscopus; successit W^{us}, qui post paucos

---

(1) Sur Thomas Beket, archevêque de Cantorbéry, voy. le Chronicon Turonense abbreviatum, qui relate absolument dans les mêmes termes le meurtre de ce prélat, et le Chronicon Turonense magnum, qui donne la date exacte de sa mort : le IV des cal. de janvier (29 décembre) de l'an 1171, à l'heure de vêpres, suivant cette chronique, qui commence l'année à Noël, c'est-à-dire en 1170 (André Salmon, Recueil de Chroniques de Touraine, p. 192 et 138).

(2) En supposant qu'il soit ici question de la mort de Pierre Bernard, ce serait une erreur de B. Itier; on sait que ce religieux n'est pas mort en 1170, mais qu'il se démit de son prieuré et se retira au bois de Vincennes.

(3) Ces vers paraissent s'appliquer à Guillelmus I de Treynaco, 6e prieur de Grammont.

(4) Sur ce bois de la vraie croix donné aux religieux de Grammont, voy. une note de B. Itier sous l'année 1174, ci-après p. 58.

(5) Gerald Itier, septième prieur de Grammont, qui a écrit la vie du fondateur de cet ordre religieux.

(6) Ademarus I de Friaco, ou d'*Afriac*, dont la mort est rapportée ci-après sous l'année 1215.

dies obiit (1), et Garinus successit, qui erat abbas de Pontiniaco(2). Monasterium S. Augustini construi incipitur. Regina cum filio Richardo lapides in fundamento posuerunt. (fol. 170 r°.)

Anno gracie m°. c°. lxx°........ [s. Par]dulfi elevatur in............... di sepelitur apud S. M............. (fol. 171 r°.)

Anno gracie m° c° lxx. ij°........ [Alienor, regina] et filio Ricardo et com..... [et regibus de] Arragonia(3) et de Navarra (4)......... [venerunt] Lemovicas et per viii dies in ca[stro Lemovicensi moram] fecerunt. (fol. 172 r°.)

Anno gracie m°. c°. lxxiiij^{to}, obiit Petrus abbas *deu Barri.* Almaricus, rex Jherusalem, porcionem non modicam S. crucis misit Grandimontensibus [ab ecclesia S.] Georgii de Ramas (5). (fol. 174 r°.)

Anno gracie m°. c°. lxx. v° domnus abbas Isembertus instituit illam solempnem memoriam que fit per singulos annos feria ij^a post Misericordia Domini (6). Radul-

(1) Ces renseignements ne s'accordent pas avec ceux qui nous sont fournis par le Gallia Christiana (t. II, col. 53); à Pierre Ier de la Châtre qu'ils font mourir le 1er mai 1171, les auteurs de cet ouvrage donnent pour successeur Etienne de la Chapelle. Voy. sur ce même Garin une autre note de l'an 1179, ci-après p. 60.

(2) C'est sans doute lui qui étant moine à Pontigny figure comme témoin dans différentes chartes de 1133 à 1148, puis comme abbé dans une charte de l'an 1167. Voy. Max. Quantin, Cartulaire général de l'Yonne, t. I, 292, 354, 355, 409, 421, 441, et t. II, p. 189.

(3) Alphonse II, roi d'Aragon, comte de Barcelone et de Provence.

(4) Sanche VI, le Sage, roi de Navarre.

(5) Rama (Ramathaïm-Sophim), ville de la Judée intérieure, à six milles N. de Jérusalem, où naquit et résida le prophète Samuel (S. Munk, Palestine, p. 43, col. 1, et 243, col. 2).

(6) Voy. ci-après, sous l'année 1215, la fondation de la commé-

fus, abbas Cluniacensis, resignavit, et Gauterius successit anno j. mensibus tribus. (fol. 175 r°.)

Anno gracie m°. c°. lxxvij° facta est occisio Malamortensis; et ego frater Bernardus in monacum receptus fui puer scolaris; et obiit Geraldus (1) Lemovicensis episcopus. Cistercienses festum S. Trinitatis facere ceperunt octavo die Pentecosten. (fol. 177 r°.)

Anno gracie m°. c°. lxx. viij° eclipsis solis in exaltatione S. Crucis (2). J. de Cusansa (3), burgensis *de Marteu*, cepit R. (4), vicecomitem de Torena, *lo costeu à la gola*, cunctis videntibus, et in quadam turre detinuit, donec multi barones ei pacem firmassent. Tamen vicecomite liberato, oculis privatur cum sibi consencientibus.

In Epiphania (5) pergunt episcopi et abbates Rome ad concilium sub Alexandro papa iij percelebratum; I. (6) abbas et W. *de Manauc* et Gaufredus *la Cela* ierunt. Seebrandus (7) episcopus ibi presbiter et episcopus a Garino Bituricensi consecratur. Obiit Audebertus (8), comes *de la Marcha*. (fol. 178 r°.)

---

moration des morts fixée au lendemain de la Toussaint. On trouvera plus loin la charte relative à cette fondation.

(1) Géraud II, de Cher, mort en octobre 1177.

(2) Le 14 septembre.

(3) La chronique de Geoffroi de Vigeois le nomme *Jean de Casana* et dit que ceci eut lieu un jeudi à la fin du mois de septembre, « feria v. exeunte septembri » (Rec. des Hist. de France, t. XII, p. 447 b). — (4) Raymond II, vicomte de Turenne. — (5) Le 6 janvier de l'an 1179. — (6) Isembert, abbé de Saint-Martial.

(7) Sebrand de Chabot. Cette note permet de fixer le commencement de son épiscopat que les Bénédictins (Gall. Christ, t. II, col. 526) ne déterminent pas d'une manière certaine.

(8) La chronique de Geoffroi de Vigeois le fait mourir en 1180 (Rec. des Hist. de France, t. XII, p. 448 a et b).

Anno gracie m°. c°. lxx° nono, obiit Garinus, Bituricensis archiepiscopus. Philipus rex inungitur. (fol. 179 r°).

Anno gracie m°. c°. l. xxx°, obiit Ludovicus rex, Hemmanuel, imperator Grecorum. Monasterium S. Augustini consecratur a Seebranno et G. Caturcensi(1), et monasterium S. Geraldi Lemovicensis. In natali Domini, suscipitur festive Ademarus, vicecomes, de Jerusalem reversus; et dominica in Palmis succedenti (2), Isembertus apud Cluniacum fuit, ubi Titbaldus abbas eum suscepit. (fol. 180 r°.)

Anno gracie m°. c°. lxxx. j°. obiit Alexander papa iii[us]. Seebrannus episcopus cum canonicis disceptans in una die xx. iij. canonicos fecerunt in sede Lemovicensi post Pentecosten. (fol. 181 r°.)

Anno gracie m°. c°. lxxx ij°. obiit Petrus *Helie*, conversus, in die Pasche; ipsis diebus obiit Petrus *Mimet*, episcopus Petragoricensis; Petrus, episcopus Engolismensis, obiit. Heinricus, Anglie rex junior, circa festum S. Marcialis (3), cum processione suscipitur, et pallium *de baudequin* obtulit. Teobaldus, Cluniacensis abbas, in festo S. Marcialis missam celebravit. Petrus, legatus, qui erat electus in Bituricensi patriarchatu, Rome obiit, et xx marchas (4) ad suum anniversarium apud nos dimisit. Circa festum omnium sanctorum, Richardus, comes Pictavensis, cepit castrum *de Blanzac*. Dominica ij[a] de adventu (5), apud

---

(1) Géraud IV Hector.

(2) Le 29 mars de l'année 1101. — (3) Le 30 juin.

(4) La valeur du marc est ainsi fixée au fol. 1 v° du ms. lat. 1338 *Lo marc peza* XVIII *sol.* v. d. *m. de Ramondencs.*

(5) Le 5 décembre.

Lemovicas quidam Johannes occidit matrem, suum appetens occidere fratrem. Burgenses Lemovicenses viridarium nostrum destruunt, ecclesias S. Marie de Larena, S. Geraldi, Valerie domum, S. Mauricii, Simphoriani destruunt. (fol. 182 r°.)

Abbas Garinus obiit anno gracie m°. c°. lxxx. iij°. (fol. 210 v°.)

Anno gracie m°.c°.lxxxiij°, obiit Heinricus rex junior(1). Iste de thesauro nostro habuit lij marchas auri, argenti c et iij. Tabula ante altare sepulcri de auro, tabula ante altare Salvatoris de auro ; calix aureus, *l'orzol* (2) *de argent*, crux altaris S. Petri cum medietate scrinii, capsa S. Austricliniani, crux B. *Loptalier*.

Heinricus Bituricensis archiepiscopus consecratur a W¹ (3) Burdegalensi, Seebranno Lemovicensi, G.(4) Caturcensi, T. (5) Nivernensi, Poncio Arvernensi, Hugone Rutenensi. (fol. 183 r°.)

Anno gracie m°. c°. lxxx. iiij°, *Gaufre de Bruil* (6), tunc prior Vosiensis, cronicam suam terminavit. (fol. 184 r°.)

(1) Henri-le-Jeune, fils aîné d'Henri II, roi d'Angleterre. Il est mort à Château-Martel, près de Limoges, le 11 juin dans sa vingt-septième année (Roger. de Hoved. Annal., pars poster., apud Rer. Anglic. script. p. 620, 623, édit. Savile, et Gaufredi Vosiens. Chron. ap. Script. rer. Gall. et Francic. t. XVIII, p. 216). On a de Bertrand de Born une complainte sur la mort de Henri-le-Jeune et une sirvente où il encourageait ce prince à recommencer la guerre contre son frère Richard (Raynouard, *Choix des poésies originales des troubadours*, t. V, p. 86, t. II, p. 183, t. V, p. 85 et t. IV, p. 148).

(2) Voy. Raynouard, Lexique Roman, t. V, p. 378. Sorte de vase ; sans doute du latin *urceolus*. — (3) Guillaume Ier le Templier. — (4) Géraud IV, Hector. — (5) Thibaud.

(6) Voy. sur cette chronique le catal. de la bibl. de Saint-Martial rédigé par B. Itier.

Anno gracie m°. c°. lxxxv°, obiit Lucius papa iii[us], et succedit Gregorius (1) papa, qui Albertus cancellarius erat. Fui diaconus. Sanctus Willelmus (2) Pictavensis episcopus eligitur. (fol. 185 r°.)

Anno gracie m°. c°. lxxx°. vj°, veni in pago Pictavensi, et tribus annis et iiij[or] menses et dimidium ibi moram feci. (fol. 186 r°.)

Anno gracie m°. c°. lxxxvij°, Jerusalem capitur a paganis.

Grandimontenses gravi dissentione periclitantur, ita quod W. (3) prior cum ducentis clericis et xiij laicis de domo sua prosiliens, Rome obiit peregrinus. Ego presens fui in capitulo cum hoc fieret, et Octovianus, episcopus Ostiensis, et Hugo *de Nonans*, et Lotharius, qui postea Innocentius papa iii[us] meruit nuncupari, et Poncius, Clarmontensis episcopus; et Seebrandus tunc erat episcopus Lemovicensis, sed non erat presens; abbates vij. presentes fuerunt. (fol. 187.)

Miraculum de imagine lapidea *de Duls*(4). (fol. 187 r°.)

Anno gracie m°. c°. lxxxviij°, Ludovicus rex nascitur (5). Philipus et Richardus reges crozaverunt se. Obiit Petrus Iterii, pater armarii. (fol. 188 r°.)

---

(1) Grégoire VIII. — (2) Guillaume III Tempier, dont la mort est rapportée ci-après sous l'année 1197.

(3) Willelmus de Trahinac.

(4) On trouvera dans Rigord, de Gestis Phil.-Augusti, et dans Gervais de Cantorbéry (Historiens de Fr., t. XVII, p. 24, a b c, et p. 667 d. e. et 668 a) des récits détaillés de ce miracle. Voy. aussi la chronique du Bourg-Dieu, qui fait mention de ces événements merveilleux sous l'année 1187. (Hist. de Fr., t. XVIII, p. 245 d.)

(5) Rigord dit que Louis VIII naquit le 5 septembre de l'an 1187. (Hist. de Fr., t. XVII, p. 24 d. c.)

Anno gracie m°. c. lxxxix°, obiit Heinricus senior, rex Anglorum, et Boso çapicerius, qui adquivisit ccccl solidos, annuatim reddendos huic ecclesie. Ego fui sacerdos et thesaurarius per iij annos et tres menses. (fol. 189 r°.)

Anno gracie m°. c°. lxxxix° (1), reges iter arripiunt in Jherusalem. (fol. 190 r°.)

Anno gracie m°. c°. xc. j°, preciosa crux aurea que in Parasceven a conventu adoratur et orologium consummantur, que jussit fieri Bernardus Iterii tunc thesaurarius (2).

Apud Agedunum mortalitas facta est malignancium. Hugo *de Barbais* princeps vocabatur.

Acra capitur a Philipo et Richardo, Francorum et Anglorum regibus, iiij idus julii (3). (fol. 192 r°.)

Anno gracie m°.c°. nonagesimo iiij°, apud *Tarn*, imago Dei Genitricis visa est sanguinem profluere per brachium, dominico die, in festo S. Ferreoli (4). Valuit oblacio fere centum libras (5) usque ad adventum Domini.

Dominus Izembertus egrotavit apud Rofiacum languore longo (6). (fol. 196 r°.)

Anno gracie m°. c°. xc. v°, obiit Ademarus junior, vicecomes Lemovicensis. Crux aurea furata est a

---

(1) C'est sans doute 1190 qu'il faut lire. — (2) Sur ces travaux d'art et ces objets précieux voy. les notes de B. Itier que nous donnons ci-après.

(3) Le 12 juillet. — (4) Le 18 septembre. — (5) La valeur de la livre est ainsi fixée au fol. 262 r° du ms. lat. 1338 : « Libra pensat xxxvj. sol. *e.* vj. d. *Raimondencs.* »

(6) B. Itier avait répété ici sous l'an 1194 la note relative à la chronique de Geoffroi de Vigeois, qu'il a rayée pour la reporter à l'an 1184.

carpentario nostro. Audoinus erat thesaurarius, ego fui subarmarius. (fol. 197 r°.)

Anno gracie M°. C°. xc. vj°, emina salis xxx^ta solidis venditur apud Lemovicas. (fol. 198 r°.)

Anno gracie M°. C°. xcvij°, obiit Seebrannus Lemovicensis, et W. (1) Pictavensis episcopi, et Andegavensis episcopus(2), et Petrus *de Reins*, precentor Parisiensis.

Mense maio, quidam monacus noster et sacerdos, scilicet Hugo *Bausart*, ludendo cum aliis fratribus apud Calesium in puteum cecidit et exspiravit.

Hoc anno, sacristania disjuncta est de prepositura *de Fesc*. J. de Vairas sacrista manente, A. *deu Barri* prepositus fuit, Humbertus, W. *la Concha*. Huga et Helizabet priorisse Lesparum. (fol. 199 r°.)

Hanc camisiam dedit mihi Bernardus Iterii, subarmarius Sancti Marcialis, vij° idus junii(3), ea ipsa die qua Johannes *de Veirac*(4), decanus Sancti Stephani Lemovicensis, anno ab incarnatione Domini M°. C°. lxxxxvij°, electus est ad episcopatum sedis Lemovicensis, in qua primus sedit beatissimus apostolus Marcialis.

In isto anno obierunt episcopus Parisiensis, Mauricius(5), sciencia litterarum plene imbutus, et episcopus Andegavensis, et Sehebrandus Lemovicensis; deinde post eum Mauricius, archidiaconus, nepos ejusdem, et alius archidiaconus, nomine Hugo *Saldebrol*, qui contra electum predictum Johannem ad Ricardum, Anglorum

---

(1) Guillaume III Tempier. — (2) Raoul I de Beaumont, mort le 11 avril 1197. — (3) Le 7 juin 1197.

(4) Cette note permet de préciser la date de l'élection à l'évêché de Limoges de Jean de Veirac, date que les auteurs du Gall. Christ. (t. II, col. 527) n'ont pas déterminée d'une manière exacte.

(5) Maurice de Sully.

regem, perrexerat, sed justo Dei judicio in via defunctus est.

Obiit ipso anno, v kal. aprilis (1), Pictavensis episcopus, Willelmus cognomento *Tempers*, cum quo ego frater Bernardus Iterii apud Bituricas diaconatus ordinem perceperam, ad cujus tumulum creberrime miracula fiunt. Cujus meritum vite cum interrogassem, cognovi eum misericordem fuisse erga pauperes et pacientissimum ; tamen pigrissimus esse videbatur, et ideo ejus religio inopinata fuit. (Lat. 1248, fol. 71 v°.)

Anno gracie m° c° xcviij, obiit Izembertus, qui per xxiv annos hanc rexerat ecclesiam ; et Hugo de Brossa, tunc prior S. Benedicti *de Sauz* et prior *de Du* (2), in die quo alter super terra erat nondum sepultus, pacifice eligitur. Hugo *de Clermont*, abbas Cluniacensis, presens erat. (fol. 200 r°.) (3)

(1) Le 28 mars 1198.

(2) Il avait été prieur de Dun pendant cinquante ans, voy. ci-après p. 89.

(3) A la suite d'un opuscule écrit de sa main, B. Itier a placé la note synchronique que voici :

« Hoc opusculum scripsit Bernardus Iterii, succentor monasterii Sancti Marcialis, anno ab incarnatione Domini m°. c°.lxxxx^{mo} viii°. Ipse est primus annus pontificatus Innocentii pape et Johannis, episcopi Lemovicensis, qui est L^{us} quintus episcopus a beato Marciale ; est etiam iste annus ultimus Isemberti abbatis, et xviij^{us} Philipi regis Francorum, regnante in Anglia Richardo. Hoc ipso anno audivimus quod quidam presbiter, nomine Fulco (1), mira et inaudita miracula facit et magistros scolares Parisiensium discipulos sibi assciscit. Preteriti xxx^{ta} v^{que} anni fuerunt mee juven-

(1) Foulques, curé de Neuilly ; on sait que ses prédications pleines de feu convertirent beaucoup de monde, et, entre autres, plusieurs docteurs, qui voulurent se joindre à lui pour prêcher contre les déréglements du siècle et se firent ses disciples ; ce sont sans doute les merveilles opérées par sa parole auxquelles B. Itier fait ici allusion. Instruit de ses succès, le pape Innocent III le chargea de prêcher la 4° croisade ; grâce à ses exhortations un grand nombre de seigneurs prirent la croix.

Anno gracie M° C° xcix, obiit Ricardus rex (1), et Hugo *de Clermont*, abbas Cluniacensis, et Helias, capellanus *de Tarn*, et Ademarus, vicecomes senior, et Heinricus, archiepiscopus Bituricensis (2).

Hugo de Lezina comitatum de Marcha arripuit.

Domnus Hugo, abbas, pactum fecit cum Johanne, episcopo Lemovicensi, de conventu, quod unoquoque anno CCC solidi abbati persolverentur.

Domus Petri Audierii consummatur II°, et ipse Petrus capitur a Guidone, vicecomite Lemovicensi, et redemit se C. milia solidorum et viginti milia solidorum. Multe ville obsesse, scilicet civitas Lemovicensis, Sancta Jema, *Nuntrun, Noalas, Chaluz-Chabrol, Autafort, S. Magri*, Albusso, *Salanac, Clois*, Briva, Aiguiranda, Sancta Livrada, *Poi-Agut*.

Cepimus psallere pulcriores ant. ad Benedictus infra octavam B. Marie, plumbo monasterium cooperire, et ductum aque per plumbea cornua venire; et confratria obolorum tunc orta est. (fol. 201 r°.)

Anno gracie M°CC°, castrum Lemovicense crematum est, et unus monachus sacerdos, qui vocabatur Helias

---

tutis sub papa Alexandro, Lucio, Urbano, Clemente, Gregorio, Celestino, Innocentio, sub regibus Francorum Ludovico, Philipo, sub regibus Anglie Heinrico, Ricardo, sub episcopis Lemovicensibus Geraldo, Seebranno, Johanne, sub abbatibus Sancti Marcialis Petro, Izimberto, Hugone. » (Lat. 3549, fol. 22 r° et v°.)

(1) Richard Cœur-de-Lion, mort le 6 avril 1199. Voici un renseignement qui complète la note de B. Itier: « In obsidione castri Lemovicensis vicecomitis, quod Corlucum dicitur, sagitta transfixus, paulo post moritur et in cœnobio Fontis Ebraldi sepelitur. » (Ex hist. brev. comitum Andegavensium, dans Chroniques des comtes d'Anjou, publ. par MM. Marchegay et Salmon, p. 368.)

(2) La mort d'Henri Ier de Sully, archevêque de Bourges, est encore relatée dans une autre note de B. Itier, au fol. 210 v°.

Guitbert, dum cucurrisset ad domum fratrum suorum protegendam, ab igne preoccupatus, cum duobus laicis crematus est, cum ipsa die venisset de Arnaco, in festo Sancti Hugonis (1), post completorium. Fuit autem dies sabbati jam transacta. (fol. 202 r°.)

Obiit *Merchaders*(2) apud Burdegalam trucidatus. J., rex Anglorum, duxit uxorem filiam comitis Engolismensis (3). Lodoicus, filius Philipi, duxit uxorem *la nepsa* Johannis regis (4). (fol. 203 r°.)

Anno ab incarnatione Domini M° CC° j°, sedebat in sede apostolica Innocentius papa iij^{us}., in sede Lemovicensi Johannes, Biturice Willelmus, abbas Cluniacensis Hugo, abbas Sancti Marcialis Lemovicensis Hugo, rex Francorum Philipus, Anglorum Johannes(5). (Lat. 740, fol. 175 v°.)

(1) Le vendredi 28 ou le samedi 29 avril.
(2) Voir Bibl. de l'École des chartes, t. III, p. 417, le mémoire sur les Routiers au xiie siècle, par H. Géraud.
(3) A la suite d'un opuscule écrit de sa main, B. Itier rapporte avec plus de détails ce mariage du roi d'Angleterre :
« Bernardus Iterii, succentor hujus loci, scripsit in hoc loco anno ab incarnatione Domini м° cc°, quo Johannes, rex Anglorum, unxit sibi in matrimonium filiam Ademari, comitis Engolismensis, apud Engolismam civitatem, festivitate sancti Bartolomei, apostoli (1), Hec puella desponsata erat prius Hugoni *Lo Bru*, qui comitatum *d'Engoleime* post mortem supradicti Ademari possessurus erat; et rapuit eam pater et dedit predicto regi. » (Lat. 5137, fol. 13 r°.)
(4) Blanche de Castille, fille d'Alphonse IX et d'Éléonore, sœur du roi d'Angleterre.
(5) A la suite de quelques notes écrites par B. Itier, on lit cette mention qui trouve sa place ici :
« Hanc paginam scripsit Bernardus Iterii anno м° cc° r° ab incarnatione Domini. Guido vicecomes Lemovicensis . . . . comes de *Autafort*. » (Lat. 2770, fol. 161 v°.)

(1) Le 24 août.

Anno gracie M° CC° j° jam transacto, consummati sunt ab exordio mundi anni DC vj millia; secundum hocque anni novem xl. e. v.^{que} milia quando venit incarnari qui creavit omnia. (fol. 203 r°.)

Anno M° CC° ij° ab incarnatione Domini, fuit fames et mortalitas pauperum et hostilitas inter episcopum et vicecomitem, et abbatem et burgenses, et

Prioratus *de Tarn* incipitur iiij monacorum. Prior I^{us} fuit *A. Martel*, capicerius major; secundus, *P. de Manauc*, (A. de Jaunac, B. Pix.) (fol. 204 r°.)

Turris optima *de Pompedors* igne flagrans corruit, et fere xx^{ti} homines in ea necati sunt. Turris *deu Daurat* et de Brideriis corruerunt.

Obiit Ademarus, ultimus comes Engolismensis (1), pater regine Anglorum, scilicet Johannis regis uxoris. (fol. 204 r°.)

Anno gracie M° CC° iij°, feria secunda post Ramis palmarum, corruerunt muri castri Lemovicensis fere c. cubiti. Cantaverant clerici et presbyteri excommunicati in illa parte, die precedenti, Gloria laus (2), etc. (fol. 205 r°.)

Contigit apud Subterraneam in diebus Adventus Domini, ad matutinos, dum monachi psallerent hanc antiphonam : Spiritus sanctus in te descendet, Maria, etc. (3) tantus splendor illustravit ecclesiam, ut omnes

---

(1) Ceci ne s'accorde pas avec les énonciations de l'Art de vérif. les dates, qui fait mourir cet Adémar *peu après* 1218.

Dans un fragment de l'an 1220 ci-après, B. Itier confirme le même fait et ajoute la date précise de la mort de cet Adémar; c'est au xvi des cal. de juillet (16 juin) de l'année 1202 qu'il la fixe.

(2) Hymne du dimanche des Rameaux.

(3) Antienne du Magnificat pour le jour de l'Attente de l'Enfantement de la sainte Vierge au Romain. Cette fête, que l'Eglise

qui aderant, mirarentur. Obiit Alienor, regina Anglorum; sepulta est ad Font Ebraldi. (fol. 206 r°.)

Anno gracie m° cc° iiij^{to}, fuit ultimum Pascha (1), et ipso anno injunctum est mihi officium armariatus, insuper ut essem prior iij^{us}.

Hoc anno, tradidit Dominus in manus Francorum et Latinorum urbem famosissimam Constantinopolim et terram Grecorum, et sublimatus est ibi de nobilibus Francorum Latinus imperator comes Flandrensis Balduinus, cui successit frater Heinricus : et restituta est ad matrem filia, et Grecorum ecclesia sub obedientia ecclesie Romane vel invita.

Hugo abbas capitur ab Ademaro juniore nondum milite (2). Infra dies xx iterum capitur *à Chaslucet*. (fol. 206 r°.)

célèbre le 18 décembre, est très-anciennement connue sous le nom d'*Expectatio B. Mariae*.

(1) Le 25 avril. On sait que c'est le dernier terme de la fête de Pâques. On trouve dans un autre manuscrit (lat. 3719, fol. 109 v°) sur le retour périodique de cette fête une note de B. Itier qui peut se placer ici : « Nota quia in quingentis et xxx^{ta} duobus annis non potest evenire primum Pascha et ultimum Pascha nisi quater. Anno m°. cc°. iiii^{to} ab incarnatione Dei, erit ultimum Pascha, et post ducentos et xl. annos similiter, dein post annos octoginta et xv^{cim} similiter, et post totidem annos similiter, item post totidem similiter. »

(2) A la suite de diverses notes écrites de sa main, B. Itier nous fait connaître sur cet événement quelques détails intéressants :

« Hoc scripsit Bernardus Iterii apud Tarnum in festo Johannis Crisostomi (1) anno m°. cc°. iiii ab incarnatione Domini. Hugo, abbas Sancti Marcialis, captus est ab Ademaro (2), fratre Guidonis (3), vicecomitis Lemovicensis, qui tunc detinebatur captus apud *Chinon*, sed abbas predictus eadem die dedit pro se obsides qua-

(1) 27 janvier 1205. — (2) Adémar, 3e fils d'Adémar V, vicomte de Limoges. — (3) Gui V.

Anno gracie m° cc° v°, obiit Petrus Pictavinus, cancellarius Parisiensis, qui poterat appellari Scripturarum armarium. Corea facta. De Trinitate octave instituuntur. Ad curiam Sancti Martialis m. milites fuerunt.

Sanctimoniales *de Zurac* se suaque nobis dederunt.

Quidam burgensis de civitate Lemovicensi vocabatur Petrus Vitalis, qui, quadam nocte, duos filios suos de ponte in Vinzennam precipitans, semetipsum post eos submisit : qua de re hoc factum fuerit, adhuc penitus ignoratur.

In castro Lemovicensi, quidam provecte etatis, admodum dives, in vinca sua cum paupere muliere caduca sepius fornicatus, tandem morte subitanea juxta ipsam defunctus est, cum haberet uxorem; vocabatur *Johan deu Peirat Lo Jauvi*. (fol. 207 r°.)

Anno m° cc° v° ab incarnatione Dei, secundo die ante festum sancti Martini (1), contigit in civitate Lemovicensi quoddam infortunium tale : quidam burgensis, qui appellabatur Petrus Vitalis, cum esset sanus et incolumis, diabolo instigante, duos filios suos in Vizenna necavit, et post seipsum in eodem flumine precipitem dedit, et sic periit.

Ipso anno, obiit subito in vinea sua J. *deu Peirat Lo Jauvi,* qui, conjugii spernens jura, cum meretricibus mecabatur, uxore contempta; et, post fornicationem perpetratam, statim expiravit. (Lat. 3549, fol. 84 r° et 83 v°.)

Anno gracie m° cc° vj°, obiit Helias *de Malamort,*

tuor milites pro vij milia solidis; causa hujus captionis fuit turris de *Rosir,* quam ei nolebat reddere, sed ut propriam volebat habere. » (Lat. 3549, fol. 140 v°.)

(1) Le 9 novembre.

archiepiscopus Burdegalensis, *Gui de Blaom*, abbas Dauratensis, A. *Marteu*, capicerius major, Petrus *Girau*, notarius domini pape Innocencii III, Iterius Bernardi, cum Helia *de Telfont* et Petro *de Cous*, Petrus Audierii, Helias *la Mosnaria* (1).

Turris de castro Axie consummatur, quam Guido, vicecomes, a fundamentis cepit erigere. Postea aulam noviter edificavit.

Audierius, frater meus, habuit vineam cum torcularibus Petri Audierii, pro denariis, videlicet x milibus solidis.

Hoc anno (2) domnus Hugo, abbas, fuit apud Cluniacum, dominica qua cantatur *Oculi mei* (3), et fui cum illo, et videre merui illud venerabile monasterium, quod dicitur Deambulatorium angelorum. (fol. 208 r°.)

Anno gracie M° cc°vij°, obiit Hugo, abbas Cluniacensis, Seguinus *de Clois*, prior de Chaudu, G. *de Pontroi*, prior *d'Aurel*.

(1) A la suite de la mention d'une reliure qu'il a fait faire, B. Itier donne une sorte de nécrologe de l'année 1206, qui trouve sa place ici :

« Anno M° cc° v° ab incarnatione Domini, fecit hunc librum ligare Bernardus Iterii, armarius hujus loci. Sequenti anno, ante mensem maii, obierunt iiij°r ex melioribus viris pagi Lemovicensis oriendis, videlicet Helias *de Malamort*, archiepiscopus Burdegalensis, G. *de Blaom*, abbas Dauratensis, P. G. *de Solomnac*, clericus in curia domini Innocentii pape honoratus, Petrus Audierii, burgensis Lemovicensis, quondam senescallus Marchie (isti quatuor secundum seculum valde fuerant elevati), Iterius Bernardi, A. *Marteu capicerius, Helias la Mosnaria.*» (Lat. 2843, fol. 161 r°.)

(2) Année 1207.

(3) Le 3e dimanche de carême, c'est-à-dire le 25 mars de l'année 1207.

Hugo *lo Brus*, tunc comes de Marcha, destruxit muros de Subterranea *e deu Daurat*.

Turris *de Du*, que erat de talucs, vehemencia ventorum cecidit et oppressit uxorem Rotgerii *Palasteu* cum duobus filiis : hec fuit filia Geraldi *de Du*. Feria v^a ante Ramos palmarum(1), ipse Rotgerius cum duobus aliis pocionatus est apud *la Joncheira;* sed Garnerius *deu Domno* bibit thiriacham (2) et evasit. Dicitur quod uxor Garnerii pociones tradiderat cuidam clerico, quia tunc Garnerius divorcium facere volebat ab illa.

Corpus S. Benedicti desuper Ligerim translatum est in loculo novo, cujus pretium fuit xxxij millia solidorum. P., archiepiscopus Senonensis (3), et Hugo, abbas Sancti Martialis, tunc presentes fuerunt.

In Nativitate Christi bene missam majorem cantavimus. Saphirus lapis pretiosus, in scuto aureo impressus, missus est in urna aurea Sancti Marcialis (4), in Natale Innocentium(5), quem dedit Garinus miles *de Toarces*. (fol. 203 r°.) (6)

Anno m° cc° vij°, in festo sancte Lucie (7), Sorranus episcopus rediit à Roma (Lemovicensis) episcopus. In festo sancte Valerie, Sorranus episcopus missam majo-

---

(1) Le 12 avril.
(2) Médicament connu dès l'antiquité païenne; on le croyait très-efficace comme contrepoison.
(3) Pierre de Corbeil.
(4) Voir ci-dessous à l'année 1222 la mention d'un fait analogue.
(5) Le 28 décembre.
(6) A la suite de la transcription d'un manuscrit, B. Itier fait mention de l'arrivée du roi d'Angleterre à la Rochelle :
« Hos dccc et xxxiii versus scripsit Bernardus Iterii, armarius, anno m°. cc° vii° ab incarnatione Domini, Johanne, Anglorum rege, veniente de Anglia *à la Rochela*. » (Lat. 3549, fol. 148 v°.)
(7) Le 13 décembre.

rem celebravit in altare S. Petri. (Lat. 3719, fol. 115 v°.)

Anno gracie M° CC° viij°, fui *à Clarmont*, *au Poi* Sancta Maria, *à la Chesa Deu;* et postquam reversus sum, egrotavi fere usque ad mortem. Tunc obiit Gaufredus de Niolio, subprior, de quo multos libros habui.

Obiit Gaufredus, archiepiscopus Turonensis, Odo, episcopus Parisiensis ; Philipus (1), dux Suevorum, in camera sua perhemptus est.

Obiit W. Alboini, A. de *Sant-Remei*, Gaufredus *Lacela*, prior de Rofiaco, Boso *de Mathaz*, abbas Stirpensis, Helias *Berquet*, Petrus *Chavalers*, sacerdos secundus, Willelmus, Bituricensis patriarcha, patrator miraculorum (2).

Duo candelabra *d'esmaus* empta sunt iiij lb. Canonici processionem fecerunt nobiscum in solemnitate sancti Martialis. (fol. 210 r°.)

Anno M° CC° viij° ab incarnatione, obiit Gaufredus, archiepiscopus Turonorum, vir sanctus et justus, qui multa miracula post obitum operatur ; et obiit Petrus *de Chasteunou* (3), lancea percussus inter hereticos :

(1) Philippe de Souabe, empereur d'Allemagne, assassiné par Othon de Wittelsbach.

(2) Voici une des notes que Bernard Itier a consacrées à la mémoire de ce prélat, dans les obituaires de St-Martial de Limoges : « IIII idus januarii. Bituricas depositio sancti Willelmi, eximii presulis et egregii confessoris, cujus vita claruit in terris plena fide, et mors in conspectu populi miranda miraculis preciosa refulget. » (Lat. 5245, fol. 5 r° et lat. 5257, f° 3 r°.)

(3) Pierre de Castelnau fut tué à Saint-Gilles, en Provence, le 15 janvier de cette année. Voy. Fauriel, Hist. de la croisade contre les hérétiques Albigeois, vers 80 et suiv. Dans une lettre adressée au pape Innocent III par Philippe-Auguste au mois d'avril 1208, en réponse à celle que le souverain pontife lui avait écrite

erat legatus apostolice sedis et honeste vite, et miracula similiter facit, apud Sanctum Egidium tumulatus. Et obiit Gaufredus *Lacela*, prior de Rofiaco, et W.us Alboini. (Lat. 1248, fol. 71 v°.)

Abbas Willelmus obiit anno gracie m° cc° viij°. (fol. 210 v°.)

Anno gracie m° cc° ix°, cerei sancto Martiali non offerentur. Galo, legatus, multos exasperavit. Inçepimus abstinere in sabbatis ab adipe.

Obiit Geraldus (1), Caturcensis episcopus, qui perseveraverat in episcopatu per l et iij annos, et sepultus est coram altare majus apud Grandimontem.

Ranulfus Marabotis, archidiaconus Sanctonensis, occiditur a sicariis.

Civitas *de Beders* vastatur; xxxviij millia homines in ea truçidantur (2) propter hereticos, et ipse dominus civitatis (3), in festo Marie Magdalene (4), a iij^a usque ad vesperas. (fol. 211 r°.)

Due capelle R. (5), abbatis Dolensis, consecrantur.

le 10 mars de la même année (n. st.), le roi témoigne combien il a été affligé de la mort du légat du Saint-Siége. (L. Delisle, *Catalogue des actes de Philippe-Auguste*, n° 1085 et appendice, p. 512-513.)

(1) Sur Géraud IV, évêque de Cahors, voy. ce qui a été dit sous les années 1179, 1180 et 1183.

(2) Malgré l'assertion de notre chroniqueur, qui était du reste éloigné du théâtre des événements, il faut réduire le nombre des victimes à 20,000, d'après le témoignage formel d'Arnauld, abbé de Citeaux. Voy. sa lettre au pape Innocent III, publiée par Baluze (Epist. Innocentii III, t. II, p. 373, n° 108); cf. *Revue des Quest. hist.*, t. I, p. 189-191.

(3) Il n'est pas exact de dire que Raymond Roger ait péri dans le sac de Béziers, puisqu'il est parfaitement établi qu'il mourut après la reddition de Carcassonne.

(4) 22 juillet.

(5) Radulphus de Podio; il mourut en 1211, voy. ci-après p. 81.

Otho imperat. Licet excommunicatus a domino papa Innocentio III°, Johannes regnat in Anglia.

Prioratus de Savio capitur, diruitur, depredatur a Gaufredo *de Taunai.* M. de Cluniaco in Epiphania Domini. (fol. 212 r°.)

Anno gracie M°CC°X°, obiit Gulferius de Turribus (1), filius Constantini *de Born* (2), et Bertrandus, abbas Tutelensis, et Bartholomeus, prior Sancti Marcialis. Et facta est mortalitas de hereticis in pago Narbonensi, et capta municipia ferme octoginta.

In monasterio de Regula patrata sunt multa miracula.

Hoc anno, fui à *Peiteus*, et audivi quod canonici de Salas priorem suum cum gladiis interemerant, ad matutinas surgentem. Deinde veni ad Sanctum Martinum *de Tors* et ad Majus Monasterium.

Bernardus *de Ventedor* (3) *e Galart de Cardalac,* electi *de Tuela,* in discordia perseverantes, destruunt monasterium.

IIII°ʳ milites castri Lemovicensis obierunt, Jordanus *deu Brol,* Chatardus *Lo Viger,* W. de Pena-Vaira, Boso Bernardi, et uxor Guidonis, comitis Lemovicensis, que fuit soror comitis Arvernorum (4).

---

(1) A la suite d'une préface placée en tête des morales de saint Grégoire, B. Itier relate encore cette mort :

« Hanc prefationem scripsit Bernardus Iterii, hujus loci armarius, vii™° anno quo factus fuit ipse armarius, in festo apostolorum Symonis et Jude (1), anno gracie M°. cc™°. decimo, Gulferio de Turribus defuncto et tumulato à *Alasac* (2). » (Lat. 2455, fol. 1 r°.)

(2) Il était frère du troubadour Bertrand de Born, seigneur de Hautefort. Voy. le Parnasse occitanien, p. 64.

(3) Bernard VI de Ventadour, abbé de Tulle.

(4) Ermengarde. C'était la fille de Robert IV, comte d'Auvergne;

(1) Le 28 octobre. — (2) Alassac, arr. de Brives (Corrèze).

Cerei ix sancto Martiali tolluntur. Abbas Fontis Gumbaudi pocionatur. (fol. 212 r°.)

Anno ab incarnatione Domini M° CC° X°, audivimus rumores ab abbatibus remeantibus de capitulo Cisterciensi, quod domnus papa excommunicaverat imperatorem Otthonem in propriam personam; et quod Anglica regio tanto anathemati subjacebat, ut etiam ordo Cisterciensis in ea vacaret a divinis officiis, insuper episcopi defuncti inhumati jacerent.

Postulabat domno pape ordo Cisterciensis, ut domnum Willelmum (1), Bituricensem patriarcham, qui, inter cetera miracula, etiam mortuum in flumine deversum suscitaverat, juberet relevari (2).

Hoc anno, obiit Rome Raimundus de Vairas, nuncius burgensium castri Lemovicensis, qui ad curiam contra Bituricensem archiepiscopum G. et contra abbatem nostrum perrexerat. Imperator (3) jusserat ut omnes religiosi euntes ad Romanam curiam caperentur, clerici destruerentur.

Domnus Robertus, abbas de Corona (4), dum causa orationum iret ad capitulum, apud monasterium Pruliacense diem clausit extremum. Hic fuit septimus abbas; duo tamen fuerunt episcopi Engolisme, in quo episcopatu non sunt nisi vij. tantum abbatie, he scilicet,

elle n'est mentionnée ni dans les histoires, ni dans les généalogies.

(1) On sait que S. Guillaume avant d'être élevé à la dignité d'archevêque avait appartenu à l'ordre de Citeaux, ayant été moine à Pontigny, puis abbé de Fontaine-Jean et de Chalis.

(2) La levée du corps de ce prélat fut faite en 1211 le mardi après le 4e dimanche de carême, c'est-à-dire le 6 mars.

(3) Othon IV, empereur d'Allemagne.

(4) Abbaye du diocèse d'Angoulême, voy. ci-dessous.

Corona, *Bornet*, *Gros-bosc*, Cella, S. Eparchii, S. Amantie, S. Ausonii, cum in Lemovicino xxv inesse videantur. In pago Podiensi est abbatia S. Scatfredi, sola de monachis nigris ; et abbas S. Petri secularis, et abbas *de Seguret*, secularis.

Duo ordines in Jherosolima orti sunt, Templarii et Hospitalarii ; Cabilonis, Cistercienses, *à Masco* Cluniacenses, Lemovicas Grandimontenses et Artigienses, (Lauduni) Premonstratenses, Arvernis Case Dei, (Carnoti) illi de Tiro, Turonis Majoris monasterii, Andegavis sanctimoniales Fontis-Ebraldi, *à Granoble* Cartusienses. In pago Bituricensi sunt abbatie ordinis Cisterciensis xij, in Lemovicino x, in Petragorico iij. (f. 261 r° et 260 v°.)

Anno gracie M° CC° xj°, Annunciatio B. Marie (1) festivius fieri instituitur I. R. duppla, et Raimundus Gaucelmi missam de festo celebravit, qui erat novus sacerdos. Valuit oblacio xxx libras. *Li dozil* (2) *de la font* noviter fiunt : expensa fuit lxx solidorum. Calciamenta fratribus in capitulo distribuuntur, que consuetudo fuerat intermissa per xx^{ti} iiij^{or} annos.

In crastino Pasche (3), Gauterus Mauri amisit pugnum et vulneratus est in capite, et ipse quendam vulneravit. In Pascha solitum *kyrie eleison* mutavimus ; octavas Pasche in R. *dobles* cepimus celebrare.

Civitas Rotomagensis igne conflagravit in crastino die Pasche.

Nona die maii, monasterium Sollemniacense consecratur a Johanne, episcopo Lemovicensi.

---

(1) Le 25 mars.
(2) Sur ce mot voy. Raynouard, Lexique Roman, t. III, p. 76.
(3) Le lundi de Pâques, 4 avril de l'année 1211.

(1) In crastino auditum est quod Franci occiderant comitem Sancti Egidii (2), hereticum.

Anglicana regio reconciliatur, que per iiij^{or} annos fuerat excommunicata.

Comes Hugo de Marchia novam monetam instituit apud *Belac* faciendam Marques.

Lavaura (3) capitur, et plus quam xx millia homines trucidantur.

Guido vicecomes apud Axiam monetam facit, quam Lemovicenses non receperunt. J.(4), abbas *d'Usercha*, obiit : cui successit *Secot-Lansa*.

---

(1) Ces deux §§ *In crastino* jusqu'à *excommunicata* ont été barrés dans le ms. On lit en marge une note ainsi conçue : *hoc falsum fuit*, et un renvoi placé sur les mots *auditum est* indique que cette annotation se rapporte à ce qui va suivre.

(2) Raymond VI, comte de Toulouse ou de Saint-Gilles; il n'est mort qu'au mois d'août de l'année 1222, d'après l'Art de vérifier les dates.

(3) La ville de Lavaur, qui était, suivant l'histoire en vers de la croisade contre les hérétiques Albigeois, une des villes les mieux fortifiées qui existassent alors, fut prise et détruite le jour de la Sainte-Croix en mai (le 3 mai), après un siège de quatre ou cinq semaines. Ici, comme ailleurs (voy. ci-dessus ce qui a été dit sous l'année 1209, à l'occasion de la prise de Béziers), B. Itier, trompé, sans doute, par de faux bruits, grossit singulièrement le nombre des victimes, apparemment pour donner plus d'éclat aux succès remportés par les croisés, succès auquel il devait nécessairement s'intéresser. L'histoire en vers parle seulement de 84 chevaliers et de la dame de la ville, qui furent massacrés lors du sac de la ville. L'auteur de cette histoire y ajoute 400 habitants brûlés dans un pré; quant au carnage dont il parle quelques lignes après, il ne faut probablement y voir qu'une de ces formules poétiques sans valeur qui lui sont habituelles. Voy. l'histoire en vers de la croisade contre les hérétiques Albigeois, publiée par M. C. Fauriel, vers 1522-1567.

(4) Jean de Marenzenas.

Janue ferree fiunt in opere novo Sepulcri ; expense septem libras.

Hoc anno, dominus papa Innocencius, propter guerram quam habebat cum Otthone imperatore, per conventuales ecclesias vicesimam partem reddituum unius anni exegit. Abbas noster x marchas argenti ei misit. (fol. 213 r°.)

« Omnipotens sempiterne Deus, qui gloriose Virginis Marie corpus et animam, ut filii tui habitaculum effici mereretur, Spiritu Sancto cooperante, preparasti, da, ut cujus commemoratione letamur, ejus pia intercessione, ab instantibus malis et morte perpetua liberemur, per ejusdem (1). » Hanc orationem dedit beata Maria, anno preterito, infra quadragesimam, cuidam monaco Cisterciensi, qui totus erat in orationibus intentus, instruens eum ut hanc collectam frequentaret.

Festum sancte Ansildis, virginis, hoc anno instituitur cum xij lectionibus facienda (2).

In civitate Lemovicensi, quedam mulier mentis insane, si quis eam manu percuteret, amens efficiebatur. Accidit casu ut quidam homo eam percuteret et insaniret, ita scilicet ut accendens paleam in domo sua et in lecto se collocans, domum et se ipsam incenderet, cum aliis duabus domibus, mense augusto.

Novem cerei S. Martiali non offeruntur.

Hoc anno, erant in claustro nostro iiij^{or} abbates, sed

---

(1) Cette oraison est celle qui se dit encore aujourd'hui à Complies, depuis la Trinité jusqu'à l'Avent, à la suite de l'Antienne : *Salve regina*.

(2) On célébrait cette fête le 7 des cal. de novembre, c'est-à-dire le 26 octobre. Voy. deux calendriers rédigés aux xive et xve siècles : Lat. 774. A, fol. 10 v°, et 774 B, fol. 4 v°.

tres resignaverant : scilicet Ardalo, quondam abbas Usercensis, Lambertus prior, quondam abbas Gratie Dei ; J. de Colonias, quondam abbas *deu Palai*. Domnus Hugo jam tercium decimum annum expleverat.

Capsa ubi caput Apostoli manet, renovatur ; et copam ubi corpus Domini reservatur, promisit *Chatart*, clarissimus aurifex, se daturum.

In Ascensione Domini (1), domnus Hugo abbas processionem et missam majorem in sede Lemovicensi celebravit, hujusmodi causa : J. Episcopus absens erat ; Helias Aimerici, precentor ipsius sedis, novum evangelium ipsa die dixit, et abbatem propter hoc rogavit ut missam celebraret : quod et fecit cum x fere monachis. Et ego apud nos eo die missam celebravi, et secunda feria precedenti in sede celebraveram.

Guido, vicecomes Lemovicensis, cepit *Tuvers*. Turris, que est juxta cortinam, cecidit, que prius arserat in festivitate sancti Hugonis (2).

III° kal. novembris (3), die dominico, que solito clarior illuxit, caput apostoli monstravit B. armarius omni populo Lemovicensi, honorifice ac gratanter. In crastino, reperimus auri xiij marchas et *demei*, et argenti totidem, in loculo veteri.

Hoc anno, hospitale pauperum S. Martialis consummatur. Expense fuerunt v. millia solidorum. Lucia de Sancto Hilario incepit illud.

Contigit hoc anno in domo patris mei, quod due uxores fratrum meorum, Helie et Audierii, infra xiv

(1) Le jeudi 12 mai de l'année 1211.
(2) Le 29 avril.
(3) Le 30 octobre.

dies, unaqueque haberet et pareret simul duos filios ; sed filii Helie post babtismum in ipsa domo factum obierunt ; duo alii vivunt.

Vigilia Sancti Martini(1), due virge deaurate, quarum fuit pretium xxiij solidorum, in sepulcro Sancti Martialis facte fuerunt meo consilio, et vij solidos de proprio dedi, que prius fuerant ferruginee.

Obiit Radulfus *deu Poi*, abbas Dolensis(2), et Petrus *de Vertuol*, armarius, qui capellam Sancti Michaelis et librariam edificari fecit et multa alia bona.

Sermonem feci ad populum in cimeterio Arenarum vigilia Ascensionis (3), et sequenti anno et quarto et quinto, et in Ramis palmarum in Amphiteatro.

Libra argenti vivi xij solidos venundata est, que solet dari pro xij denariis (4).

Triginta anni transierunt (5) quod audivi a domno Isemberto abbate, quod ipse primus dedit quinque solidos *de Giomes* in bona pellicia de agnis, et ego hoc anno dedi xxx solidos de Barbaris.

J. Larocha (6), juvenis et claudus, nobilis et virgo, eligitur in abbatem Dolensem.

(1) Le 10 novembre.

(2) Voir pour plus de détails sur la mort et la sépulture de cet abbé du Bourg-Dieu, qui périt en allant à Rome, la chron. de l'abbaye de Déols (Historiens de Fr., t. xviii, p. 246, b).

(3) Voy. ce sermon ci-après. — (4) Voy. au fol. 262 r° du ms. lat. 1338 une autre note sur le prix du vif argent, ainsi conçue :

« Libra argenti vivi venundata est Lemovicensibus in urbe Cenomannica xxxv sol. plerumque xij sol. vel x, que quandoque datur pro xij d. »

(5) Ceci se passait probablement vers l'an 1180, dans les premières années de l'administration de l'abbé Isembert nommé en 1177.

(6) C'est lui que le *Gall. Christiana* (t. II, col. 151 E) nomme Johannes IV de Roccha, sans indiquer l'année de son élection.

Civitate Treveris delatum est corpus Helene Imperatricis aromatizatum, caput Philipi apostoli, et magna porcio ligni salutaris ibidem adoratur. Caligam Jesu Christi Turonis apud Sanctum Julianum deosculatus sum (1). Corpus sancti Odonis in loculo argenteo ibidem cernitur.

Guido, vicecomes Lemovicensis, recuperavit castrum de Exidolio in Adventu Dei.

Tabula S. Valerie et Susanne facta. Monile aureum in urna Sancti Martialis infixum. Sic de novo assuescunt uxores divitum post obitum monilia sua inibi reponere; iiij. libras v viginti ibi reperies et vj annulos aureos.

In Nativitate Domini, domnus abbas dedit ad offertorium viij libras.

Obiit W. Cheza, qui xx solidos annuatim nobis dimisit. Celeste organum (2) diximus de luce celica ñ. (3).

Obiit W. Cheza, A. *Bru*, *Aimar Chatar*, P. Helias, B. *d'Analac*, ignis incendio (4).

---

(1) Plusieurs chroniques de l'abbaye de Saint-Julien, entre autres une chronique rimée, font mention de la découverte de cette précieuse relique, mais elles ne s'accordent pas sur la date de cette découverte, qu'elles rapportent les unes sous l'année 1007, les autres sous l'année 1014. Voy. A. Salmon, Recueil de chron. de Touraine, p. 118, 187, 230.

(2) Voy. dans le ms. lat. 1119, fol. 3 v°, une prose commençant par ces mots.

(3) (Saturne) suivant Walther, *Lexicon Diplomaticum*.

(4) Suivant les idées superstitieuses du moyen-âge qui étaient celles de B. Itier, il devait mourir de mort violente, parce qu'il était né le jour de Noël : « Qui nascitur in Natali Domini, aut incendio aut gladio moritur : Sicut Bernardus *d'Analac* et abbas de Cela. » (fol. 262 r°.)

Quedam pax non firmiter instituta (1). Sanctus Willelmus (2) relevatur mense marcio, feria iij^a post *Letare Jherusalem* (3).

Innumerabilis multitudo Sarracenorum in Hispania venit christianitatem fugare et opprimere.

Sabbato in Ramis palmarum, ad missam majorem, *Chatart*, clarissimus aurifex, optulit copam argenteam, intus et foris deauratam, ad custodiendum corpus Christi. Sexdecim libras valet.

Hoc anno, Guido, comes Arvernorum, funditus evertit monasterium *de Mauzac*, et corpus sancti Austremonii in quodam municipio suo detulit, et propter hoc a rege Francorum persecucionem patitur (4).

Miraculum de Pavone Dolensi (5). (fol. 215 r°.)

Anno gracie M° CC° xij°, obiit Lambertus prior (6)

---

(1) Voy. ci-après la transaction passée entre les moines et les bourgeois au sujet des murs de Limoges, en 1211.

(2) Archevêque de Bourges.

(3) Le mardi après le 4e dimanche de carême, c'est-à-dire le 6 mars.

(4) On trouve des traces de cette inimitié jusque dans les documents contemporains : ainsi par une charte du mois de l'an 1212, Robert, évêque de Clermont, reconnaît que Philippe-Auguste lui a livré un château et donné un autre château et deux forteresses sous la condition expresse que l'évêque ne livrera ces places ni au comte d'Auvergne ni à aucun des ennemis du roi. Une autre charte de l'an 1215 (du 19 au 9 avril) nous montre Gui, comte de Clermont, sur les inimitiés d'entre le roy et luy, n'osant pour ce venir le trouver et donnant pouvoir à Amblard de Chamleo, chevalier, de faire la foy au roy, pour luy, du fief de Bannasac. (L. Delisle, *Catalogue des actes de Philippe-Auguste*, n°s 1376 et 1565.)

(5) Sur l'histoire de ce paon, retrouvé vivant au bout de trois jours dans les décombres du clocher de l'église du Bourg-Dieu, voy. la Chron. du Bourg-Dieu. (Historiens de Fr., t. XVIII, p. 240, b.)

(6) Il avait été abbé de la Grâce de Dieu en Aunis. Voy. ci-dessus, p. 79.

sexta die maii, qui plura scripta dereliquit, et sunt apud nos.

Plusquam cccc homines de castro Lemovicensi pergunt ad Hispanias, et iiij ex monachis nostris, contra Sarracenos, et alii iiij^{or}.

Quarto decimo die mensis maii, Johannes, episcopus Lemovicensis, consecravit ecclesiam Sancte Valerie apud Lemovicas, ubi ipsa decollata est. *Lo portals de Mairabou* consummatur.

Guido, comes Arvernorum, perdidit circiter cxx municipia, propter abbaciam *de Mauzac*, quam destruxit in contemptu Dei et regis Francorum.

Mense junio, infirmaria defuit, propter v. millia solidorum quos debebat Mosto. In Natale apostolorum Petri et Pauli (1), infernus (2) artificiose compositus missus est in monasterio, cujus sumptus fuerunt dccc solidorum. Conventus dedit c. solidos. Ego emi pallium ante altare Sancti Michaelis xx solidis.

In solemnitate sancti Marcialis (3), canonici fecerunt nobiscum honorifice processionem. Erant autem xiij canonici cum clericis suis.

Post festum sancti Martialis, pergit exercitus Hispanie ad obsidionem Sibilie, et ceperunt Galatrava et Salvaterra, et tres alias.

Simon *de Monfort* cepit *Pena d'Agenes* (4), *e Biron, e Chasteunou, e Moichac*.

---

(1) Le 29 juin.

(2) Sur cet infernus voy. une autre note de B. Itier sous l'année 1217, ci-après.

(3) Le 30 juin.

(4) Assiégé le 3 juin, le château de Penne d'Agen fut pris le 25 juillet; le château de Biron fut assiégé et pris ensuite; la ville

Domnus papa excommunicavit Philipum (1), regem Francorum, et posuit finem negocio *de Tuela*, mandans ut Rocamador Bernardo (2) abbati redderetur.

In kalendis augusti (3), J. episcopus consecravit majus altare Sancte Marie de Regula, quia caput ecclesie novum erat constructum.

Ipso die, instituitur prior Radulfus post Lambertum; *à Pairac* Godefredus post W. *de Goret*, cui tollitur invito.

Apud Acram obiit Hugo de Surgeiras, vicecomes *de Chastel airau*.

Infra tres annos, xx et vj millia solidi expenduntur ad opus ecclesie S. Marie de Regula.

Obiit Nafilat, bonus senescalcus de Marchia, *Marti Alcair*, S. de Faola.

Clocarium dealbatur. Sepulcrum decoratur cum stellis aureis *ab azur* : stelle cc minus v; sumptus xx libras et L solidi. Monachi vj libras dederunt.

---

de Moissac, assiégée le 24 août, se rendit le 8 septembre. Voy. le récit de ces événements dans l'*Histoire en vers de la croisade contre les hérétiques Albigeois*, publiée par M. C. Fauriel, vers 2404-2472, etc.

(1) B. Itier s'est ici, sans doute, trompé de date. C'est en 1200, et non en 1212, qu'une sentence d'interdit fut prononcée par le pape Innocent III sur les États de Philippe-Auguste. Voy. cette pièce dans le mémoire de H. Geraud, Bibliothèque de l'École des chartes, 2ᵉ série, I, 24. D'ailleurs ce n'était pas au moment où, suivant la remarque de D. Brial, il chargeait Philippe-Auguste de faire une descente en Angleterre contre le roi Jean excommunié par lui, qu'il eût songé à excommunier le roi de France dont il réclamait les services.

(2) Bernard VI de Ventadour. Il s'agit peut-être ici de la fin de la lutte entre les deux abbés élus, dont il a été question ci-dessus, p. 75.

(3) Le 1ᵉʳ août.

Domnus Albericus, Remensis archiepiscopus, remeans de obsidione *de Moichac*, ubi nepos ipsius occisus fuit, missam privatam celebravit in sepulcro de apostolo Marciale, et diximus prosam *Exultemus* (1), et fuit in capitulo, ubi fecit sermonem de apostolo satis diserte, et commendans se nostris orationibus, apud Grandimontem perrexit. Iste successerat Gaufredo, Turonensi archiepiscopo, in archidiaconatu Parisiensi, sicut ipse mihi dixit. (fol. 215 v°.)

Cere libra ij sol. per m. iij . . . . . . *Lo portal* de Bocharia per s. . . . . populum cotidie dici instituitur.

Decreta et psalterium Lumbardi mihi redduntur, qui fuerunt *Aimar* Ardalo, qui fuit capellanus de Subterranea.

Pax firma inter nos et villam de clausura murorum et fossatorum.

Uxor Ludovici regis junioris genuit duos geminos in festo sancti Policarpi (2) *à Lorre* (3).

Obiit Gaiferus Bechada, homo facundus, et Simon *La font*, capellanus de monasterio.

xliij solidi dantur *en la Lesda* de Lemovicis, et L solidi *en la Lesda de Chaluz*.

Obiit Bertranus (4), episcopus Aniciensis, W. *Folcau*, W. de Laia, B. *Chenut*.

Rex Johannes Anglorum, qui per sex annos cum tota Anglia fuerat excommunicatus, absolvitur; sed Stephanus de Lengatona in Alemania fit archiepiscopus.

---

(1) Voy. cette prose dans le ms. lat. 1338, fol. 143 r° et v°.

(2) Le 26 janvier 1213.

(3) Lorrez-le-Bocage, arrondissement de Fontainebleau (Seine-et-Marne).

(4) Bertrand Ier de Chalançon.

In sede Cantuariensi quidam consanguineus domini pape elevatur.

Decretales novas Willelmi *Folcau* redemi xvj solidos.

Hiemps fuit asperrima et longa. Per tres vices Vinzenna congelata prebuit super se transitum ante Natale et postea.

Sedile Dei Genitricis et duarum capsarum xxx solidis. (fol. 216 r°.)

Anno gracie m° cc° xiij° (1), picta est majestas Domini in porta occidentali, et lampas super scalam sancti Michaelis.

Magna sedicio erat inter abbatem Sancti Augustini et Hugonem prepositum; sed per G., archiepiscopum Bituricensem, sedatur. Et hoc anno debet monasterium illud viij millia solidorum.

Institutum est hoc anno ut unusquisque monachus accipiat xij solidos pro pannis et pro pellicia quotannis ab Humberto sacrista, et in Cena iij solidos pro calciamentis, et tamen sacrista debet mille solidos, abbas xx millia et amplius, Chambo l millia cerei redduntur.

Philippus rex abiens occupare regnum Anglorum, thesaurum perdidit infinitum et naves quas preparaverat (2).

---

(1) C'était le trois cent septième anniversaire de la fondation de l'abbaye de Cluny; on lit au fol. 38 v° de notre ms. : « ccc et vii annus ex quo Cluniacum incepit. »

(2) Expédition contre le roi d'Angleterre entreprise par Philippe-Auguste à l'instigation du pape Innocent III. — Les historiens portent à trois cents le nombre des vaisseaux français qui furent pris par la flotte anglaise réunie sous les ordres du comte de Salisbury. Trois cents autres vaisseaux furent détruits par cette même flotte. Enfin Philippe-Auguste lui-même fit incendier les navires épargnés par l'ennemi.

A. *de Fernols*, prepositus *de Fesc*, *Folcau* de Laia *de Manauc*, Aimar la *Ribeira de Rosir*, W. *de S. Marti de Vernuol* instituuntur.

Stephanus de Lengatona, archiepiscopus Cantuariensis, cum Johanne, Anglorum rege, pacificatur, et a domino papa tota regio absolvitur.

Obiit P. David apud Sanctam Jema, et ab Willelmo, Burdegalensi archiepiscopo, et Hugone, abbate *de Solomnac*, honorifice apud nos sepelitur, vj idus julii (1) :
: lmos   d : r::ss.c m::n.ch.s :ff:.c:.t^{ur} (2).

Elmos de Rossac monachus efficitur.

Obiit Rotgerus *Palesteu*. Imagines Petri et Pauli juxta crucifixum ponuntur. Domus de Axia, ubi est torcular, magnis sumptibus consummatur.

Secunda die mensis augusti, hora vj diei, tanta aquarum abundancia cum grandine cecidit, ut sepulcrum apostoli totum repleretur, nisi universus populus cum vasis et situlis illud haurire postponeret (3); sed, audito quod fiebat, currunt homines utriusque sexus, et vix aurire potuerunt. Multa mala fecit hec inundatio circa Lemovicas.

Transfiguratio (4) fit cum *prim clas*. Due navicule de argento furantur. (fol. 216 v°.)

Cum domnus Hugo abbas rexisset hanc ecclesiam per xiv annos et septem menses, sana mente et vegeto corpore, in Cena Domini (5) majorem missam cele-

(1) Le 10 juillet.
(2) A la ligne suivante, nous restituons ce passage omis par D. Brial, t. xviii, p. 231. Par suite d'un caprice de B. Itier, les voyelles avaient été remplacées par des points diversement disposés.
(3) Peut-être faudrait-il *properaret*.
(4) Le 6 août.
(5) Le jeudi 27 mars 1214.

brans, et mandatum xiij prebendariorum Sancte
Valerie et c. pauperum, et ducentorum cum fratribus
peragens, cum ad ultimum mandatum fratrum more
solito cum priore Radulfo peregisset, post completorium cognovit Petrus *Cofolens*, capellanus ipsius, in
verbis ejus ipsum non esse sane mentis nec sani corporis; sed preterita nocte et subsequenti in coro cum
fratribus ad tenebras fuit. In crastino et deinceps
usque ad festum Sancte Crucis de maio (1), quo hoc
scripsi, in conventu cum fratribus non interfuit; sed
medicorum frequentans auxilia, vix memoriam verbis
sanis exprimere valuit. Regebat per se tres prioratus,
Sanctum Benedictum *de Saut*, *Rofiec* et Dunum per L
annos tenuerat: *Rosier*, *Vernuol*, *Fesc*, *Manauc*, Mosto
male tractabantur.

Pridie kal. junii (2) obiit David Ardalo, qui dedit c.
sol. ad edificium monasterii de Subterranea, et xx.
obolos aureos et c. sexaginta solidos ad capsam sancti
Marcialis, et c. solidos annuatim reddendos ad suum
anniversarium, et hoc faciebat per consilium avunculi
sui, scilicet Petri Ardalo, qui fuit prepositus de Subterranea per xxv annos et abbas de Uzercha; et iste
obiit octavo die (3) post obitum sui nepotis, et sepultus
est in capitulo ante analogium cum Ademaro (4) et
Amblardo, abbatibus, et dimisit ad suum anniversarium xviij solidos annuatim, et precepit ut de proprietate sua et de eleemosyna Davidis, nepotis sui,
quam ipse in manu habebat, mille solidi, si fieri

(1) Le 3 mai.
(2) Le 31 mai. — (3) Le 7 juin.
(4) Voy. au sujet de la sépulture de cet abbé la chron. d'Hélie
de Ruffec.

posset, ad capitulum volvendum traderetur. J., episcopus Lemovicensis, et Hugo, abbas *de Solonnac*, et abbas de U...(1) et canonici Sancti Stephani, et ad sepulturam ejus fuerunt, feria vj(2) post sinodum.

Secunda die mensis junii, J., episcopus Lemovicensis, dedicavit ecclesiam Sancti Michaelis, que est in castro Lemovicensi, ubi est corpus sancti Lupi (3), episcopi Lemovicensis.

Hoc anno, fecimus monachum magistrum Petrum *l'Espanol*, sacerdotem, pro amore Dei, et conventus administravit ei vestimenta tam in lecto quam in dorso, et ipse nobis dedit tres libellos, scilicet Artem predicandi, Decretales Juste judicate, et quandam Summam super decretales. (fol. 217 r°.)

Simon *de Montfort* occidit pugnando regem Arragonensem Petrum (4) et alios multos, mense septembri. Simon, comes fortissimus, cepit Tolosam cominus non armis nec viribus, sed datis pactionibus (5), mense octobri. Comes Raimundus(6) exulans transfretavit in Angliam, pandens suam miseriam Johanni regi.

Per hanc regionem fuit vini ingens abundantia : de Axia M et D.CCC saumas habuimus.

---

(1) Sans doute de Uzercha. — (2) Le vendredi 13 juin.
(3) Voy. sous l'an 1158 les miracles qui s'étaient opérés sur le tombeau de saint Loup dans cette église.
(4) Pierre II, roi d'Aragon, tué à la bataille de Muret le 12 septembre. Voy. le récit de cet événement dans l'histoire en vers de la croisade contre les hérétiques albigeois, publiée par M. C. Fauriel, vers 3061 à 3095.
(5) Simon de Montfort prit possession de la ville en vertu d'un accord passé entre lui et les habitants.
(6) Raymond VI.

G. Lachasana fit abbas de Uzercha a G., Bituricensi archiepiscopo.

B. (1), abbas *de Tuela*, misit Sancto Martiali xx linteamina ad opus Dei.

W. Prova (vel Prona) fit prepositus de Chambo, et debet xxv millia solidorum ; abbas xxx millia solidorum ; Mosto vj millia solidorum ; sacrista mille solidos; Fesc, D solidos.

Grandimontenses in discordia perseverant. W., abbas Sancti Augustini, resignat. Hugo prepositus eligitur. Obiit P. *de Weirac*, archidiaconus nummosus. Quinque canonici fiunt, magister *Arnau Espero*, magister *Duran*, W. *de Malmont*, magister *Aiceli*, *de Barmont* (2).

(3) Anno m°. cc°. xiiij°, obiit Mauricius (4), Pictavensis episcopus, sepelitur à *Mirabeu* in ecclesia. Eligitur magister W. *Perost*. Obiit Helias *Marteu*, capellanus S. Michaelis, et sepelitur in ecclesia. Obiit A. *Brus de Trasdos* sine herede.

Cassanuol (5) capitur. J. episcopus exulatur. Guido vicecomes et Hugo *lo Brus* et comes Ogiensis (6), et Sava-

(1) Bernard VI de Ventadour.
(2) C'est probablement ici que doit se placer une mention que nous avons trouvée au fol. 260 v° de notre ms. :
« iiij april. kal. ultimus dies anni. Augusti inimicos perimunt. »
(3) On lit en marge dans le ms. cette date.
(4) Maurice de Blason.
(5) Voy. quelques détails sur le siège et capitulation de ce château, qui était défendu par Séguin de Balenc, dans l'histoire en vers de la croisade contre les hérétiques albigeois, publiée par M. C. Fauriel, v. 312-332.
(6) Raoul d'Exoudun, sire de Melle, de Sivrai et de Chisai en Poitou, puis comte d'Eu par son mariage avec Alix, héritière de ce comté.

ricus (1) et proceres *de Peito*, cum Johanne rege pacificantur. Castrum de Axia J. rex cepit et sibi retinuit. Populus Lemovicensis erexit x peireiras (2) metu Philippi regis, et muros machinis ligneis munivit.

Candela sancto Austricliniano datur continua. (fol. 217 v°.)

Sicut tribus annis precedentibus heretici persecutionem passi sunt, ita hoc anno feneratores apud Lemovicas et in aliis locis persequuntur.

In mense augusto, venit apud nos magister Rotbertus de Corso, presbyter cardinalis tituli Sancti Stephani in monte Celio, propter cruces faciendas ad terram Jerosolymam recuperandam ; et fecerunt crucem abbas noster et B., abbas Sancti Martini Lemovicensis, et plusquam triginta homines utriusque sexus apud Lemovicas castrum, et decem ex fratribus nostris.

Octauvum diem Nativitatis Sancte Marie in cappis fieri instituitur. Missa ij^a in sepulcro de B. Maria cotidie celebratur. A Purificatione ipsius incoavimus.

Hoc anno, incepi dicere cotidie quinquagies : « Ave, Maria ; gaude Dei Genitrix ; ora pro nobis, pia Mater, mater gratic, » j^a die septembris.

Obiit Ildefonsus, rex de Castella, quinta die octobris.

Domnus Hugo abbas resignavit in vigilia Simonis et Jude (3), et in crastino valde diluculo recessit a nobis.

Simbolum novum et pilarium in medio claustri erigitur.

---

(1) De Mauléon.
(2) Sur ces pierriers, qui n'étaient que des espèces de balistes ou de mangonneaux, voir la *Bibliothèque de l'École des chartes*, 3ᵉ série, t. I, p. 389.
(3) Le lundi 27 octobre.

Media nocte que precedit vigiliam sancti Andree(1), vehementia venti cecidit lapis summus de clocario Sancti Marcialis Lemovicensis, et media vitrea que est super archam operis, et clocarium cum Chillis Sancti Cessatoris, et turris lignea de medio pontis Sancti Martialis. Non potest estimari quantum dampnum' fecerit ventus illius noctis. (fol. 218 r°.)

Anno gracie M° CC° XV, Willelmus, abbas Cluniacensis, resignat, et magister Geraldus, abbas *de Moleime*, eligitur post Pascha.

Sabbato sancto Pasche (2), instituit domnus Petrus abbas, ut ad mandatum sex pauperum tale vinum daretur quale datur conventui, quia prevaricatum erat.

Apud Cluniacum, instituitur ut hospites carnes non comedant, infra ambitum monasterii, cujuscumque sint dignitatis aut conditionis.

Octava candela in Sepulcro ponitur pro Bertrando *de Born* (3) : cera tres solidos empta est.

Corea facta est in octavis S. Marcialis (4) et gaudium magnum. Causa tanti gaudii fuerunt crozati, qui alacriter de patria exire volebant. Horum exemplo provocati cives similia fecerunt et ampliora in Inventione Sancti Stephani (5), et die octava ejusdem, et per vocem preconis et per baculum sumptum. A. *de Mala-*

---

(1) Sur ces désastres arrivés dans la nuit du 28 au 29 novembre, voy. un autre fragment de la chronique de B. Itier daté de l'an 1215 ci-après.

(2) Le samedi saint, 18 avril.

(3) Ceci prouve la popularité dont jouissait en Limousin le troubadour B. de Born.

(4) Le 7 juillet.

(5) Le 3 août.

de Meiras; Tarn G. de Jaunac; Vedrinas e *Charnac* Humberto *de S. Augusti.* Capellaniam *de Rialac* bis dedit : primo, Ademaro *deu Perier*, qui infra annum Rome obiit peregrinus; secundo, *Guio Barbarot*, licet W^{us} helemosinarius contradiceret; *la bailia de Cosei*, nepoti Jordani *de Cosei;* refectorium, G. de Brideriis. Fecit monacos : *Giri, Gaucelm de Cossac, Nicolau Faure, J. Rotger, Raimon de Marvol, Gaufre Lancles,* nepotem *Bertran de Longa*, P. Pineta. Dedit *la Maschausia* Bartholomeo, servitori suo. Instituit ut psalmus *Voce mea* post capitulum cotidie diceretur ad *Verba mea.* Voluit ut Conceptio beate Marie festive celebraretur, sicut ejusdem Nativitas solet celebrari(1). Voluit ut, in crastino Omnium Sanctorum, circa defunctos eo modo fieret, quo fieri solet feria ij^a post *Misericordias Domini* (2). Post xiiij dies ab ejus electione, cecidit gallus et crux et conche deaurate, et lapis magnus, qui hec omnia sustinebat, de clocario, nocte illa que precedit vigiliam S. Andree, vehementi vento flante ; et post annum et iiij menses, fuit restitutum magno sumptu et labore. Vitrea magna, que est super archam *de la obra*, similiter corruit, et nondum est restituta. Post annum et iij menses, fuit terre motus magnus. Hoc anno, fuit copia vini maxima, hyemps asperrima.

In transitu sancti Benedicti (3), venerunt duo de nunciis electi nostri, et narraverunt quod domnus

---

(1) Ces changements introduits dans la liturgie ont déjà été signalés ci-dessus, p. 94.

(2) C'est l'abbé Isembert qui avait institué cette commémoration des morts fixée au lendemain du second dimanche après Pâques. Voy. ci-dessus p. 58 sous l'année 1175.

(3) Le 21 mars 1215.

papa nondum cassaverat Alelmum, qui promiserat cardinali R. de Corso (1) medietatem thesauri hujus ecclesie, et canonicis S. Stephani de Monte Celio vigenti libras annuatim reddendas, si posset hanc abbatiam pacifice obtinere. Domnus Hugo de Brucia tenebat *Rofec e Du e San Benaech*, dives et pecuniosus. Petrus Laguirsa electus tenebat *Rossac*. Abbas tertius Alelmus, sive quis alius, abbatiam magnis debitis oneratam, scilicet plus quam xl. millibus sol.; sacristania lx. lib.; helemosina v. m. sol.; operarius ccc. sol.; Fesc, m sol.; *Tarn*. m *e* dc sol.; Mosto et *Anes* nichil nobis faciebant. In tali statu, periclitatur ecclesia. Ecclesie S. Michaelis *de Lemotges* et *de Rialac eran en tenso*. Annunciationem beate Marie *ab prim clas i ab processio festal*, per nosmetipsos devote fecimus.

Quid plura? obeunte papa (2), Alelmus abbas esse non potuit, sed Subterranea ei data est; et Petrus (3) capicerius abbas efficitur, et Alelmus contra eum Rome pergens, obiit peregrinus; et Hugo (4) abbas intestatus electus infirmans moritur. (Lat. 5064, fol. 1 r°.)

Anno gracie m°. cc°. xvi, Annunciatio fit cum j° classa et processione solemni. In vigilia ad vesperas super psalmos ant. *Ave, Regina celorum;* in die ad processio-

---

(1) Robert de Courçon. Voy. le *Mémoire sur sa vie*, par La Porte du Theil. (Notices et extraits des manuscrits. t. VI.)

(2) Innocent III, qui mourut le 16 ou le 17 juillet 1216. Voy. ci-après sous l'année 1216.

(3) Pierre Laguirsa élu en 1214 le dimanche dans les octaves de la St-Martin, c'est-à-dire le 16 novembre. (Voy. dans l'Hist. des abbés la pièce commençant : *Vigesimus sextus abbas*.)

(4) Alelmus et Hugo de Brossa moururent en 1217. Voy. ci-après, p. 100 et 101.

nem ant. *Alma,* R. *Missus est, Ave Maria;* ad stationem, *O Virgo virginum;* ad introïtum *Suscipe Verbum;* ad processionem post vesperas, *Salve, Regina.*

Obiit *Gaufre* de Lesina. W. *deu Barri* in cenobio Dolensi occiditur a quodam monacho sacerdote, qui vocabatur Bernardus *Jornal.*

In cena cccc pauperibus xiij denarios unicuique distribuimus, et camisias dare pretermisimus.

Caercis prior de *Granmont* et P. *Jaucelm de Noalac,* G. *Bertrans* decanus (1), Durannus officialis. (fol. 219 r°.)

Anno gracie m°. cc°. xvj°, obiit Innocentius papa III[us], qui sedit annos xviij et menses vj. Honorius III[us] elevatur.

Petrus *d'Analac* abbas eligitur. Mille solidos et dc. valuit oblatio.

Caercis prior Grandis Montis, Petrus Gaucelmi *de Noalac,* Alelmus de Subterranea, W. la Concha sacrista (instituuntur.)

Obiit Garinus (2). *La Porcharia* destruitur. Roeira capitur.

W. *de Vertuol* (fit) prior de Cella, Iterius de Brideriis, capicerius. Veirinas W. La Concha. Obiit *Gui deu Verdier,* P. Hugonis.

Chaslucet Guidoni vicecomiti redditur. W. Gaufredi, abbas *de Tostoirac.*

Obiit B. de Roeira, miles pecuniosus, A. *Brachet.* Iterius fit prior de Montmorlo e *d'Arxs* cum pertinentiis.

---

(1) C'est sans doute lui dont B. Itier mentionne une seconde fois la mort sous l'année 1216. Voy. ci-après, p. 99.

(2) C'est peut-être « Garinus, miles *de Toarces,* » dont il est fait mention ci-dessus sous l'année 1207, p. 72.

Obiit J. *deu Noal*, Peironis, P. *de Manauc*, J., rex Anglorum, pocionatus, mense novembrio. Ludovicus regnat in Anglia.

Ego feci iij casulas que valent viij libras. Cenobium istud debet circiter xl millia solidorum *de Marches*. Obiit G. *Bertrans*, decanus, *Gaubert Palmut*. (fol. 220 r°.)

xxv solidi annuatim nobis augentur; de J. de Sador v., de Perio Upaina xx solidi.

Obiit Gaucelmus, penitenciarius, *Gaucelm* de Peirabufeira, Sarra, vicecomitissa (1).

Vicecomes (2), post obsidionem ix ebdomadarum, castrum de Axia recuperavit, quod J. rex per tres fere annos sibi abstulerat.

Cives Lemovicenses iij homines de castro occiderunt, et ipsi .j. perdiderunt; vinee ipsorum preciduntur.

In Parasceven (3), ut dicitur, occiditur a marito domina de Castro Radulfi, que sancta femina erat. (fol. 220 v°.)

Anno gracie m°. cc°. xvj. c et vj cappas habemus et quatuor turibula argentea, calices xiiij de argento. (fol. 262 r°.)

Anno gracie m°. cc°. xvij°, J. Episcopus dedicavit ecclesiam *de Monagut* v. kal. aprilis (4). ij^a die mensis aprilis, infernus (5) ponitur ubi nunc cernitur.

(1) C'était la femme d'Adémar V, vicomte de Limoges; elle était fille de Renaud, comte de Cornouaille, oncle d'Henri III, roi d'Angleterre. Elle fut inhumée à Saint-Yriex de la Perche, le jour de St-Colomban, 21 novembre. (Art de vérifier les dates, X, 257, 263.) — (2) Gui V, vicomte de Limoges.

(3) Le vendredi saint, 24 mars 1217. — (4) Le 28 mars.

(5) Cette construction ou plutôt cet édicule avait été établi au mois de juin de l'année 1212. Voy. ci-dessus, p. 94.

Octava dies Annunciationis fieri decernitur in cappis. Scala lapidea dormitorii et duo armaria in claustro, et aliud in ecclesia ad opus infantum, fiunt a Geraldo *Vassal*, magistro puerorum, et casula *de samiz vert* cum stola et manipulo a Petro *Cofolent*.

Nobiliacenses guerram faciunt cum Guidone *de Noalac* de Monbru.

Obiit *Gui Plaichat*, P. Bonifacis.

In Pentecoste (1), fecit abbas duas casulas et duas cappas. Novus prior de Karitate, Helias *de Lopsaut*, celebravit missam majorem in sabbato et in dominica, abbate presente. Abbas debet xxij millia solidorum.

iij kal. aprilis (2), obiit Odelina (3), ad cujus tumulum crebra fiunt miracula in Dolensi cenobio.

Obiit comes *del Perche* (4). W. *de Cossac*, monachus Vosiensis, pugnando perimitur, predam volens recuperare.

Grandimontenses et Solemniacenses monachi periclitantur propter novas adinventiones. Obiit Alelmus.

Kal. Augusti (5), Poncius de Ponto (6) fit episcopus de Sanctas, Heinrico paralysi detento in grabato.

Mulieres texentes cereum Sancto Marciali decimum offerunt. (fol. 221 r°.)

In tredecim mensibus obierunt iij priores de Mon-

---

(1) Le 14 mai. — (2) Le 30 mars.

(3) C'est peut-être la dame de Châteauroux que l'auteur de la chronique a dit avoir été assassinée par son mari. Voy. ci-dessus, p. 99.

(4) Thomas, fils de Geofroi III, tué à la bataille de Lincoln, le 20 mai 1217.

(5) Le 1er août.

(6) Les BB. (Gall. Christ., t. II, col. 1073) ne disent pas quand Ponce prit possession de l'évêché de Saintes dès l'an 1216.

morlo, A. *Brachet*, Iterius, B. de Colonias : quibus successit Rann. de *Chales*.

Clocarium subtus decoratur , sumptus vj. libras.

Obiit Hugo abbas intestatus (1).

Prioratus S. Benedicti comburitur post paucos dies. W. *de Jaunac* (2), prior de Monmorlo.

Imago Dei Genitricis de iiij libris ad. S. P. (3) emitur.

Obiit S. *Viger*, B. *Arrabit*, Radulfus prior (4).

Tolosa obsessa (5). Crozati plenarie iter arripiunt. (fol. 221 v°.)

Anno m°. cc°. xvij°, J., episcopus Lemovicensis, et Rannulfus de Turribus et tres monachi nostri P. *Bru*(6), S. *de Fursac* et W. Chapda, pergunt Jherusalem mense januario (Lat. 1248, fol. 71 v°.) (7).

Anno gratie m°. cc°. xviij°, prior Grandis Montis

---

(1) Voici sur la durée de son administration une note de B. Itier qui doit prendre place ici :

xxvi[us] abbas Hugo sedit annis xvi et vii eb. (Lat. 5/2, fol. 135 v°, col. 2).

(2) Élu abbé de Saint-Martial le 12 novembre 1220. Voy. ci-après, p. 108 et 109, le récit de son élection.

(3) Probablement « S. Portianum. »

(4) Dans un obituaire annoté par lui, Bernard Itier fixe au xvi des cal. de juillet (16 juin) la mort de Radulfus prior (Lat. 5257, fol. 56 r°).

(5) Sur le siége de Toulouse, voy. l'histoire de la croisade contre les hérétiques Albigeois, par M. C. Fauriel, vers 5206.

(6) Une petite note relative sans doute à la musique et aux muances nécessitées pour changer le nom des notes, trouve sa place ici :

[Anno m°.] cc°. xvij°. in Exaltatione S. Crucis cepi nomina innovare. (Lat. 1240, fol. 65 v°.)

(7) Sur le voyage de ce moine en Terre Sainte, voy. la note du ms. 1993 publiée ci-après.

Caercis, 1ᵃ die maii, cum C. xl. clericis exivit de domo sua, et a nobis cum processione suscipitur, quem per vij dies procuravimus cum suis et per totum annum. Annus iste xxxij^us est ex quo Willelmus prior exierat.

iiij cerei magni ad duas missas ardent, vigilia Justiniani (1).

In crastino Nativitatis Sancti Johannis (2), obiit Simon *de Montfort* ictu lapidis torrentis, ad cujus corpus (3) fiunt miracula.

Mense Julio, G. *de Gros*, archiepiscopus Bituricensis, rediens de Roma, obiit peregrinus, P. Bonabocha, A. Daicha, P. *Bru*, Hugo *deu Brol*, B. *Acorat*, P. *Rocinol*. Instituitur ut per totum Adventum jugiter jejunemus.

Obiit J. *Climens*, A. *Maumet*, P. *Auzelet*, Hugo Bonaborsa, W. *Malet*, S. Donu, G. *Sarrazi*, Bertrans *Relier*.

M. P. P. *de Corbuol*, archiepiscopus Senonensis, (instituit) festum sancti Willelmi, Bituricensis archiepiscopi (4), xij lectionum per totam provinciam.

Proser de L solidis fit a P. *Passerau*. B. Deuga psalterium peroptimum.

Obiit episcopus Carnotensis(5), W. *de Mataz* clericus.

La Damiata capitur (6). Nix supra modum.

---

(1) Le 15 juillet. — (2) Le 25 juin.
(3) Le corps de Simon de Montfort fut transporté à Carcassonne et enseveli dans l'église de Saint-Nazaire ; l'épitaphe placée sur sa tombe fait de lui un saint, un martyr et le béatifie comme un défenseur de la foi. Voy. à cet égard l'histoire en vers de la croisade contre les hérétiques Albigeois, éd. Fauriel, vers 8679-8686.
(4) Cette fête se célèbre le 10 janvier.
(5) Renaud de Bar de Monçon, 1182-8 décembre 1217.
(6) Sur cet événement relaté si brièvement par B. Itier, voy.

Obiit Ranulfus, abbas Sancti Eparchii, P. *de Telet*, J., episcopus Lemovicensis. (fol. 221 bis r°.)

(1) Anno gracie M°. CC°. xviij°, obierunt Ottho imperator, Simon *de Monfort*, G., primas Bituricensis, Hugo, abbas S. Marcialis, A. Daicha, P. *Brus*, P. Bonabocha, episcopus *d'Agens*, Titbaudus, abbas de Balma, Radulfus prior (2), Hugo *deu Brol*, B. *Acorat*, *Bertrans Relie*. (Lat. 3237, fol. 114 r°.)

Decanus Geraldus obiit M°. CC°. xviij°, cantor Symon. (Lat. 1338, fol. 210 v°.)

Anno M°. CC°. xviiij°, obierunt *Aimar Gui*, A. *Maomet*, P. *Borsau*, A. *Brus*, cum matre et uxore, Helias *de Lopsaut* (3), prior de Karitate, P. W., uxor Helie *Viger de Belac*, Bertrandus *de Gemeu*, G. *Folcau*, archipresbiteri G. *Vilas*, G. *Lastors* duo. Majestas magna Dei Genitricis elevata est in festo Sancti Eucherii (4) episcopi, et altero anno instituerunt Aimo prior et Bernardus Iterii, armarius, tamen cum licencia domni Petri abbatis, ut vespere et matutine de eadem festivius et pulcrius a conventu canerentur cum his antiphonis : Salve regina, Ave stella, Ave regina, Mater Patris, Alma Redemptoris, O gloriosa Dei Genitrix, O Maria, Ave pia o Maria, Tota pulcra es, Speciosa, Quam pulcra es, Gaude Dei, Trinitatis tala., Ibo mihi (5). C.

Histoire de la sixième croisade et de la prise de Damiette d'après les écrivains arabes, par M. Reinaud, 1 br. in-8°, 1828.

(1) Cette note est écrite en minium dans le manuscrit.

(2) Dans un obituaire annoté par lui B. Itier place sa mort au 16 des cal. de juillet, c'est-à-dire au 16 juin (Lat. 5257, fol. 56 r°).

(3) Il venait d'être nommé prieur de la Charité en 1217. Voy. ci-dessus, p. 100.

(4) Le 16 novembre.

(5) On trouvera quelques notes liturgiques de B. Itier sur ces

libras de cera ardent ibi per annum, excepto oleo. ccc. sol. sumptus fuerunt. (Bibl. Vatic. Reg. 857, fol. 147 r° et v°.)

Anno M°. cc°. xix°, obiit Radulfus *de Chaudu*, comes Ogiensis.

Octavo die Ascensionis (1), contigit quod latrones furati sunt copam deauratam ubi erat corpus Christi, et duas postes texti Evangeliorum, et baculos officiales duos excoriaverunt, que omnia D. solidos valebant; sed consules promiserunt se omnia hec restaurare.

In die Pentecostes (2), Lodovicus cum magno exercitu in civitatem Lemovicensem venit contra Tolosanos.

Mense junio, homo quidam, filius cujusdam Simeonis Lemovicensis, laqueo se suspendit.

Marmanda (3) capitur, et habitatores perhimuntur.

Obiit Heinricus, episcopus de Sanctas, P. *deu Barri*(4), G. *Lastors*.

Lo peschers (5) consummatur; sumptus vj millia solidorum.

In festo Agapiti (6), ecclesia S. Johannis Babtiste a Simone primate, et quinta die ecclesia Grandimontis,

antiennes, et une table de ces mêmes antiennes dans les manuscrits latins 5347, fol. 145 v° et 10400, fol. 132 r°.

(1) Le jeudi 23 mai. — (2) Le 26 mai.

(3) Sur le siége de Marmande et les massacres qui en furent la suite, voir le récit animé qui nous en a été transmis dans *l'histoire en vers de la Croisade contre les hérétiques Albigeois* publ. par M. C. Fauriel, vers 8954 et suiv., 9016 et suiv., 9257, 9308-9320.

(4) Dans un obituaire annoté par lui, B. Itier place sa mort au xiij des cal. de juillet, c'est-à-dire au 19 juin. (Lat. 5257, folio 56 v°.)

(5) Du mot latin *piscaria*, pêcherie, vivier.

(6) Le 18 août.

que ab excommunicatis fuerat violata, iterum consecratur.

Simphoriani festo (1), pax inter Guidonem vicecomitem et P. abbatem; et quittavit ccc. solidos, quos exigebat.

vj^a die septembris, primas exegit procurationem *à Tarn*, et habuit vj libras ; G. primas *à Du*, et habuit.

In festo Eucherii(2), que fuit sabbato, post tertiam omnes in albis cantavimus R. cum ant. Gaude Maria, Ave Maria, Salve Regina, dum elevaretur imago Dei Genitricis, quam fecerunt Jacobus *Borzes* e J. Cambo ; *los* sumptus ccc. solidi : qua elevata, incepi, Salve, sancta parens, alleluia, Summe decus. iiij dixerunt prosam, Ave, Maria, gratia plena, xv candelis accensis et x lampadibus. (fol. 222 r°.)

Obiit Hugo de Lesina senior, *Gui Gaucelm, Gui Folcau*. (fol. 222 v°.)

Anno gracie m°. cc°. xix°, obierunt Radulfus de Schaudu, comes Ogiensis, G. *Lastors*, nondum miles, G. Vilas, A. *Brus*, cum matre et uxore, *Gaufre* Helias cum filio, P. *deu Barri*, P. G. ictu fulminis apud Subterraneam ij kal. Augusti (3) Tolosa obsessa et dimissa, et innumeri mortui a profugis : xx fere episcopi fuerunt in obsidione, et Ludovicus, filius Philippi, regis Francorum. Obierunt (4) Stephanus *de Fursat*, Humbert Gui, J. *de S. Jauvent* (5), vicecomitissa *de Ventedor*, Maria, uxor Perio d'Espana, Beatrix, capellanus de Savio, Radulfus *de Cuilenc*, Wsias, Hugo *Bacos*,

---

(1) Le 22 août. — (2) Le 16 novembre. — (3) Le 31 juillet.
(4) Plusieurs de ces obits paraissent se rapporter à l'année 1222. Voy. ci-après, p. 113 et 114.
(5) Saint-Jouvent, arr. de Limoges (Haute-Vienne).

uxor J. *de Virac*, *à la Soterrana* casula et cappa uxor Perio Bona Bocha, uxor *Jequeli Pompedors* precipitatur; Maria comburitur, altera suspenditur. In festo Innocentum (1), altare ad Arenam consecratur. Abbates *de Charros e d'Uzercha*, *Gui Lastors* (2), P. *de Malamort*, *Gaucelm* de Meira, G. de S. *Remei Gauter* occiditur ab adulteris. (Lat. 1012, fol. 66 r° et 1 r°.)

Millesimo ducentesimo vicesimo anno ab incarnato Verbo, presidebat in urbe regia iij^{us} Honorius; quintum intraverat annum.

Rotlandus abbas Cluniacensis erat xx^{us}; Sancti-Augustini Lemovicensis A. *de Bonac* debens xx. millia solidorum.

Gui Dona sauciato et postmodum defuncto, successit ei P. *Merret* in prioratu *de Soians*. P. *de S. Marti* fit prior *d'Aurel* (3).

Girordus, abbas Cluniacensis, fit episcopus *de Valensa*.

Abbas *de Seguret*(4) fit episcopus Podiensis, *Rotbert de Mahu* martirizato.

Prenotato anno, mortuo Hugone *lo Bru* apud Damiata, Hugo *lo Bru* junior, filius ejusdem, fit comes *de la Marcha* et comes Engolismensis, sumpta in conjugio regina Anglorum que vocabatur Helizabet, et repudiata filia ipsius, quam nondum cognoverat. Civitas Engolismensis comitem non habuerat ab anno m°. cc°. ij°, quo Ademarus comes obiit apud Lemovicam xvj kal.

(1) Le 28 décembre.
(2) Une note ajoutée par B. Itier à un des obituaires de Saint-Martial est ainsi conçue : « Obiit G. *Lastors* apud Tolosam mense junio. » (Lat. 5257, fol. 69 v°.)
(3) Aureil, arr. de Limoges (Haute-Vienne).
(4) Etienne de Chalençon, élu au mois d'août de l'an 1220.

julii (1), qui precèdenti anno dederat filiam suam in conjugio Johanni, regi Anglorum, et tulerat eam Hugoni *lo Bru*, qui postea obiit *à Damiata*.

Simon, primas, et Bernardus *de Sevenas*, episcopus Lemovicensis, secundum annum jam intrabant. P. *d'Analac*, abbas Sancti Marcialis, quintum annum jam inchoaverat. Gradus ad vinum hauriendum vel infundendum per omnia dolia, consummatum erat. Raimundus *de Longa*, abbas Vosiensis; Hugo *de Malmont*, Sollempniacensis; B. *de Ventedor*, Tutellensis; Caercis prior Grandismontis. Philipus rex, Heinricus Anglorum, Guido vicecomes. Rann. *Las Tors*, episcopus Petragoricensis; W. *Amaneu* Burdegalensis, *à Damiata;* W. *de Cardalac* Caturcensis. (Lat. 7927, fol. vj^{xx} vj r°.)

« Ascendit Christus super celos, et preparavit sue castissime matri immortalitatis locum; et hec est illa preclara festivitas omnium sanctorum festivitatibus incomparabilis, in qua gloriosa et felix, mirantibus celestis curie ordinibus, ad eternum pervenit talamum, quo pia sui memoria immemor nequaquam existat. Seculorum amen (2). » Hanc antiphonam dicit ordo Cisterciensis in vigilia Assumptionis ad Magnificat, et nos eam diximus per totam ebdomadam ad vesperas super psalmos anno M°. CC°. XX°. sexies. (Lat. 3237, fol. 99 v°.)

Anno M°. CC°. XX°, in festo Omnium Sanctorum vacabant in abbatia la chabechasaria afr' (?) has (?) optal, sacrista camere, magister noviciorum, S. *Valric*,

---

(1) Le 16 juin.
(2) Cette antienne est notée en musique dans le ms.

Roffiec, prioratus de Chambo, *de Paonat*, *d'Arnac*, de Vusias, Petro *d'Analac*, abbate, obeunte xij kal. novembris, qua die sinodus celebrabatur a Bernardo (1), episcopo Lemovicensi. (Lat. 2316, fol. 1 r°.)

Anno dominice Incarnacionis m°. cc°. xx°., xij die mensis novembris, status hujus ecclesie sic se habebat: domnus P. *d'Analac*, abbas noster, decesserat xj kal. novembris (2), abbatia xxx millia sol. debebat, S. Valericus et Rofiacum vacantes sine prioribus vij millia sol. debebant ; hic manebant lxx. iiij. monachi et xxiij prebendarii ; capicerius, ospitalarius, ortolanus, sacrista camere, magister noviciorum, magister operis deerant ; priores claustrales de Wusias, de Chambo, *de Paunat*, *d'Arnac* vacabant. G. Bordasola e W. *Chabrol* de Cluniaco redierant nunciantes domnum Rotlandum, abbatem Cluniaci, vigilia sancti Cilie Gessatoris (3) ad sollempnem electionem faciendam fore venturum. Major pars R., prepositum Subterranee, alii G., abbatem *de Fijac*, alii abbatem Vosiensem, alii abbatem S. Poncii, alii abbatem *de Tostorrac*, alii B., priorem *de Montandre*, alii W. la Concha, alii W. *de Jaunac*, alii Guidonem, prepositum *de Rossac*, in abbatem conloquendo promovebant. Ego fateor me libenter suscipere abbatem *de Fijac*, qui erat pecuniosior et nobilior, et, pro temporis necessitate, ut multis videbatur, utilior. Si abbatia nichil deberet, erant l millia sol. necessarii ad edificationem clausure monasterii, que undique inhoneste patebat; nam, preteritis xx. duobus annis continuis, feneratores infinitam pecuniam ab abbatibus extorserant et adhuc se facturos prestolantur. Tandem

(1) Bernard Ier de Savenne, évêque de Limoges, 1219-22 juillet 1226. — (2) Le 22 octobre. — (3) Le 14 novembre.

aliquando fit abbas W. *de Jaunac*, levita, qui erat prior de Monmorlo, admodum litteratus; R. *Jaucelm* fit capicerius; iij. electores W. *de S. Marti*, Hugo de Charreiras : tercius fuit predictus electus. Abbas Vosiensis prepositus de Chambo, Simon Malafaida, R. *Jaucelm*. Subprior P. de *S. Brici*. J. *deu Clauzeus*, qui super omnes gavisus est, W. de Terrasso, *Bertrans* de Longa p. Clun. abbas d'Aunai et prior de *Salvaniec*. Abbas iste optimus erat clericus, et fecit sermonem dominica et feria ij^a, electus feria iij^a, abbas S. Poncii feria v^a et vj^a. Ante electionem erant congregati cc. monachi : episcopus et vicecomes in villa erant : multitudo monacorum et populi volebant R. *Jaucelm*, si fieri posset ; sed Hugo de Charreiras cum suis ei nocuit quantum potuit. Episcopus rogaverat pro R. *Jaucelm*, Guido, vicecomes, pro abbate *de Tostoirac*, Archambaldus pro abbate *de Fijac*, pro electo nullus, qui erat junior et litteracior : talis est ambicio seculi. J. *deu Clauzeus* dedit illi centum lb. capicerius x. *marcs*, Jacobus ij, P. *Merret* equum, frater et nepos ij. equos. (Lat. 2034, fol. 2 v° et 3 r°.)

Anno M°. CC°. xx°, columba, ciborium, capella, perficiuntur, cum subterraneo : sumptus v. millia solidorum.

Obiit episcopus Podiensis (1) W. *de Gemeu*, S. *Lo Bladier*, *Gui* Dongladio, B. *Bochart*, *Mainart*, P. abbas (c. solidi ad duo officia, *e* xl. solidi ad officium Hugonis abbatis), *Rotbert de Serran*, abbas S. Poncii *en Granmont*. (fol. 222 v°.)

Anno M°. CC°.xx°, obierunt Philipus, prior *de Duls*, *e Phelipe de Belarbre*. (Lat. 2034, fol. 1 v°.)

(1) Robert de Mehun, 1214-21 décembre 1219.

Anno gracie M°. CC°. xxj°, tanta fuit copia vini, ut vix possent repperiri vasa sufficientia apud Lemovicas et apud Axiam (1) : primi inceperunt post Assumptionem beate Marie, et in festo S. Pardulfi (2) omnes consummaverunt.

In istis diebus Guido, vicecomes Lemovicensis, cum militibus suis guerram pessimam habebat. Hugo *lo Brus* junior Merpis obsidebat. Nos habuimus III M. modios vini in cellariis nostris, qui ad duos annos large sufficere poterant; sed *Fesc* et *Rosier* a guerra valde gravabantur. In ij^a translatione S. Marcialis (3) pacificata est apud Uzercham, me presente, Merpis (4) fuit redditus. (Lat. 2768. A., fol. 168 v°.)

Anno M°. CC°. xxj°, obiit P. Laguirsa, Hugo *de Jaunac*, A. *de Fornols*, A. *Bechet*, G. Bordasolas. Merpis capitur, *Chaslucet*, Roeira.

Obiit R. *de Serran*, Philipus *de Belarbre* (5), *Gui*, comes Arvernie (6).

[Anno] M°.CC°.xxij°, obiit comes Tolosanus senior(7). Filia Solarii combusta in festo Ansildis(8). Obiit Maria

(1) Aixe, arr. de Limoges (Haute-Vienne).

(2) Le 6 octobre.

(3) On célébrait cette fête le ij des ides de novembre, c'est-à-dire le 12 novembre. Voy. le nécrologe de l'abbaye de Saint-Martial. (Lat. 5343, fol. 36 r°.)

(4) Merpins, arr. de Cognac (Charente).

(5) Dans un autre manuscrit cette mort est placée à l'année 1220 (voy. ci-dessus, p. 109).

(6) Anno M°. CC°. xxj°. *Fesc* DCCC° et xiij° *cornudas sobre coisa las cumbas. cc.* (Lat. 544, fol. 92 v°.)

(7) Raimond VI, qui mourut au mois d'août 1222 dans la soixante-sixième année de son âge.

(8) Le 26 octobre. Voy. le ms. lat. 774 A, fol. 10 v°. Cette fête avait été instituée en 1211 ou plutôt placée au nombre des fêtes de douze leçons. Voy. ci-dessus, p. 79.

de Ventedor, uxor P. d'Espana. Porta *de Tarn* erigitur. (fol. 223 r°.)

Anno m°. cc°. xxij°, in Inventione S. Stephani (1), B. (2) episcopus, in sede sua missa celebrata, ivit apud Peirabufeira prandere; post esum cepit infirmari ipsi et *P. Papalou e P. Greu*, et adhuc jacet : erant claustrales hujus loci. xx. die mensis decembris, W^{us}, electus noster, apud *Aurel* benedicitur et consecratur sacerdos cum *W. Teicher e* Hugo *Berau*. Guido *de Vilatenor*, diaconus, dixit evangelium in die Epiphanie (3), abbate missam majorem celebrante, qui erat noviter ordinatus. (Lat. 2328, au v°. de la feuille de garde placée en tête du ms.)

[Anno] m°. cc°. xxij°, Decollatio J. B.(4) Rot vacante ho. si. Be. Ro. Ph. He. Gu. am. Hu. W. Jo. Obierunt *Chatar*, He. *Chalboi*, B. *Gordet*, P. *Rabier*, abbates *de Charros e d'Uzercha, Gauc. de Meiras, G. de S. Remei.* (Lat. 544, fol. 114 v°.)

[Anno] m°. cc°. xxij°, in festo S. Michaelis(5), abbas Lemovicensis W., *Vernuol* B., Vosiensis R., Laureira(6) B., prepositus Cambonensis W., *Du* B., de Subterranea R., *Clarasvaus* P., *d'Arnac* G., *Pairac* W., *Azac* C., *de Paonat* R., *Soians* P., *Anes* J., *de Vilars* S., *Seniac* P., *de Chales* A., *Rofec* R., *Fesc* A., S. *Valric* S., O. *Azerable*, G. *Savio*, P. *Larocha*, *Monleu* W., Vitaterna R.,

---

(1) Le 3 août.
(2) Bernard Ier de Savenne, évêque de Limoges, de 1219 au 22 juillet 1226.
(3) Le 6 janvier 1223.— (4) Le 29 août.— (5) Le 29 septembre.
(6) On voit que dans cette note les noms des prieurés dépendant de Saint-Martial de Limoges, sont suivis des lettres initiales qui indiquent les prévôts ou prieurs pourvus de ces prieurés.

Taiac S., Poimolo R., *Ribanac* B., Mosto W., *Manauc* s. (Lat. 544, fol. 114 v°.)

Anno M°. CC°. xxij°, missus est lapis jaspis magnus in sepulcro (1); iiij pallia nobis sunt data; festum Katerine (2) fit in cappis; *lo portal de Tarn* consummatur et camera sacriste *Pompedors* ruit; duo libri consuetudinum fiunt, casula nigra; duo toretaria de Axia mutantur superius; viij. idus maii (3) S. W. primas in loculo aureo a plurimis pontificibus honorifice levatur. Philipus miles fit in Pentecosten (4) a fratre suo Ludovico. (Bibl. Vatic. Reg. 857, fol. 148 r°.)

[Anno M°] CC°. xxij°, xlvij casulas sericas habemus. (fol. 262 v°.)

Anno M°. CC°. xxij°, dominica medie quadragesime (5), W. abbas mandavit venire prepositos et priores sibi subjectos; tunc venit inter alios abbas de Beana, R., abbas Vosiensis cum duobus monachis, R., prepositus de Subterranea, Simon S. Valerici, G. d'Arnac, R. de *Fesc*, G. *deu Quars*, *Gui de Rossac*, J. d'Anes, P. *de Seniac*, P. *de Mansac*, P. de Savio, A. *de Chales*, *Bertrans de Montandre*, G. de *S. Sauri*, Humbert de *Charnac*, R. de *Veirinas*, W. de *Cosei*, W. de *Tarn* § W. de Chambo, A. *de Maravau*, B. de *Vernuol*, W. *de Larocha Chandeiric*, P. *de Mosters*, ij fratres *de Paonat*. Prioratus de Vusias, de Chambo, *d'Arnac*, *de Monleu*, *de Riupeiros*, de Rofiaco, de Monmorlo vacabant, *de Du*, de Malveira, *de Pairac*, *Dichiduol*, *de Cirac*, de Sancta Valeria. Et, ut summam breviter

---

(1) Un fait analogue est consigné ci-dessus, p. 72, sous l'année 1207.

(2) Le 25 novembre. — (3) Le 8 mai. — (4) Le 22 mai. — (5) Le dimanche 2 avril 1223.

concludam, omnes simul c. lx. monachi in unum convenerunt; de his omnibus, x^{em} feria iij^a mane abbati appellaverunt ad archiepiscopum, quorum ista sunt nomina: B. Raim. Helias G. et Aimar *Confolent, Jordas Otger, Aimar* Laribeira, Rann. *Lastors, Audier* Laporcharia, B. Lavilata; I^{us} erat prepositus *de Vernul* et ortolanus, ix alii claustrales hujus cenobii. Feria iiij^a abbas coram omnibus appellavit ad papam, sed ipsa die archidiaconus Guido *deu Clauzeus*, adjunctis sibi abbatibus de Beana et de Vusias, infra ix. dies paccaverunt. Quod si non fecissent, res ipsa in magnum ecclesie detrimentum vergeretur. Isti defuerunt prepositi *de Paonat, d'Azac*, de Laureira, *d'Azerable*, de Vitaterna, *deu Doat*, de Vernuio, de Poimolo, d'Aspinras, *de Soians, d'Analac, d'Arx*. (Lat. 5240, fol. 1 r°.)

Anno gracie M°.CC°.XX°.ij°, obiit Helias Iterii(1), nepos armarii, ad cujus sepulcrum multa patrata sunt miracula; ipse enim fuit specialis inventor deferendi duo cereos ante corpus dominicum. Obierunt Maria *de Ventedor*, et abbates *de Charros e d'Uzercha, Gaucelm* de Meiras, B. *de Giac* ferro confossus a filio vicecomitis d'Albusso. Hoc anno, instituit W. abbas ut precipua jejunia, que dominicis diebus eveniunt, in sabbatis precedentibus faciamus, et in omni feria vj^{ta} cibo quadragesimali utamur et in jejuniis precipuis. Hoc anno, edificavit domum super domum de torcularibus de Axia, ubi mutata sunt ij. torcularia : sumptus D. sol. W. Laconcha cameras in infirmaria : sumptus D.

(1) On donnera plus loin une note nécrologique, sans doute de cette année, qui fait mention, entre autres personnes, d'Hélie Itier et de son frère Simon. (Lat. 1813, fol. 147 v°.)

sol. P. de Pratmi stabulum : c. sol. Audierius Iterii, frater armarii, dedit ij. pallia que valent x. lb. B. armarius fecit casulam nigram que valet xxx. sol. P. *Brus*(1) attulit de Damiata ij. pallia perpulcra, qui xij. aureis empti fuerunt. Janue lignee de ostio cellarii c. sol.

Filius vicecomitis d'Albusso trucidavit B. *de Giac*, priorem *de Feletin;* obierunt abbates *de Charros* et *d'Uzercha*, G. *de Frachet*, *Gaucelm de Meiras*, Hugo *Bacos*, P. *Coc*, B. *Gordet*, P. *Rabier*, Ainardus de *Chanborenc*, Maria de *Ventedor*, uxores J. *de Virac*, Perrio d'Espana, Perrio Bona bocha, filia Helias *Sarrazi*, P. *Laplou*, J. *Roi*, *Raols de Cuilenc*, W. *Morseu*, miles, *Gaubert Lespinas*. Hoc anno, novus ordo et nova congregatio instituta est in capite pontis S. Marcialis de predicatione. *Arcambau de Comborn* alteram cellam de Chartosa. (Lat. 2262, fol. 166 v° et 167 r°.)

M°. cc°. xxiij°, (2) stagnum de Aquis Sparsis desiit manature, et datur culture.

Helias *Cofolent* et Jacobus et *Audier* Iterii elevant iij. festivitates S. Johannis apostoli ante Portam, et Sancti Jacobi et Nativitatis S. Johannis Babtiste.

Vigilia Sancti Johannis ante portam Latinam (3), cccc. (4) homines utriusque sexus obeunt incendio a Verzena.

Obiit P. *Laurier*, Ademarus vicecomes, W., decanus Sancti Aredii, Philipus, rex Francorum, clari ; A. de Laia Amelii, P. *deu Sepulcre* de Sant Victor, G. de Longa, Hugo de Roeira, P. B. (fol. 225 r°.)

(1) Il était parti pour Jérusalem en janvier 1217. Voy. ci-dessus p. 101.

(2) Le ms. porte м°. cc°. iij°, mais c'est м°. cc°. xxiij° qu'il faut lire. — (3) Le 5 mai. — (4) Plus loin B. Itier dit cc.

Anno m°. cc°. xxiij°, obiit P. *Laurier*, clari, P. Lachesa, G. *Petit*, A. de Laia, Hugo de Roeira. (fol. 223 v°.)

Anno m°.cc°.xxiij°, obierunt rex Philipus, iiij abbates Dauratensis, Uzercensis, de Beana, *deu Palais*, Ademarus vicecomes junior, W., avunculus ipsius, B. Amlardi, W. *de Panazols*, P. *Laurier*, ij. G. *Lafont*, G. Daicha, W. Sabata, P. Maliarta, S. Lanlada, P. *deu Sepulcre*, G. de Vilatenos, P. *Lator*, G. *Petit* clari; cc. utriusque sexus *à Verlena* in vigilia J. apostoli ante portam Latinam(1), *Melicens*, He. *Malirat*, P. B. Gi. *de Vernuol*. Hoc anno, Aque Sparse ad culturam redacte, moniales *de Zurac* dimisse, ordo novus *deu Menydet* apud Lemovicas receptus; *la Croz* datur a Malmiro. (Lat. 5600, fol. 1 r°.)

Sabbato post Pentecosten(2), obiit W. *Auzelet;* feria ij. post Pentecosten (3), obiit Alais uxor W. Chapda. (Lat. 2400, fol. 1 v°.)

Feria iij, Ademarus, unigenitus filius Guidonis vicecomitis Lemovicensis, cui totus vicecomitatus legitime accedebat, hoc anno obiit, P. *Laurier* et clari *e* G. *Petit*, A. de Laia, P. *deu Sepulcre*, *Rotger* Chapola, Amelius con. In festo Pentecosten, ad terciam et ad Magnificat, cantavimus ant. Alleluia alleluia Hodie omnes apostoli, ad vj^{am}. Audistis quia dixi vobis. Aque Sparse ad culturam redacte in festo S. Florentie(4). Obiit W. quondam decanus S. Aredii, frater Guidonis, vicecomitis Lemovicensis, octava die Pentecostes; obiit W. *Auzelet* absque liberis, et abbates de Terrasso *e* de Beana, et P.

(1) Le 5 mai. — (2) Le 7 juin.
(3) Le lundi après la Pentecôte, 2 juin.
(4) Le 20 juin.

de S. *Laurens*, et J. *Joi de Deu*, et uxor Perio *de Bazatger*, P. *deu Clauzeus*. (Lat. 2400, fol. 1 v°.)

Anno m°. cc°. xxiij°, mense novembri, in festo S. Odonis(1), emit hunc librum xxx. sol. et vj. d. Bernardus Iterii, armarius, xx°. sui armariatus anno ; quo anno obierunt Philipus rex, abbates *d'Uzercha*, de Beana, *deu Daurat*, Ademarus, filius Guidonis vicecomitis Lemovicensis, et Willelmus, avunculus ejusdem, B. Amlardi, G. Daicha, W. *de Panazols*, P. *Lator*, G. *Lafont*, W. Sabata, P. Maliardta, P. B., G. *de Vernuol*, clari tres Amelii, S. Lamlada, filius G. Mauri, *Melicens* uxor *Audier* Iterii (2), mater Willelmi abbatis nostri, P. *deu Sepulcre*, P. *deu Clauzeus*, filius A. de Peirabufeira, G. *deu Vilatenor*, filius A. de Nozeiras, G. *Petit* et ducenti utriusque sexus à *Verlena*, P. *Laurier*, P. Laporcharia. Altercatio de Quadruvio et de Chambo. Nativitas J. Babtiste (3) *en prim clas* cum processione; festivitates J. apostoli ante portam Latinam (4) et Jacobi apostoli et octave Omnium Sanctorum *en respos dobles*. In festo Sancti Martini et tribus diebus sequentibus, caput apostoli monstratum est. Mense aprili, Aque Sparse ad culturam redacte. B. Deusol cum filio, W. de S. Alari, *Gaufre* de Novvila, Rann. *Lator*. *Li Menudet* ad S. Paulum ceperunt manere. Prior Cluniacensis expulsus in ordine Cartusie. (Lat. 54, fol. 1 r°.)

(1) Le 18 novembre.
(2) Dans un obituaire annoté par lui, B. Itier relate la mort de son frère sous la date du v des Cal. de novembre (28 octobre) : « v kal. nov. obiit Auderius Iterii, qui dedit nobis xl sol. renduales in domo G. Garmavi, et debemus ista die facere anniversarium pro se et parentibus suis. » (Lat. 5245, fol. 159 v°.)
(3) Le 24 juin. — (4) Le 6 mai.

Anno gracie m°. cc°. xx°. iij°., Aque Sparse ad culturam rediguntur. Controversia de ecclesia *deu Quairoi* et de Chambo nova exoritur. Philipus rex et Ademarus, filius Guidonis vicecomitis, obierunt. Nat. S. J. Babtiste *cum prim clas* et processione sollemni, J. apostoli ante portam Latinam et fest. S. Jacobi et octave Omnium Sanctorum *en respos dobles* : primam *Audier* Iterii, ij^{am}. *He. Cofolens*, iij^{am} *Jacme*, quartam B. Deuga. Ant. novam in Pentecosten, evangelium de Sancto Marciale : *Advocans Jhesus parvulum* (1). Caput apostoli ornatum ostensum est tribus diebus in ij^a. translatione ejusdem.

Ordo (2) *deu Menudet à S. Paul* recipitur. In sabbato sancto Pasche (3), Conradus, episcopus Portuensis, legatus, fecit ordines ad altare S. Salvatoris, id est presbiterum, subdiaconos et acolitos plures, sed levitam invenire nequivimus. (Olim S. Germ. Harl. 369, nunc Lat. 13220, fol. 121 r°. et 120 v°.)

Anno gracie m°. cc°. xxiiij°, mense maio, feria ij^a in Rogationibus (4), capellanus de domo Dei, qui ecclesiam in honore Marie Magdalenes consecratam decentissime adornaverat, rogat per se et per amicos dompnum W. abbatem et totum conventum S. Marcialis ut in processione que fit ex more ipsa die ad S. Augustinum, et in redeundo transitur ante prefatam ecclesiam, ut pro honore beatissime peccatricis non dedignaremur intrare ipsam ecclesiam et stationem ibidem facere. Sed non potuerunt omnes simul ut fieret concordare, quia unus vel ij°. alias omnimodis unde fieret disturbaverunt ; et, licet tempus esset

---

(1) Matth. xviij-2. — (2) Le 12 novembre. — (3) Le samedi saint, 13 avril 1224. — (4) Le mardi 21 mai.

pluviosum, facta tamen processione, cum venissemus ante prefatam ecclesiam et transissemus eam, tanta pluvie inundatio nos subito disturbavit per omnem viam que restabat, ut vix aliquis cum suo socio posset ire, sed huc atque illuc omnes dispergeremur unde multi dixerunt quod non casu hoc contigerat, sed quia preces factas de statione ad sepe nominatam ecclesiam despeximus, hoc Deus per merita Magdalenes fieri promisisset. Unde factum est ut sequenti feria vj^a. (1) cum indicto jejunio ad eamdem ecclesiam processionem fecimus, et nonam et missam majorem omnes nudis pedibus pro aeris serenitate cum multa devocione cantavimus, et exauditi sumus iij. die junii. Obiit *Segui Lastors*. (Lat. 4281, fol. 1 r°.)

Anno м°. cc°. xxiiij°, festum Lupi (2) in albis levatur. Obiit W. de Sant-Alari, x. solidi ; *Aimar Cofolent*, xx. solidi ; *Chatart Marteu* dat xx. solidos pro Lupo. Obiit Hugo Dafio (3). Tabule ampliantur. Prioratus de Cruce instituitur.

Obiit P. *deu Brol*, abbas Dauratensis, Simon Malafaida (4). (fol. 224 r°.)

[Anno] м°. cc°. xxiiij°, Ludovicus rex cepit ducatum Aquitanie. (fol. 225 v°.)

Ludovicus rex, anno 1° regni sui, cepit ad se trahere totum ducatum Aquitanie, et habuit secum comitem *d'Engoleime e de la Marcha* et viccecomitem Lemovicensem *e* de Torena. Major querela de Heinrico rege

---

(1) Le vendredi 24 mai. — (2) Le 22 mai.

(3) Dans un obituaire annoté par lui, B. Itier place sa mort au xv des cal. de juin, c'est-à-dire au 18 mai. (Lat. 5257, fol. 54 r°.)

(4) Dans l'obituaire déjà cité sa mort est placée au v des cal. de juin, c'est-à-dire au 28 mai. (Lat. 5257, fol. 55 r°.)

fuit, quia Johannes, pater ipsius, Arturum [ducem Britannie], cui regnum debebatur, occiderat in occulto. Iª. obsessio fuit *à Niort*, sed die septima se se dederunt; IIª. *La Rochela* se se dedit, S. J. [Angeriaci] similiter. (Lat. 528, fol. 1 v°.)

Anno m°. cc°. xx°. iiij°., ante festum S. Michaelis fuit institutum ut evangelium *In principio* (1) ad missam populi cotidie diceretur ad preces S. *Lespaier*, qui unam vitream dedit S. Benedicto, iij. dies post Assumptionem et iij. post festum Omnium Sanctorum, in cappis(2). Festum S. Lupi in albis, Decollatio S. J. in R. ij. ijª translatio S. Marcialis (3) *prim clas* cum processione sollemni; octavus dies in cappis. *Chatar* xx. sol. W. La Concha c. sol. W. abbas L. sol. B. Raimundus xx. sol. Capella S. Benedicti consummatur. G. Trobat fecit R. (4) que valent x. l. S. *Salvaniec* emit i. *samiz* xviij. lb. *Aimar Cofolent* dimisit xx. sol. W. *de S. Alari* x. Tabula argentea de sepulcro reficitur: *Gui de Rossac* xx. sol. Vigilia Omnium Sanctorum, dicitur missa major sicut in vigilia Natalis Domini. Hoc anno obierunt Simon Malafaida, P. *de Baxatger*, W. *Preost*, episcopus Pictavensis casula lx. sol. Ludovicus rex Aquitaniam sibi subjugavit. In ijª. translatione, caput apostoli deportatum ad processionem a priore. (Lat. 2770, fol. 178 v°. et 179 r°.)

(5) Anno ab incarnatione Domini m°. cc°. xxiiij°, vj kal.

---

(1) Joan. I, 1-14.

(2) Il veut sans doute dire que le premier des trois jours après l'Assomption et le premier des trois jours après la Toussaint ont été célébrés solennellement, c'est-à-dire avec des chapes.

(3) Le 12 novembre. — (4) Responsorialia, en prov. *Responcier*.

(5) C'est ici que commence la suite de la Chronique de B. Itier par Etienne de Salviniec et Hélie du Breuil.

febroarii(1), obiit B. Iterius, armarius hujus loci, et post mortem suam iiij. kal. februarii fuit armarius S. *de Saviniec*, qui tunc erat subarmarius. (fol. 148 v°.)

Anno ab incarnatione Domini M°. CC°. XXV°, subjugavit Ludovicus junior, filius Philipi, rex Francorum, Rupellam et *Niort* et *San-Joan*.

Anno ab incarnatione Domini M°. CC°. XXV°, in festivitate sancti Andree apostoli(2), fuit consilium quod Romanus cardinalis tenuit apud Bituricas de negocio quod cristiani habebant contra Arrianos de Toloza, et fuit ibi comes Tolozanus et comes *de Fois*, et xiij. archiepiscopi et xviij. episcopi, et multi abbates et priores et prepositi, et tractaverunt de pace. (fol. 101 v°.)

Anno ab incarnat. Domini M°. CC°. xxvj°, subjugavit Ludovicus, rex Francorum, *Avino* propter contumatiam Arianorum, et hoc anno post festum Omnium sanctorum obiit *à Muntpansier*. (ibid.)

In hoc anno, ij. nonas julii (3), fuit electus Raimundus Gaucelmus in pastorem ab electoribus, scilicet B. Deuga, P. de Pratmi, W. La Concha, J. *Potet*, W. Guosa, *Aimeric Ravart*, *Arnaut* de Balanias, P. de S. Bricci, Helia *Cofolent*, Jacobus Chauchagrua, *Audebert de S. Valric*, *Raim. de Chales*, et iij. idus julii (4) fuit benedictus, et fuit receptus cum magno honore ad processionem cum episcopo Petragoricensi, qui eum benedixit, et cum abbatibus Stirpensi, Sancti Augustini, et Sancti Martini. (ibid.)

Anno gracie M°. CC°. xxviij°, fuit captus Guido, viceco-

---

(1) Le 27 janvier 1225. — (2) Le 30 novembre. — (3) Le 2 juillet. — (4) Le 13 juillet.

mes Lemovicensis, quando exibat *de Nontrom*, et fuit captus cum eo W. Faber quidam rusticus de Cegurio, et capit eos quidam miles qui vocabatur W. de *Montmaureu*, et a Petro Raimundo, milite *de Chales*, et fuit captus in capite jejunii, et redemit se xl. milia solidorum, W. Faber xx. millia. (fol. 148 v°.)

Anno gracie м°. cc°. xxviiij°, iiij kal. aprilis (1), obiit Guido, vicecomes Lemovicensis, et dedit nobis ad suum anniversarium x. libras reddendas, et fuit cepelitus feria ij. post Ramis Palmarum in cappella abbatis cum patre suo et papone, et uxor ejus post festum Omnium sanctorum capit maritum, scilicet W. de Linieiras; et fuit ad sepeliendum G., episcopus Lemovicensis, Reus Petragoricensis, abbates Sancti Martialis, (Sancti) Augustini, Solempniacensis, de *Tóstor*, de Dalo, Sancti Martini. (fol. 149 r°.)

Anno ab incarnatione Domini м°. cc°. xxviiij°, Raimundus, abbas Vosiensis, resignavit iiij⁰ʳ dies ante festum Omnium Sanctorum in manu domni Raimundi, abbatis Sancti Martialis Lemovicensis, et sigillum suum ei tradidit. Postea tractaverunt de electione in vigilia Omnium sanctorum et abbas Sancti Martialis fuit presens in capitulo, et prior cum eo, scilicet S. *de Salvaniec*, qui tunc erat prior Vosiensis, et fuit in electione magister B. Fizicus, et Amelius, et S. Lavalada, et Ebolus, P. Lasbordas et P. Hugo; in monasterio fuerunt concordati inter se, et interrogaverunt domnum abbatem Sancti Martialis, et non bene concordavit, et dixit quod consilium habebit cum sociis suis, scilicet prior *de Malavau* Aimoinus, Hugo, prior *de Superbosc*, et Otgerius Bodi et Mutialii. (fol. 23 v° et 24 r°.)

(1) Le 29 mars 1230.

Anno ab incarnatione Domini M°. CC°. xxx°, contigit feria tertia post obtabas beati Marcialis, quod abbas Vosiensis coram cunctis sapientibus negavit omnia jura beati Martialis; et abbas Sancti Martialis excommunicavit abbatem Vosiensem tanquam suum subjectum, quia jura sua negavit, que antea recognovit. (fol. 149 r°.)

Anno ab incarnatione Domini M°. CC°. xxx°, contigit quod festum Purificationis beate Marie fuit Dominica qua cantatur *Esto mihi* (1), et celebravimus in crastinum, scilicet feria ij., et festum beati Blasii martyris, feria iij., et festum beate Agathe martyris, feria v. et obtabas beate Marie, in Sabbato. (fol. 152 v°.)

Anno Domini M°. CC°. xxx°, fuit facta pax cum Cambonensi (2). (fol. 124 v°.)

Anno Domini M°. CC°. xl°, fuit guerra magna inter Guidonem, vicecomitem Lemovicensem. (fol. 149, r°.)

Anno Domini M°. CC°. XL°. inceptum fuit claustrum Sancti Marcialis (3). (fol. 125 v°.)

Anno gracie M°. CC°. xl°, ix kal. aprilis, consummati sunt CCCC. anni ex quo monasticus ordo in hoc loco intravit. (Lat. 2651, fol. 129 v°.)

Anno Domini M°. CC°. xl°. iij°, ego Helias de Brolio fui monacus in die Ramis Palmarum ; et fui armarius et cantor anno Domini M°. CC°. xl. iiij°, et per xx. annos rexi illud officium sicut potui. (fol. 125, r°.)

Anno ab incarnatione Domini M°. CC°. xl°. v°, quinta

(1) Le dimanche de la quinquagésime, qui tombait en 1231 le 2 février.

(2) Il faut suppléer ici le mot *monasterio* nécessaire pour compléter le sens.

(3) Dans une autre chronique de saint Martial publiée ci-après, il est dit que ce travail fut commencé en 1248 et terminé en 1249.

die septembris, obiit dompnus abbas Raimundus (1) ; et fuit electus Guillelmus *Amalvi*, qui erat abbas Vosiensis (2) ; iste Willelmus obiit vij°. ydus Augusti, et fuit electus Guillermus de Marolio. (fol. 101 v°.)

Anno Domini m°. cc°. xl°. vj°, fit pax cum Cluniacensibus. (fol. 124 v°.)

Anno gracie m°. cc°. xl°. vij°, completi sunt anni ii. m. ab urbe Romana condita. (fol. 253 r°.)

Anno Domini m°. cc°. l°. quinto, accidit quod dominus Willelmus, abbas Sancti Marcialis, ivit cum Guidone, vicequomite Lemovicensi, Parisius, pro negotio ipsius vicequomitis ; et in regressu, quando fuit in domo *d'Azac*, accidit quod quidam monacus, filius Amelii de Monte Quoqulo, cum quodam cultello percussit quemdam monachum, socium domini abbatis, qui vocabatur Henricus de Palnaco ; et mortuus fuit casu miserabili. Et tunc dominus Willelmus abbas et Stephanus *de Salvanhec*, prior Sancti Marcialis, excommunicaverunt omnem monachum qui decetero deferret cultellum puclatum. (fol. 53 v°.)

Anno ab incarnatione Domini m°. cc°. lx°. iiij°, ego Helias de Brolio fui cantor istius ecclesie, et vidi quinque illos abbates : Raimundum *Gauselm*, Guillelmum *Amalvi*, Guillelmum de Marolio, Jacobum qui nunc est [Petrum de Sancto Valerico, G. *Faidit*]. (fol. 81 v°.)

(1) On trouve sur cet abbé, dans un des obituaires de saint Martial de Limoges, une mention ainsi conçue : « II N. septb. Depositio domini R. *Gaucelm*, abbatis. » (Lat. 5245, fol. 156 r°.)

(2) On trouve dans le même manuscrit, au fol. 124 v°, la mention des mêmes faits sous une forme plus concise : « Anno Domini m°. cc°. xl.v°, obiit Raimundus abbas, qui multa bona fecit ; ipso anno eligitur Guillelmus *Amalvi*. »

Anno Domini m°. cc°. lx°. v°, obiit Simon, comes de Mont..... (fol. 156 v°.)

Anno Domini m°. cc°. lx°. v°, fuit electus Guillelmus de Marolio, et per scrutinium factus. (fol. 7 v°.)

Anno Domini m°. cc°. lx°. v°, fui armarius ego Helias de Brolio, in tempore Guillelmi de Marolio, Jacobi Afreti, Petri de Sancto Valerico, abbatum, per xviiij^{vem} annos. (fol. 238 r°.)

Anno Domini m°. cc°. lx°. v°, Helias de Brolio, cantor hujus loci, fecit librorum ligare de novo, qui nil valebant, xx^{ti} volumina, et plures alios; et alia bona fecit. Helias de Bencha erat tunc temporis subcantor (1). (fol. 90 v°.)

Anno Domini m°. cc°. lxx°, Helias de Brolio, armarius, fecit ligari et cooperiri omnes libros ad expensas conventus. (fol. 203 v°.)

Anno Domini m°. cc°. lxx°. 1°, fit pax cum canonicis. (fol. 124 v°.)

Anno ab incarnatione Domini m°. cc°. lxx°. j°, in Catedra Sancti Petri (2), obiit dompnus Guillelmus de Marolio, abbas Sancti Marcialis, qui per x^{cem} annos et vi. mensses rexit ecclesiam istam. Post istum fuit electus Jacobus *Afrchet*, prior de Calesio, die Veneris post Pascha, in festo sanctis Hugonis (3), cum concor-

---

(1) On trouve dans le ms. lat. 7562, fol. 173 v°, la mention du même fait : « Anno Domini m°. cc°. lx. v°. fuit subcantor Sancti Marcialis Helias de Bencha. » L'année d'après il fut nommé sous-bibliothécaire, comme on peut le voir dans la note suivante : « Anno Domini m°. cc°. lx°. v°. fui ligatus a novo cum aliis x^{em} et ix^{em}. Eodem anno, fuit depicta capella Sancti Michaelis. Anno preterito, ego Helias de Brolio fui armarius; sequenti anno, Helias de Bencha subarmarius. » (Lat. 1013, fol. 102 r°.)

(2) Le 22 février 1272. — (3) Le 29 avril.

dia. Electores fuerunt isti : prepositus Cambonensis, P. *de Biulet*, Guido de Nova Villa, prepositus d'Arnaco, P. Mocelli, prepositus d'Arnaco, prepositus de Paonato, P. de Noallas, prepositus *de Panazols*, Petrus..., Helias *Beray*, Aydoinus *Marches*, Simon Vidal, Iterius *deu* Barrio, Guillelmus Vauna, prior *d'Azac*. (fol. 102, r°.)

Anno Domini M°. CC°. lxx°. ij°, in festo sancti Hugonis, fuit electus dompnus Jacobus, qui erat prior de Chalesio, abbas Sancti Martialis, cum concordia, tali modo. Conventus non poterat concordare cum prioribus et cum prepositis nostris in tribus electoribus. Postea, Deo inspirante, Mauricius Pineta, magister operis, petivit a conventu quod daretur sibi potestas eligendi undecim probos monachos qui eligerent abbatem ; quod et factum fuit. Ipse autem juravit quod nullus homo, nisi Deus tantum, sciebat illos ; nec ipse revelaverat nulli homini. Electores fuerunt isti ; P. *de Builet*, prepositus Cambonensis de consuetudine, P. *Morceu*, prepositus Palnatensis, Iterius *deu Bari*, prepositus de Subterranea, prior de Rofiaco, P. Jossa, prepositus de Arnaco, Guido de Nova Villa, Aydoinus *Marches*, cellararius, Petrus de Noallas, prepositus de *Panazol*, Guillelmus Vauna, prior *d'Azac*, Helias *Beray*, sacrista, Guillelmus *Donarel*, prior *de Sirac*, Simon *Vidal*, helemosinarius, duodecimus dompnus Jacobus, qui fuit electus ; set postea non omnibus placuit. Ille placeat Deo. Amen. (fol. 169 v°.)

Anno Domini M°. CC°. lxx°. ij°, die Sabbati post octabas Pasche (1), obiit Guillelmus, prior *d'Azac*,

---

(1) Le 22 avril 1272.

cum rediret ad prioratum suum, et Helias Pineta senex, et Helias *la Porta* juvenis. (fol. 53 v°.)

Anno Domini m°. cc°. lxx°. v°, obiit dompnus abbas Sancti Martialis Jacobus, die Veneris post Purificationem Sancte Marie (1), apud *Crassay*; qui venerat Parisius, et fuit sepultus juxta abbatem Raymundum. Postea habuimus discordiam inter nos, eu! proh dolor! nec potuimus concordare in aliquem; et fuerunt partes due, scilicet Petrus, prior de Rofiaco, et Iterius, prepositus de Subterranea; tamen prior fuit confirmatus et benedictus Dominica ante festum beati Johannis Babtiste (2). Et ipso anno Domini m°. cc°. lxx°. vj°, et anno m°. cc°. lxx°. vij°, Iterius de Barrio, prepositus de Subterranea, occupavit per vim Vernolium, *Cosebeu*, *Veer*, helemosinam de cellario, redditus abbatis, Rosaco, *Azac*, *Fesc*, pitanciariam. Per istos duos annos superius scriptos nec potuimus victum habere, et mendicabamus ultra modum. Et eramus omnes in claustro Deo servientes fere lxx^{ta} ij°. Et illi qui fovebant partem prepositi erant de conventu xvi^{cim}, inter quos erant Helias *Autenc* prior, Johannes *Bonet*, subprior, P. *Morceu*, Helias *Fechier*, P. *Mercier*, priores et multi alii de prioratibus. Et hoc faciebant consilio et auxilio magistri G. de Malo Monte, qui regebat vicecomitatum, qui ultra modum fecerat et dissipaverat bona abbatie. Qui G. antedictus erat persecutor Ecclesie, et maxime domino episcopo Giberto Lemovicensi et abbati Usercensi, propter quem excommunicaverat eum et vicecomitatum. G. sustinuit excommunicationem per duos annos vel quasi, et multa mala fecit in Lemo-

(1) Le 7 février 1276. — (2) Le 21 juin.

vicinio et in circuitu, quia erat de consilio regis Philippi qui erat juvenis et non diligebat ecclesiam sicut pater suus fecit. Et ita se habuerunt socii nostri, immo adversarii; cum inimicis ecclesie pugnabant contra Ecclesiam, matrem illorum, que nutriverat ab infantia eos. (fol. 102 v°, — 104 r°.)

Anno Domini m°. cc°. lxxx°, die Veneris ante Dominicam qua cantatur *Esto mihi*(1), Girbertus, episcopus Lemovicensis, mandavit per litteras domino abbati et conventui procurationem contra consuetudinem nostram ; et nos statim appellavimus. Postea fuit concordatum et pacificatum hoc modo quod abbas invitavit eum per duos dies ; et sic remansimus in pace. Et propter hoc scripsi quia non debet venire nisi invitatus. (fol. 104 v°)

Anno ab incarnatione Domini m°. cc°. octuagesimo ij°, in festivitate sancti Benedicti, in Quadragesima (2), senescallus regis Francie sazivit sigillum conventus per vim, procurante Helie *Autenc*. (fol. 104 v°.)

Anno Domini m°. cc°. octuagesimo ij°, rex Philippus fecit questam novam omnibus ecclesiis per totum regnum Francie, et nos respondimus senescallo quod ipse rex percipiebat et tenebat omnes reditus abbatie et non habebamus unde. Helias prior, qui erat de Calesio, dixit senescallo quod bene debebamus ei dare; set propterea dixit quia magister Geraldus de Malo Monte diligebat eum, quia erat inimicus ecclesie Sancti Martialis. Dominus retribuit eis in tempore retribucionis. (fol. 105 v°.)

(1) Le 21 février 1281.
(2) Le 21 mars 1283.

Anno Domini m°. cc°. lxxx°. iiij°, facta fuerunt duo magna signa. (fol. 124 v°.)

Anno Domini m°. cc°. lxxx°. iiij°, post octabas beati Martialis obiit Johannes *Bonet*, subprior ; et Helias *Autenc*, prior, in Dedicatione Sancti Salvatoris (1) ; et magister Geraldus de Malo Monte fuit ejectus de concilio regis, meritis suis exigentibus. (fol. 113 r°.)

Anno Domini m°. cc°. lxxx°. v^{to}, Philippus rex, die Lune post Resurrexionem Domini (2) exivit de loco isto ad pucnandum contra Petrum Aragonie. (fol. 113 r°).

Anno Domini m°. cc°. lxxx°. v°, obiit dominus Petrus de Brolio, miles, juvenis frater [Heli]e de Brolio, cantor[is Sancti] Martialis. (fol. 156, v°.)

Anno Domini m°. cc° lxxx° v°, in vigilia Conversionis Sancti Pauli (3), obiit dominus Petrus de Brolio, miles (4) de Sancto Germano. Ipso anno obiit Philippus, rex Francie, in Arrago, cum multitudine militum et armatorum. (fol. 142 r°.)

Anno Domini m°. cc°. lxxx° v°, habuimus declarationem, de abbate quod remaneret in pace circa festum Beate Marie Magdalene ; et constituit nobis quinque milia solidorum et amplius. Hoc autem scripsi ut posteri nostri provideant.

Ipso anno fuit mortalitas in toto Lemovicinio. (fol. 142 r°.)

---

(1) Le 18 novembre, d'après le calendrier Limousin du ms. Lat. 822. (Voy. ann. de la Soc. de l'hist. de France, année 1854, p. 108.)

(2) Le 26 mars 1285. — (3) Le 24 janvier 1286.

(4) Son obit est marqué au 8 des cal. de février, c'est-à-dire au 25 janvier, dans un des obituaires de Saint-Martial de Limoges. (Lat. 5243, fol. 95 v•.)

Anno Domini M°. CC°. LXXX°. vj°, ostensum est capud beatissimi Marcialis, apostoli, in festo beati Michaelis usque ad festum Omnium Sanctorum (1). (fol. 141 v°.)

Anno Domini M°. CC°. nonagesimo vij°, in dominica qua cantatur *Letare Hierusalem* (2), dompnus abbas Geraldus muttavit capitulum de uno v°. x^{mo}. et volebant quod resinaret. (fol. 159 v°.)

. . . . XIII°, [in fes]to sancti [O]donis (3), obiit Sibilla uxor Petri de Brolio. Anima ejus requiescat in pace. Amen. (fol. 156 v°.)

---

(1) Du 29 septembre au 1er novembre, c'est-à-dire pendant un mois.

(2) Le 16 mars 1298. — (3) Le 19 novembre.

III.

ANONYMUM S. MARTIALIS CHRONICON

AB ANNO M°. CC°. VII°. AD ANN. M°. CCC°. XX°.

Anni ab origine mundi sex milia et quingenti et novem usque ad festum Annunciacionis beate Marie quod fuit anno Domini M°. CCC°. decimo.

Item, anni a dicta origine mundi usque ad adventum Christi, quinque milia et ducenti minus uno.

Item, anni a tempore Ade usque ad diluvium, duo milia et quadraginta duo.

Item, anni a tempore diluvii usque ad adventum Christi, tria milia et centum quinquaginta novem.

Item, anni ab Incarnatione Domini, mille CCC[li] et decem.

Item, ordo fratrum predicatorum et minorum incepit anno Domini millesimo CC° septimo.

Item, fratres predicatores venerunt primo ad castrum Lemovicense anno Domini millesimo CC°. decimo nono, et habitaverunt ultra pontem Sancti Marcialis primo post dictum adventum.

Item predicti fratres predicatores mutaverunt se de ultra pontem Sancti Marcialis ad locum in quo morantur in barrio de Manhania anno Domini M°. CC°. xxx. viij°.

Item, fratres minores venerunt primo ad castrum Lemovicense anno Domini M°. CC°. vicesimo primo, et primo habitaverunt ad fontem que dicitur *aus Menudetz*.

Item, mutaverunt se dicti fratres minores de dicto loco ad locum in quo sunt prope *Pela Vezi* anno Domini M°. CC°. xliij°. (Lat. 11019, pag. 267.)

Item, anno Domini M°. CC°. tricesimo tercio, mulieres castri et civitatis Lemovicensis sumpserunt capitegia in capitibus suis ad predicacionem fratrum predicatorum, qui tunc de novo venerant ad castrum Lemovicense, que mulieres antea sine capitegiis se portabant. (pag. 272.)

Item, anno Domini M°. CC°. quadragesimo quarto, scilicet tercio idus octobris (1), exercitus castri Lemovicensis ivit apud Brennum (2) cum Guidone, vicecomite Lemovicensi.

Item, anno Domini M°. CC°. quadragesimo quarto, fuit depositus Fredericus, imperator Romanus, per dominum Innocencium papam quartum, apud Lucdunum in concilio generali.

Item, anno Domini M°. CC°. quadragesimo octavo, ivit ultra mare Ludovicus, rex Francorum. (pag. 267.)

(1) Le 13 octobre.
(2) Cet endroit, nommé *Bran* ou *Brain* dans la table de Robert Mignon (*Historiens de France*, t. XXI, p. 523 e.), est sans doute l'ancien château de *Bret* ou *Bré*, jadis chef-lieu d'une baronie assez considérable. On en trouve encore des vestiges sur un monticule, non loin des forges de Chaufailles, arrondissement de Saint-Yrieix. (C. N. Allou, *Description des mon. obs. dans le dép. de la Haute-Vienne*, p. 352.)

Item, anno Domini M°. CC°. quinquagesimo primo, fuit captus Ludovicus, rex Francorum, cum exercitu suo *à la Massola* ultra mare per Sarracenos, qui postea eodem anno redemptus, fuit liberatus de manibus Soldani et Sarracenorum cum pluribus Christianis captivis.

Item, eodem anno Domini M°. CC°. quinquagesimo primo, venerunt pastores. (pag. 268.)

Item, anno Domini M°. CC°. quinquagesimo secundo, exercitus Lemovicensis ivit apud *Corbafi*. (pag. 267.)

Item, anno Domini M°. CC°. sexagesimo, fuit inceptum edificium Beate Marie de Arenis. (pag. 268.)

Item Guido, vicecomes Lemovicensis, cum comite Nivernensi et pluribus baronibus et armatis, tam equitibus quam peditibus, venerunt contra burgenses et homines castri Lemovicensis, in festo Apparicionis Domini (1), ad Beatum Marcialem, anno Domini M°. CC°. sexagesimo primo, et male accidit eisdem, et tunc fuit mortuus per gentes dicti castri, et in crastinum recesserunt, et plures ex illis fecerunt transsitum suum per castrum Lemovicense. (pag. 271.)

Item, anno Domini M°. CC°. sexagesimo tercio, scilicet xvij kal. septembris (2), obiit Guido, vicecomes Lemovicensis, qui jacet apud Sanctum Marcialem.

Item, anno Domini M°. CC°. sexagesimo quarto, dominus Enricus, rex Anglie, et Eduardus, filius suus, et Enricus, rex Alamannie, fuerunt capti per dominum Simonem Montis Fortis, quem postea dictus Eduardus interfecit et suos liberavit.

---

(1) Le 6 janvier.
(2) Le 16 août.

Item, anno Domini M°. CC°. sexagesimo quarto, apparebat cometes stella.

Item, anno Domini M°. CC°. sexagesimo quarto, dominus Karolus, comes Andegavie, frater domini Ludovici, regis Francie, ivit in Apuliam, qui infra paucos dies factus rex Sicilie, interfecit Manfredum qui se gerebat pro imperatore, scilicet iiij°. kal. martii (1), anno Domini quo supra. (pag. 268.)

Anno Domini M°. CC°. septuagesimo, dominus Aymericus, Lemovicensis episcopus, habuit communias Lemovicensis dyocesis contra raptores qui erant apud Chaslucetum. (pag. 269.)

Item, anno Domini M°. CC°. septuagesimo, dominus Ludovicus predictus ivit apud Tunicium, et eodem anno obiit ultra mare in expeditione Tunicii.

Item, postmodum idem dominus Ludovicus, rex Francorum, fuit canonisatus et sanctorum collegio ascriptus per dominum Bonifacium papam octavum anno Domini millesimo CC°. nonagesimo octavo (2).

Item, anno Domini M°. CC°. septuagesimo secundo, Philipus, rex Francie, filius quondam dicti Ludovici, fuit in castro Lemovicensi in redditu de Tunicio (3),

(1) Le 26 février.
(2) Dans un autre endroit, le même chroniqueur relate encore une fois la mort et la canonisation de saint Louis :

« Item anno Domini M°. CC°. septuagesimo obiit dominus Ludovicus, rex Francie.

» Item, idem dominus Ludovicus, rex quondam Francie, vir sanctus et justus, fuit canonizatus et sanctorum collegio ascriptus per dominum Bonifacium papam viij anno Domini M° CC° nonagesimo octavo. » (p. 278.)

(3) Le chroniqueur se trompe; il y avait plus d'un an que le roi était de retour en France. Quant à son séjour en Limousin à

et fuit receptus honorifice per burgenses castri Lemovicensis in festo apostolorum Petri et Pauli(1). (p. 268.)

Anno Domini m°. cc°. lxx°. primo, fuit magna aquarum inundacio circa festum sancti Michaelis (2), et eodem anno fuit magna caristia circa festum Purificacionis beate Marie (3), quia sextarius frumenti valebat decem et septem solidos, et sextarius siliginis sexdecim solidos.

Item, anno sequenti Domini m°. cc°. lxx°. secundo, die Veneris ante festum Nativitatis Domini (4), fuit et viguit tam magnum frigus, quod pauci erant tunc temporis qui tantum frigus vidissent. (pag. 274.)

Item, anno Domini m°. cc°. septuagesimo secundo, sexto nonas Julii (5), obiit Aymericus, Lemovicensis episcopus(6), qui multum dives legavit magnam summam peccunie ad opus edificii Sancti Stephani Lemovicensis, quod edificium inceptum fuit anno m°. cc°. septuagesimo tercio. (pag. 269.)

Item, magister Geraldus de Malo Monte fuit quidam clericus de genere militum et fuit conciliarius de concilio domini regis Francie et rector et gubernator vicecomitisse Lemovicensis et vicecomitatus ejusdem, in quem consules et homines castri Lemovicensis compromiserunt, prestitis juramentis et pena triginta

---

l'époque indiquée ici, il est attesté par les documents. Voy. Philippi III mansiones et itinera. (Rec. des Hist. de France, t. XXI, p. 424, et 425. a. b.)

(1) Le 29 juin.

(2) Le 29 septembre. — (3) Le 2 février. — (4) Le 21 décembre.

(5) Le 2 juillet.

(6) C'est au 5 des nones de juillet que l'obit de ce prélat est marqué dans les deux nécrologes de Saint-Martial de Limoges. (Lat. 5243, fol. 115 r°, et Lat. 5245, fol. 151 r°.)

milium librarum apposita, super juribus que dicta vicecomitissa petebat ab eisdem consulibus et hominibus dicti castri, qui, suscepto in se hujusmodi compromisso, inter cetera condempnavit eosdem ad solvendum vicecomiti Lemovicensi, qui pro tempore fuerit, ad voluntatem ejusdem vicecomitis, pro qualibet quatuor necessitatum, scilicet nove milicie, filie maritande, redempcionis ab hostibus et subsidii Terre Sancte, et eosdem consules et homines dicti castri omni libertate privavit anno Domini m°. cc°. septuagesimo quarto.

Item, anno Domini m°. cc°. nonagesimo secundo, burgenses castri Lemovicensis composuerunt cum domino Arturo, vicecomite Lemovicensi, nomine Johannis et Guidonis, filiorum suorum, super condempnacione predicta dictarum quatuor necessitatum, qui, inquam, burgenses ante dictam condempnacionem non tenebantur eidem vicecomiti nisi in mille solidis pro quolibet casu dictarum necessitatum. (pag. 275.)

Item, nota quod dominus P. de Sancto Valerico, abbas Sancti Marcialis Lemovicensis, die Sabbati post Cineres, que fuit quarto idus februarii anno Domini m°. cc°. octogesimo quarto, sazivit totum jus quod vicecomes Lemovicensis habebat in castro Lemovicensi, pro eo quia nolebat sibi facere homagium quod sibi debebat pro dicto castro, et expulit prepositum et servientes dicti vicecomitis de dicto castro, et posuit ibi prepositum suum Guillelmum de Sancto Valerico, nepotem suum, et judicem magistrum Johannem de Clari, clericum, et plures servientes, et tenuerunt assizias pro ipso domino abbate in domo consulatus dicti castri, et fecit fieri idem dominus abbas bannum suum in dicto castro cum tubis quod tale fuit : quod fierent bone et legales denariate panis secundum valorem bladi. Item quod aliquis non defferret arma, et quod aliquis non iret de nocte post ignitegium sine lumine. Item et quod piscis corruptus non venderetur in dicto castro. Et hujusmodi sazina duravit usque ad diem lune post *Isti sunt dies* (1), qua die dominus Philipus, rex Francie, amovit dictam sazinam, et posuit ad manum suam dictum castrum, et fecit fieri bannum suum in dicto castro ne aliquis de dicto castro obediret alicui, nisi domino regi. (pag. 275.)

Item, anno Domini m°. cc°. octogesimo quinto, Philipus, rex Francie, et Karolus, frater suus, iverunt in Aragoniam, et fuerunt in castro Lemovicensi die Pasche, et in crastinum recesserunt.

Anno Domini m°. cc°. octogesimo sexto, mercennaria fructuum et aliarum mercium que vendebantur in Claustro Lemovicensi fuerunt mutata per gentes viccomitis Lemovicensis ad plateam Sancti Michaelis de Leonibus circa leones lapideos. (pag. 269.)

Nota quod capud beati Marcialis apostoli fuit ostensum publice anno Domini m°. cc°. octogesimo sexto.

Item, fuit ostensum alia vice anno Domini m°. cc°. nonagesimo.

Item, fuit ostensum alia vice anno Domini m°. ccc°.

Item, fuit ostensum alia vice anno Domini m°. ccc°. octavo.

Item, hee quatuor ostenciones fuerunt facte ante altare sancti Austricliniani (2) ultra januas inter festum

---

(1) Le 12 mars 1285.

(2) Saint Austriclinien, confesseur, dont la fête tombe le 15 octobre. L'abbaye de Saint-Martial possédait sa châsse, et il existait dans la même église un autel dédié à ce saint qui était l'objet

sancti Michaelis et octabas festi sancti Martini hyemalis (1).

Item, fuit ostensum predictum capud beati Marcialis domino Clementi pape quinto, qui reverenter ipsum intuens, suscepit ipsum, et lacrimans osculatus fuit illud die dominica in crastinum festi sancti Georgii(2), quod fuit mense aprilis, anno Domini M°. CCC°. sexto. (p. 272.)

Item, anno Domini M°. CC°. octogesimo nono, incepit villa Mansi Leonis. (pag. 269.)

Item, anno Domini M°. CC°. nonagesimo, obiit Maria, vicecomitissa Lemovicensis, quondam filia vicecomitis Lemovicensis, uxor domini Arturi, nunc ducis Britannie. (pag. 268.)

Item, nota quod fratres heremitarum ordinis Sancti Augustini venerunt primo ad castrum Lemovicense anno Domini millesimo. CC°. nonagesimo, et habuerunt domos et terram *de Monmelier*, in quibus morantur, et que fuerunt *aus Jauvis*, in festo Assumpcionis beate Marie (3) anno Domini M°. CCC°. primo, et eadem die ibi primo celebraverunt. (pag. 270.)

Item, nota quod burgenses de Caturco semel, scilicet tercio idus maii (4), in vigilia Ascencionis Domini millesimo CC°. nonagesimo, item et alia vice tercio kal. junii(5), in vigilia Assencionis Domini, anno Domini M°.

---

d'un culte particulier en Limousin. Voy. à cet égard la chronique de B. Itier sous les années 1183 et 1214 ci-dessus, p. 61 et 92. C'est donc à tort que les éditeurs du t. XXI des Hist. de France, p. 812. n. 2, ont prétendu qu'il fallait corriger Strimonii, et qu'il s'agissait ici de saint Austremoine, spécialement vénéré en Auvergne, mais tout à fait inconnu à Limoges.

(1) C'est-à-dire du 29 septembre au 11 novembre.
(2) Le 24 avril.
(3) Le 15 août. — (4) Le 13 mai. — (5) Le 30 mai.

ccc°. secundo fecerunt ludum de miraculis beati Marcialis in cimiterio Sancti Martialis prope crucem lapideam dicti cimiterii. (pag. 271.)

Item, anno Domini m°. cc°. nonogesimo primo, fuit capta Acon decima nona die maii, quam Christiani tenuerant continue per centum annos.

Item, anno Domini m°. cc°. nonagesimo quarto, dominus Celestinus papa quartus resignavit circa festum sancte Lucie (1) vel dicta die.

Item, dicto Celestino successit Bonifacius papa viij^{us}. (pag. 269.)

Item, anno Domini m°. cc°. nonagesimo octavo, sextus liber decretalium fuit compilatus per dictum dominum Bonifacium et autenticatus per eundem papam, Rome, apùd Sanctum Petrum, quarto nonas martii (2), pontificatus sui anno quarto. (pag. 270.)

Item, incepit discensio inter eundem dominum Bonifacium papam octavum et dominum Philipum, regem Francie, anno Domini m°. ccc°. secundo (3).

Item, idem dominus papa fuit accusatus de heresi per dictum dominum regem anno Domini m°. ccc°. secundo.

Item, idem dominus Bonifacius fuit captus anno

---

(1) Le 13 décembre. — (2) Le 4 mars.

(3) Une autre note du même chroniqueur permet de rectifier cette date : « Nota quod die dominica post octabas Purificationis beate Marie, anno Domini m°. ccc°. primo, rex Francie fecit comburi bullam pape in medio omnium nobilium et aliarum personarum que erant eadem die Parisius, et cum tronpis fecit hujus combustionem bulle per totam villam Parisiensem preconizari. Item, a die Veneris ante dictam diem dominicam erant elapsi quindecim dies quod idem rex condempnavit filios suos, in presentia totius curie sue et procerum omnium qui erant presentes, si advoharent ab aliquo vivente, ni solummodo a Deo, regnum Francie. (Lat. 11019, pag. 265.)

Domini M°. CCC°. tercio in villa Arangnie, de qua fuit oriundus, per dominum Guillelmum *deu Nogueyret*, militem.

Item, decessit idem Bonifacius Rome anno Domini millesimo. CCC°. tercio. (pag. 269.)

Item, dominus Clemens papa quintus, oriundus de Vasconia, qui vocabatur dominus Guillelmus *del Guotz* et erat archiepiscopus Burdegalensis, fuit electus anno Domini M°. CCC°. quinto.

Item, dicto Bonifacio successit Benedictus mense novembris anno Domini M°. CCC°. tercio, et eidem Benedicto predictus dominus Clemens papa quintus.

Item, idem Philipus, rex Francie, post mortem dicte Bonifacii, petiit, coram predicto domino Clemente papa, instanter comburi ossa dicti Bonifacii tanquam heretici.

Item, anno Domini M°. CCC°. nono, idem dominus Guillelmus *del Nogueyret*, et omnes illi quorum intererat, fuerunt citati apud Avinionem coram dicto domino Clemente papa, purgaturi se super capcione dicti Bonifacii; quid fuit inde factum non est revelatum. (p. 270.)

Item, dominus Clemens papa quintus instituit dicere ad missas qualibet die duas oraciones pro subsidio Christianorum contra Sarracenos, et fecit poni archas in ecclesiis ad reponendum oblaciones subsidii Terre Sancte transmarine (1). (pag. 275.)

---

(1) On sait que le pape Clément V, pendant son séjour à Poitiers, le 11 août 1307, accorda des indulgences à l'occasion de la croisade : Et cardinalis Ostiensis de ordine predicatorum fuit postea electus in papam et fuit vocatus Benedictus papa XI. Voy. les Chroniques de G. Frachet, et de Jean de Saint-Victor (*Historiens de France*, t. XXI, p. 32, c. d. et p. 653, a. b.)

Item, dominus Raynaldus, Lemovicensis episcopus, fecit inquiri super usuris anno Domini M°. CCC°. per magistros Guillelmum *Soubut* Dauratensem et Johannem de Solo, Sancti Juniani canonicos in civitate Lemovicensi.

Item, dominus Guido *La Porta*, abbas Sancti Marcialis, fecit saziri castrum Lemovicense ix kal. aprilis anno domini M°. CCC°. racione homagii sibi non facti a vicecomite Lemovicensi. (pag. 271.)

Item, nota quod data litterarum contractuum solebat mutari quolibet anno in festo Pasche in dyocesi Lemovicensi; set magister Petrus Fabri, cancellarius et custos sigilli curie Lemovicensis, instituit quod data mutaretur quolibet anno in festo Annunciacionis beate Marie (1), et prima mutacio fuit anno Domini M°. CCC°. primo. (pag. 275.)

Item, nota quod tercio nonas junii (2), scilicet die Sabbati post octabas Penthecostes, anno Domini M°. CCC°. primo, in ortu solis, fuit tanta et tam magna pluvia subitanea, quod pauci sunt qui unquam tantam pluviam viderint; illa enim pluvia destruxit multa molendina in aqua Alrancie et alibi, et fecit multa alia mala in pluribus locis et specialiter in abbacia de Regula Lemovicensi.

Item, nota quod summitates clucherii et fiolarum ecclesie Sancti Petri de Quadruvio castri Lemovicensis,

---

(1) Cet usage de commencer l'année le 25 mars persista jusqu'à l'édit de 1564. Aussi les notaires du Limousin avaient-ils l'habitude de marquer cette particularité dans leurs minutes au xive et au xve siècle par ces mots : *Hic mutatur datum.* (Art de vérif. les dates, t. I, p. 29, en note.)

(2) Le 3 juin.

que per lonca tempora fuerant deformate propter fulgur quod ibi ceciderat, fuerunt reparate anno Domini Mº. CCCº. secundo. (pag. 271.)

Item, anno Domini millesimo CCCº. secundo, incepit guerra inter dominum Philipum, regem Francie, et homines de Brujas, et eodem anno, scilicet quinto idus Junii (1), fuit bellum campestre inter Gallicos et homines de Brujas, scilicet die Mercurii in festo sancti Benedicti (2), apud *Cortray*, qua die fuit Gallicorum magna strages; et ibi decessit comes Atrabatensis et plures alii barones milites et pedites. (pag. 272.)

Item, nota quod die Veneris post octabas Penthecostes (3), anno Domini Mº. CCCº. quinto, vendicio piscium, qui solebant vendi ad portam Peyssonieyra, fuit mutata ad gradum de Quadruvio per gentes vicecomitis Lemovicensis.

Item, fratres predicatores tenuerunt capitulum suum provinciale in domo sua castri Lemovicensis in festo beate Marie Magdalene (4) per septem dies anno Domini Mº. CCCº. quinto.

Item, et fratres minores etiam tenuerunt capitulum suum provinciale, anno quo supra, in domo sua castri Lemovicensis in festo Penthecostes (5) per septem dies. (pag. 270.)

Nota quod anno Domini Mº. CCCº. sexto, domini Guillelmus et Petrus de Malo Monte, milites, dimiserunt et quittaverunt domino Philipo, regi Francorum, totam terram et hereditatem et omnia castra quam et que habebant ex parte magistri Geraldi de Malo

(1) *Sic* pour *Julii*.
(2) Le jour de la translation de saint Benoit, le 11 juillet.
(3) Le 18 juin. — (4) Le 22 juillet. — (5) Le 6 juin.

Monte, quondam patrui sui deffuncti, in civitatibus et dyocesibus Lemovicensi et Petragoricensi; et nichil hereditatis seu possessionis retinuerunt in eisdem, racione cujusdam permutacionis quam fecerunt de dicta terra et hereditate cum predicto domino rege cum quadam terra ipsius domini regis.

Item, anno Domini M°. CCC°. octavo, predictus dominus rex recepit et habuit ad manum suam comitatum Marchie propter effectum (1) heredum comitatus ejusdem. (pag. 277.)

Item, anno Domini M°. CCC°. sexto, in festo beate Marie Magdalenes (2), omnes judei regni Francie fuerunt capti et expulsi de dicto regno, de mandato, ut dicitur, domini Philipi, regis Francie.

Item, nota quod cimiterium de Quadruvio fuit clausum anno Domini M° CCC° septimo. (pag. 274.)

Item, sex Tartari transierunt per castrum Lemovicense, qui ibant ad dominum Clementem, qui tunc erat Pictavis anno Domini M°. CCC°. septimo; qui missi fuerant, ut dicebant, ad dictum dominum papam per regem Tartarorum.

Item, dictus Jacobus, rex Majoricarum, fuit in castro Lemovicensi idus Junii (3) anno Domini M°. CCC°. septimo; qui veniebat de Pictavis de dicto domino papa et fuit receptus processionaliter cum cappis et pulsacionibus campanarum per conventum Sancti Martialis Lemovicensis. (pag. 271.)

Item, nota quod die Martis post festum Nativitatis beati Johannis Babtiste (4), anno Domini M°. CCC°. sep-

---

(1) *Sic*, dans le manuscrit; c'est *deffectum* qu'il faut lire.
(2) Le 22 juillet. — (3) Le 13 juin. — (4) Le 27 juin.

timo, nobilis domicellus Johannes, vicecomes Lemovicensis, filius domini Arturi, ducis Britannie, fecit homagia que sequntur domino Gualhardo, abbati Sancti Marcialis Lemovicensis, in capitulo Sancti Marcialis, in presencia conventus ejusdem loci, domini Johannis de Gensanis, canonici Lem. et plurium religiosorum, clericorum, militum et burgensium, scilicet unum cum juramento fidelitatis pro castro et castellania et moneta Lemovicensi, quod et quas tenet a dicto domino abbate. Item, aliud, cum juramento fidelitatis et osculo, pro hiis que tenet a dicto domino abbate in castro et castellania de Petrabufferia. Item aliud pro castro *de Charvix* (1). (pag. 273.)

Item, eadem die et loco, et in presentia predictorum, dominus Aymericus de Mala Morte, miles, et Gibertus, ejus filius, fecerunt homagium dicto domino abbati, quilibet per se, pro hiis que tenent a predicto domino abbate in villa et prepositura de Sancto Valerico.

Item dominus Johannes, vicecomes Lemovicensis, anno predicto, quadam die fecit sollempnem refectionem abbati et conventui Sancti Marcialis in refectorio et idem vicecomes fuit presens ibi.

Item, anno Domini M°. CCC°. septimo, dominus Philipus, rex Francie, et dominus Raynaldus, Lemovicensis episcopus, habuerunt pro communi civitatem Lemovicensem, et die Jovis post octabas sancti Michaelis (2), que fuit quarto idus Octobris, possessionem ejusdem.

Item, nota quod die Veneris in quindena sancti

---

(1) Aujourd'hui Château-Chervix, arr. de Saint-Yrieix.
(2) Le 12 octobre.

Michaelis(1), anno Domini M° CCC°. septimo, magister milicie Templi et omnes templarii regni Francie fuerunt capti. (pag. 274.)

Item, anno Domini M°. CCC°. octavo, barones Alamannie elegerunt in imperatorem Romanum regem Alamannie, quem dominus Clemens papa quintus confirmavit, tamen non coronavit, sed, ut dicitur, terminum coronandi assignavit eidem. (pag. 277.)

Item, nota quod anno Domini M°. CCC°. nono, tres plene magne quadrige librorum judeorum fuerunt combusti Parisius ante festum Nativitatis Domini in crastinum festi sancti Nicholay hyemalis (2), quos judei compilaverunt et fecerant. (pag. 274.)

Item, anno Domini M° CCC°. decimo, in septimana post sancti Nicholay de mayo (3), fuerunt combusti quinquaginta et sex templarii prope Parisius, inter nemus de Vincenis et Sanctum Antonium, pro eo quia fuerunt devicti de peccato sodomitico et contra naturam et de ydolatria, quia abnegabant Christum, et ordo Templi fuit penitus anullatus per dominum Clementem, papam quintum, quondam Burdegalensem archiepiscopum. (pag. 276.)

Anno Domini millesimo, CCC^{mo} duodecimo, in crastino beati Martini hyemalis, videlicet duodecimo die mensis novembris, fuit terre motus circa mediam noctem, luna existente plena, per totam diocesim Xanctonensem, et fuit cum sono horribili et valido tremore; ego qui scripsi audivi, quia eram in diocesi predicta.

Item, eodem anno, sequenti mense, in crastinum beate Lucie (4), fuit eclipsis lune. (p. 278.)

(1) Le 13 octobre. — (2) Le 7 décembre. — (3) C'est-à-dire du 9 au 16 mai. — (4) Le 14 décembre.

Item, anno Domini M°. CCC°. decimo quinto, xv° kal. marcii (1), fuit revelatum corpus beati Aureliani per dominum Reynaldum, Lemovicensem episcopum, in ecclesia beati Cessatoris Lemovicensis. (pag. 272.)

Anno Domini M°. CCC°. xvj°. unum ovum valuit unum denarium circa Purificacionem Beate Marie.

Item eodem anno fuit electus dominus R. *la Porta* (2), episcopus Lemovicensis, in archiepiscopum Bituricensem. (pag. 278.)

Anno Domini millesimo CCC^{mo} sexto x°, infra octabas Penthecostes, obiit Ludovicus, Francorum et Navarre rex, pronepos quondam beati Ludovici, regis quondam Francie; et, eodem anno et tempore, mundus erat sine papa et sine imperatore, et regnum Francie sine rege.

Item, eodem anno, die Jovis post octabas Penthecostes (3), conventus Sancti Marcialis incepit facere festum sollempne de corpore Christi.

Item, eodem anno, Guido, vicecomes Lemovicensis, habuit et acquisivit domum que quondam fuit fratrum de Peyroza, que sita in platea Sancti Michaelis de Leonibus, juxta domum de Chaminada que, inquam, domus est et movet de feodo et dominio beati Marcialis, cum (4)   auri de accaptamento.

Anno Domini M°. CCC°. xvij°. die Veneris post Assencionem fuit delatum seu portatum capud gloriosissimi Marcialis apostoli apud Montem Gaudii, et predicavit frater Constantinus de ordine fratrum minorum. (pag. 278.)

---

(1) Le 15 février. — (2) Renaud de la Porte. — (3) Le 10 juin. — (4) Ici un espace blanc dans le manuscrit.

Anno Domini M°. CCC°. xvij°. magister Ugo Geraldi, episcopus Caturcensis et referendarius quondam domini pape Clementis, fuit acusatus super pocionibus coram papa, et propter illam acusacionem et alia facta que contra eum objecta fuerunt, fuit degradatus, et postea ad panem et aquam condempnatus, et cirqua festum Assumpcionis beate Marie seculari brachio traditus ad comburendum, vel ad suspendendum, et die Sabbati post quindenam Assumpcionis beate Marie fuit lecta condempnacio in curia Lemovicensi anno M°. CCC°. xvij° (1).

Item eodem anno fuit divisus diocesis Lemovicensis in duobus, videlicet diocesis Lemovicensis et diocesis Tutellensis, per dominum papam Johannem (2), qui fuit oriundus de villa Caturcensi, qui primo vocabatur dominus Jacob Doza cardinalis.

Item eodem anno fuit factum viriale in capite monasterii Sancti Marcialis supra altare Sancti Salvatoris, quem fecit fieri prior de Savio et capicerius Sancti Marcialis, qui vocabatur Bertrandus de Dompnho.

Item eodem anno, fuit facta porta lignea a parte claustri in quo venduntur omnia nessessaria, quod fecit fieri dominus Johannes Vitalis, tunc temporis camerarius; et Ademarus Vigerii, qui tunc erat sacrista, fecit fieri ferraturam dicti portalis. (pag. 259.)

Item anno Domini M°. CCC°. xvij°. Magister Ugo

---

(1) Voir le mémoire intitulé : Un Évêque supplicié, étude hist. par M. Bertrandy. Paris, E. Dentu, 1865, in-8°, de 69 pages.

(2) Ce fut le pape Jean XXII qui opéra ce partage et érigea l'abbaye de Saint-Martin de Tulle en siége épiscopal par une bulle datée du 13 août 1317.

Geraldi, episcopus Caturcensis et referendarius domini pape Clementis quondam, fuit acusatus super pocionibus et aliis factis que contra eum objecta fuerunt coram papa Johanne, oriundo de villa Caturcensi, et propter ista fuit degradatus, postea seculari brachio traditus, et ad extremum per dictum brachium condempnatus et ad excoriandum et ad treynandum et ad extremum ad comburendum ; et ista condemnacio fuit facta circa quindenam Assumpcionis beate Marie, et condempnacio dicti Geraldi fuit lecta in curia Lemovicensi die Sabbati post quindenam Assumpcionis beate Marie, anno quo supra; et ille qui de nichilo creavit omnia, ipsum quem de nichilo creaverat in nichilum redegit. (pag. 262.)

Anno Domini M°.CCC°.xix°, in festo sancti Gregorii(1), Karolus, frater Philipi, regis Francie (2), et comes Marchie, fuit Lemovicis in abbassia Sancti Marcialis per noctem, et non visitavit sanctum neque intravit monasterium, quod est inauditum.

Anno Domini M°. CCC°. xx°, die Jovis post quindenam Pasche (3), obiit dominus Simon de Castro Novo, monachus et cantor Sancti Marcialis, plenus bonis moribus et honestis, cujus anima requiescat in pace, amen ; et fuit de villa Sancti Juniani.

Eodem anno, cecidit fulgur in clocherio Sancti Marcialis, de nocte, hore matutinarum.

Item eodem anno, trancierunt Pastorelli per Lemovicas Quidam fecerunt......

Item eodem anno, fuerunt capti Lombardi per

(1) Le 12 mars 1319.
(2) Charles-le-Bel, frère de Philippe-le-Long.
(3) Le 17 avril.

totum regnum Francie, de quibus rex habuit maximam pecuniam.

Item eodem anno xx°, die dominica ante Magdalenam (1), fuit eclipcis lune. (pag. 266.)

(1) Le 20 juillet.

IV.

FRAGMENTS
D'UNE PETITE CHRONIQUE LIMOUSINE

DE L'AN 804 A L'AN 1370.

En l'an de gracia vIII^{cc} xlviij, los chanoines deu mostier Saint Marsal se feyrent moines.

En l'an de gracia IX^c IIII^{xx} et xiiij, fut grand persecution de feue en aucunes personas, que credavan comme desesperats per que forent assemblats lous religioux en toutas lours reliquias per far procession ; et adonc lo precieux cors de saint Marsal fut levat. . . . . . et fut pourtat à Montjauvy et demouret treis jours à grand solemnitat, et per la gracia de Dieu cesset la diche persecution.

En l'an mil viij, l'abbat de Cluny occupet l'abaye de St Marsal.

En l'an de grace . . . . comte Gulfier . . . . . car à Limoges ne lo vol . . . . . el feis destruire toute la . . . . et mosties et egliesas.

En l'an mil lxvj, fut ardude toute la citat et mai touttas las egliesas. . . . . lo mostie de Nostre Dame de la Regle et may l'egliesa de St Adrien et grand quantita de personas (1).

---

(1) La chronique de B. Itier place avec plus d'exactitude cet événement à l'année 1063. Voy. ci-dessus, p. 48.

En l'an de gracia mil cent [cinc]... fut ardude la maiour part deu chasteu da Lemoges...... et l'an avie agut grant... lous du chateu contre aquels de la citat.

En l'an mil cent xix, fut commençat l'ordre des Templiers ; loqual fut destruch ij^{cc} ans après, et lo pape donet aux hospitaliers de St Johan tous lous beys. Et fut en l'an mil ccc xij ; car furent trobats coupables de las errours, que usavan contre Dieu en pro de manieras, si comme appert au procès que fit far nostre saint Père, et lous faultas furent relevadas en l'an mil ccc vij.

En l'an mil cent et xxx, fut levat et mis en grebe lo chapt de St Marsal.

En l'an mil cent xxxviij, furent abbatus lous murs et arrasats lous fossats per la voluntat d'un fils deu rey d'Angleterre (1), qui volic far ..... sordieys sino fos l'ambicio que ly feys son pair, qui eco en la citat de Limoges ; et l'autre fils eco à Sainte Valerie, et lo fils ainat, qui se appellava duc de Guianne, eco à Saint Marsal et fusa abbatre lous dits murs.

En l'an mil cent xl (2), fut commencade de bastir l'eigliese de Sainte Valerie per se car aqui fut martyrisade.

En l'an mil cent lviij, fut commencat de bastir l'ospital de S. Girau.

(1) D'après une chronique manuscrite intitulée : *La fondation de Limoges*, ce fut Henri-le-Vieux qui fit abattre les murs du château de Limoges, mais ses deux fils Richard et Henri-le-Jeune agrandirent l'enceinte de la ville et s'y fortifièrent pendant la guerre qu'ils soutinrent contre leur père en 1182. (C. N. Allou, *Description des monuments observés dans le département de la Haute-Vienne*, p. 120, note 2.)

(2) B. Itier dit en 1160. Voy. ci-dessus, p. 56.

En aquel an, fut relevat lo corps de Saint Loup de son tombeau, et après Dieu a fach prou de miracles.

En l'an mil cent lxvij, en la fete de Saint Johan Baptiste (1), fut ardude autra vet la ville du Chateu et las esgliesas et lous cluchiers en lous seints.

En l'an mil vIII^{xx} xij (2), fut presa la citat d'Acra.

En l'an mil cent lxxv, l'abbat de St Marsal, que s'appellave Imbert (3), establet solemnel memorie deu mors etre fache lo dilus après la quinzaine de Pasques (4).

En l'an mil IX^{xx} et iij, fut de voluntat deu visconte com sey fut receubut lo duc de Guianne (5), qui eco fils au rey d'Angleterre, que se tenic per offendut entant que autres veys feys abbatre lous murs de la ville et arrasar lous foussats.

En l'an mil et cc, en la feste de St Peir lo martyr (6), fut autre vet ardude la ville du chasteu da Lemoges.

En l'an mil cc vij, commencerent à bastir lous fraires menours à la font deu Menudet, et y demourerent environ xxxvj ans; et après se remuderent a qui ont sont enqui eco so fut en septembre l'an mil cc xlij.

En l'an mil cc xxj, sei commencerent à bastir lous fraires predicatours (7).

(1) Le 24 juin.
(2) *Sic*, sans doute pour 1192.
(3) C'est Isembert qu'il faut lire.
(4) C'est-à-dire le lundi qui suit le deuxième dimanche après Pâques.
(5) Richard Cœur de Lion.
(6) Le 29 avril.
(7) Sur la fondation et l'établissement à Limoges de ces deux ordres religieux, voy. la chronique publiée ci-dessus, p. 130 et 131.

En l'an mil cc xlij, fut commencat de bois bastir lo mostier S¹ Martin.

En l'an mil cc xliiij, en la quinzaine de Pasques, ardirent xiij meygours en la rue deu Cluchier, et en plusours autres leus at grant persecution de feue.

En l'an mil cc liij(1), se leverent de diversas partidas deu monde gens que se appellavan pastoreu, que se prenian las crots per ana oltra mar, et puys forent perseguts comme baratadours.

En l'an mil cc liiij, fut tant grande charestie de blat; car sestier de segle fut vendut viij liuras, et après diet liuras, et sestier de froment fut vendut xii lidvras (2).

En l'an mil cc lxiiij, sey commencerent bastir lous fraires deux Carmes.

En l'an mil ccc xxj, furent ars lous Degièts per lous cas que lour furent soubre meys.

En l'an mil ccc lix, fut accordada pat entre lous dous reys de France et d'Angleterre ont ac plusours convenancas et per especial; car la reys d'Angleterre avie à se l'evesguut da Lemoges et de Peyrigueux et aquel de Caours.

En l'an mil ccc lxj, en la veille de la feste de la Conception de sainte Marie(3), furent en este ville mossen Johan Chandos en grand compagnie de noble gent d'Angleterre et de Gascongne per prendre la possession d'este ville de Lemoges et de tout lo pays en la

---

(1) La chronique publiée ci-dessus, p. 132, place à l'an 1251 l'apparition *des Pasteurs*.

(2) C'est sous l'an 1258 qu'une autre chronique publiée ci-après p. 155 fait mention d'une grande famine.

(3) Le 7 décembre.

obeissance dēu rey d'Angleterre et per aver lous sagrements(1). Aussy era mossen Boucicaut, lieutenant deu reys de France, en la compagnie, que portava lasd. lettras que volguessant obeir aud. rey d'Angleterre et en luy fazent lo sagrament el no quittave lo sagrament qu'avian avant au reys de France.

« En suitte, dans le même manuscrit, y a un discours d'un roy sarrazin Aigoulant tenant toutte l'Aquitaine. »

« En l'an viij^{c}iiij demeurant au chasteau de Limoges, qui fit faire une charrette d'or massif sur laquelle il se faisoit traîner ; laquelle fut employée aux frais nécessaires pour la fontaine appellée de son nom Aigoulene. Et est dit à la fin du même discours que ledit roy Aigoulant fut tué en bataille, près Pampelune, par Charlemagne (c'est un conte de Romant). Dans le même ms., il y a un traitté de l'origination des Français, selon maistre Raoul de Presles, du temps du roy Charles cinquiesme ; où sont cités les chroniqueurs Helinand, Bernardus Guidonis, Guillelmus Armoricanus, Hugues de S. Victor ; il y a, ce me semble, force

---

(3) Dans un manuscrit in-4° conservé à la mairie de Limoges, on trouve une *Remenbransa*, qui constate que *lo xxvj jorn deu mes de décembre, l'an de gracia M. CCC. lxxj, lo notble roys Charle, per la gracia de Dieu rey de Franssa*, etc.... *a hunit... à se casa notbla corona de tot en tot heretablement à totz temps e à jamays per huis e per sos successors lo chastel e la chastellania de Lemotges*, etc. Il contient aussi, entre autres pièces : *Las codumas libertat e franchezas de la viela e chastel de Lemotges*, approuvées et confirmées par Henri, jadis roi d'Angleterre, par Edouard, prince de Galles, et par Charles, roi de France, en 1363. Cet acte fait mention de Jehan Chandos, vicomte de Saint-Sauveur, lieutenant général du roi. (C. N. Allou, ouvr. cité, p. 243 et 244.)

contes dans ce discours qui ne méritent d'être transcrits. »

En l'an mil ccc lxx, a xix de septembre, fut preise et ardude la Citat(1) et meis à mort may de iij⁵ personas à cause de la rebellion qu'avian fach contre mossen Oudouart, duc d'Aquitaine. (jadis Gaign. 186, aujourd'hui Lat. 17,118, fol. 211 et sq.)

(1) Le prince Noir déjà maître de la *ville*, ... entra dans la *cité*, du côté du *Naveix*, près de la tour nommée Alérésia, dont il avait fait miner les murs. (C. N. Allou, ouvr. cité, p. 18.)

V.

ANONYMUM S. MARTIALIS CHRONICON

AB ANN. M°. CC°. XXXV°. AD ANN. MCCLXXVII.

M°. CC°. XXXV°. fuit tanta caritas bladi quod ante messes anni sequentis vendebatur sextarium siliginis xvj. solidis et amplius ; sextarium albi vini, si inveniri posset, iiij. solidis ; unum pomum, vj. denariis, et plus et minus, secundum quod erat magnum ; urinale, ix. denariis ; gallina, xviij. denariis ; malum punicum, xj. solidis et plus ; ij. pruna, uno denario vel duobus. Et erat tanta in illo anno mortalitas et fuit in Lemovicensi diecesi et circa (1), quod vix inveniebatur qui ad foveam deferret. *Audivi quod* capellanus et sacrista deferebant quandoque in cimiterio Sancti Geraldi, quotidie triginta, xl. vel ita sepeliebantur ; *et etiam legi ibi* fuisse centum pauperes sepultos una die (2). Multa

---

(1) Cf. P. Coral, Maj. Chron. Lemovic. ad ann. 1235. (Hist. de Fr., t. XXI, p. 764 c. d.)

(2) Le texte auquel le chroniqueur fait ici allusion est un passage de la Chronique de Gerard Frachet, qui rapporte les mêmes faits, sous l'année 1235, en déclarant qu'il en a été témoin oculaire. (Historiens de Fr., t. XXI, pag, 4. A.)

millia tunc temporis perierunt tam fame quam peste. (Lat. 11,019, pag. 3.)

In abbatia Sancti Martialis obierunt illo anno, a festo Ascensionis usque ad festum Sancti Michaelis, xx. duo monachi, exceptis illis qui obierunt in obedientia. (pag. 112.)

QUANDO FUIT INCEPTUM CLAUSTRUM SANCTI MARCIALIS.

Anno Domini M°. CC°. xl°. octavo, kal. junii (1), inceptum fuit claustrum Sancti Marcialis Lemovicensis. Magister ejusdem operis, qui incepit opus, vocabatur G. *Rafart*. Prima pars claustri a parte capituli constitit sexdecim milia solidorum; secunda pars a parte monasterii, xx. milia; tercia pars a parte cellarii octo milia; quarta pars, contigua refectorio, sex milia; et est summa quinquaginta milia, exceptis vitris que sunt in eodem claustro. Et fuit opus dicti claustri consummatum anno M°. CC°. xl°. nono, in octabis beate Marie Magdalene (2), exceptis vitris predictis Sancti Marcialis. (pag. 177.)

Anno Domini M°. CC°. l°. quarto, regnante Ludovico rege, deprehensus est Parisius quidam liber qui dicebatur Evangelium eternum, cujus actor magis videtur ex melancolia sompniasse quam ex malitia scripsisse quod scripsit. Si enim ex certa malitia scripsit, omnes fere qui ante erraverant superavit. Dicebat enim Testamentum novum, post annum M°. CC°. lx°. in proximo venturum, esse evacuandum, et quod doctrina evangelica semiplena erat, et huic Evangelio dicebat aliud

---

(1) Le 1er juin. — (2) Du 22 au 29 juillet.

succedere quod futurum erat Spiritus sancti, sicut istud specialiter fuit Filii Dei, et quod nullus tenebatur ab illo tempore ad istud Evangelium observandum ; et alia multa dicebat graviora hiis et pejora vel eque mala, propter que condempnatus fuit merito liber detestabilis a legato domini pape, anno Domini M°. CC°. lx°. atque combustus. (pag. 154.)

Anno Domini M°. CC°. lvij°, fuit facta inquesta super contentione que vertebatur inter abbatem et conventum Sancti Martialis ex una parte, et decanum et capitulum Lemovicensis ecclesie, ex parte alia, super quibusdam venditis in parrochia Sancti Justi, a Guidone de Brucia et P. de Petrabufeira, dictis decano et capitulo, que dicebat dictus abbas de feodo suo movere. Et fuit per dictam inquestam inventum predicta vendita esse de feodo dicti abbatis et in castellania Lemovicensi: unde fuit pronunciatum per curiam, anno predicto, in Parlamento Candelose, quod ipse decanus et capitulum predicta ponerent extra manum suam infra annum et diem. (p. 44.)

M°. CC°. lvij°. tante fuerunt pluvie in regno Francie, *sicut alibi scripsi* (1), quod nec segetes nec vina potuerunt maturari. Duas saumatas agreste vidi hic pro vino reddi, in festo sancte Katerine, torcular Sancti Martini adhuc vendemia tali occupatum. Plures etiam fuerunt qui non collegerunt tales vindemias, immo dimiserunt in vineis. Tanta viriditas fuit tunc in vino Lemovicis et circa, quod non poterant bullire in vasis vina, sed in martio sequenti videbantur bullire. Vinum vetus vendebatur

---

(1) Voy. la chr. de G. Frachet de l'année 1258. (Hist. de Fr., t. XXI, p. 4. f. g.)

tunc Lemovicis vij. solidis et plus et parum minus. Anno sequenti, fuit penuria bladi; in mense Januarii vendebatur sextarium siliginis viij. solidis, sextarium frumenti, ix. solidis; sextarium vini, xvj. denariis ante messes, post x. solidis; sextarium siliginis et sextarium frumenti, x. solidis et plus. Et durabat ista penuria per totam Acquitaniam et per plura alia loca. (pag. 112 et fol. 21 v°.)

Anno Domini m°. cc°. lxiv° (1), die Sabbati post quindenam Pasche, videlicet xv. kalendas maii, obiit Petrus Bruni, burgensis castri Lemovicensis; et canonici Sancti Stephani Lemovicensis venerunt cum cruce ad sepulturam ejus, et fuerunt ad absolutionem ipsius defuncti in navim monasterii cum conventu; et dicti canonici tenuerunt dextrum chorum et conventus sinistrum, prout consuetum est. Et *P.* abbas Sancti Martini fecit absolutionem, absente domino *abbate nostro;* et magister Petrus Chadardi et magister Petrus de Ronconio, canonici, cantaverunt cum cappis responsa a parte canonichorum, et Helias de Brolio, *cantor noster*, et Guido, prepositus de Arnaco, a parte conventus. (pag. 180.)

De priore Sancti Martialis;
Qualiter mandavit eum descendere in civitatem.

Anno Domini m°. cc°. lxvj°. die Sabbati post octavas Pasche (2) circa vesperas, mandavit *nobis priori Sancti Martialis* decanus quod nos descenderemus in civitate pro audiendis rumoribus victorie domini

---

(1) Le 17 avril 1264. — (2) Le 10 avril 1266.

Karoli ; et nobis descenssis et auditis rumoribus, dixit decanus quod faceremus processionem cum eis in crastinum. Et fuit responsum quod quando imminebat processio facienda, oportebat quod, haberetur tractatus in capitulo cum conventu ; quare non poteramus respondere ad presens de hoc. Mane autem facto, convocatis nobiscum magistro Laurentio et P. Saralha, et requisito consilio consulum et habito, et misso a decano et capitulo ad nos magistro Aymerico Arnaudi, canonico Lemovicensi, pro modo processionis faciende, responsum fuit ei quod haberemus consilium super hoc, et statim mitteremus duos socios decano qui sufficienter responderent eis. Quibus missis, scilicet preposito de Arnaco et sacrista, et magistro Laurentio, et P. Saralha, non expectatis tamen nec magistro Aymerico Arnaudi, inceperunt facere processionem primo in monasterio Beate Marie de Regula, deinde apud Sanctum Martialem. Et ipsis receptis a nobis honorifice et invenientibus nos revestitos, ordinavimus cum decano concorditer quod cruces eorum et clerici et presbyteri irent primi, et postea conventus, deinde canonici et nos prior et decanus ultimi. Et hujusmodi ordinationem non expectantes, inceperunt exire chorum et ecclesiam, et ire apud Arenam. Et nos processionem nostram ordinantes, fecimus processionem nostram in ecclesia Beate Marie de Arena, de consilio fratris Guillelmi *de Firbes*, ordinis fratrum Minorum, et mandato. Et ipsi non expectantes nostrum adventum, recesserunt deinde ; nos procedentes apud Montem Gaudii, fecimus ibi stationem et sermonem, et deinde regressi sumus in pace. (pag. 178.)

Consuetudo solebat esse Lemovicis, quod in Ramis

Palmarum omnes clerici civitatis et castri Lemovicensis, parrochiani ecclesiarum, conveniebant in ecclesia cathedrali et conventuali ecclesie monachorum, exceptis fratribus minoribus et predicatoribus, qui de novo venerunt, et conventus Sancti Marcialis eciam fratres veniebant cum cruce sua et superpelliciis, et veniebant apud Sanctum Paulum; et ibi ex alia parte venerat conventus Sancti Marcialis, et cantabant; postea fiebat sermo. Post veniebant omnes apud Sanctum Martinum. Ibi benedicebant flores dominus episcopus si presens esset, sive abbas Sancti Marcialis; si ille abesset, abbas Sancti Augustini; et si ille abesset, abbas Sancti Martini. Demum omnes ibant ad Sanctum Marcialem, conventu Sancti Marcialis remanente apud Sanctum Martinum. Post, omnes redibant ad ecclesias suas.

Circa annum Domini M°.CC°.lxiij°. fuit contentio inter canonicos civitatis et conventus Sancti Marcialis, quia canonici dicebant ipsos monachos Sancti Marcialis primo debere recedere de platea Sancti Pauli; et propter istam contentionem per sex vel septem annos fuit turbata processio. Tandem anno M°. CC°. lxviij°. super hoc et aliis querelis in venerabilem patrem episcopum Petragoricensem (1), qui intraverat ordinem predicatorum, et priorem dicti loci compromiserunt: qui fuerunt arbitrati quod xxx. v. libras daret conventus Sancti Martialis canonicis, et facerent processionem in Ramis Palmarum ubicunque vellent. Ita honorem Dei vendiderunt quidam et alii emerunt, ne honorarent tempore quo Dominus fuit venditus. (pag. 32.)

(1) Pierre III de Saint-Astier, qui entra en 1266 dans l'ordre des Frères Prêcheurs.

Quando obiit Helias du Retz.

Anno Domini m°. cc°. lxviij°. die Martis post octabas Pasche (1), obiit Helias *du Retz*, decanus Lemovicensis ; et die sequenti in mane miserunt canonici Sancti Stephani *ad nos* duos presbyteros ipsius ecclesie, rogantes priorem quod interesset cum decenti societate sociorum suorum ad exequias dicti corporis faciendas. Quorum precibus acquiescens, fuit dictus prior ad Sanctum Stephanum cum multitudine sociorum suorum, circiter viginti quatuor ; et intrantes chorum Sancti Stephani, incepit *precentor Sancti Martialis* unum responsum pro defuncto, et canonici et alii clerici, qui erant in sinistro choro, mutaverunt se in dextram partem chori, et prior cum sociis suis tantum obtinuit illam sinistram partem chori ; et post missam, ad absolutionem faciendam, tenuerunt chorum duo de canonicis et duo de *monachis nostris*. Absolutione vero facta, detulerunt corpus ad sepeliendum apud Predicatores, et secuti sunt corpus omnes qui ibidem intererant, excepto priore cum sociis suis universis, qui remanserunt ibi dicendo psalmos qui consueverunt dici apud nos, immediate post absolutionem, in exequiis mortuorum. Quibus finitis, ad claustrum pacifice recto itinere redierunt. (pag. 180.)

[Anno] m°. cc°. lxxiij°, infra octavas Nativitatis beati Johannis Babtiste (2), quidam pessimus murtrarius apud Petrasiam ducebat coream, et dum cantaret :

(1) Le 17 avril 1268.
(2) Du 24 juin au 1er juillet.

> *Amors no m'en ludes mie ie.*
> *Vos dic que mot es corta ma via* (1),

statim inimici irruerunt armati, et gladiis turpiter ipsum interfecerunt in eodem loco. Qui vidit mihi testimonium perhibuit.

Eodem anno, in Sabbato post festum Sancte Crucis septembris, xvj kal. octobris (2), vicecomitales de Axia irruerunt in vindemiatores castri Lemovicensis circa *Balazis*. Quod audientes castrenses nostri, cum armis viriliter insequti sunt eos usque ad Axiam, et ibi plura pressoria et plures domos ad ingressum Axie combusserunt, plures vulnerantes et quosdam, ut dicebatur, occidentes, et ipsi unum mortuum perdiderunt, quem ipsum dicuntur occidisse; sed quia fortuna visa fuit eis aplaudere, sequenti dominica in mane, sabbatizare credentes, anxios eventus ignorantes, cum timpanis, musicis instrumentis et tubis ante ruinam exultantes, apud Axiam redierunt, et, transito vado Vigenne, vicum S. Prejecti combusserunt, et (quod horrendum est dicere), capellanum missam celebrare volentem impegerunt turpiter, calicem argenteum, missale, libros, cereos et quicquid in ecclesia invenerunt rapientes. Sed Deus ultionem cito reddidit quam meruerant. Nam illa die et illa hora, nil boni accidit, sicut aliqui ex eis dicebant eis. Apud Axiam redeuntes, combusserunt duos vicos ville usque ad portas; post irruit super eos formido et pavor (3), et redeuntes emis-

---

(1) Les deux vers doivent être restitués ainsi :

> *Amors no m'envides mia ia,*
> *Vos dic que mot es corta ma via.*

(2) Le 16 septembre. — (3) Exod. xv, 16.

sarii vicecomitisse persequuti, percutientes posteriora eorum; et ipsi fugientes quidam arma projecerunt, alii per campos et nemora latuerunt; et mortui fuerunt ibi circa triginta septem vel amplius, et capti plures; et duas banerias perdiderunt; et scuta et targas et arbalistas plures perdiderunt. Et sic tradidit Dominus eorum virtutem in captivitatem, et pulcritudinem armorum in manibus inimicorum (1); nam persecutores eorum non estimabantur quadraginta. Et sic versa est in luctum cithara sua (2). In tam dira calamitate interficiebantur pueri et clerici qui fatue secuti fuerant exercitum, et nulli sexui parcebatur. Postea vicecomitissa, collectis communiis suis, in festo beatorum Cosme et Damiani(3), misit satellites suos contra ipsos juxta pontem Sancti Martialis, et pressoria illorum combusserunt, et vineas destruxerunt in aliqua parte, tamen plures equos et homines mortuos perdiderunt. (pag. 131.)

M°. CC°. septuagesimo quarto, in festo beati Leonardi (4), consules castri Lemovicensis cum quibusdam aliis burgensibus pro se et communitate ville in magistros G. et Hel. de Malo Monte, fratres, compromiserunt, juramento prestito, super querelis quas vicecomitissa Lemovicensis habebat contra ipsos, datis litteris super hoc et adjecta magna pena.

In sequenti die dominica (5), dicta vicecomitissa, baneriis levatis, intravit villam cum pluribus armatis, et super quatuor portalia misit banerias suas; et burgenses versus Alranssa detulerant eidem claves ville. Preterea vicecomitissa captivos, quos detinebat, omnes liberos reddidit et adduxit secum, et recepit

(1) Psal. lxxvij, 61. — (2) Job. xxx, 31. — (3) Le 27 septembre. — (4) Le 6 novembre. — (5) Le 11 novembre.

juramentum compromissi a majori parte ville. Sed homines *de Las Combas* noluerunt facere juramentum, prohibiti ab abbate Sancti Martialis.

Sequenti die Mercurii(1), exivit vicecomitissa villam, et dimisit ibi prepositum suum, et vicariis interdixit ne uterentur aliqua juridictione in villa.

Eodem anno, in crastinum Sancti Andree(2), levavit furcas ad crucem que dicitur *de la Chieira*, et statim ibi suspendi fecit unum hominem.

Eodem mense et anno, fiebat inquesta contra regem Anglie apud Axiam ab inquisitoribus regis Francie, pro dampnis superius scriptis, apud Axiam factis, pro quibus rex Anglie condempnatus fuerat in parlamento in L. millibus librarum, si vicecomitissa posset probare tanta dampna.

Eodem anno, in festo Sancti Medardi (3), protulerunt in parte arbitrium suum contra burgenses Lemovicenses magister G. et frater suus, et abstulerunt eis turres et muros, fossata et plateas, et quicquid tenebant consules, excepta domo communitatis, et super illa et super consulatu retinuerunt compromissum; sed omnem juridictionem altam et bassam adjudicaverunt vicecomitisse (4) et abstulerunt burgensibus. (pag. 145.)

Anno Domini M°. CC°. lxxiiij° tot raptores et predo-

---

(1) Le 14 novembre. — (2) Le 1er décembre. — (3) Le 8 juin.

(4) C'est sans doute à cette affaire que se rapporte la charte de la vicomtesse Marguerite de Bourgogne, qui, en 1274, confirme les priviléges et les libertés des bourgeois de l'ancienne cité de Limoges, dite *le Château*. Sur ce document, dont il existait une copie à la mairie de Limoges, voy. C. N. Allou, *Description des mon. obs. dans le département de la Haute-Vienne*, p. 249, et *Annuaire hist. pour l'année* 1837, p. 226.

nes, qui occasione istius guerre(1) surrexerant, fuerunt suspensi in Lemovicinio, quod non erat memoria tot fuisse in diocesi suspensos; et hoc fuit, quandiu duravit guerra, in diocesi Petragoricensi et in locis vicinis de vicecomitatu Lemovicensi.

Anno predicto, in Parlamento quod fuit Parisius in quindena Purificationis beate Marie (2), condempnavit rex Francie regem Anglie, dominum Odoardum, in xx. duabus millibus librarum et sexcentis et xiij. libris et tribus solidis et viij. denariis, *pro dampnis superius scriptis*, apud Axiam factis (3). Postea homines de Axia promiserunt se daturos tertiam partem de hoc quod inde haberent G. de Malo Monte, si procuraret quod eis redderetur; et ipse promisit eis quod reddi faceret. (pag. 137.)

M°. CC°. lxxv°. in crastinum Cathedre beati Petri(4), monachi Tutellenses ad arma se verterunt : Hugo *la Porcharia* ex parte una, et Bernardus de Sancto Asterio ex altera. Et fuit quidam domisellus, nepos dicti Bernardi, mortuus gladio, et plures monachi loci graviter vulnerati; et propter hoc et quedam alia sibi a conventu loci denunciata, dominus Girbertus, episcopus, ad requestam ipsorum, assignavit diem post Pascha

(1) Il faut remonter jusqu'à l'an 1259 pour trouver l'origine de cette guerre entre les bourgeois de Limoges et les vicomtes qui voulaient jouir de tous les droits de suzeraineté; la contestation qui en a été la cause, connue sous le nom de *procès de la vicomté*, s'est ranimée à plusieurs reprises jusques sous le règne de Charles VII. (C. N. Allou, *Description des mon. obs. dans le dép. de la Haute-Vienne*, p. 17.) — (2) Le 16 février 1275.

(3) Sur ces dommages causés à Aixe par les bourgeois du château de Limoges, soutenus par Edouard Ier, roi d'Angleterre, voy. la pag. 162 ci-dessus, et la chronique de P. Coral (*Historiens de France*, t. XXI, p. 780. j, 781, a-c, etc.). — (4) Le 23 février.

ad inquisitionem faciendam in capite et in membris. Sed idem monachi et conventus in episcopum postea compromiserunt. (pag. 149.)

Anno Domini m°. cc°. lxxv°. mense febroarii, iterum misit litteras magister G. consulibus castri Lemovicensis, quod usque ad sequens festum beati Michaelis prorogarent arbitrium ferendum ab ipso et fratre suo super statu suo : quod ipsi facere noluerunt. Et ipse fecit per prepositum Lemovicensem et consules et omnes illos qui erant de hospitali, citari personaliter, sub pena et juramento in compromisso appositis, ad diem Veneris post festum Cathedre beati Petri(1) apud *Chaslutz Chabrol*, et quod alia communitas per sex procuratores compararet. Sed ipsi consules miserunt fratres Predicatores et Minores ad ipsos, supplicantes quod eis donarent quod per procuratores possent comparere; et tunc ad diem crastinam in eodem loco vel apud *Poiagut* diem continuaverunt, ubi per procuratores miserunt *à Poiagut;* et ibi dicti fratres diem Jovis ante Ramos Palmarum (2) assignaverunt apud Sanctum Aredium, ad arbitrium suum proferendum.

Eodem anno, mense febroarii, dictus Hel. *de Malmon* factus est decanus Sancti Aredii. Iterum predictam diem Jovis assignaverunt Lemovicensibus ad dictum suum dicendum, seu diem Martis sequentem (3), ad quam non venerunt. Sed iterum citaverunt consules et communitatem apud Sanctum Aredium ad diem Sabbati sequentem (4), in vigilia Pasche, qua die fuit festum sancti Ambrosii. Et tunc dicti fratres, scilicet

(1) Le 27 février 1276. — (2) Le 26 mars. — (3) Le 31 mars. — (4) Le 4 avril 1276.

magister G. et magister Hel. dixerunt arbitrando quod consulatus (1), cum armis (2) que erant intus et extra, essent vicecomitisse Lemovicensis; (3) item quod stationes bladi, (4) scanna carnificum et Quadruvii, (5) pondera et omnes mensure similiter essent vicecomitisse; (6) item quod prepositus vicecomitisse poneret quinque consules et communitas alios quinque annuatim, et quod non haberent potestatem donandi vel talliandi nisi de mandato prepositi; (7) item quod a quatuordecim annis et supra omnes de villa jurarent

(1) Le résumé fort incomplet, donné ici par notre chroniqueur, de cet accord conclu entre les bourgeois et la vicomtesse de Limoges, n'est pas de tous points conforme au texte imprimé par Secousse (Ordonnances des rois de France, t. III, p. 58 et suiv.). Bien qu'on ne possède de ce document qu'une copie insérée dans les lettres de Philippe III, en avril 1277, et approuvée par le roi Jean, qui en mai 1356 donna à cette transcription la même autorité qu'à l'original dès lors perdu, on ne peut douter de son authenticité. En rapportant, de mémoire ou d'après des bruits qu'il avait recueillis, les principales dispositions de cet arbitrage, notre chroniqueur a interverti l'ordre des articles, et rédigé plusieurs d'entre eux autrement que dans l'original.

L'article placé ici le premier est le onzième dans le texte imprimé; au lieu de *consulatus*, il porte *domus quae dicebatur vel dicitur Consulatus*.

(2) Le texte imprimé de Secousse porte *armaturis*.

(3) Cet article, placé ici en second, est le septième dans le texte imprimé; au lieu de *stationes bladi*, il porte *giota bladi*.

(4) Le texte imprimé porte *stanna*, mais le mot *quadruvii* n'y figure pas.

(5) Ce qui appartient ici à l'art. second, fait l'objet d'un art. particulier, qui est le huitième dans le texte imprimé.

(6) Cet article placé ici en troisième lieu, est le neuvième dans le texte imprimé.

(7) Cet article qui est ici le quatrième, est le quatorzième dans le texte imprimé; mais il porte *a decem et octo annis supra*, au lieu de *a quatuordecim annis et supra*.

annuatim fidelitatem vicecomitisse; (1) item quod nullus auderet quoquere panem nisi ad furnum vicecomitisse, nisi haberet in domo sua proprium furnum, neque molere aliquis nisi ad molendinum vicecomitisse (et tunc non habebat furnum nec molendinum Lemovicensis [vice]comitissa); (2) item quod in quatuor casibus vicecomitissa talliaret villam pro voluntate sua; (3) item sicut habebat stagnum de feno, item haberet de omnibus que vellet et quantum vellet vicecomitissa; (4) item quod omnes confratrie a triginta annis citra incepte destruerentur, et quod de cetero confratria non fieret in castro vel pertinentiis; (5) item si aliquis vellet ire vel dimitteret villam propter hoc, quod perderet omnem hereditatem, et solveret pro rata partem xxx millium librarum, et caperetur si posset inveniri; (6) item condempnaverunt burgenses in mille libras

(1) Cet article qui est ici le cinquième, est le quinzième dans le texte imprimé.

(2) Cet article qui est ici le sixième, est le deuxième dans le texte imprimé.

(3) Cet article formant ici un article particulier, qui est le septième, est la suite de l'article sept dans l'imprimé; mais au lieu de *stagnum*, il porte *stagium*.

(4) Cet article qui est ici le huitième, et qui est le treizième dans le texte imprimé, est beaucoup plus étendu dans le texte de Secousse; il ne prohibe pas seulement toute espèce de confréries, mais toutes les sociétés, réunions et assemblées religieuses ou autres qui existaient ou avaient été formées depuis environ vingt années.

(5) Cet article qui est ici le neuvième, est le dix-neuvième dans le texte imprimé. Il est relatif à l'amende et aux frais de la guerre contre les bourgeois de Limoges, dont seront quittes ceux qui habiteront la ville, mais que paieront pour leur part tous ceux qui par un motif quelconque déserteraient la cité, sous peine de perdre tous leurs biens.

(6) L'article relatif au subside accordé à la vicomtesse à l'occa-

pro conjugio filie vicecomitisse dandis et reddendis infra annum.

Sequenti die Martis post Pascha (1), miserunt predicti fratres Lemovicas in domo consulum, post prandium, preceptorem *de las Chanabieiras* et quemdam clericum, requisiverunt consules et communitatem quod litteras quasdam, ubi predicta et majora continebantur, sine visione statim sigillarent. Quod ipsi facere noluerunt, et miserunt ad regem Francie, reclamantes arbitrium; et citaverunt vicecomitissam et filiam, et venerunt ad parlamentum Pentecosten proximo futurum. (pag. 147.)

M°. CC°. lxx°. sexto, vigilia beati Georgii (2), *conventus Sancti Marcialis* assignaverat diem ad eligendum; et, cum non possent in unum concordare, elegerunt duos, scilicet prepositum de Subterranea et priorem *de Rofut*; quem postea, prima die junii, invita parte adversa, que ad curiam Rome adpellaverat, episcopus apud *Festiac* confirmavit, et dominica ante Nativitatem beati Johannis (3) postea benedixit.

Eodem anno, tertio kalendas maii (4), in crastinum Ascensionis, vicecomitissa Lemovicensis volebat tenere assisiam apud Sanctam Eulaliam juxta Userchiam, et abbas et monachi contradicebant; unde quidam balistarius vicecomitisse, filius Petri *de Cous*, invasit ipsos apud Uzerchiam, et ibi fuit mortuus. (pag. 150.)

M°. CC°. septuagesimo sexto, in festo beati Augus-

sion du mariage de sa fille, placé ici le dixième, est le dix-huitième dans le texte imprimé.

(1) Le 7 avril 1276.— (2) Le 22 avril.— (3) Le 21 juin.— (4) Le 29 avril.

tini (1), conventus Tutellensis elegit et postulavit Petrum abbatem Sancti Martini, abbatem Tutellensem. In crastinum Decollationis beati Johannis Baptiste (2), apud Aurelium, a domino Girberto, Lemovicensi episcopo, fuit confirmatus. Vigilia Sancte Crucis septembris (3), primo venit in abbatie Tutellensis dominica apud Rupem Amatoris.

M°. CC°. lxx°. sexto, Philippus, rex Francorum, diffidavit regem Castelle eo quod faciebat guerram contra regem Navarre, quia rex Francie tenebat et volebat dare unicam heredem dicti regni filio suo in uxorem, que etiam erat heres comitatus Campanie.

Item inter istos duos reges erat odium, quia primogenitus regis Castelle, qui persequendo Sarracenos lassitudine fuerat mortuus, habebat in uxorem sororem dicti Philippi regis; et petebat pueros sororis sue reddi sibi; que rex Castelle facere nolebat. Tunc rex Francorum omnes barones et milites Atquitanie et communitates villarum submoneri fecit et stipendium proclamari per totum regnum, ut dicebatur : x solidos parisienses dabat militi, xx baroni baneario, duodecim parisienses peditibus, quinque solidos equestribus ; et multos armatos et magnum exercitum ibidem transmisit.

Item dicebatur quod rex Anglie Odoardus, sororius dicti regis Castelle, dux Atquitanie, suspectus erat contra regem Francorum, et timebatur quod juvaret sororium suum.

Eodem anno, in festo sancte Marthe (4), fuit clamatum stipendium in civitate Lemovicensi ex parte

(1) Le 28 août. — (2) Le 30 août. — (3) Le 13 septembre. — — (4) Le 29 juillet.

regis, quod omnes pedites et equites qui vellent ire, sequenti Dominica (1) irent *à Massere* (2).

Eodem anno, soldanus Babylonie mandabat eidem regi Castelle quod filiam suam daret filio suo et regnum Jerosolymitanum in dotem, et fuit capta navis cum nunciis utriusque *à Perpinha*, in terra regis Arragonum; et erant in navi encenia pretiosa, quorum valor estimabatur lxx. millia librarum, que soldanus mittebat ipsi regi Castelle. Hec per communem famam audivi verum esse.

Postea, mense septembri, rex Francie collegit exercitum, et ivit usque ad Salva Terra, contra regem Hispanie; et, deficientibus victualibus, rediit inde, et nichil profecit. (pag. 151.)

Anno Domini M°. CC°. lxxvj°. burgenses Anicienses interfecerunt bajulum episcopi in ecclesia fratrum Minorum Aniciensium, cum aliis quinque personis.

Anno sequenti, rex Francie condempnavit eos propter hoc in xxx. millibus librarum, de quibus voluit habere rex x. millia librarum, et quod episcopus Anicii habere x. millia librarum, et fratres Minores v. millia librarum, et genus mortuorum quinque millia librarum. Et cassavit rex consulatum, et omnem communitatem abstulit burgensibus, et muros et fossata et fortalitias. (pag. 137.)

M°. CC°. lxxvij°. sazivit domum consulatus Lemovicensis W. de Faviairolas pro vicecomitissa, juridictionem abstulit eis et arma consulatus; et fuerant condempnati in curia regis in x. millia librarum. (pag. 150.)

---

(1) Le 2 août. — (2) Masseré (Corrèze).

VI.

ANONYMUM S. MARTIALIS CHRONICON.

AB AN. M°. CC°. LXXIIII AD ANN. M°. CCC°. XV°.

Anno Domini M°. CC°. lxxiiij°. obsessa est Axia a Lemovicensibus de mandato Odoardi, regis Anglie, et non capitur.

Eodem anno, Margarita, filia ducis Burgundie et vicecomitissa Lemovicensis, per industriam magistri Geraldi de Malo Monte, clerici, castrum Lemovicense subicit dominationi sue, et vexillum suum in portis dicti castri ponit. (Lat. 11,019, pag. 246.)

Anno Domini M°. CC°. lxxiiij°. ordo Saccitarum et beate Marie in concilio Lugdunensi tolluntur de medio, et aliqui alii ordines paupertatis. (pag. 247.)

Anno Domini M°. CC°. lxx. quinto, Arturus, filius comitis Britannie, Mariam, filiam vicecomitisse Lemovicensis, apud civitatem Turones ducit in uxorem.

Anno sequenti, populus castri Lemovicensis contra dictam Margaritam et dictum magistrum G. insurgit, et suos de castro expellunt.

Eodem anno, surgit magna dissensio in monasterio Sancti Marcialis, in electione abbatis, inter monachos.

Eodem anno, eligitur in episcopum Girbertus de Mala Morte, archidiaconus Lemovicensis, et confirmatur in episcopum Lemovicensem.

Eodem anno, moritur primogenitus Philippi, regis Francie. (pag. 246.)

Anno Domini M°. CC°. lxxv°, Gasto de Bearno ab Odoardo, rege Anglie, in carcere in Angliam detinetur propter rebellionem, et tandem anno sequenti in carcere liberatur.

Anno eodem, idem rex Odoardus in curia regis Francie condempnatur in xxij. millibus libris, propter obsidionem Axie et dampna que illata fuerant de mandato suo, que condempnacio facta est in favorem vicecomitisse Lemovicensis supradicte, et ville de Axia.

Anno Domini M°. CC°. lxxvj, confirmatur in archiepiscopum Bituricensem frater Guido de Soliaco, ordinis Predicatorum. Circa idem tempus barbelli inventi sunt in Vigenna; de Vigenna in aquas alias sunt transfusi.

Anno precedenti, confirmatur in archiepiscopum Burdegalensem Symon de Rupe Chavardi, et cum plurima turba baronum et militum intrat Burdegalam. (pag. 247.)

Anno Domini M°. CC°. septuagesimo vj, Innocentius quintus moritur, et potionatus, ut dicitur.

Eodem anno, dominus Otobonus in papam elevatur, et Adrianus quintus nominatur.

Eodem anno, Girbertus, episcopus Lemovicensis, vicecomitissam Lemovicensem excommunicat, et vicecomitatum Lemovicensem subponit, propter obsidionem Userchie, ecclesiastico interdicto.

Eodem anno, mense augusti, Hugo Bruni, comes Marchie, filiam ducis Burgundie, sororem vicecomitisse Lemovicensis, ducit in uxorem Parisius, et eam secum adducit in Marchiam.

Anno eodem, Adrianus quintus moritur.

Eodem anno, in territorio Dauratensi, Lemovicensis diocesis, cornicule innumerabiles bellum inter se fecerunt, et viginti remanent in campo mortue. Et idem bellum de corniculis visum est in regno Hispanie, et multitudo earum innumerabilis in bello moritur et eodem anno et eodem tempore.

Eodem anno, rex Francie Philippus cum innumerabili multitudine armatorum vadit contra regem Hispanie, et rex Hispanie eum mandat diffidare antequam intraret terram suam. Et dictus rex Francie auriflammam in Hispaniam secum portat, et mense septembri, arripit iter suum cum uxore sua, filia ducis Brabandie, quam duxerat anno precedenti.

Eodem anno, Amalricus, filius Symonis Montis Fortis, comes Licestrie, cum uxore sua, quam ducebat ad regem Scotie, ut eam duceret in uxorem, a domino Odoardo, rege Anglie, cognato suo germano, capitur, et ambo carceri mancipantur. Symon, legatus in Francia, in Biturica convocat de prelatis ejusdem regni concilium generale.

Eodem anno, magister P. Hispani, dominus Tusculanus, in papam elevatur, et Johannes XXI. nominatur.

Eodem anno, mortuus est Jacobus, rex Arragonum, vir bellicosus et fortunatus in expugnando Sarracenos.

Eodem anno, Philippus, rex Francorum, mense novembris, circa festum beati Martini (1), in Franciam

(1) Le 10 novembre.

cum exercitu suo redit, nec eundo in Hispaniam Salva-terram non transit, ubi cum exercitu suo est aliquan-diu commoratus.

Eodem anno, tollitur de hoc mundo pius et amator pauperum baro Rotbertus, dominus de Monte Berul-phi; et Rotbertus, nepos ipsius, vivente adhuc avo ipso, eodem anno duxit Ysabellam, filiam vicecomitis Ventodorensis, in uxorem.

Eodem anno, in festo beati Vincentii martyris (1), Margareta, vicecomitissa Lemovicensis, cum magistro G. de Malo Monte, et multitudine armatorum, intrat castrum Lemovicense, et vexilla sua in portalibus castri poni facit.

Eodem anno, archiepiscopus Bituricensis (2) viceco-mitissam dictam et vicecomitatum absolvit ad cautelam a sententia lata ab episcopo Lemovicensi in ipsam et terram suam, et excommunicat tenentes et senten-tiantes dictam sententiam latam ab episcopo Lemo-vicensi.

Anno sequenti. iiij. nonas decembris (3), absolvitur vicecomitissa Lemovicensis auctoritate episcopi Lemo-vicensis a predictis sententiis.

Eodem anno, Johannes xxj. moritur, et Nicolaus quartus preficitur.

Eodem anno, Soldanus Babylonie a Tartaris interfi-citur, qui multa mala intulerat Christianis.

Eodem anno, surgit magna dissensio in monasterio Regule, in electione abbatisse.

Anno sequenti (4), moritur Archambaldus, vicecomes Comborum, cui succedit Guido, primogenitus

(1) Le 22 janvier 1277.— (2) Gui de Sully.— (3) Le 10 décembre. — (4) En 1277.

suus, quem procreavit de Maria, sorore Guidonis, vicecomitis Lemovicensis; qui Guido, adhuc patre vivente, duxit Amissiam, filiam Echivati de Cabanisio, et, ipsa mortua, duxit Almodiam, filiam Gaufredi de *Thouvaz* (1).

Eodem anno, tollitur de hoc mundo Margarita, vicecomitissa Lemovicensis, mense augusti, die Veneris post festum beati Bartholomei (2).

Eodem anno, fit maxima siccitas, ita quod rivi magni et putei, fontes totaliter desiccantur; et secuta est maxima mortalitas; et ignis cecidit de celo, in fine augusti et mense septembri, in multis locis. (pag. 247.)

Anno Domini M°. CC°. septuagesimo nono, inter Philippum, regem Francie, et Odardum, regem Anglie, pax reformatur.

Anno Domini M°. CC°. octuagesimo, Arturus, comes Britannie et vicecomes Lemovicensis, et Maria, uxor sua, Castrum Lucii cum omni honore suo dat in benificium magistro G. de Malo Monte.

Eodem anno, comes Marchie (3) monetam suam renovat in deteriorem.

Eodem anno, Nicolaus quartus moritur, et Symo, Gallicus preficitur; qui et Martinus quartus nominatur.

Eodem anno, magnus pons Parisius propter inundantiam aquarum diruitur. (pag. 250.)

Anno Domini M°. CC°. lxxx°. secundo, in crastino apostolorum Petri et Pauli (4), racemi maturi inventi sunt venales Lemovicis.

(1) *Sic*, sans doute pour *Thouars*. — (2) Le 27 août 1277. — (3) Hugues XIII de Lusignan. — (4) Le 30 juin.

Eodem anno, Siculi rebellant contra regem Karolum, habentes in adjutorium regem Aragonum.

Eodem anno, Greci sibi papam (1) preferunt et cardinales.

Eodem anno, Bertrandus de Turribus turpissima morte moritur apud Petragoram, confessus et vere contritus, et planctus ab omnibus.

Eodem anno, magister G. de Malo Monte, venit cum multitudine magna armatorum contra Aymericum de Rupe Cavardi, propter dissensionem quam habebant inter se propter burgum Oratorii, in ante vigilia Nativitatis beate Marie virginis (2).

Eodem anno, Amalricus Montis Fortis a carcere regis Anglie, cognati sui germani, liberatur per papam.

Eodem anno, Hugo, comes Marchie, monetam suam renovat in deteriorem.

Eodem anno, in festo beati Andree apostoli (3), tonitrua magna audita sunt apud nos, cum crebris coruscationibus.

Petrus, rex Aragonie, intrat Siciliam et facit se coronari in regem Sicilie.

Hoc anno, pax Regule reformatur.

Eodem anno, visa est stella clarissima in Lemovicensi diocesi in prima parte noctis, que movebatur velociter, lineariter, non circulariter; et non multum distabat a terra : hec apparuit in Belaco die Veneris post Epiphaniam Domini (4). (pag. 251.)

Anno Domini m°. cc°. lxxx° tertio, Karolus rex

(1) Michel Paléologue, fauteur du schisme des Grecs.
(2) Le 6 septembre. — (3) Le 30 novembre. — (4) Le 8 janvier 1283.

Sicilie privatus regno suo per Petrum Arragonie, venit Burdegalam pro bello complendo condicto inter ipsum et dominum Aragonie per juramenta sua de C. militibus hinc et inde, presente Philippo, rege Francie, nepote dicti Karoli et sororio dicti Petri, cum multa multitudine baronum et militum de regno Francie. Petrus Aragonie bellum non intrat, nec campum, propter potentiam regis Francie et suorum, sed latenter venit ad campum prope Burdegalam, ne incurrat perjurium; et per papam privatur regno Aragonie et sententia condempnatur.

Eodem anno, moritur comes de Lanso (1), in Apulia, nepos domini Karoli, qui iverat in adjutorium patrui. Philippus de Burdegala mittit militiam magnam in Navarram. Echivatus, comes Bigorre, et dominus de Cabanisio, moritur in expeditione Navarre, correptus a febribus; succedit ei domina Lora, soror sua.

Eodem anno, Philippus, rex Francorum, de baronibus et prelatis apud Bituricam, presente patruo suo Karolo, tenet concilium generale contra Petrum Aragonie, regnum patrui sui Karoli occupantem. Girbertus, episcopus Lemovicensis, generale interdictum ponit in civitate Lemovicensi : et Predicatores et Minores, ad preces dicti episcopi et capituli sui, districte sententiam observant. Hec sententia fuit data die Veneris ante festum beati Thome apostoli (2).

Eodem tempore, in secunda hebdomada mensis Martii (3), venit Lemovicam quidam homo habens xx. annos vel circa, qui dicebatur se esse (4) de partibus

(1) Pierre de France, comte d'Alençon. — (2) Le 17 décembre. — (3) Du 5 au 11 mars 1284. — (4) *Sic*, il faudrait sans doute *qui dicebat se esse*, etc.

Tholose; et audi monstruosum quid et inauditum: nam in medio pectore prefati hominis videres quemdam puerum pendentem et quasi exeuntem de pectore ipsius hominis, immo potius quasi intrantem infra dictum hominem; nam totus ille puer seu monstrum apparebat deforas, excepto capite et uno brachio, et dictus puer non recte formatus; et apparebat sexus esse virilis; et pedes et manus et alia que apparebant erant quasi contracta; et asserebat predictus homo quod ita natus fuerat cum predicto monstro. (pag. 252.)

Anno Domini m°. cc°. lxxx° quarto, princeps filius Karoli ante Neapolim navali prelio a gente Petri Aragonie vincitur; tandem cum multis Gallicis et regnicolis capitur. Crux contra ipsum Petrum predicatur. Rex Francie Philippus cum filio suo, rege Navarre, et multis aliis crucesignatur.

Eodem anno, Symon legatus de diversis mundi partibus de prelatis Parisius tenet concilium generale.

Filia regis Navarre (1) matrimonialiter conjungitur cum Philippo, filio regis Francie(2), cognato suo; tamen ecclesia Romana dispensaverat cum ipsis.

Eodem anno, tonitrua, grandines, fulgura et tempestates preter solitum cursum fiunt. In diocesi Albiensi, cadit lapis de celo, qui unum quintallum et viginti quinque libras amplius ponderabat. Simile visum est apud Comphacum, super aquam que dicitur Charanta.

Eodem anno, papa regnum Aragonic filio regis Francie dat; ipsum Petrum et fautores suos excommunicat.

(1) Jeanne I. — (2) Philippe-le-Bel.

Lora, filia Echivati de Cabanisio(1), R.(2), vicecomiti Turenne, matrimonialiter copulatur, et filius primogenitus (3) dicti Raymundi ducit filiam dicte Lore (4) in uxorem; et vicecomes cum uxore crucem accipit Aragonie a legato. (pag. 253.)

Anno Domini m°. cc°. lxxx°. quarto, in vigilia Pasche (5), venit Lemovicas Philippus, rex Francie, et duo filii sui, videlicet Philippus, rex Navarre, et Karolus, rex Aragonie, ut dicebatur, pugnaturi contra Petrum Aragonie, crucesignati cum domino legato J. (6) in Francia; et fuit apud nos in abbatia cum duobus filiis suis per viij. dies. (pag. 254.)

Anno Domini m°. cc°. nonagesimo, in festivitate sancti Marcialis (7), Arturus (8), vicecomes Lemovicensis, et vicecomitissa, uxor sua, heres Lemovicini, nomine Maria, insurrexerunt super nos cum armis, et fregerunt portas viridarii nostri et combusserunt eas. Post hec, dissipaverunt aquarum conductus veniencium in abbaciam nostram, ita quod aqua ultra modum indigebamus. Socios nostros usque ad sanguinis effusionem percusserunt in nostro cimiterio prepositus Lemovicensis, qui vocabatur Raymundus *de Crosenc*, et dictus Mauransanas, clericus uxoratus, et multi alii de villa. Unde, necessitate compulsi, fieri fecimus puteum apud nos. Hec autem scripsimus ut posteri nostri provideant in futurum. Et specialiter fuerunt isti auxiliantes, qui multum gaudebant de premissis nobis factis, videlicet predictus prepositus, et dictus Mauransanas, et Johannes procurantes ipsius facti et Petrus Aymerici,

(1) C'était sa sœur. — (2) Raimond VI. — (3) Raimond VII. — (4) Letice de Chabannois. — (5) Le 24 mars 1285. — (6) Jean Cholet. — (7) Le 30 juin. — (8) Arthur de Bretagne.

fratres, et Helias *Champanhous*, et dictus *Crutaus*, et P. Galterii, et Johannes Audoini, et Marcialis Auderii. (pag. 256.)

Anno Domini millesimo ducentesimo nonagesimo quarto, in octabis sancti Vincencii (1), obiit bone memorie dompnus Petrus de Sancto Valerico, quondam abbas Sancti Marcialis.

Sequenti anno, obiit Girbertus, Lemovicensis episcopus, die Jovis post Pentecosten (2). Item illo anno mortuus est Matheus de Drulhis, prepositus de Subterranea, miserabiliter pocionatus a quodam miserrimo socio suo, qui vocabatur Guillelmus *de Balazac*; et dicebatur quod frater Petrus, qui erat nepos abbatis nostri Geraldi *Faydit*, erat consenciens; et fuit facta inquesta contra ipsum, et fuit captus.

Eodem anno, in festo sancti Marcialis (3), post prandium, quidam juvenis, qui vocabatur Guido de Marcha, fuit vulneratus cum ense a Britonibus; et occidit eum prepositus Lemovicensis.

Eodem anno, fuit creatus in papam quidam heremita de Monte Cassyno, et voccatus fuit Celestinus (4); sedes vaccaverat per duos annos.

Eodem anno, maxima guerra fuit inter regem Francie et regem Anglie.

Eodem anno, abbas noster Geraldus *Faydit* exivit de abbacia in festivitate sancti Luce (5) et non minis-

---

(1) Le 29 janvier.
(2) Le 10 juin de l'an 1294. En lisant ici *eodem anno*, on est d'accord avec les *Chroniques des évêques de Limoges*, qui font mourir cet évêque le 11 juin 1294 (*Historiens de France*, t. XXI, p. 756, a, et 791, a.)
(3) Le 30 juin. — (4) Célestin V. — (5) Le 18 octobre.

travit conventui nostro vinum usque ad festum Pasche (1), nec ligna ; et non erat ei cura de negociis abbacie.

Eodem anno, ille heremita papa, qui voccatus fuit Celestinus, resignavit (2) ; et electus fuit quidam cardinalis qui vocabatur Benedictus, et voccatus fuit Bonefacius. (3)

Eodem anno, electus est quidam canonicus Lemovicensis in episcopum, qui voccabatur Reginaldus *la Porta*.

Eodem anno, decessit decanus Lemovicensis, qui voccabatur Gaucelmus de Petrabuferia, homo pacificus ; et cantor Lemovicensis qui vocabatur magister Petrus de Pi. (4), et archidiaconus Marchie Ebolus *d'Ornhac*.

Eodem anno, anno Domini millesimo ducentesimo nonagesimo quarto, die Jovis in vigilia Annunciacionis beate Marie (5), abbas noster G. *Fayditz*, sicut superius scripsi, non ministravit nobis vinum ; immo, in vigilia Annunciacionis beate Marie, non habuimus nec vinum nec panem, nec alia que solebat parare conventui, nec comedimus in refectorio per duos dies, quod fuit inauditum, propter deffectum dicti abbatis, qui debebat facere mezatgium d'*Anes* (6) quem tenebat,

(1) Le 3 avril 1295. — (2) Il abdiqua le 13 décembre 1294. — (3) Boniface VIII. — (4) Sans doute *de Pictavia*. — (5) Le 24 mars 1295.

(6) C'est ainsi qu'il faut lire, et non pas *danes* comme les éditeurs du t. XXI des *Historiens de France*, qui ont cru trouver ici un mot de la basse-latinité. Sur le prieuré *de Anesio*, qui appartenait à l'abbaye de Saint-Martial et dépendait du diocèse d'Angoulême, voy. la Chronique de B. Itier sous l'an 1000, et le pouillé de Saint-Martial de Limoges.

quod non erit de cetero, Deo dante. Hoc autem scripsi ut posteri nostri provideant. (pag. 256, 257.)

Item, anno Domini M°. CCC°. xiij°, duo milites de curia regis fuerunt excoriati et etiam suspensi, quia dicebatur quod ipsi cognoverant uxorem regis Philippi et uxorem Ludovici, fratris sui. (pag. 255.)

Anno Domini M°. CCC°. xiij°. rex Francie fecit exscoriari duos milites de familia sua, pro quo quia deliquerut (sic) contra regem. Quid, non est declarandum. (p. 254.)

Anno Domini M°. CCC°. decimo quinto, valuit emina salis quadraginta et quinque solidos. (pag. 254.)

Anno Domini M° CCC°. xv°. erat quidam prior, qui vocabatur frater Raymundus de Rapistagno, in prioratu Grandimontensi, qui, ut dicebatur, erat prave vite et conversacionis, et dilapidator bonorum dicti prioratus et aliarum domorum; et omnes fratres ordinis, vel quasi, insurrexerunt contra ipsum et fecerunt inquestam Lemovicis contra ipsum, et invenerunt sicut supradictum est; et ipsi elegerunt inter se alium priorem, videlicet fratrem Heliam Ademari, apud Minores, et non potuit intrare apud Grandimontem, quia alter prior erat infra dictam domum cum armis, ut dicebatur, et dominus prior novus moratus fuit apud *Chastanet* per dictum tempus. (pag. 255.)

Anno predicto, dominus Enjalrandus *de Mayrinhiec*, miles, qui erat et fuerat nobilis et potens in curia domini regis Francie et de districto consilio ejusdem domini regis, fuit suspensus Parisius, propter quedam forefacta et plura enormia que perpetraverat contra regem. (pag. 255.)

Anno Domini M° CCC°. quinto decimo, cecidit portale de Pichavacha. (pag. 255.)

VII.

BREVISSIMUM CHRONICON.

1251-1299.

Anno Domini M°. CC°. xxxv°. fuit maxima caristia, ita quod sextarium siliginis valebat xvj. solidos, et sextarium frumenti xx. solidos, et sextarium vini iiij. solidos, et una poma vj. denarios, et una gallina xxiij. denarios ; et currebat maxima infirmitas et mortalitas.

Anno Domini M°. CC°. xxxv°. obiit Guido (1), episcopus Lemovicensis. (pag. 258.)

Anno Domini M°. CC°. lj°, transierunt Pastorelli Lemovicas.

Anno Domini M°. CC°. lx°. abbas P. de Miletona posuit primum lapidem in ecclesia Beate Marie de Harenis.

Anno Domini M°. CC°. lxj°, obiit Guillelmus *Amalvi*, abbas Sancti Martialis.

Anno Domini M°. CC°. lxiij°. in festo Assumptionis, obiit Guido (2), vicecomes Lemovicensis.

Anno Domini M°. CC°. lxxij, obiit Aymericus (3), episcopus Lemovicensis.

---

(1) Gui II de Cluzel. — (2) Gui VI, dit le Preux. — (3) Aimeri de Malemort.

Anno M°. CC°. IIII. xx°. et xiiij°. in die sancti Cessatoris (1), mense novembri, fuit electus in episcopum Lemovicensem dominus Reginaldus La Porta.

Anno M°. CC°. IIII. xx°. xvj°. obiit G. (2) abbas Sancti Martini Lemovicensis.

Anno M°. CC°. IIII. xx°. xviij°, obiit G. (3) abbas Sancti Martialis Lemovicensis.

Anno M°. CC°. IIII. xx°. xviij°. in festo beati Mathei, fuit electus in abbatem Sancti Martialis dominus Guido *La Porta*, tunc abbas Vosiensis, et frater domini Reginaldi, episcopi Lemovicensis. (pag. 258.)

Anno M°. CC°. IIII. xx°. xix°. obiit magister G. de Malo Monte apud *Chaslutz Chabrol*, et fuit sepultus in monasterio monialium Sancti Pardulfi.

Anno Domini M°. CC°. IIII. xx°. xix°. rex *deu Tartas* et rex *d'Erminia* recuperavit cum armis divino miraculo sanctum Sepulcrum Jherusalem, et amplius magnam partem Terre Sancte de manibus Sarracenorum. (pag. 259.)

(1) Le 15 novembre. — (2) Guillelmus. Voy. la Chronique de St-Martin de Limoges. (*Historiens de France*, t. XXI, p. 800 a.) — (3) Geraldus Faydit.

VIII.

VARIA CHRONICORUM FRAGMENTA

AB ANNO DCCC. XLVIII AD ANN. 1658.

Anno DCCC°. xlviij°. ab incarnacione Domini, indictione xj, temporibus regum Lotari et Caroli Calvi, nono anno post mortem Ludovici imperatoris et prelium Funtaneticum, mutatus est canonicalis habitus in monasticum in basilica Salvatoris mundi et Marcialis, ejus apostoli, Lemovica civitate. Hoc Ainardus abbas hujus loci non invitus, sed voluntarius, cum ipsis canonicis, Deo inspirante, egit, et noluerunt ex semetipsis abbatem constituere, sed regularem abbatem Sancti Savini, nomine Dodonem, sibi abbatem elegerunt. (Colb. Mél. 46, fol. 336 r°.)

Ex veteri codice Ms. Ecclesie Lemovicensis.

Guidoni episcopo Lemovicensi mortuo successit Humbaldus. Et quia abbas Sancti Martialis non fuerat vocatus ad electionem, sicut antiquitus fieri solebat, ut dicebat, ad Romanum pontificem appellavit. Et tunc Romane preerat Urbanus, qui fuerat monachus Cluniacensis. Et quia in electione Pontificis abbas disceptavit cum canonicis, idcirco burgenses castri insurrexerunt contra cives, et inter illos propter hoc guerra fuit orta. Unde multi gladio perierunt. Cumque abbas adisset papam, episcopus secutus est eum. Et obtinuit abbas contra partem. Rediit episcopus. Nunquam potuit impetrare litteras nisi deprecatorias ad abbatem quod ei consentiret. Sed rediens litteras apostolicas falsavit, de consilio Helie *de Gimel* archidiaconi, machinante Mattheo Vitalis, qui erat aurifex Lemovicis, et illas ostendit abbati, quibus recipiebatur tanquam episcopus. Abbas vero recepit illum, admirans, sicut sic credebat, dominum papam suam mutasse sententiam. Anno M° XCV°. papa Urbanus venit apud Sanctum Martialem. Admiratus fuit papa de abbate quare sine scientia sua consenserat in episcopum. Sed idem abbas statim ostendit litteras apostolicas sibi traditas. Unde papa deprehendens et cognoscens falsitatem, sceleris ministros excommunicavit, et ne aliquis qui nomine Helias *de Gimel* vocaretur, aliquando dignitatem in ecclesia Lemovicensi haberet in perpetuum interdixit, et episcopum Humbaldum publice deposuit.(1)

(Steph. Baluzii Miscellanea. lib. vj. Lut. Parisiorum, M°. DCC°. xiij°, 409-410. Lat. 11019, pag. 115-117.)

[Anno] M°. C°. primo, Ademarus de S^{to} Riberio, abbas Terracini (2), se et ordinacionem sui monasterii Ademaro, abbati S^{ti} Martialis, dedit et ejus successoribus, et quod habeant priorem, sacristam, cellararium et magistrum scolarum de monasterio S^{ti} Marcialis; hec concesserunt R.(3), episcopus Petragoricensis, et R.(4), vicecomes Turennie.

(1) Estiennot, *Fragmenta historiae Aquitanicae*, t. I, p. 183, 184, 185, reproduit le même fragment, avec quelques détails omis par Baluze, ex ms. cod. Sancti Martialis. — (2) En marge : de abbatia Terracin. — (3) Raimundus. — (4) Raimundus I.

Circa hec tempora exorti fuerunt diversorum ordinum sectatores(1), scilicet Templarii, Hospitalarii, Cistercius, *Grandimont*, senodochia pauperum, conventus sanctimonialium, quoadunacio leprosorum, quedam congregatio novorum canonicorum; per ecclesias quoque et per villas helemosinam publice semel in anno vel plus donare pauperibus mos inolevit, et inceptum fuit per ecclesias dicere horas canonicas de beata Virgine et de sanctis qui jacent in ecclesiis. (Lat. 11019, p. 34. Estiennot, 1, p. 118.)

Anno ab incarnatione Domini Jesu Christi M°. cv°, indictione xiij, epact. iij, concurrent. vj, feria iij^a, v. kalend. Julii (2), combusta est civitas Lemovicensis ab hominibus de Castro S^{ti} Martialis (3), in qua combustione concremata est mater ecclesia S^{ti} Stephani cum omnibus officinis suis :

Monasterium S^{tae} Mariae (4) similiter.

Et ecclesia S^{ti} Johannis Baptistae.

Et ecclesia S^{ti} Mauritii.

Et ecclesia S^{tae} Trinitatis.

Et ecclesia S^{ti} Genesii.

Et ecclesia S^{ti} Domnoleni. (Estiennot, I, 6.)

[Anno] M°. c°. lxxvij, nonis octobris(5), Audebertus, comes Marchie, unici filii morte turbatus, cum preter Marquisiam sterilem nullum haberet fratrem aut sororem, filium vel filiam, nepotem vel nepotam, coram

---

(1) En marge : De diversis ordinibus. — (2) Le 27 juin.

(3) De hujuscemodi seditionibus inter burgenses et castrenses Lemovicenses permulta leges infra in Chronicis Sancti Martialis.

(4) Monasterium Sanctae Mariae illud ipsum est sanctimonialium quod modo appellant de Regula, v. N. D. *de la Règle*.

(5) Le 7 octobre.

episcopo Engolismensi (1), priore Grandimontensi (2), Sancti Martialis (3) et Sancti Augustini abbatibus terram suam sex milia marcarum argenti vendidit Henrico, regi Anglie, et Jherusalem recessit.

Iste comes uxorem suam repudiaverat, quia quidam satelles, ejus comes, quendam militem cum ea in die Parasceve (4) secreto loquentem interfecerat.

De isto comite dicebatur quod rex mandaverat ipsum in Angliam, et, cum capere vellet eum, secrete et latenter fugiit; nam ostenderat sibi penas quibus vexabat barones Pictavenses, et propter hoc fecerat vendicionem. Dicebatur etiam quod Diabolus filium suum vivum rapuerat propter mortem cujusdam militis, quem injuste occiderat.

(Estiennot, I, 114, ex ms. cod. biblioth. domini praepositi Sancti Martialis Lemovic. fol, xviij. et ibid fol. verso. Lat. 11019, p. 31.)

Anno M°. C°. lxx°. vij°., xxij. (5) die mensis aprilis, in die Cene, vergente diei vespere, dedit Dominus victoriam G. (6), episcopo Lemovicensi, de Brebansonibus, quorum erat capud W. clericus, qui mortuus fuit in eodem conflictu cum duobus milibus sive amplius apud castrum *de Malamort*, cum antea vocaretur dictum castrum *Beufort*, Alexandro vivente, Ludovico regnante, Ademaro, vicecomite Lemovicensi, predicte victorie primicerio existente. (Lat. 11019, pag. 104. Estiennot, I, 177.)

Anno M°. C°. lxx°. viij°. ab incarnatione Domini, mense septembri, idus ejusdem, id est in vigilia Exal-

---

(1) Petrus I, de *[illegible]* de Saineville. — (2) Guillelmus I, de Treynaco. — (3) Isembertus Escoblart. — (4) Le vendredi saint. — (5) *Sic*, sans doute pour xxj. — (6) Geraldus II, de Cher.

tationis sancte Crucis(1), factus est sol videntibus nobis et universo populo totus niger quasi cilicium, preter quandam lineam retinens ad modum lune cum computatur ij^a vel iij^a. Talem autem eclipsim passus est, ut totus sicut unde aquarum fluctuaret, et aliquis positus in parte claustri vix possit cognoscere aliquem in parte claustri alia. Perduravit autem hec defectio ab hora iiij^a usque in horam plenam vj^{am}, id est ab inicio misse majoris usque dum fratres refectorium intrarent. Ante vero xv. diebus transactis una, noct. off. fuerat.. talem eclipsim cum esset xiiij^a perduravit autem..... (Lat. 5243, fol. 89 r°.)

Anno m°. c°. lxxxxij°., sacra die Pasche (2), cum populus sacrum misterium percepisset, Seebrandus, episcopus Lemovicensis, et vicecomes Lemovicensis(3) et multi milites et populus Lemovicensis pugnaverunt contra sex milia Braimanssorum in ecclesiam debachantes, et stragem hominum facientes totam depopulabantur provinciam. Invocato igitur Dei auxilio, hostes corruerunt in fugam et per totam Cumbriliam eos persequentes, fere omnes peremerunt, exceptis paucis qui effugere potuerunt. (Lat. 11019, pag. 104. Estiennot, I, 177.)

Anno ab incarnatione Domini m°. c°. lxxx°. secundo, accepit thesaurum hujus ecclesie scilicet S^{ti} Martialis, rex Anglie, Henricus nomine (4), videlicet auri summa lij. marcharum, argenti fuit c. iij^a. marcharum ; hec omnia non recte pensantes nec adpreciantes : plus enim valebat, pretio xxij. milia sol. computavere. Rex tamen

---

(1) Le 13 septembre. — (2) Le 5 avril. — (3) Adémar V. —
(4) En marge : De Henrico, regis Anglie.

cuncta se rĕdditurum spopondit, dato cirographo sigillo suo sigillato, precium vero aurificum et aurum quod erat in deauratione argenti computata non fuit. Quid dicam? heu proh dolor! sacrum sanctum thesaurum rex dedit crassatoribus populorum ut diuturniora mala diebus. xl. populis irrogarent. His ita transactis, sequenti anno, instante festo S^{ti} Barnabe apostoli(1), obiit rex apud *Martel* in Sabbato ebdomade magne Pentecosten. Erat enim hora decima quando appropinquavit exitus illius, videlicet mortis, Dei misericordiam medullitus invocabat, Marie Virginis sanctorumque omnium auxilium implorabat, beatum Marcialem apostolum super omnes subveniri sibi humiliter postulabat, ob cujus injuriam letaliter vapulabat; et ita emisit spiritum.

Post hec (2) xj. annis transactis, Isimbertus abbas accepit de thesauro (S. Martialis) L^a quinque marchas argenti hac de causa; quia Richardus, rex Anglie, de Jherosolimis rediens, ubi cum Philippo, rege Francorum, propter Saracenorum audaciam, qui civitatem sanctam et Accarom et pene totam terram transmarinam occupaverant, transmeavit. Postquam vero ambo simul civitatem Accaron fortiter debellantes ceperunt, rex Francorum, propter quasdam dissimultates quas cum rege Anglie habebat, prior regrediens, contra illum in iram vehementer exarsit. Rex vero Anglie, postquam insulam Chyprum et multa alia bene gessit, tamen civitatem sanctam, ab alio relictus, solus liberare non potuit. Tunc regredi in terram suam cupiens,

---

(1) Le 11 juin 1183. — (2) On lit en marge: De Richardo, rege Anglie.

cum mare transisset, dux d'Outarricha, insidias ei tendens, comprehendit, et imperatori Alemannorum, tamen invitus, reddidit. Tunc rex Francorum sepius scribens contra eum, per annum et tres menses captus, tandem aliquando vix evasit anno ab incarnatione Domini m°. c°. lxxxx° iiij°. Tunc propter innumeras expensas et obsequia que in Alemannia constitutus fecit, et insuper c.l. milia marchas argenti quas pro redemptione dedit, compulse sunt omnes ecclesie conventuales de regno ejus ei adjutorium impendere, et hac de causa dedit ei abbas S^{ti} Martialis ad redemptionis adjutorium marchas l^a de proprio suo et l de nostris. (Lat. 11019, pag. 42 et 43. Estiennot, I, p. 122, 123, 124, 125.)

Anno Domini m°. cc°. minus uno, obiit Ricardus, rex Anglie, apud *Chaslutz Chabrol.* (Lat. 5/2. fol. 221 v°.)

Anno gracie m°. cc°. ij°, fuit fames valida, ita ut sextarium frumenti, avene, vel silliginis xiiij solidos venderetur apud Lemovicas. Moriebantur in una die apud Sanctum Geraldum lx vel amplius pauperes. Hostilitas erat permaxima inter abbatem Hugonem et consules, propter clausuram quam vocant Rerdo, et capiebant nostra bona ; unde accidit ut monasterium S. Salvatoris dimitteremus a festo S. Pardulphi usque ad festum sancte Marie Magdalenes (1), et dicebamus in Sepulcro unam missam tantum, et omnes horas tam diei quam noctis in capella submissa voce. Presbiteri seculares, contempto interdicto Johannis episcopi (2), divina celebrabant et cum consulibus sub appellatione facta conjurati. Guido (3) vicecomes guerram faciebat

(1) Du 6 octobre au 22 juillet. — (2) Jean I de Veirac. — (3) Gui

cum illis; episcopus maledictionem jusserat sonare cotidie super consules et presbiteros. Hoc anno, camisie non fuerunt date pauperibus in Cena Domini, sed pluribus pauperibus precium earum distributum. Guido vicecomes capitur a Johanne, Anglorum rege ; cxx homines occiduntur..... (Lat. 11019, pag. 173.)

Anno m°. cc°. iij°, Johannes, episcopus Lemovicensis, cum baronibus et prelatis et populo terre obsedit Nobiliacum, in quo se incluserant quam plures Basculi et Ruptarii qui populum et terram vastabant. Deo autem auxiliante, capti et interempti sunt, et sic brachium regis Anglie in Aquitania primo confractum est, et per manum episcopi terra ad Francorum dominium est reducta. Unde rex Philippus in registro suo scribi fecit quia de cetero rex Francorum Lemovicensem episcopum de dominio suo non ciceret (1). (Lat. 11019, pag. 105. Estiennot, I, 178.)

Anno m°. cc°. iij°, liberavit Johannes, episcopus Lemovicensis, terram et regaliam suam a rege Francorum, tali pacto quod numquam de cetero rediret feodum ad regem Anglie; et ita promisit sibi rex Philippus et poni fecit in registro. Papa terram regi Francorum exponit, atque comitem excommunicat propter hereticam defensionem. (Estiennot, I, pag. 116.)

Anno m°. cc°. xvij°, facta fuit scala dormitorii lapidea, que prius fuerat lignea, et duo armaria in claustro, videlicet duo que sunt in pariete refectorii: unum

---

(1) Le diplôme par lequel Philippe-Auguste reçoit l'hommage de Jean, évêque de Limoges, et s'engage à le conserver lui et ses successeurs, unis au domaine de la couronne, a été donné à Dixmont, en novembre 1204. (Voy. L. Delisle, *Catalogue des actes de Philippe-Auguste*, p. 199, n° 875.)

ad opus puerorum, aliud in quo lumina ......; tercium vero quod est in pariete monasterii infra juxta ostium .... vocabatur S. deu ...... propter J. de Vairas, etc..... (Lat. 5343, fol. 89 r°.)

Anno m°. cc°. xix°, consules castri Lemovicensis fecerunt questam x. den. de libra et ejecerunt *los Baglangers* (1) de castro, et propter hoc habuerunt guerram cum comite Marchie qui defendebat *los Baglangiers*. (Lat. 11019, pag. 35. Estiennot, I, pag. 118.)

(2) Anno Domini m°. cc°. xxv°, fuit dissensio inter B. (3), episcopum Lemovicensem, et W. (4), abbatem Sancti Marcialis. Nam episcopus volebat inquirere contra eum per literas apostolicas, et quidam ex monachis erant cum episcopo, et decanus Lemovicensis cum abbate; et monachi apellaverunt abbati et decanus episcopo. Tunc placuit summo judici causam illorum difinire; nam episcopus et abbas et decanus ad tribunal superni judicis infra iiij^{or} mensses recesserunt, cum ipso Jhesu Christo disceptaturi et racionem villicacionis reddituri coram ipso, et ipse sibi retinuerat judicium. (Lat. 1013, fol. 102 r°, et lat. 11019, pag. 108.)

Anno Domini m°. cc°. xxviij°, in festo sancti Egidii (5), dominus Raimundus, abbas hujus loci, sotulares in camera sua dedit Aymoino, preposito Canbonensi, multisque de nostris astantibus ibidem,

---

(1) En marge : *De consulibus Lem. et de Baglangiers*.

(2) On lit en marge du texte du ms. 11019 : « Nota de episcopo Lemovicensi, qui voluit deponere abbatem Sancti Martialis, set non potuit. »

(3) Bernard Ier de Savenne.

(4) Guillaume Ier de Jaunac.

(5) Le 1er septembre.

et ipse recepit sine contradiccione aliqua in priorem claustri Canbonensis Stephanum Aimerici, monachum nostrum, et duxit eum apud Cambonum in propriis equitaturis suis et expensis. (Lat. 2208, fol. 2 v°.)

Anno Domini M°. CC°. xxx°, obiit Guido, vicecomes Lemovicensis, et fuit sepultus in basilica abbatis Sancti Marcialis. Qui multum diligebat monasterium istud, et per sanctum anima ejus requiescat in pace. (Lat. 5/2, fol. 221 v°.)

Anno Domini M°. CC°. xl°. primo, fuit electus Celestinus (1), et non vixit nisi per x^{cem} et ix^{vem} dies; et tunc vacavit sedes in magna discordia usque ad annum M. CC. xl. tercium, in crastinum beati Johannis Babtiste; et tunc fuit electus Innocencius iiij^{tus} apud Anagniam, qui antea vocabatur Senebaudus, electus Ostiensis episcopus, qui vocabatur Alexander (2); et fuit electus in festo sancti Egidii (3) Urbanus (4), qui erat patriarcha Jerusalem. Iste Urbanus obiit M°. CC°. lx°. iiij°, vij° idus octobris, et quedam stella, quam plures cometes nominabant, a festo beate Marie Magdalenes usque illud vel circa visa fuit ante auroram. Eodem anno, fuit electus in papam Clemens (5), qui antea vocabatur Guido *Folcous;* et fuit miles uxoratus, postea episcopus Aniciensis, postea archiepiscopus Narbonensis, postea cardinalis, postea papa, et fuit de Sancto Egidio (6). (Lat. 1013, fol. 102 r°.)

(1) Célestin IV, élu à la fin du mois d'octobre de cette année, et mort le 17 ou le 18 novembre suivant, avant d'avoir été sacré.
(2) Alexandre IV.
(3) Le 1er septembre.
(4) Urbain IV.
(5) Clément IV.
(6) Saint-Gilles sur le Rhône.

Die dominica post festum beati Dionisii(1), anno Domini M°. CC°. lx°. tercio, computavit P. *Luor* cum Johanne *Cornut* et idem J. debuit dicto P. xxxviij sol. Idem vero P. receperat a dicto J. xxij saumas vini precio xij d. (Lat. 1341, fol. 109 r°.)

Anno Domini M°.CC°. septuagesimo secundo, in festo apostolorum Petri et Pauli (2), fuit dominus Philipus, rex Francie, et dominus Petrus, frater ejus (3), et dominus episcopus Andegavensis (4) apud Lemovicas, et fuerunt recepti honorifice et prosesionaliter; et dictus rex obtulit duo pallia et in sepulcro xij^{cim} turonenses argenteos, et sic fuit actum. (Lat. 743, fol. 10 r°.)

Cipriani martiris. Eodem die (5), anno Domini millesimo ducentesimo lxx°. octavo, obiit Juliana Costenera vidua. (Lat. 1341, fol. 3 r°.)

Anno Domini M°. CC°. octogesimo sexto, fuit ostensum caput beatissimi Marcialis apostoli dominica in vigilia beati Michaelis(6), et ex tunc qualibet die usque ad festum beati Marcialis de Monte Gaudii (7) et ipsa die.

Item anno Domini M°. CCC°. fuit ostensum caput beatissimi Marcialis apostoli, die Jovis in octabis beati Michaelis, et ex tunc qualibet die usque ad dominicam primam Adventus Domini, et ipsa dominica que fuit ante festum beati Andree apostoli et v° kal. decembris(8); et sciendum quod, durante dicto tempore quo

---

(1) Le 14 octobre.
(2) Le 29 juin.
(3) Pierre, comte d'Alençon, cinquième fils de saint Louis.
(4) Nicolas Gellent, qui occupa le siége d'Angers de l'an 1260 au 29 janvier 1290.
(5) Le 13 juillet.— (6) Le 28 septembre.— (7) Le 12 novembre.
(8) C'est-à-dire du 6 octobre au 27 novembre.

ostendebatur, fecit Deus ob reverenciam dicti sancti multa miracula et ix hominibus diocesis Lemovicensis et aliarum plurium diocesum, et fuerunt dicta miracula aperta et sollempniter publicata. (Lat. 3885, fol. 256 v°.)

Anno Domini M°. CC° nonagesimo, littera dominicali A, aureo numero. xviij, luna xij^a., die Lune post Assumpcionem beate Marie, scilicet xvij kal. septembris (1), nocte sequenti ante diem Martis sequentem, circa duas vel tres horas, fuit eclipsis lune particularis.

Item eodem anno, aliis currentibus ut supra die Martis ante Nativitatem beate Marie (2) ante primam, fuit eclipsis solis particularis.

Item eodem anno nonagesimo, in subsequenti festo beati Michaelis (3) fuit ostensum caput beatissimi Marcialis, apostoli, secundo, quia alia vice fuerat ostensum parum ante, ut supra continetur, et fuit ostensum usque ad. . . . .

Item eodem anno fuit eclipsis lune integralis. (Lat. 3885, fol. 256 v°.)

Anno Domini M°. CC°. nonagesimo quarto, contigit in festo beatissimi Marcialis (4) quod erant quatuor monachi in platea que vocatur *lo Cros da l'Arena* (5), scilicet in nundinis; et habuerunt rixam cum preposito et judice et cum pluribus aliis de familia vicecomitis Lemovicensis, qui tunc temporis erat vicecomes *Artus de Bretanha*, ita quod finaliter unus ex illorum quatuor fuit vulneratus letaliter. Et postea in conventu prepositus

---

(1) Le 16 août. — (2) Le 5 septembre. — (3) Le 29 septembre. (4) Le 30 juin.

(5) C'était l'emplacement des anciennes arènes de Limoges.

et judex cum suis sociis intraverunt villam, et quando fuerunt juxta fontem de Golena (1), obviaverunt duobus alliis monachis, qui tendebant per villam pro quodam negotio helemosinarii Sancti Marcialis ; quorum unus fuit interfectus, et erat nepos ipsius helemosinarii ; alter fuit vulneratus et sine culpa quam non habebant. Et totum hoc fuit post comestionem, set ante vesperos venit serviens domini regis, videlicet Simon *de Paris*, et cepit prepositum et omnes complices suos, et judicem reddidit officiali. (Lat. 3784, fol. 121 v°.)

Anno Domini millesimo ducentesimo nonagesimo quarto, ix. kal. aprilis (2), existente abbate hujus monasterii Sancti Martialis Lemovicensis Geraldo Faiditi, et Petro *de Chastelutz*, priore claustrali, Petro Morcelli, capicerio, Petro Guischardi, subpriore, et Johanne Audierii, tercio priore, erat deffectus vini in abbacia ; et fuerat a festo beati Martini hyemalis usque ad dictas kal. (3), pro eo quia dictus abbas omnia conventui ministrare nolebat, et latitabat extra abbaciam in locis occultis.

Item, in dictis kal., cum conventus crederet quod Guillelmus dictus Tridayna, frater dicti abbatis, qui Guillelmus erat prior de Anesio, faceret mesagium dicti prioratus, ipse non comparuit nec aliquis pro eodem. Propter quod fuit illa die deffectus omnis victualium

(1) La fontaine d'Aigoulène, dont les eaux, amenées du village de Corgnac, alimentent la partie supérieure de la ville. Sur cette fontaine, l'un des plus anciens monuments du moyen-âge à Limoges, voy. *Description des Mon. des diff. âges observés dans le département de la Haute-Vienne*, par C. N. Allou, p. 152-156.

(2) Le 24 mars.

(3) Cet état de choses dura du 11 novembre au 24 mars, c'est-à-dire pendant plus de quatre mois.

in conventu, et nullus comedit in reffectorario illa die, nec reddite fuerunt in choro gratie Salvatori, quod alias fuerat inauditum.

Item, fuit similis deffectus per duos dies immediate sequentes; et postea idem abbas dedit predictum prioratum de Anesio Helie d'Arbolieras, qui complevit mesagium suum. (Lat. 2670, fol. 127 r°. cf. lat. 11019, p. 256 et 257.)

Anno M°. CCC°. primo, littera dominicali C, aureo numero xj, luna xij^a, die dominica post octabas Epiphanie, scilicet xix° kal. februarii (1), nocte sequenti ante diem lune sequentem circa. . . . . fuit eclipsis lune integralis, et fuit mutatio in diversis coloribus. (Lat. 3885, fol. 256 v°.)

Anno CCC°. primo, luna xxviij^a, quarto idus aprilis (2), scilicet die lune post octabas Pasche et nocte precedente perierunt vinee Lemovicis et in Pictavia et nuces propter gelu; tamen in vineis expectatur adhuc aliquid esse de novo, quia nimis erat tempestive, set nuces perierunt omnino.

Anno Domini M°. CCC°. secundo, die Veneris in vigilia beati Geraldi (3), fuit preconizatum forum legale vini xxij.$^{l.}$ iiij.$^{d.}$; dominica sequenti (4) fuerant nundine Sancti Geraldi, et die lune subsequenti (5) inceperunt vindemie, et sic fecerant dictum forum omnino ante vindemias, et in castro fuit dictum forum legale xx.$^{l.}$ (Lat. 3885, fol. 257 r°.)

Anno M°. CCC°. L° xiij°, magna hyems viguit et duravit usque ad octabas Pache (6), et fuit inceptio bissexti;

---

(1) Le 14 janvier. — (2) Le 10 avril. — (3) Le 12 octobre. — (4) Le 14 octobre. — (5) Le 15 octobre. — (6) Le 31 mars.

aureus numerus erat xvj, prima littera dominicalis fuit G, secunda F, et fuit celebratum *Circumdederunt me*(1) in festo beate Agnetis(2); et in anno subsequenti in vigilia Ascensionis, que fuit prima die maii, venit Lemovicas princeps de Galis(3), dux Aquitanie, comes Pictavis, qui est filius regis Anglie, et die Lune et die Martis et die Mercurii post festum Sancte Trinitatis (4) ostensum fuit capud beatissimi Marcialis ob reverenciam tanti viri; et propter conprecionem gentium decesserunt xviij persone ; et moratus fuit supradictus dominus dux Aquitanie in villa Lemovicensi per v. septimanas ; et mane, penultima die sui recessus, accepit possecionem istius ville tanquam sue, et accepit juramentum fidelitatis a gentibus que usque tunc possidebantur per dominum Karolum *de Bles*, ducem Britannic, vicecomitem Lemovicensem, qui omagium fecerat de vissecomitatu supradicto domino duci Aquitanie, et pro villa ista venerabili patri in Christo domino Aymerico, abbati Sancti Marcialis. Propter nimietatem frigoris hyemis supradicte, vinearum major pars aruit, et non collegerunt vinum de vineis istius ville. (Lat. 3885, fol. 1 v°.)

Anno ab incarnatione Domini M°.CCC°.lxx°.vj°. sedebat in sede apostolica Gregorius papa ix[us], in sede Lemovicensi Aymericus, abbas Sancti Marcialis Aymericus, rex Francorum Karolus, etc. (Lat. 740, fol. 175, v°.)

Anno Domini M°. CCCC°. iiij°, fuit magna inundacio aquarum in tota Aquitania, ista ut sextarium frumenti

---

(1) Le dimanche de la Septuagésime. — (2) Le 21 janvier.
(3) Edouard, dit *le Prince Noir*.
(4) Les 20, 21 et 22 mai 1364.

valuit Lemovice xx^{ti} s., sextarius siliginis xiij^{cim} solid.

Fuerunt facte Lemovicis plures proseciones.

Primo, prosecio generalis gloriosi capitis beatissimi Marcialis apostoli extra villam. Predicavit magister Radulfus, de ordine Sancti Augustini.

Secundo, canonici prosecionem cum imagine beati Stephani.

Tercio, in Regula cum imagine beate Marie.

Quarto, de Quadruvio cum imagine beate Marie et corpus beati Aureliani, qui jacet in ecclesia Sancti Cessatoris extra muros.

Item Mendicantes quilibet in ordine suo fecerunt prosecionem.

Apud Nobiliacum processionem cum capite beati Leonardi confessoris.

Item a[pud] Sanctum Stephanum aliam processionem cum corpore Christi; intrantes per portam de Manhania et per ruam de Mercato, exierunt per portam de Arenis; et intraverunt per portam *de Mommalier*, veniendo per ruam de Cubis ante hostium basilice usque ad pontem domus hostalarii; et ibi fuit stacio corporis Christi, et ibi fuit dominus abbas Sancti Marcialis cum toto conventu suo, induti albis et capis. Sollempniter cum magna reverencia et devocione incepit dominus abbas antiphonam, incenssato prius gloriosi corporis Christi a domino abbate et priore, *Ave rex noster* cantando genibus flexis humiliter. Qua cantata antiphona, canonici traxerunt se ad partem dexteram, et nos ad sinistram, transeundo ante hostium monasterii, nos cantando, canonici tacendo; usque ad portam Guallinariam transivit proceciо, et reversi sumus procecionaliter in navi

Sancti Petri cantando R. *Guaude Maria*, et relicta imago beate Marie in sepulcro, reversi sumus ad majus altare et ibi dimisimus cruces parvas et magnas, crucem auream que tunc fuit portata, item omnia simbala mirabiliter pulsata fuerunt expensis communibus, et cetera.

Item postea dominus abbas et conventus ordinaverunt proceciones vij^{tem} cum missis sollempnibus, que inceperunt octava die julii anno supradicto, sub hac forma : totus conventus indutus albis, et prior cum stola et manipulo, cantor incipiente in coro R. beati Marcialis, euntes in navi Sancti Petri cum subdiacono portando veram crucem, et ibi dicta a priore collecta beati Marcialis et presente imagine beate Marie, incipiente a duobus *Agnus Dei* cum letania sequenti, sicut in Roguacionibus. Qua finita, in navi monasterii cantor incipiebat missam in Ostencione Corporis Christi, *Deus qui es benedictus*, et cetera.

Prima die fuit in die Martis de sancto Spiritu.

Die Mercurii, de beata Valeria.

Die Jovis, de corpore Christi.

Die Veneris, de omnibus Sanctis.

Sabbato, de beata Maria.

Dominico die, de Trinitate, ad vesperas vigiliam de mortuis.

Die lune, dominus abbas celebravit missam de mortuis, post missam, absoluciones sicut in crastinum Omnium Sanctorum. (Lat. 11019, fol. 279.)

Anno ab incarnatione Domini millesimo cccc°. xxxviij°, die lune secunda mensis marcii (1), rex Francie

---

(1) Le lundi 2 mars 1439.

Karolus cum filio suo Ludovico, delphino primogenito suo et tunc temporis unico, intraverunt castrum Lemovicense, et modus receptionis talis fuit :

Primo, ipse rex, qui jacuerat in villa de Daurato, pransus fuit in castro *de Touront*, et dominus delphinus, qui jacuerat in villa de Bellaco et ibidem pransus, expectavit eum in loco nostro qui dicitur *Cosay* vel vulgariter *Petit Limoges*. Et tunc ipsis venientibus insimul cum sua nobili comitativa occurrerant primo multa turba puerorum ex ipso castro Lemovicensi, clamantes et dicentes : Vivat rex et dominus delphinus! quasi in medio itineris, et clamantes semper sic precedebant eum cum panoncellis suis, ubi picte erant arme Francie.

Deinde, in ingressu loci Montis Gaudii, precedebant nos fratres Minores, quod tum non placebat domino episcopo Lemovicensi (1), post quos immediate veniebat dominus abbas Sancti Martialis (2) indutus cappa domini episcopi Lemovicensis de Magnaco (3) cum colore adureo adurata ; conventus vero erat in albis et non cappis, quia tempus perniciosum erat ; et recte ante domum conventus Montis Gaudii in quadam parva platea retro in itinere, posueramus scamnum paratum, et reliquie desuper, videlicet ymago beate Marie de sepulchro et crux argentea domini cardinalis(4) et magna crux aurea, juvene stante ante dictas reliquias et ipsam deferente. Rex vero descendit de sonipede sua, flexis

---

(1) Pierre III de Montbrun.
(2) Pierre VIII de Versellis ou de Versalhia.
(3) Hugues Ier de Mainhac.
(4) Le cardinal de Sarragosse, qui fut inhumé à Saint-Martial vers l'an 1364.

genibus adoravit crucem, porrigente domino abbate remota mitra, et incipiens cantare responsorium *Deus cujus* et alia responsoria de beata Maria *Gaude Maria* et de beato Martiale ; et readscenso rege equum suum, processimus ordinate conventa hinc inde usque ad locum ubi dominus episcopus, cum canonicis suis, iterum reliquias paraverant, quasi in medio itineris inter Montem Gaudii et portam Montis-*Malier ;* et iterum rex descendit et adoravit reliquias per manus episcopi sibi porrectas ; et rege remontato, conabantur canonici quod ante ipsos pergeremur, et per interpositas personas dominorum clamantes alta voce : *davant, davant !* modicum renitentes et contradicentes habuimus locum nostrum, videlicet partem sinistram dominus abbas cum conventu suo, et dominus episcopus cum canonicis suis partem dextram. Et sic ordinatis hinc inde, venimus usque ante clocherium, et ibi iterum paratis reliquiis expectamus ; et domino episcopo cum canonicis suis recedente, invitatus a domino abbate remansit cum canonicis, et sic stantes ambo ante reliquias in ingressu ecclesie S. Martialis expectabamus regem.

Rex vero ingressus portale Montis *Malier,* invenit paratum papilionem pulcrum cum armis suis, quem portabant consules et burgenses dicte ville ; et ipse rex solus erat desubtus, et sic pergebant per medium carrerie ; gentes vero armorum stabant ordinate hinc inde ab utroque latere ruarum, transeunte rege cum nobili comitativa. Populus autem alta voce clamabat Noe, Noe, Noe ! cum jubilatione et gaudio magno, et superati pueri semper etiam alta voce : *Vive le roi* et *monsieur le dauphin vive !*

Et sic venit ordinate usque ante clocherium, et ibi descendit de equo, et osculata cruce sibi per dominum episcopum Lemovicensem porrecta, et data sibi aqua benedicta, intravit ecclesiam et recta via venit ante majus altare sanctissimi Martialis, et ibi, flexis genibus, iterum osculatus est crucem sibi per dominum episcopum tensam, et finita collecta beati Martialis, et data benedictione ab ipso episcopo, domino abbate stante juxta ipsum episcopum. Rex non descendit in sepulchro, sed recta via per quam venerat regressus est, et ante clocherium, ubi expectabatur, reascendit equum suum, et sub papilione perductus est in domum Guillelmi Juliani vocatam vulgariter Bayardaria vel *lou bastiment* (1); et ibi hospitatus remansit.

Dominus vero delphinus, filius ejus, descendit in domum domini abbatis, ibi etiam vocatus remansit.

Confessor autem suus penes prepositum de Cumbis, qui, in die qua recessit dominus delphinus, requisivit dominum abbatem ut amore ipsius concederet prebendam in abbatia Martiali Mere, nepoti supradicti prepositi de Cumbis(2), tanquam priori de Mutone, usque ad novos fructus.

Dominus vero abbas ad requestam ipsius concessit usque ad festum Pasche, alii dicunt usque ad novos fructus.

Medicus vero erat penes infirmarium hospitatus, et iste procuravit, ad requestam Guidonis de Phelinis et fratrum suorum, quod dominus delphinus requireret dominum abbatem quod redderet sibi officium pitan-

---

(1) Devenue depuis *les Récollets*.
(2) Il y avait à Limoges une rue nommée *rue des Combes*.

ciarie, quod asserebat (1) justo et bono titulo esse suum auctoritate apostolica; quod dominus delphinus fecit, mittens domino abbati unum suum militem qui ipsum regebat, qui dicebatur *de Tusse*, ut ipsum requireret nomine ipsius quod sibi vellet reddere et dare amore sui. Dominus excusavit se et noluit facere, et ivit loqutum cum domino dalphino, dicens quod illud erat destructio abbatie et conventus, sed viso hoc quod dixerat honerabat conscientiam suam, et faceret vel preciperet sibi quod vellet, et illud delphino multum dixplicuit quod conscientiam onerabat; sed propter hoc non desiit, et iterum in crastinum misit supradictum militem, et in societate sua quemdam alium militem qui vocabatur dominus *de Tissat*, dicentes domino abbati quod vellet acquiescere et facere voluntatem domini delphini. Tandem, post multa verba, reperta est talis via satisfaciendi, quia dominus abbas quemdam prioratum qui nuper vacaverat et dederat preposito de Fisco, cum officio subcantorie, contulit et dedit supradicto Guidoni de Phelinis, et ipse renuntiavit juri et actioni quam habebat et poterat habere in officio pitanciarie ; et sic habuit supradictum prioratum de Chazelis, cum supradicto officio subcantorie, cum prebenda in claustro, et per recompensationem supradicti prioratus, dominus abbas de voluntate conventus tradidit supradicto preposito de Fisco salinam martis junii, que erat et est de officio pitanciarie, donec et quousque recompensatus fuerit de tanto quantum continuari potest congruus valor salis, et cum hoc ipse debet solvere sal conventui et omnia alia onera quecumque sint.

(1) L'imprimé porte *afferebat*.

Apothecarius domini delphini, qui vocabatur G. *Boutet*, de civitate Bituricensi, fuit hospes meus, qui non me gravavit in aliquo contra voluntatem meam ; verumtamen in camera et lecto meo jacebat, et etiam cum Dionysio, clerico meo mihi servienti ; cui dedit in recessu v. solidos, quod tamen ego nolebam : multi alii hospitati erant in abbatia, quod causa brevitatis relinquo. Item erat quidam pulcher juvenis in hospitio domini delphini qui dicebatur dominus *de Tancarville*.

Nota etiam hic quod Taneguinus *du Chastel*, olim prepositus Parisiensis, transmisit supradicto domino delphino quamdam leonam etatis viij. mensium, ut dicebatur, quam recepit in villa de Bellaco, et secum ibi adduxerat, quam multi viderunt et desiderabant videre : sed ex infortunio ille qui eam regebat, cum quadam corda quam in collo habebat eam ligaverat prope fenestras camere domini abbatis, non in illa in qua dominus delphinus jacebat, sed in alia de ante, de nocte per fenestram saliens cum corda quam in collo habebat se suspendit, et ibi mortua est; et propter hoc ipse delphinus multum doluit, et excorticata detulerunt secum pellem cum saginea et cauda.

Et die ix. postquam venerat, videlicet die Martis ix. martii(1), anno supradicto, post prandium recessit, et illo sero intravit villam Sancti Leonardi, et post per unam aliam noctem jacuit in villa Burgi Novi : ubi equi gentium suorum comederant iij. sextarios avene mee, et gentes regis unum : qui non recessit cum filio ; sed in crastinum, videlicet die Mercurii(2) post prandium, quia

---

(1) Ce doit être le 10 mars. — (2) Le mercredi 12 mars.

ante prandium fecit amputari publice et in alto loco prope et ante pillorium caput Bertrandi *de Azat*, militis proditoris, qui fecerat se Anglicum et captus fuerat in loco *de Domme* per unum bastardum cum aliis quatuor de nocte ; et bene evasisset, sed noluit facere, quia ipse et duo filii interim se facerent Franciscos, et tum multas proditiones et mala fecerat regi ut dicebatur. Anima ejus requiescat in pace. Amen.

Sequuntur illa que rex fecit, ipso stante et residente ibi singulis diebus. Et primo, die Martis iij. martii postquam venit, vertit ad Sanctum Martialem et ibi audivit missam suam de die, et vesperas ad majus altare ; et erat fixa tenta sua et parata in cornu altaris ante armarium, ubi continuo jacet custos majoris altaris. Post vesperas capelle sue dominus abbas cum conventu suo ante supradictum altare majus fuerunt presentate regi per dominum Jacobum de Cabanis (1), militem et senescallum Tolose ; et ibimet rex audivit dominum abbatem benigne se et conventum suum et bona ecclesie offerentem sibi et suo servitio et voluntati ; et hoc idem fecit domino Dalphino, verumtamen non ibi, sed in camera sua ; et sic recessit rex pro illa die, et celebravimus missam majorem ad altare sancti Petri et vesperas post recessum regis et cantorum ejus qui tenebant chorum in choro ; et post prandium mandavit rex nobis quod in crastinum (2) ostenderetur sibi caput beatissimi Martialis ; quod ita fuit factum, et adoravit eum ibi ad majus altare et alii domini qui tunc secum presentes erant, vel major pars ipsorum. Postea im-

---

(1) Jacques I de Chabannes de Dammartin, sieur de La Palice.
(2) Le mercredi 4 mars.

mediate delatum fuit ad altare sancte crucis, et ibi publice et honorifice ostensum fuit usque ad duas horas post meridiem vel circa, et postea repositum et clausum ubi erat prius in griba sua. Rex vero audivit ibidem totum servitium suum, ut fecerat die precedenti, et nos similiter ibi.

In sequenti vero die, scilicet in die Jovis, nonas v (1), fecit sibi parari capellam beati Benedicti, et ibi totum servitium suum fecerunt quamdiu in dicta villa stetit, et nos in choro. In recessu suo de ecclesia, ipsa die ante prandium, in domo ubi manebat magister Martialis Bermundeti, locum tenens regius et consul dicte ville in ipso anno, multum bene et notabiliter coram rege proposuit et arengam fecit, exponens et dicens publice paupertates, miserias et afflictiones, raubationes castri Luceti et alia que patiebatur omni die patria; et omnia rex libenter et benigne audivit, et consilium ejus, promittens se appositurum remedium infra breve tempus. Post prandium vero, ipsa die (2), cum majori parte baronum et nobilium suorum, rex eques ivit ad campos, et transierunt per portam Montis *Malier* versus Sanctum Martinum. Intravit ecclesiam Sancti Stephani protomartyris, et ibi monstrata fuit sibi camisia sancte Valerie, prothomartyris Gallie, cum macillis ejusdem; quibus adoratis, recessit et visitavit civitatem, et transiens ante Predicatores et Sanctum Geraldum et ante Carmelitas, venit ad Crosum de Arenis vel *l'Arena*, et ibi modicum respiciens tractantes de arbalista, venit intrare portam de Arena, et ante fontem de Eygolenis transivit per

---

(1) *Sic*, pour *nonas* iij; le jeudi 5 mars.
(2) Le 5 mars.

mercatum ante pillorium, et domum Mathei Benedicti venit per descensum Manhanie et magnam carreriam et per Taulas ante clocherium recta via ante domum Simonis Lucas, receptus in domum suam.

Aliis vero diebus nihil aliud notabile fecit ; sed semper consilium ejus tractabat et procurabat unde pecunia posset extrahi et haberi ; et finaliter debuit habere a villa in promptu tria millia scutorum, et a tota patria viginti millia librarum, et, ut mihi retulit supradictus locumtenens regius, magister Martialis Bermundeti, bene decostitit ville in omnibus, tam in donis quam in aliis missionibus omnibus, vij millia scutorum vel circa.

Item donavit nobis et concessit salvam gardiam perpetuam, importantem casum *complainte*, per quam possumus ponere panoncellos et gardianum nostrum unum vel plures. Item concessit etiam litteram relevandi de omnibus redditibus perditis, tam in capite quam in membris, a quatuor viginti decem annis citra. Item dominus (abbas) fecit sibi juramentum fidelitatis, quod omnia quecumque tenet a rege tenet ab ipso cum simplici juramento fidelitatis ; et de toto hoc et de juramento sibi facto, habuit litteram sigillatam cum suo magno sigillo in cera alba.

Sequuntur breviter nomina baronum et nobilium et etiam prelatorum, existentium in societate regis et qui cum ipso venerunt ; et primo dominus Karolus, dux Borbonensis et Alvernie, et cui rex commiserat regimen totius Aquitanie, magnus dominus et major post regem et in regimine et in dominationibus ; erat penes Matheum Benedicti in domo paternali.

Item Karolus *de Anjo*, comes de *au Mayne* et frater

regine ; erat in domo de ante domum Mathei Benedicti in eadem carreria.

Item comes *de Vendome* (1), magnus magister hospitii regis et de magno consilio regis.

Item bastardus de Aurelianis (2), miles nobilis, pulcher, dulcis et mansuetus et de magno consilio et quem rex multum diligebat, non sine causa, quia prudens et boni regiminis erat, ut communis fama referebat. Erat penes dominum Dinamandi, prout credo.

Item dominus *de Tancarville* (3), ut in societate domini delphini mentionem fecimus.

Item erat ibi etiam marescallus Francie, qui dicebatur *La Fayeta*, qui erat etiam de magno consilio, et hospitatus in hospitio magistri Martialis, locum tenentis, quia amicus suus ex longo tempore fuerat.

Item erat hic *Prejan de Coitivy*, gubernator Rupelle, miles.

Item dominus de Turre de Alvernia, miles et pulcher juvenis.

Item dominus *de Choumont*, miles, quem rex multum diligebat.

Item dominus Jacobus de Cabanis, qui dominum abbatem regi cum conventu presentavit, ut superius dictum est : et multi alii nobiles erant, quos omnes nominare tediosum esset.

Item erant etiam quidam nobiles patrie et Johannes *de la Roche*, qui venit penultima die ante recessum regis et qui cum ipso recessit. Verumtamen domi-

---

(1) Louis Ier, comte de Vendôme.
(2) Jean, comte de Dunois et de Longueville.
(3) Guillaume d'Harcourt, comte de Tancarville.

nus de Aquila(1) non venit ibi, sed ad Sanctum Leonardum.

Rex tamen ibi convocaverat tres status patrie Lemovicensis : comes Marchie in villa Garactensi erat ; et ibi reges (2) pencs suum cancellarium notabiliter cum magnis piscibus festivavit, et regi ibi se sociavit et cum ipso rege recessit.

Sequuntur etiam breviter nomina dominorum episcoporum cum multis aliis nobilibus dominis de societate regis supradictis, et aliis notabilibus clericis qui dicebantur magnum consilium regis. Et primo erat ibi dominus archiepiscopus Tolosanus (3), vel saltem electus seu postulatus.

Item dominus episcopus Magalonensis (4), cancellarius Francie.

Item episcopus Parisiensis (5).

Item episcopus Pictavensis (6).

Item dominus episcopus Malharensis (7) ; et isti erant de magno concilio.

Item Engolismensis (8), frater suus germanus.

Item episcopus Tutelensis (9).

Et dominus episcopus Castrensis (10) seu *de Castres en Albiges*, confessor regis. Credo quod non erant plures.

Item erat ibi quidam clericus qui fecit quoddam dictamen in Gallico seu *Frances*, quod mihi tradidit dominus locumtenens, quod scripsi in quadam papyro mea

---

(1) Jean de Blois, seigneur de l'Aigle, plus tard comte de Penthièvre.

(2) *Sic*, sans doute pour *regem*.

(3) Denis du Moulin. — (4) Robert de Rouvres. — (5) Jacques du Chatellier. — (6) Hugues II de Combarel. — (7) Thibaut de Lucé. — (8) Jean V. — (9) Jean II de Cluys. — (10) Gérard Machet.

post romancium *de Fouveau*. Aliud carmen fecerat in Latinum, quod tradidit in manu regis, de quo nondum potui copiam habere; et ista sufficiant pro presenti.

Rex autem ivit recta via ad Sanctum Leonardum, ut dictum est : dehinc ad Burgum Novum, et ibi jacuit cum filio semper secum. Deinde ivit apud Garactum et ibi stetit per quatuor dies, et filius suus in villa Sancti Simphoriani, penes magistrum Guillelmum *Piedieu*, et ivit visum patrem in villa Garacti, et ibi nobiliter comes Marchie et *de Perdiac*(1) ipsos festivavit, ut dictum est superius. Deinde perrexit apud *Chanaleigles* et ibi jacuit, et filius suus in burgo Ageduni; et deinde apud *Ausance* et ad Montem Acutum in Combralhia et apud Riomum; et sic est finis. Deo gratias. Amen.

Nota hic etiam quod anno Domini M°. CCCC°. XL°. ij°, prima die maii in supradicto anno, Karolus rex Francorum, cum unico filio suo et multis aliis baronibus et dominis, inter quos erat Karolus *de Anjo*, frater regine, et multi alii domini, intraverunt supradictam villam seu castrum Lemovicense. Et tunc ibant, ut dicebatur, ad jornatam consignatam Anglicis, conflicturi cum ipsis, ante locum qui dicitur et appellatur Tartas in Vasconia et prope villam Burdegale; et ibi traditur obsedit per dominum de Alebreto (2) fortiori debebat reddi non venientibus Anglicis; et deficientibus reddita fuit honorabiliter domino nostro regi Francie cum multis aliis civitatibus, villis, castris et locis. Non recepimus eum quando venit, quia quasi de nocte intravit; et ibi tenuit magnum consilium suum ubi aplicuerunt multi amba-

(1) Bernard d'Armagnac.
(2) Jean Ier, comte d'Albret. — Ce passage est altéré.

ciatores plurimorum dominorum, principum et ducum ; ut videlicet domini Aurelianensis (1), domini ducis Burgundie (2), et domini ducis Borbonensis et domini ducis *de Alanson* (3), et multi alii ibi venerunt, quod tediosum esset audire.

Item, durante ibi supradicto consilio et stante ibi rege, explicuit ibi dux Aurelianensis cum uxore sua, cum multis aliis dominabus et aliis mulieribus multum plures quam cum regina et plurioribus curribus, et totum fuit hospitatum et locatum in abbatia ista ; et totum multum honorabiliter. Tamen non exivimus obviam eis cum processione, propter presentiam regis ; et petitum fuit regi, sed responsum fuit quod non debemus facere, et non fecimus. Et sereniter tractata pace inter ipsos infra breve tempus, fuerunt reconciliati et boni amici inter eos ; et multa largitur, et rex domino duci Aurelianensi, et remansit ibi post recessum regis cum comitatu bene per viij. dies.

Nota etiam hic quod die xxviij. Martii in anno Domini m°. cccc°. xlij°. seu in die Mercurii, regina Francie intravit villam Lemovicensem seu castrum, cum numero aliarum xx. dominarum et centum homines armati cum equis, ut oppinabatur, vel circa, hora quarta post meridiem. Nos et omnes alie ecclesie nobiscum, exceptis canonicis qui non receperunt eam, recepimus cum domino abbate S. Augustini et priore Sancti Geraldi in societate domini abbatis cum cappis. Regina cum societate et comitiva sua descendit in loco

---

(1) Charles, duc d'Orléans, comte de Valois, de Blois, etc.
(2) Philippe II, *le Bon*.
(3) Jean III, *le Bon*.

de Cozeys, in domo domini abbatis, et ibi se calefecit cum multis de societate, et exivimus ei obviam quasi in medio itineris Montis *Malier* seu Montis Gaudii, et ibi recepimus eam cum comitativa : et sic veniens intravit ecclesiam nostram et oravit; **et regressa hospitata est in domo Guillelmi Juliani seu Bayardaria, et** non ita cito vidit gloriosum caput, sed post certos dies post; et ibi stetit usque post Pascha, et die Mercurii ipsius festi(1) recessit cum curribus et societate, tendens peregrina ad beatam Magdalenam *de la Baume*. Que reversa est ibi cum paucis et quasi sex mulieribus, sine curribus; sed equis ingressa est iterum villam Lemovicensem, xj. aprilis anno revoluto (2), dimisso rege in civitate Tolosana; et in isto regressu non exivimus obviam revestiti, verum cum processione, nisi solummodo dominus abbas cum multis aliis de villa egressi obvieverunt ei extra villam eques. Regina non mansit ibi nisi per duos vel tres dies, quia die Martis xj. aprilis intravit et Jovis (3) post immediate recessit tendens Pictavis, ut dicebatur. (Mémoires de la Société des Antiquaires de France, t. XI, p. 357 et suivantes, d'après un registre de la Chambrerie de Saint-Martial.)

L'an mil v^c e xx. le troysieme de avril, après souper, fut pourté sanc Marcial pour la vile et à Sanc Piere. L'andemein fut pourté sanc Androchii à Sanc Martin. L'andemein sanc Austriclinien à Mon Gauvi. L'andemein fut pourté sanc Marcial à Mon Gawi, l'andemein à Sanc Etiene. (Lat. 5239, fol. 21 r°.)

---

(1) Le mercredi 4 avril. — (2) L'an 1441. — (3) Le jeudi 13 avril.

Item anno Domini M°. sexcentesimo quinquagesimo octavo, in fine mensis januarii et initio februarii, per quindecim dies aut plures viguit tam asperum frigus, quod pauci erant et forsan nulli tunc temporis qui tantum frigus unquam vidissent. (Lat. 11019, fol. ultimo.)

APPENDIX.

PARS PRIMA.

VARIA B. ITERII.

I.

Abbatis cujusdam titulus funereus.

Quisquis ades rotulumque vides, sta, perlege, plora :
Sum quod eris, quod es ipse fui ; pro me, precor, ora.
Hic abbas (1) vitam, dum vixit, duxit honestam ;
 Exemplar morum pluribus iste fuit :
Ergo sit in requie celi sua vita perhenne ;
Spes sit ei venie meritis precibusque Marie.
Si bene, si sancte, si recte vixerit, actus
 Nonne repensabunt premia digna suos ?

(1) Peut-être Adémar mort en odeur de sainteté, suivant la *Chronique des abbés de Saint-Martial*, où l'abbé Isembert, que B. Itier avait connu, et qui est loué pour sa bonne administration et sa mort édifiante, voy. ci-dessus, pag. 9, 13 et 15.

Si possent versus defunctum vivificare,
Conarer versus diversifice replicare ;
Sed quia per versus nequit hic ad nos remeare,
Ritmos et versus postpono multiplicare (1).

(Lat. 3719, fol. 111 v°.)

II.

Abbatis cujusdam epitaphium.

Si prece vel precio differri fata liceret,
In terre gremio nunquam pater iste jaceret.
Sed quia mortalis sententia non variatur,
Pena parata malis ab eo procul amoveatur.

(Lat. 3237, fol. 104 r°.)

Prosa.

Mittit ad Virginem (2)
Non quemvis angelum
Sed fortitudinem
Suam Archangelum
Amator hominis.
Fortem expediat
Pro nobis nuncium,
Nature faciat
Ut prejudicium.

In partu virginis
Naturam superet
Christus, rex glorie,
Regnet et imperet,
Et zima scorie
Tollat de medio ;
Superbientium
Terat fastidia :
Colla sublimium

---

(1) On peut rapprocher ce titre mortuaire de ceux qui ont été publiés par M. L. Delisle, *Rouleaux des morts;* on trouvera pag. 212, 218 et 238 de cet ouvrage des pièces d'une facture analogue.

(2) Cette prose est notée en musique dans le manuscrit.

Calcans vi propria.
Potens in prelio,
Foras eiciat
Mundanum principem,
Matremque faciat
Secum participem
Patris imperii.
Exi, qui mitteris
Hec dona dicere ;
Revela veteris
Velamen littere
Virtute nuncii
Accede nuncia ;
Dic Ave comminus,
Dic plena gratia,
Dic tecum Dominus,
Et dic ne timeas ;
Virgo, suscipias
Dei depositum,
In quo perficias
Casta propositum
Et votum teneas.

Audit et suscipit
Puella nuncium.
Credit et concipit
Et parit filium,
Sed admirabilem
Consiliarium
Humani generis,
Et Deum fortium,
Et patrem posteris
In pace stabilem,
Cujus stabilitas
Nos reddat stabiles,
Ne nos labilitas
Mundana labiles
Secum precipitet,
Sed dator venie,
Concessa venia,
Per matrem gratie
Obtenta gratia,
In nobis habitet.
   Amen.
(Lat. 5505, fol. 1 v° et 2 r°.)

III.

Sermo de Ascensione Domini, quem composuit et scripsit Bernardus Iterii, armarius.

Optatus dies nobis, dilectissimi, dominice Ascensionis advenit, quo Salvatoris nostri clarificatio est con-

summata et humani generis captivitas soluta. Jocunda
ergo et venerabilis est hujus diei sollempnitas, qua de
expoliatione sua dolet cum principe suo Tartarus et de
restauratione sua electorum triumphat exercitus.
Hodie iniciata est nobis via nova et permanens, de qua
dicit apostolus : habentes fiduciam in introitu sanctorum, quam iniciavit nobis viam novam et viventem
per velamen, id est, carnem suam(1) quia per carnem
Christi ad celum sublevatam, quasi ad peregrina
ductam; peregrinus est enim locus carni locus celi;
factus est pervius aditus Paradisi, in quem nullus
intraverat prius. Ipsa est enim via nova et vivens :
nova, per quam nullus ante incesserat; vivens, id est
permanens, quia postmodum nulli fidelium clausa.
Cum igitur relique sollennitates in memoria rerum
gestarum leticia spirituali fidelium mentes afficiant,
non immerito in Christi ascensione corda simul et corpora letantur, quia Christus homo peregre proficiscens,
et carnem levavit ad celum et menti contulit carnem
Domini. De hac sollennitate ait David propheta :
Ascendens in altum captivam duxit captivitatem (2).
Que sententia utique sic intelligitur eo quod captivitatem hominum, quam sibi diabolus captivaverat, illi
eruendo sibi dominus captivaverit. Et ipsam, sicut ait,
captivitatem captam ad celorum alta sustulerit. Utraque igitur captivitas uno vocabulo nuncupatur, sed
non est equalis utraque. Diaboli enim captivitas servi-
tuti subicit; Christi autem captivitas restituit libertati.
Sicut ergo in sollennitate paschali resurrectio nobis
Domini fuit causa letandi, ita ascensio ejus in celum

(1) Hebr. X, 19, 20.
(2) Ps. XLVII, 19, et Eph. IV, 8.

presentium nobis est materia gaudiorum recolentibus illum diem et rite venerantibus, quo natura nostre humilitatis in Christo supra omnem celi miliciam, supra omnes ordines angelorum et ultra cunctarum altitudinem potestatum ad Dei patris est provecta concessum. Tunc igitur, dilectissimi, Dei filius filius hominis excellentius sacratiusque innotuit, cum in paterne majestatis gloria se recepit et ineffabili modo cepit esse divinitate presentior, qui factus est humanitate longinquior. Exultemus itaque, dilectissimi, et digna apud Dominum gratiarum actione letantes, liberos cordis oculos ad illam altitudinem, in qua Christus est, erigamus; sursum vocatos animos desideria terrena non deprimant, ad eterna preelectos peritura non occupent, beatudinis tante ingressus fallaces illecebre non retardent; et ita a fidelibus hec temporalia decurrantur, ut peregrinari se in hac mundi valle cognoscant, in qua etiam si quedam commoda blandiuntur, non amplectenda nequiter, sed transeunda sunt fortiter. Hodierna die, Redemptor noster ascendit ad celos cum carne nostra et redemptum hominem non ad sinistram posuit ubi dampnandi, sed ad dexteram ubi glorificandi stabunt, id est ad patris felicitatis beatitudinem collocavit ut membra illuc secutura esse se credant quo capud ante conscendit. Inde venturus judi. vi. et mor (1). ipsa necessitas veniendi ingentem contestatur sollicitudinem judicaturi. Hic videamus qualis esse veniet aut qualiter veniet; si requiras qualis veniet, talis omnino qualis evolavit ad Patrem, in speciei veritate illius hominis quem evexit ad celos, sicut habes in

---

(1) Inde venturus judicare vivos et mortuos.

actibus apostolorum (1) : hic Jhesus qui assumptus, etc., usque euntem in celum. Si interroges qualiter veniet, ita dicitur in psalmo (2) : Deus manifeste veniet : Deus noster, et non silebit. Ignis in conspectu ejus ardebit. Inter hec muneribus Dei qua fiducia stabit desertor ante regem suum, vulneratus ante medicum suum, perditus ante precium suum. Unde misericordia petiturus est primum de contemptu misericordie judicandus. Ignis, inquit, in conspectu ejus ardebit ; cum talis terror futurus sit advenientis, quis poterit terrorem sustinere judicantis? Cum talis futura sit presentie species, qualis erit forma sententie? Non ergo talis veniet exactor cui in parvo inveniamus obnoxii. Ille ergo veniet ad judicandos nos qui se judicio meminerit addictum pro nobis ; ille veniet ad discutiendam vitam nostram qui eam restituit per mortem suam ; ille inquam pro commissa nobis salute nostram rationem exacturus est, qui pro nostra redemptione dampnatus est : qui tantum contulit, scit quantum reposcat. Novit quantum constiterit ei homo suus. Potuit enim Deus delegare angelis suis discutiendi hominis potestatem, sed, agnosce, o homo! nobilitatem tuam : nulli vel celesti creature esse te subjectum voluit, nulli de te judicare permisit. Agnosce nobilitatem tuam : soli Deo de te competit ferre sententiam. Caveamus, fratres, peccatis et criminibus vitam ponderare, uti ad nos nec respiciat prophetia illi terribilis (3) : non est, inquit, Deus in conspectu ejus : inqui. vie il. in omni t. Aufe.

---

(1) I, 11. — (2) xlix, 3, 4.
(3) Ps. H. X v. 5 : « Inquinatae viae illius in omni tempore. Auferuntur judicia tua. »

ju. t. a facie ejus. In remediabile periculum est sic aliquem cupiditatibus frena laxare ut se rationem Deo redditurum non meminerit, quia puto magna sit jam pena peccati metum ac memoriam futuri perdidisse judicii ; si enim volumus intelligere quam graves apud se judex noster faciat hominum culpas, respiciamus ad penas. Quantum enim nunc patiens est Deus noster in sustimendis delictis nostris, tam severus erit in discutiendis, et sicut inestimabilem paravit justis gloriam, ita inestimabilem paravit reprobis penam. Ergo suppliciorum acerbitatem e contrario premiorum magnitudine colligamus, quia qui novit remunerare merita, novit punire delicta. Saluberrima ergo est an multum necessaria futuri judicii recordatio et preteritorum deploratio delictorum. Cogitemus, dilectissimi, illius judicii incessanter adventum, qui utinam sic nos paratos inveniat quomodo nemo potest dubitare quod veniat. Quod si requiras quomodo veniat ; illo utique corpore quod pro nostra salute susceptum, pro nostris criminibus addictum, pro nostra absolutione damnatum, et pro nostrorum vulnerum medicina clavis confixum est. Prima erit in reos intoleranda sententia reverendarum presentia cicatricum. Quid igitur illo tempore facturi sumus, quando contra illos crucifixi Domini livores note peccatorum nostrorum ac macule libidinum proferentur? Aut quo putas respiciet redemptio nostra proditionem nostram. Tanto graviora erunt humana delicta, quanto majora se ostenderint divina beneficia. Verendum est autem ne illam vocem resurrectionis preciosa crucis vestigia protestantem eciam in judicio suo ad vasa iniquitatis prolaturus, atque dicturus sit : infer digitum tuum hic, et vide manus meas, et affer manum tuam et mitte in latus meum (1), et agnosce que pro te et a te, impietas humana, pertulerim. Illa utique clavorum signa bonis salutaria, malis terribilia, que usque ad diem judicii non delentur, sine dubio obicienda servantur. Et quid post hoc sequitur, nisi illud interpositum inter vivos ac mortuos expavescendum chaos vastumque discrimen. Excluse a natura viventium tenebre exteriores, dura separacio a dulci intuitu sanctorum et a societate felicium, et e contrario inter lacrimabiles gemitus planctusque lugentium collegium triste miserorum, et a beata patria, eternum teterrime, noctis exilium. Pensate, fratres karissimi, quam lugubre erit homini Deum videre et perdere, et ante precium sui perire conspectum. Desiderabunt mortem, sed non invenient, qui vitam, dum tempus fuit, desiderare noluerunt; optabunt mori nec licebit, quia vitam, cum liceret, optare noluerunt. Nunc, karissimi, in potestate vite presentis est ut beatum sit quicquid perpetuum erit. Queramus ergo usque in finem unde sine fine gaudere possimus et ideo, karissimi, ista, dum tempus est, cogitantes, indefesso studio laboremus ut, quod nobis contulit judicatus, integrum inveniat judicaturus. (Lat. 1813, fol. 145 r°.)

IV.

Sermonis cujusdam fragmentum.

Apparuit benignitas et hu. sal. (2) nostri Dei (3). Gracias Deo per quem sic habundat consolatio nostra in hoc

(1) Joan. XX, 27. — (2) Humanitas Salvatoris, — (3) Tit. III, 4.

exilio, in hac peregrinatione, in hac miseria super his namque sepius vos ammonere debemus ut nunquam mente excidat peregrinos nos esse longe a patria expulsos ab hereditate. Quisquis enim desolationem non novit, nec consolationem agnoscere potest. Inde est quod homines seculi negociis et flagitiis implicati, dum miseriam nesciant, misericordiam non attendant. Vos ergo, fratres, quos non detinet occupatio secularis, adtendite quenam sit consolatio spiritalis. Vos qui non ignoratis exilium, gaudete quia de celo vobis venit auxilium. Apparuit enim benignitas et humanitas sal. n. Dei; priusquam appareret humanitas, latebat benignitas : ante dominicam Nativitatem multociens ad Deum clamavimus ut ostenderet nobis misericordiam suam, et propitia divinitate exauditi sumus. Ecce quasi saccum misericordia sua plenum Deus Pater misit in mundum : saccum, inquam, in passione concidendum ut effundatur quod in eo latet precium nostrum ; saccum itaque, etsi parvum, siquidem parvulus datus est nobis, sed in quo habitat omnis plenitudo divinitatis corporaliter (1), id est divinitas, que ubique tota est, in ipso non modo est, sed inhabitat tanquam in templo, nec solum per aliquas gratias sicut in sanctis, sed plenitudine gratiarum tanquam in capite. (Lat. 1813, fol. 145 v°.)

(1) Col. II, 9.

V.

Philosophia unde dicta et quid sit, ex quave materia constat?

Primo omnium unde dicta est philosophia? ab amore sapientie; nam philosophia amor est sapientie : Greci enim philo amorem, sophiam sapientiam vocant. Qualis est ejus definitio? Philosophia est naturarum inquisitio, rerum humanarum divinarumque cognitio, quantum homini possibile est estimari. Est quoque philosophia honestitas vite, studium bene vivendi, meditatio mortis, contemptus seculi : quod magis convenit Christianis qui, seculi hujus ambitione calcata, disciplinabili similitudine future patrie vivunt. Ex quibus rebus constat? scientia et opinatione. Scientia quid est? scientia est, cum res aliqua certa ratione percipitur, ut eclipsis solis lunaris corporis objectu est. Opinatio quid est? opinatio est, cum incerta res latet et nulla firma ratione definiri potest, ut magnitudo celi vel grossitudo terre.

In quot partes dividitur philosophia? In tres : phisicam, ethicam et logicam. Latine quomodo vocantur? Phisica naturalis, ethica moralis, logica rationalis. Officia singularum specierum pande : in phisica igitur causa querendi, in ethica ordo vivendi, in logica ordo intelligendi versatur.

In quot species phisica dividitur? In iiij^{or} : arithmethicam, giometricam, astronomiam et musicam.

In quot partes ethica dividitur? In quatuor : prudentiam, justiciam, fortitudinem et temperantiam.

Logica in quot species dividitur? In duas : in dialecticam et retoricam. In his quippe tribus generibus philosophie etiam eloquia divina consistunt. Quomodo? nam aut de natura disputare solent, ut in Genesi et in Ecclesiasten; aut de moribus, ut in Proverbiis et in omnibus sparsim libris; aut de logica, pro qua nostri theologicam sibi vendicant, ut in Cantico canticorum et sancto Evangelio.

Theologica quid est? Theologica est, que inspectiva dicitur, qua supergressi visibilia de divinis et celestibus aliquid mente solummodo contemplamur. Nam in has quoque duas partes philosophia vera dividitur, id est inspectivam et actualem. Actualis que est? actualis est que in operationibus huic vite mortali necessariis consistit. Per hanc igitur mos vivendi, honestas appetitur, et instituta ad virtutes tendentia exercentur. Per illam vero que contemplativa dicitur, Deus amatur fide et spe colitur. Quis est qui philosophiam detrahere audeat? nullus sapiens.

Sed pergamus ad dialectice artis inquisitionem, et primum dic quid sit dialectica : dialectica est disciplina rationalis querendi, definiendi, disserendi, et inter vera et falsa discernendi potens. Unde dicta est dialectica? dicta est dialectica, quia in ea de dictis disputatur; nam lectio dictio dicitur. Quid est inter dialecticam et rethoricam? Inter dialecticam et rethoricam est quod in manu hominis pugnus adstrictus et palma distensa. Illa brevi oratione argumenta concludit; ista facundie campos copioso sermone discurrit. Illa verba contrahit, ista distendit. Dialectica quidem ad inveniendas res acutior; rethorica ad inventas dicenda facundior. Illa raros et studiosos requirit; hec frequenter procedit in turbas.

Quot sunt species dialectice? principales v^{que} : isagoge, categorie, sillogismorum formule et definitiones, topica, periermenie. Que sunt isagoge? isagoga quippe latine introductio dicitur. Quid significat introductio? Introductio est que sensum nostrum per varias divisiones rerum communium ad proprietatem cujuslibet rei introducit. Que sunt partes ejus? v^{que} : genus, species, differentia, accidens, proprium. Genus quid est? genus est proprie quod speciebus differt, et quid sit ea substantia de qua queris communi vocabulo ostendit, ut animal. Per singulas enim species, id est hominis, equi, bovis, leonis et ceterorum genus est animal, et equaliter de omnibus predicatur. Quid est species? Species est quod de pluribus et differentibus numero non specie in eo quod quid sit predicatur; nam de Socrate, Platone et Cicerone equaliter homo predicatur. Una enim species hominum est secundum naturam, sed multi secundum numerum. Quid est differentia? differentia est que quale sit hoc vel illud animal ostendit, ut, si queratur qualis sit homo, dicimus animal rationale et mortale. In his enim duobus ab omnibus aliis animantibus secernitur. In eo enim quod dicis rationale, segregatur ab omnibus ratione non utentibus; dum dicis mortale, in eo ab angelis differt. Angeli enim rationales sunt et non mortales; animalia vero cetera mortalia sunt et non rationalia. Homo autem solus ex utrisque constat, hoc habens cum angelis commune, illud cum ceteris animantibus. O mirum animal una parte celeste, altera terrenum! Quid est proprium? Proprium est quando una quelibet species naturaliter aliquo certo additamento designari potest et ab omni aliarum specierum communione separari, ut solius hominis proprietas est risibilis esse. Et sciendum est quod singularis proprietas semper circumverti posse necesse est, ut puta: quicquid homo est risibile est, et quicquid risibile est homo est; et hec circumversio necessaria dicitur, nec ita rationale circumverti potest. Dicere vero possumus: quicquid homo est rationale est, nec tamen converso ordine recte dicere possumus: quicquid rationale est homo est, quia angeli rationales sunt, non tamen homines sunt. Quid est accidens? accidens est quicquid accedit et recedit preter substantie corruptionem, ut color candidus vel niger, stare vel jacere, esurire vel saciari, et cetera talia. Sunt quoque accidentia que sic accedunt ut penitus non recedant, ut proceritas vel brevitas in corpore, et cetera que in singulis quoque membris inseparabiliter aliquotiens accedunt, ut curvitas naris, latitudo vel angustia oris, rotunditas oculorum, equalitas superciliorum et alia multa. Has v^{que} partes uno quolibet exemplo conjunge: genus est ut animal, est enim vocabulum generale et commune omnium animam habentium; species est ut homo; sua enim quadam specie separatur a ceteris animantibus; hic ab aliis exorbitat. Genus est totum, ut puta tota viventia animalia dicimus. Species quidem pars est ut homo. Pars quedam animalium homo est. Differentia est rationalis, mortalis. His enim duobus, ut superius diximus, differt homo a ceteris animantibus. Proprium est ridere, quia ridere preter hominem nullius naturaliter animantis est. Accidens est ut color in corpore, doctrina in animo. Hec enim temporum varietate et accidunt et mutantur. Quomodo ex his v^{que} partibus oratio plene sententie cunjungi debet? itaque

   species genus proprium   diffe-
  Homo est animal risibile, — rationale,
   rentie   accidens
   mortale, — boni malique capax.
Sic etiam in omni oratione substantiali tamdiu interponere debemus species et differentias, quamdiu, seclusis omnibus que idem esse possunt, quod inquiris ad id perveniatur ut proprietas ejus substantie certa teneatur quam definire incepisti categorie predicamenta. (Lat. 3719, fol. 4 v°.)

       VI.

    [*De hominis natura.*]

  Duabus substantiis constat homo : anima scilicet et corpore. Una est anima, que, dum contemplatur, spiritus est; dum sentit, sensus est; dum sapit, animus est; dum intelligit, mens est; dum discernit, ratio est ; dum consentit, voluntas est; dum recordatur, memoria est; dum membra vegetat, anima est. Sicut anima diversas vires habet, sic, secundum theologos, diversa nomina suscipit. Est enim quedam vis anime quam exercet per corporea instrumenta, que dicitur sensus, et item alia que imaginatur res absentes, et vocatur imaginatio. Tercia que comprehendit ambitum generis et speciei, scilicet quomodo multa conveniunt in uno genere vel in una specie, et hec apud philosophos ratio dicitur .iiij[a] autem que abstrahit et intelligit formas sine materia vel in materia, et hec a philosophis dicitur intellectus. Preter has autem est alia que contemplatur Creatorem, scilicet quomodo p. et f. et s. s.(1) unus Deus sint, non tres, et item quo cultu reverendus et que ab eo premia sperare debet. Exercens iiij^{or} vires supradictas animal est; dedignamur tamen vocare animalem, nisi ierit post concupiscentias, sed ex tunc vocamus eam animalem, sensualem, carnem et sanguinem, et exteriorem hominem. In Creatoris vero contemplatione persistentem, et quo cultu sit colendus et que premia sperare debeat investigantem vocamus mentem, rationem, intellectum, virum, spiritum, imaginem Dei, interiorem hominem. Item, secundum diversa officia, vocatur spiritus et anima, ab officio animandi corpus nuncupatur anima, ab officio intelligendi spiritus. (Lat. 3719, fol. 6 v°.)

Tria sunt que faciunt perfecte sapientem: ingenium, id est naturalis vis ad aliquid intelligendum; ratio, id est discretio intellectorum; memoria preteritorum: nisi enim sciat intelligere, discernere, in memoria retinere, non est perfecte sapiens, et, si ista habeat, sapiens est. Ista vero tria, que perfecte faciunt sapientem, in capite habent sedem. Est enim in prima parte capitis quedam cellula cerebri, in qua est vis intelligendi que vocatur fantastica. Quod ita probatur: quoniam cum vidissent phisici aliquem boni ingenii, accepto in ea parte capitis vulnere, ingenium amisisse, retinendo discretionem et memoriam, comperiunt in ea vim esse intelligendi. In medio vero capitis est alia cellula, in qua est vis discernendi. Quod similiter per vulnus probatum est, et dicitur rationalis. In poste-

---

(1) Pater et filius et spiritus [sanctus].

riori vero parte capitis alia est cellula, que dicitur memorialis, quia in ea vis est retinendi in memoria. Quod eodem modo per vulnus probatur; quia, ut ait Solinus, quidam, accepto vulnere in occipite, retinens vim discernendi et intelligendi, ita amisit memoriam ut non etiam habuisse se nomen cognosceret. Cum igitur tria que perfecte faciunt sapientem in capite sedem habeant, ergo merito a phisicis sedes sapientie ibi dicitur esse. Bene ergo dictum est à Boetio (1) philosophiam supra verticem astitisse, quia philosophia facit hominem perfectum. Sunt enim due extases, id est excessus nature. Est enim homo rationalis et mortalis, quia hoc est quod invenerunt sapientes homines deificari, cum ad hoc quod Dei est ascendunt (2), scilicet quod sunt rationales et immortales. Est alia extasis innaturalis, cum fit homo per vicium innaturalis et tunc est inrationalis et mortalis, quemadmodum brutum animal; et hoc est quod veteres dixerunt homines transformari viciis in beluis (3), non corpore sed morum similitudine. Quia ergo per philosophiam ascendit homo supra hominis naturam, recte philosophia supra verticem visa est astitisse ; vel aliter vertex hominis est ratio et intellectus, quia illis excedit cetera animalia, cum sensu et imaginatione illis sit inferior.

Sciencie due sunt species : sapientia et eloquentia; et est sapientia vera cognitio rerum ; eloquentia est scientia proferendi cum ornatu verborum et sententiarum ; et dicitur species scientie, quia in istis duobus est omnis scientia : in cognoscendo res et ornate profe-

---

(1) *De consol. phil.*, lib. I, cap. 1. — (2) Boet. *ibid.*, lib. III, cap. 10. — (3) *Id. ibid.*, lib. IV, cap. 3 et 4.

rendo cognita. Eloquentie sunt tres partes : grammatica, dialectica, rethorica. Sapientia et philosophia idem sunt; unde potest videri quoniam eloquentia nec aliqua pars illius sunt de philosophia. Quod auctoritate Tullii potest videri, qui in prologo Rethoricorum(1) dicit : Sapientia sine eloquentia parum prodest; eloquentia vero sine sapientia non tantum [non] prodest, sed etiam nocet; eloquentia cum sapientia prodest. Ita volunt esse diversa eloquentiam et sapientiam, et ideo non est unum species alterius. Iterum Salustius(2) in descriptione Cateline, dicit parum inesse sapientie, sed multum eloquentie(3). Sapientie vel philosophie due sunt species : theorica et pragtica, id est contemplatio et actio, quia in istis duobus est omnis sapientia, vel in contemplando vel in agendo. Unde philosophi quidam dicebantur ociosi, qui soli contemplationi vacabant, quidam negociosi qui circa res publicas exercebantur. Practice sunt species iij^{es}: economica, politica, ethica. Et est economica, scilicet qualiter unusquisque debeat propriam familiam dispensare; unde economica dicitur, id est dispensativa. Economicus enim dispensator. Politica est de guber..... (Lat. 3719, fol. 108 r° et v°.)

VII.

De virtute.

Virtus est bona qualitas mentis sive forma, qua recte vivitur et qua nullus male utitur; quam Deus

---

(1) Rhetoric. seu de inv. rhetorica, lib. I, cap. 1.
(2) Conj. Catil. cap. V.
(3) Le texte porte : *Satis eloquentiæ, sapientiæ parum*.

solus in homine operatur. Item virtus est bona qualitas mentis sive forma que animam informat et ipsa non est motus vel affectus animi, sed ea liberum arbitrium juvatur, ut ad bonum moveatur et erigatur; et ita ex virtute et ex libero arbitrio nascitur bonus motus vel affectus animi; et inde bonum opus procedit exterius, sicut pluvia terra rigatur; ut germinet et fructum faciat, nec pluvia est terra et germen nec fructus, nec terra germen vel fructus, nec germen fructus : ita gratius terre mentis nostre, id est libero arbitrio, infunditur pluvia voluntatis divine benedictionis, id est inspiratur gracia quam solus Deus facit non homo. (Lat. 3719, fol. 113 v°.)

VIII.

[De senectute et ejus virtutibus.]

Nichil magis cavendum est senectuti quam ne desidie se dedat. Alioquin dicetur illi :

Invidiam placare paras, virtute relicta (1)?

Luxuria vero, cum omni sit etate turpis, tamen senectuti fedissima est. Constantie officium est in utraque fortuna gravitatem retinere. Preclara est enim in omni vita eadem frons et idem vultus; nam argumentum bene composite mentis est posse consistere et secum morari. Unde poeta (2) :

Equam memento rebus in arduis
Servare mentem, non secus ac bonis
Ab insolenti temperatam
Leticiam.

(1) Horat. lib. II, sat. 3, v. 13.
(2) Horat. carm. lib. II, od. 3.

Unde Salomon (1): Stultus ut luna mutatur. Patientie officium monstrabat qui dicebat : gaudet pacientia duris. Impacientia sortem exacerbabit quam mutare non possis. Unde poeta : quod sors fert feramus equo animo. Fortis enim et constantis animi est non perturbari in rebus adversis. Plura enim sunt que nos terrent quam que premunt, et sepius opinione quam re laboramus. Imo ne sis miser ante tempus, cum illa que velud imminentia expavisti fortasse nunquam sint. Fortissimus ille est qui promptus est metuenda pati (2). (Lat. 3719, fol. 8 v°.)

(1) Eccli. XXVII, 12.
(2) Il y a dans ce morceau plusieurs passages empruntés à des auteurs anciens, tels que Cicéron, Sénèque, etc.

PARS SECUNDA

FRAGMENTA AD HISTORIAM SPECTANTIA.

I.

Notae breves ab ann. 1159.

mens. M°. C°. L°. ix°. (1)
est.
quos. P. *deu Barri* abbas eligitur.
hic.
habet
michi
das
titulum. Philipus rex nascitur.
jecur

---

(1) Ces notes chronologiques avec des mots latins en marge, destinés sans doute à marquer la succession des années, ne sont pas les seules que B. Itier ait rédigées. On trouvera dans le ms. lat. 1121, fol. 1 v°, 6 r°, un premier essai de ce genre trop incomplet pour être publié ici.

arcet. Ignis J. Baptiste.
urbs.
ca
det. Obiit S. Thomas.
quis.
honus.
honerat. Obiit P. *deu Barri.*
nomen
dare
titre. Pestis *de Malamot;* obiit G. episcopus.
is. Obiit Iterius La Ribeira ; eclipsis solis.
ars. Sinodus generalis sub Alexandro.
vox. Obiit Ludovicus rex.
ea. Obiit Alexander papa.
dent. Obiit Heinricus junior.
rex Obiit Lucius papa.
ab.
Xanctus.
Noe. W. prior cum cc^{tis} clericis exit de Grand.
certet. Jerusalem capitur. Miraculum *de Duls.*
rex. Ludovicus nascitur.
ibi. Obiit Heinricus senior et Boso capicerius.
gestit. Philipus et Richardus iter arripiunt.
ovans
ea. Occisio de Chambo. Orologium consummatur.
dat.
karus.
bona. Ademarus junior obiit.
Xristus. Emina salis xxx. sol. Miracula de Tarn.
fac. Obiit Seebrannus episcopus, W. Pictavensis,
    Mauricius Parisisiensis, *Eschivat,* P. *de Reins.*
cedit. Isembertus obiit.

sibi. Obiit Ricardus rex, A. vicecomes, Heinricus primas, Hugo *de Clermont*.

jus. Ignis S. Hugonis. Obiit Helias *Guitbert, Merchaders*.

gerit. Coleiras de argento.

os. Prioratus de Tarn incipitur. Occisio de Batareu, fames.

focus.

et. Franci capiunt urbem Bizanteam.

kalo.

bellum.

fac.

certet.

sua. Galo legatus.

crus. Dedicatio S. P. *de Solonnac*.

gerat. Dedicatio S. Valerie.

omne. Dedicatio S. Michaelis.

beat. Ga. . . corruit.

tunc. Concilium magnum. Obierunt *Gui de Rochafort*, S. Afichet, Guitburgis.

Kara. Obierunt Alelmus, B. de Colonias.

plus. Obierunt *S. Viger,* Hugo abbas, *B. Arrabit*, Radulphus prior, Simon *de Monfort*.

gens.

cedit.

lux.

cui.

zelus. Altercatio *deu Cairoi*. Obiit *P. Laurier*.

omnis.

(Lat. 2135, fol. 192 r°.)

II.

Chronologicae notae.

Ab obitu Henrici junioris, qui obiit *à Marteu*, usque ad obitum Philippi regis sunt anni xl.

Ab obitu Alexandri pape iij. usque ad obitum Innocentii pape tercii sunt anni xxxv.

Ab obitu Philippi usque ad obitum alterius Philippi sunt anni c. xiij.

A morte L. duorum peregrinorum, que fuit dominica medic quadragesime apud Lemovicas, usque ad combustionem cc. hominum, que facta est *à Verlena* in festo J. apostoli ante portam Latinam, sunt anni cc. xxj.

Anno gratie dccc. f. Albertus Ius in hoc cenobio prior erat.

Anno M°. Adabaldus, M°. c°. Ademarus, M°. cc°. Hugo et Innocenti papa iijus, J. episcopus, W. primas, Hugo V. Clun., R, Vosiensis, Ugo *de Solonnac*.

Cum anni circulus per ccc. lxv. dies ducatur, cc. dies erunt feriales, c. lxj. xij. lectionum, secundum consuetudines que in hac ecclesia observantur, teste Bernardo Iterii, armario, qui anno gratie M°. cc°. xxij. hec diligentissime computavit.

(Lat. 1154, fol. 1 r°.)

III.

Abbatum Lemovicensis S. Martialis monasterii series.

Anno gratie d°. cc°. xl°. j°. obiit Karolus *Marteu*. Anno d°. ccc°. xiiij°. obiit Karolus imperator. Anno d°. ccc°. xl°. obiit Ludovicus.

Anno nono post mortem ejus, Ainardo volente, mutatus est canonicalis habitus in monachicum.

Dodo tribus annis. anno d°. ccc°. lxviij°. obiit Pipinus; vij. annis rex fuit.

Abbo xj. obiit xiiij. kal. junii. Lotarius, Carolus Calvus, Stodilo.

Benedictus xv. obiit xiiij. kal. febroar.

Gonsindus xviij. obiit vij. kal. novembris.

Fulbertus j. obiit ix. kal. febroar.

Fulbertus ij^{us}. obiit idus febroar.

Stephanus xvij. obiit xviij kal. decembris Johannes papa,
         Radulfus, Turpio episcopus

Aimo vj. obiit nonas maii.   Odo

Aimericus xxxj.   Aimar

Guigo xvij. obiit iij. kal. oct.   Maiolus

Josfredus j. vij. † † et obiit v. idus oct.

Adalbaudus ix. obiit nonas decembris. xj. kal. augusti. Odilo.

Gaufredus ij^{us}. xij.

Hugo ij^{us}. vj. obiit vj. kal. junii.

Odolricus; obiit v. kal. oct.

Auterius.

Petrus I^us.
Mainardus. Huc usque habuerunt proprias consuetudines, sed amodo Cluniacenses introduxerunt alias novas.
Ademarus x°. et ix. menses obiit x. kal. septembris.
Bernardus ij.   sanctus
                                          Titbau Hugo
                                           Hugo Hugo
                                               Poncius
                                           Hugo Petrus
Amblardus xviij.   Willelmus Hugo
Albertus xiij. obiit idus augusti   Stephanus
Petrus ij^us. iiij. obiit xij. kal. septembris. Girordus Radulf.
Petrus iij^us xiij. obiit iiij. idus septembris   Gauterius
Isembertus xxiiij Hugo obiit kal. febr. xiiij. P. ij. P. iij.

(Lat. 3237, fol. 105 r°.)

IV.

Series alia abbatum chronologice descripta.

848-29 janvier 1295.

Abbates Sancti Marcialis anno gratie D°. CCC°. xl°. viij°. monachicum scema induunt.
Dodo. a. iij.
Abbo xj.
Benedictus xv. Normanni in Franciam et Aquitaniam se infundunt.
Gonsindus xviij.

Fulbertus vj.
Fulbertus ij. xx.
Stephanus xvij.
Aimo vj.
Aimericus xxxj.
Guigo xvij.
Joffredus vij.
Adalbaldus ix.
Gaufredus xij.
Hugo vj.
Odolricus xv.
Petrus xj.
Ainardus xij.
Ademarus j et ix menses
Bernardus ij.
Amblardus xxviij.
Albertus xiij.
Petrus ij, iiij. viij. menses.
Petrus iij, xiij.
Isembertus xxiiij. Obiit Heinricus rex junior et senior pater, rex inclitus; et obiit Geraldus et Seebrannus, episcopi, Ludovicus rex, Hemmanuel imperator.
Hugo xvj a. obiit Richardus et Ademarus vicecomes; obiit Hugo et Hugo Clun. abbates, et Willelmus
Petrus *Laguirsa* I. anno et iij menses.
    resignavit.
Petrus *d'Analac* v^a.
Guillelmus v. a.
Raimundus xviiij. a.
Willelmus xvj. et ix^{vem}. mensibus ix. dies.
Willelmus de Marolio x^{cem}. a. xj menses.

Jacobus *A flehet* v. annos.
Petrus de Sancto Valerico iiij. annos (1).
(Lat. 1338, fol. 237 v°.)

V.

Alia abbatum series.

848-1220.

Dodo	[Ai]mericus
Abbo	Hugo
[Bene]dictus	[J]offredus
[Gon]sindus	[A]dalbaudus
[F]ulbertus	[G]aufredus
[F]ulbertus	[H]ugo.
[Ste]phanus	[O]dolricus ob. M. xl.
[Ai]mo	[P]etrus
[A]inardus	Albertus
Ademarus ob. M. C. xiiij.	[I]sembertus ob. M.C.lxxxx viij.
Bernardus	Hugo
Amlardus	ob. M. CC. xx.

(Lat. 2651, fol. 129 v°.)

(1) Cette liste rédigée par B. Itier, comme plusieurs autres que nous donnerons ci-après, a été continuée par les deux bibliothécaires, auxquels on doit la suite de sa chronique.

VI.

Episcopi Lemovicenses.

vers 250-11 juin 1294.

Marcialis	Roricius ij.
Aurelianus	Ermenmaris
Ebbulus	Ermeno
Aticus	Salutaris
Emerinus	Agericus
Ermogenianus	Sacerdos
Adelfius	Autsindus
Dativus	Cessator
Adelfius ij.	Ebbo
Exuperius	Remigibertus
Astidus	Odachar
Rusticus	Christianus
Rusticus ij.	Stodilus
Exochius	Aldo
Ferriolus	Geilo
Asclipiodotus	Anselmus
Asclipius	Turpio
Simplicius	Ebbolus
Felicius	Ildegarius
Adelfius iij.	Ilduinus
Lupus	Geraldus
Erchenobertus	Jordanus
Cesarius	Iterius
Roricius	Guido

Humbaldus
Willelmus, prior hujus ce-
   nobii iij.
Petrus
Eustorgius
Geraldus xl.
Scebrannus xx. a.
Johannes xj.

Bernardus
Guido ij^{us}.
Guillelmus ij^{us}.
Durandus
Aymericus
Girbertus.
(Lat. 1338, fol. 236 v°.
et 237 r°.)

VII.

Abbates Sollempniacenses.

631-1220.

Rimaclus
Dagobertus
Childemnus
Papolenus
Childemarus
Gundobertus
Silinon
Frotarius
Aguilphus
Ebulo L. episcopus (1)
Geraldus
Aimericus
Ductrannus

Alexander
Silvius
Bernardus, Caturcensis
   episcopus (2)
Stephanus
Geraldus
Daniel
Sicardus
Ricambaldus
Bernulfus
Boso
Teodericus
Stephanus

(1) Eble de Poitiers, évêque de Limoges, 950-964.
(2) Bernard III, 1040, ou Bernard IV, 1067, évêque de Cahors.

Geraldus   Mauricius
Huncbertus   Geraldus
Adalfredus   Ademarus
Guido   Archambaldus
Rotbertus   Gaubertus
Elduinus   Hugo.
                  (Lat. 1338, fol. 229 v°.)

VIII.

Abbates Cluniacenses.

910-1244.

Berno   Gauterius anno uno
Odo   Willelmus
Aimardus   Theotbaldus
Maiolus   Hugo iiij.
Odilo annis l. v. Hugo v^{us}. viij. annis
Hugo j. annis lx. Willelmus viij. annis
Hugo ij. 8.   Geraldus
Poncius   Bartolomeus
Petrus   Rotlandus
Hugo iij.   Stephanus ij^{us}.
Stephanus   Hugo
Radulfus   Guillelmus iij^{us}.
                  (Lat. 1338, fol. 249 v°.)

IX.

Dignitatum et officiorum monasterii S. Martialis descriptio.

abbas
capellanus ipsius
scriptor
servitor
capicerius major
prior
capellanus ipsius
subprior
tercius prior
armarius
subarmarius
helemosinarius
sacrista major
thesaurarius
sacrista camere
custos altaris
capicerius sepulcri
subcapicerius
clavicularius S. Petri
clavicularius cimiterii
cellararius qoquine
pistancerius
prepositus de Cumbis

cellararius vini
socius ejusdem
hospitalarius
refectorarius
socius ipsius
infirmarius
magister scole
magister noviciorum
magister operis
magister hospitum et pannorum
ortolanus
Veirinas
Lo Bosc
Poi Franc
Sanctus *Dionis*
Valris, accensor lampadarum
Benaias
Lavalada
custos rasorum
custos clavis armarii
S. Jenia
V. *Surac.*

(Lat. 1338, fol. 259 v°.)

X.

[Monachi monasterii S.] Marcialis, apostoli.

1209.

[B. de] Colonias (1)
[B. Lari]beira
[B]orteus
[B. Ai]mericus, prior
[Bernardus Iterii], armarius et ij^{us}. prior
[Bertr]ans de Longa
[B. La]croz
[B. d]e Paizac
[B.] de Du
[B.] de Roeira
[B.] Garda
[B.] Gordet
[B]os Ladent
[F]olcau de Laia
[G]aubert Palmut, prior de Monberot
[G.] Lombardi, tesaurarius,   ij.
[G.] Assalor, custos altaris   B
[G.] de Bonavau, Gregori Farnier. xc.
[G.] Trobat. G. de Launac
[G]ui de Serran, capicerius Sepulcri; obiit.
[G.] de Bridier, juvenis
[G]aufre Sarrazi

(1) Il est mort en 1217. Voy. *la Chron. de B. Itier*, ci-dessus p. 101.

[G]aufre Arman
[G.] *de S. Valric*
[G.] de Rot
[Gari]nus, prior de Veirinas
[H]ugo de Brossa, abbas
[H]ugo Dafio
[H]ugo de Charreiras
[H]umbert *de S. Augusti*
[H]umbert *de Fondom*
[H]elias *Marteu*
[H]elias *Beus*
[H]elias *Cofolens*
[H]elias *Gui*
[H]elias *Malirat*
[H]elias Pineta, puer
[H]elias *Merchat*, con. (1)
[H]elias *de Manauc*, con. obiit.
[H]elias Jenia, con. obiit.
[J.] de Vairas, sacrista major
[J.] *deu Clauzeus*
[J]acobus, subhelemosinarius
[J]orda *de Malmont*, puer
Matheu Giraudo, infirmarius
Matheu de Vilaivenc, con.
Mainart Macareu, puer
[Ot]gerius, con.
[P.] Ardalo (2)
[P.] *de Nalac*, capicerius

(1) Conversus.
(2) Mort le 7 juin 1214 et inhumé dans la salle du chapitre, voy. *la Chronique de B. Itier*, ci-dessus p. 89.

[P.] *Passerau*, subarmarius et pistancerius
[P.] *de Vertuol*, ortolanus
P. *de S. Brici*, cellerarius coquine
P. *Cofolen*, capellanus abbatis
P. *Bru* in exercitu contra hereticos (1)
[P.] de Grazas
P. *Lavau*
[P.] Acarias
David (2)
[P.] G., puer
P. B., puer
[P. de Forcelas, puer
P. *Guitbert*, con.
P. J., con.
P. lermita, con.
Rotbertus de Serra, subprior.
Rotger Sabata, sacrista camere
Rotger Chapela
[R]*annols*, hostalarius
[R]*annols* Lastors
[R]*annols de Salanac, Salvaniec*
[Rai]m. *Gaucelm*, cellararius vini et prepositus de V. Chauchagrua, helemosnarius. j   [Cumbis
V. *Folcau* à Bolona
W. La Concha, operarius
W. *deu Barri*, magister noviciorum
W. *de Jaunac*

(1) Il était sans doute parti pour la croisade contre les Albigeois. C'est en 1209 que la ville de Béziers fut prise et saccagée par les croisés. Voy. ci-dessus pag. 74.
(2) Mort en 1213 et enterré le 10 juillet de la même année. Voy. *la Chronique de B. Itier*, ci-dessus pag. 87.

W. *Marteu*
W. *Chabrol*
W. *de Bre*, juvenis
W. de Roeira, con.
W. Chapda, con. à Benaias.
[I]n festo Abdonis et Sennes (1) hoc scripsi
[an]no M°. CC°. nono ab inc. Domini.
Post annum xx. iiij. desunt, xxviij supersunt a M°.
CC°. xx°. octobrio et totidem obierunt.

P. Ardalo, *Marti Cruet*, *Cha-*
tart Bonabocha, *Chatart Bermont* P. Helias *Chatart*.
Aimar *Gui*, W. *Pecos*, J. *Fla-*
menc, J. *Vidal*, J. *Preveiral* P. *Audier*.
Helias B., G. de Maurensanas,
P. Bocicorn, P. de S. Sador   Helias *Merchat*.
Audier Lamota, P. *Chabirans*   S. *Areu*. A. *Areu*. Israe.
A. *Marteu* iij, Helias *Beu*, *Gau-*
bert de Bornazeu   G. *Tort*, Jacobus.
Helias *Marteu*, P. *Marteu*.
Bertolmeu *Amel*, Bertol-
meu *Chavalier*   G. *Chambaret*.
W. *Marteu*.   B. Garda, *Andreu*.
W. *Boareu*.   B. *Loptalier*.
Helias *Boareu*.   P. *Viladarn*.
J. *Gui*, Mandain, Humbert de
S. Augusti, Bonifaci Bar-
raban   B. *Gordet*.
Helias *Gui*   *Mateu de Vilaivenc*.
G. *Brunot*   *Gaufre Duret*.

(1) Le 30 juillet.

*Andreu Beremne, Andreu deu
   Trot*
W. *Godeu.*
W. *Otger*
P. David, *Aimar Dichiduol*
P. *de Manauc*, P. *de Berenc.*
Gaufre de Chamborest
Helias *Jorda.*
J. *Maubert*
Helias *Amanabit*
W. *Chainler*
P. *Amoravi*, G. *Charais*, *Aimar
   Sudrau, Mateu Escudier.*
G. *Basili*
G. *de Vernuol*
B. *Gorbelo*
P. *Bilot*
W. *Bonifaci*
A. *Teicher*, W. *Teicher*
P. j. u. j. *deu Clauzeus*
J. de Vairas, S. Helias
Isaac, P. Upaina
Heinric
Helias *Guitbert*
W. *Chabrol*
Maurici Girberto, A. Girberto,
   Laurens Colaro, P. Upaina,
   Gui Truart.
Nicolau Pichamel.
Gui Arbert
Cleopas

Helias et J. Jenia.
P. de Peireguos.
P. *Rabiers Gori.*
J. Chauso
S. *Enjalbert*
P. *Guitbert*, P. Lavilata.
Hugo *Taurut.*
Humbert Freners
W. Chapda.
Helias *Pruneu.*

P. Lermita.
J. *Chauchet.*
G. *D'Aurel.*
G. Chauchagrua.
Helias *Malirat.*
Aimar locreps.
C. de *Festiac.*
Pascal.
Helias *Chaulie.*
Amanabit.
P. *Alcair.*
David Ardalo.
P. *lo Grant.*

Gauter Quart
J. *De lort.*
P. Chambolo.
P. B. Chauchagrua.

S. Veirina, G. de S, G. S. *Sal-
vaniec.*
S. Helias.
P. *Coc.*
P. de Forcelas.
P. *Borsau.* xlj j.
B. Iterii armarius annis xvj(1). : e xxxiiij.
Gaufre Sarrazi.
Helias Pineta, P. Pineta, W.
Pineta.
P. *Passerau.*
W. Chauchagrua.
Jacobus Chauchagrua.
Simon Malafaida.
A. *Manleue*, J. *Faure*, A. *de Vilac.*
Gregori Manleue.
Gregori Farnier.
P. Arcamala, J. *deu Peirat* G. *Lafont.*
(Lat. 1993, fol. 119 v°-120).

XI.

Monachorum nomina.

1209-1216.

. . . . P. *Bru*, P. David, P. *Bruchart*
H. Guibertus *l'ermita*, P. de Forcelas, Rann. *d'Afriac*,
Aim., Rann. *Lastors*, V. *Chauchag*[*rua*], S. *Salvaniec*,

---

(1) Cette note a dû être écrite en 1219 : B. Itier a été nommé bibliothécaire en 1204. Voy. ci-dessus pag. 69.

C. W. *Marteu*, W. La Concha, W. *de Bre*,
de Roeira xiiij. desunt.
[Cha]tardus.

(Lat. 5407, fol. 275 v°.)

XII.

Sermocinatores quos in capitulo nostro audivi (1).

1167-1210.

Hugo *de Clermont*, abbas Cluniacensis.
Heinricus, episcopus Albanensis (2).
Seebrannus, episcopus Lemovicensis abbas Cisterciensis.
Prior Sancti Johannis Angeliacensis.
Prior de Terramaor.
Magister *Rocinol* (3).
Magister B. *Roncomet*.
Magister Alanus, monacus Cluniacensis.
Quidam clericus girovagus (4).

(1) Ce qui rend cette nomenclature intéressante, c'est que les noms de ces sermonaires n'ont pas été recueillis par les auteurs de l'*Histoire littéraire de la France*.

(2) Henri, cardinal, évêque d'Albano (Etats de l'Eglise), mort en 1189. Voy. *Hist. Littéraire de la France*, t. XIV.

(3) Peut-être P. *Rocinol*, dont B. Itier relate la mort sous l'année 1218, au mois de juillet. Voy. ci-dessus, pag. 172.

(4) Ces moines gyrovagues ou errants qui parcouraient les monastères et vivaient en quelque sorte à l'aventure étaient la plaie de l'Eglise; voy. Migne, *Encycl. Cathol.*, *Dict. de droit canon*, pag. 154.

AD HISTORIAM SPECTANTIA. 255

Quidam abbas ordinis Cisterciensis contra hereticos missus.

Penitenciarius Petragoricensis (1).

B. *Arrabit*, clericus Cambonensis (2).

Albericus, archiepiscopus Remorum (3).

Abbas *de Bornet*.

Abbas Sancti Eparchii.

W. Mauri, prior.

Bernardus, prior.

Bartholomeus, prior.

Gaufre de Niol.

Robert de Serram (4).

B. de Tarn, armarius.

B. Iterii, armarius.

R., abbas Vosiensis.

Rotger Bufa.

P. Albet.

Gui de Serram.

Arnau Tiso.

Pons de Morlo.

W. *Folcau.*

(1) Peut-être le pénitencier *Gaucelmus*, dont B. Itier relate la mort sous l'année 1217. Voy. ci-dessus pag. 99.

(2) Mort en 1217. Voy. la *Chronique de B. Itier*, ci-dessus, pag. 101.

(3) B. Itier, dans sa chronique, parle sous l'an 1212 d'un sermon assez éloquent qu'Albéric avait fait à Saint-Martial en revenant du siége de Moissac où son neveu avait été tué. Voy. ci-dessus pag. 86.

(4) Robert de Serran, abbé de Saint-Pons, mentionné dans la *Chronique de B. Itier*, comme ayant prêché lors de l'élection de W. de Jaunac, en novembre 1220, et mort cette même année ou l'année suivante. Voy. ci-dessus pages 109 et 110.

W. *de Jaunac.*
Gaubert Palmut (1).
G. *Lafont.*
J. *Potet.*
W. La Concha.
A. *deu Barri.*
Garner. de Garialessa. per spacium. xxx trium annorum.
Hoc scripsi anno gratie m°. cc°. x°. jam terminato.
(Lat. 1338, fol. 230 r°.)

XIII.

Abbates, capicerii, subpriores, priores, armarii, etc.

1177-1212.

In hoc cenobio vidi abbates Perrio, Bernardus *deu Palais*
Petrum   priores : W. *Mauri*
Isembertum   B. *Bofi*
Hugonem. p.p.w.   *Bertolomeu* de Stampas
capicerios :   Lambert, Raols
Bosonem *de S. Marti*   Armarios :
A. *Marteu*   Marbo
P. *d'Analac* R.   Bernardus de Tarn
Subpriores :   Raimundus de Longa
A. La Brossa   W. *Arloi.*
Gaufre de Niol.   P. de Vertolio
Rotbert de Serran   Bernardus Iterii

(1) Il est mort en 1216. Voy. la *Chron. de B. Itier*, ci-dessus pag. 99.

Sacristas :
Hugo de Brossa
P. *d'Analac*
Gaucelm de Charnac
J. de Vairas. Humbertus de S. *Augusti*
Helemosinarios :
W. *de Manauc*
Gaufre Lacela
Rannols d'Afriac
W. Chauchagrua. Hospitale pauperum edificatur.

Transfigurationis festum elevatur.
Per xxxv. annos hoc vidisse me fateor; annus ultimus est M^{us}. CC^{us}. xij^{us}. incarnationis Christi.
Petrus *Laurier* (1) tenuit ecclesiam Cairoensem per dies xl. annos.
Hugo de Brossa tenuit prioratum de *Du* per annos quadraginta (2).

(Lat. 1338, fol. 258 v°. et 259 r°.)

XIV.

Status abbacie S. Martialis.

1218.

(3) Anno Verbi incarnati M°. CC°. xviij°, vigilia S. Columbani (4), manebant in hoc cenobio domnus abbas Petrus *d'Analac*, prior Aimo de Duo, subprior magister Petrus *l'Espanol*, iij^{us}. prior Bernardus Deuga, armarius Bernardus Iterii, magister puerorum Petrus *Merret*, sacrista major W. La Concha, thesaurarius Aimericus *Areu*, custos altaris Johannes d'Albusso, con. ; capicerii de Sepulcro G. *Trobat*, P. *Lachesa ;*

(1) Il est mort en 1223. Voy. ci-dessus pag. 114 et 115.
(2) Ailleurs B. Itier dit *pendant* 50 *ans*. Voy. ci-dessus p. 89.
(3) Ce qui suit jusqu'aux mots « custos ecclesie cimiterii, » est écrit en minium dans le manuscrit.
(4) Le 29 novembre.

clavicularius S. Petri *Andreu deu Trot;* helemosinarii W. Chauchagrua, *Chatart* Bonabocha; cellararii vini et quoquine Hugo de Charreiras, *Gui* Chauchagrua, Bernardus *Lacroz;* infirmarius et custos pannorum hospitum *Gregori* Lacela; iiij^{or}. capellani abbatis P. *Cofolent, Humbert de S. Augusti,* W. *de S. Marti,* Jorda *de Malmont;* refectorarius W. *Marteu;* custos ecclesie cimiterii, B. *Gordet;* pistancerii W. *Chabrol, Matheu* de Vilaivenc; custodes *de Poifranc* J. *deu Clauzeus,* Jacobus Chauchagrua; infirmi nostri Helias Lapanosa, A. Girberto, P. *deu Barri,* P. Laguirsa, P. de Grazas, P. *Passerau,* Raimundus *de S. Paul,* W. de Bre, Audebertus *Oliver, Chatart* con.; sacerdotes Ebrardus, G. Salabardi, G. Bordasola, G. *Vassau,* P. *Lavau,* Helias *de Gemeu;* levite A. *deu Clauzeus,* S. *Salvanicc, Otger, Rannols Lastors,* Helias Pineta, *Gaufre* Helias; subdiaconi *Godafre,* Audebertus *d'Analac,* Aimar Laribeira, A. *de la Rochela,* J. *deu Peirat, Gui de Vilatenor,* Helias Lacela, Raimundus Amalvi, *Audier Laporcharia,* B. Lavilata, Hugo Dafio, G. *Cofolent,* G. *d'Arx, Aimar Cofolens,* Humbert *Folcau,* B. *de S. Valric;* vij pucri J. *Rotger, Audier* Lamota, Zacharias, G. *de Montagut,* S. *de Granmont, Mateu Baile,* A. Tiso : omnes simul lxxiij; et notandum quod major capicerius, hospitalarius, subarmarius, magister operis, magister noviciorum, sacrista de camera, custos nemoris vacabant (1).

Abbas Vosiensis Raimundus *deu Longa,* prepositus de Chambo W. Gossa, de *Paonat* Rann. *de*

---

(1) Ce qui suit jusqu'aux mots « Helias *Boareu* » est écrit en minium dans le manuscrit.

Montandre, de Arnaco G. *de Bonavau*, de Subterranea Raimundus *Jaucelm*, *de Pairac* W. *de Goret*, de Laureira B. *de Goret*, de Mosto W. *Alboi*, *de Rosier* Helias *Cofolent*, de Manauco *Folcau* de Laia, de Fexcs A. de Fornols, de Rossac Gui de Rialac, *deu Quars* G. *de Jaunac*, *d'Anes* J. Potet, de Montmorlo W. *de Jaunac, de la Rocha Chandiric* W. Armant, *de Mosters* P. Acarias, *deu Du Berau* de Brid, de Malveira *Gaucelm Dobet*, *d'Azerable* G. de Brid, *de* Rot *Gaucelm* de Meiras, *de Seniac* P. *Petit*, *d'Analac* W. de Seniac, de Mansac P. *de Pratmi*, de Savio Simon Malafaida, *de Chales* A. *Ravart*, *de Montandre*, Bertran de Longa, de Vitaterna Rann. *de Chales*, de Cella W. *de Vertuol*, d'Aspinras P. *Palmut*, dapcla *Garner*, de Riuspeiros W. de Cosilac, de Taiac Surias, *de Vilars* S. Lacela, *de S. Victor* B. *de Lort*, *de Vernuol* B. Raimundus, *de Tarn Bernart Pic*, *d'Azac* Claris Dichiduol *Arnau* de Balanias de la Panosa, *Rotger* Sabata, de Cerniea Odo, de Dias *Gui* Dona, *deu Clauzeus* Helias *Boareu*, Poi molo R. *de S. Paul*.

(Lat. 3237, fol. 101 v°. et 102 r°.)

XV.

Nomina monachorum qui redditus adquisierunt.

1248.

A diebus ordinationis domni Isemberti, abbatis, usque in presentem diem octavum S. Andree(1), qui est

(1) Le 7 décembre.

annus gracie M^us. CC^us. octavus decimus, isti proposuerunt in corde suo ad anniversaria aliquid adquirere :
Predictus abbas CCC. sol.
Boso, capicerius, CCCC. L. *e* xij. sol.
A. *Marteu*, capicerius, L. sol.
A. Bechada L.
W. *Richart* L.
W. *de Manauc* xx.
Gui Arbert xx.
P. Ardalo xviij. P. *Lavau* xxx.
Gui de Vernolio xl. *Chatart* Bonabocha xxx.
J. de Vairas D. sol.
B. Loptalier xl.
David Ardalo viij. ls.
Helias *Merchat* xx. sol.
G. *Chambaret* xvj.
G. Daurel xiij.
G. *Tort* xv.
Bos Ladent xij.
P. *Guitbert* xxx.
Gaufre Duret x.
Helias Jenias v.
B. *Alcair* v.
Chatart xvj. *st. de froment.*
Helias *Cofolens* xl.
J. *deu Clauzeus.*
Jacobus Chauchagrua xl.
Humbert *de S. Augusti.*
P. Maliarta xxx.
S. Helias viij. sol.
P. *Pacerau* xl. sol.
W. La Concha L. sol.

B. *Gaudi* xij.
P. Laguirsa xx.
Guido de *Rialac.* xx.
P. *Audier* x.
J. *Faure* v.
Domnus abbas P. *d'Analac* L. sol. Hugo abbas xl.
Alii solemnitates auxerunt : W. Chauchagrua Transfigurationem *prim clas.* P. *Cofolent* Conceptionem Marie similiter. *Gui Gaucelm* octavas Annuntiationis encha. G. *Trobat* Nativitatem Marie et oct. P. de Pratmi ij. st. *de froment* ad Cenam. *Bartholmeu* Amelii oct. Assumptionis R. *dobles.*

(Lat. 3237, fol. 102 v°.)

XVI.

Obituarium.

M. CC. XVIII.

Januarius
a. *Gui de Lossac.*
b. Amelius, con.
c. G. *Brunot.*
d. Clari.
e.
f. *Gaufre de Niol.*
g.
a.
b. Helias *Achar.*
c.
d.
e.
f. S. *Viger.*
g. Arn. Tizo.
a.
b.
c. Giri.
d.
e. Audoinus.
f.
g.

a.
b.
c.
d.
e.
f.
g.
a. Iterius *de Briders.*
b.
c.
      Februarius.
d. Hugo, abbas.
e. G. *Petit.*
f.
g. Bartolomeus, prior.
a.
b.
c. Raim. La Cela.
d.
e.
f. B. Garda.
g.
a. G. *Chambaret.*
b. Helias *Merchat.*
c. A. de Laia.
d.
e.
f. P. *Guitbert.*
g. G. *de S. Valric.*
a.
b. G. *Petit.*
c. W. *Chabrol.*

d. W. *de Bre.*
e.
f.
g.
a. *Rotbert de Ser.*
b.
c.
      Marcius.
d.
e.
f.
g.
a.
b.
c.
d.
e.
f.
g.
a.
b. P. *La Guirsa.*
c.
d.
e.
f.
g.
a. W. *Richart.*
b.
c. *Andreu Beremnes.*
d. Odo.
e.
f.

AD HISTORIAM SPECTANTIA. 263

g.
a.
b.
c. *Pons* Helias.
d. *Urdimala*.
e.
f. Mateus *Giraudos*.
   Aprilis.
g. W. *de S. Alari*.
a.
b.
c.
d.
e.
f. G. Testa.
g.
a.
b.
c.
d.
e.
f.
g.
a.
b. G. de Laia.
c.
d. *Gaufre* Lacela.
e.
f.
g.
a.
b.

c.
d.
e.
f.
g. Helias *Guitbert*.
a.
b.   Maius.
c. P. *de Vertuol*. P. *Audier*.
d.
e.
f.
g. Lambertus, prior.
a.
b.
c.
d. Cleopas.
e. Hugo *Bausart*.
f.
g.
a.
b.
c.
d.
e. B. de Tarn, armarius.
f. *Rann. de Fornols*.
g.
a. W. *Bertrans*, abbas
   Vosiensis.
b.
c.
d.
e.

f.
g.
a.
b.
c.
d. Gombau. David Ardalo.
   Junius.
e.
f.
g.
a.
b.
c.
d. P. Ardalo.
e.
f.
g.
a.
b.
c.
d.
e.
f.
g. W. de Roeira.
a.
b.
c.
d.
e.
f.
g.
a.

b.
c.
d.
e.
f.
   Julius.
g.
a.
b.
c.
d.
e.
f.
g.
a.
b.
c.
d.
e.
f.
g.
a.
b.
c. Adabaudus, abbas.
d.
e.
f. J. de Vairas.
g. *Marti Cruet.*
a. A. *Marteu.*
b. *Gui de Serram.*
c.
d. P. *Gazeu.*

e. *Gui,* qui attulit reliquias.
f. B. *Ladent.*
g.
a.
b.
   Augustus.
c. Alelmus.
d. B. *Gordet.*
e.
f.
g.
a.
b.
c.
d.
e.
f.
g. *Ottger.*
a.
b.
c.
d.
e.
f.
g.
a. *Garis Brus.*
b.
c.
d.
e. W. Sabata.
f. G. de Longa.
g.

a.
b.
c.
d.
e.
   September.
f.
g.
a.
b.
c.
d. Isembertus, abbas.
e.
f.
g.
a.
b.
c.
d.
e.
f.
g.
a.
b.
c.
d.
e.
f.
g.
a.
b.
c.

d. B. de Colonias. g.
e. a.
f. b.
g. c.

October. November.
a. d. J. de Lautar.
b. e.
c. f.
d. g.
e. a.
f. b.
g. c.
a. d.
b. e.
c. f.
d. g. B. *de Teulet*.
e. a. S. *deu Pont*.
f. b.
g. c.
a. d.
b. e. *Gaubert Palmut*.
c. f.
d. g. *Raols deu Poi*.
e. a.
f. b.
g. c.
a. d. *Segui Lastors*.
b. P. *d'Analac*, abbas. e.
c. f.
d. g.
e. a.
f. Isaac. P. Maliarta. b.

c.	b.
d.	c.
e.	d.
December.	e.
f.	f.
g.	g. *Bos de S. Marti.*
a.	a.
b.	b.
c.	c.
d.	d.
e.	e. B. de Chando.
f.	f. *Gaufre Laplou.*
g.	g. A. Bechada.
a.	a. A. Vilas.

(Lat. 2135, fol. 191 r°. et v°.)

XVII.

Nomina monachorum qui redditus adquisierunt.

1221.

Abbas Isembertus ccc. sol.	A. *Taurut* xx.
P. *d'Analac* c.	*Brus* la Porta xx.
Hugo de Brossa xl.	Na Bruna xx.
Sanctus Hugo Flaos.	*Gui de Rialac* xx.
Ademarus.	P. Legatus xv.
Amlardus.	*Gui* A. xxj.
Albertus.	G. Vilas xx.
P. *deu Barri.*	G. de Claruol xx.
P. La Guirsa xx.	P. *Cofolens.*
W. *de Jaunac.*	G. *Trobat.*

Boso *de S. Marti* cccc. l.
A. *Marteu* l.
Raim. *Gaucelm.*
P. *Ardalo* iiij. ls. m. ij sol.
David Ardalo iiij ls.
Porcher de Drulas lx. sol.
Nicolaus de Drulas.

Helias *Marteu* xx.
P. *deu Peirat* iiij ls.
Audier Iterii xl. sol.
Phelip deu Peirat xl.
B. Margarata xl.
Gui de Vernuol xl.
A. Bechada.
W. *Richart.*
W. *de Manauc* xx.
B. *l'Optalier.*
Helias *Merchat* xx.
P. *Guitbert* xxx.
Gaucelm Resis xxx.
G. *Chambaret* xvj.
G. *Tort.*
G. *Daurel.*
Gui Arbert.
P. *Auzelet* x.
Rainau Salvaniec.
Helias *Meschi.*
Hugo Amelii.
P. *Audier.*
P. S. *Lojaio.*
Bertolmeu Gauter.

W. Chauchagrua.
Bertolmeu Amelii.
G. Lavilata xxj.
Rotger Costafava xx.
B. *Olric.*
Bos Ladent.
Petronilla, uxor Bru La Porta xx.
J. de S. Sador xv.
P. *Passerau.*
Chatart, con. j. *moi de fro.*
P. *Espanol.*
B. *Boichol* ij. st.
J. *deu Peirat*, clericus.
P. Pabiot xx.
P. *Barrilier* xx.
P. Upaina xx.
W. Chesa xx.
G. Bordasola xx.
J. de *Loptal.*
G. *Sirvent* xx.
A. de *Vernuol* xxv.
Cuors xij.
Gui de Manania xx.

Uxor P. *Lafont.*
Uxor *Gaufre Lafont.*
Alais Rosseta x. sol.
J. Jaios.
J. *deu Peirat lo mut.*
Sibilla *deu Peirat* x. sol.
P. Garda vij. sol.

Humbert deu Trot.   Maria Chabrola v.
Helias de Manania.   A. *Brus* senior v sol.
P. *Asne basset.*   Uxor ipsius.
W. Passagua.   A. *Brus* junior.
P. Iterii junior.   W. *Audier.*
Aimar Chatart.   *Marteu Faure.*
Helias Daicha.   J. *Charet.*
Gui Bechada.   Helias Jenia.
P. *Lafont.*   P. *Roduol* iiij.
Gaufre Lafont.   S. d'Albusso.
S. d'Ichiduol.   P. *deu Peirat lo tenres* v.
J. d'Ichiduol.
G. Jaio. *Oliver de Noalac.* Guischart iiij.
Chatart *lo meschi.*   *Jacme Negre.*
    S. Helias viij.
P. Garn., Hugo *de Jaunac.* B. *Gaudi* viij.
J. Jaio, P. de Roeira.   P. Mil. iij.
J. *Audoi.*   B. *Ladent.*
G. *Gauter.*   S. Lavilata iij.
J. *Delort.*   Nicolau *deu Quars* viij.
Chabrol.   B. *Alcair* v.
G. *Farners,* P. de Beana. x. Sacriste S. Petri et major
Gaufre Duret.   lx. sol. quinquaginta st.
P. *de Rialac,* Helias Amelii x.   *de froment.*
P. Amelii, B. Dorador x.   P. *de Jaunac* xx. sol.
Na Doussa, Agnes Marcela x.
B. *lo Barrau.*
W. Chabost, J. *Lator* x. P. *Auzelet* junior x.
Hugo Bonaborsa, P. *Turcat* ij. sol.
Lucia de S. Alari anno м°. cc°. xx°. j°. in festo Barn (1).
        (Lat. 1785, fol. 2 v°. et 3 r°.)

(1) Saint Barnabé, apôtre; le 11 juin.

XVIII.

Nomina monachorum qui redditus adquisierunt.

1221.

Audebert ij.	Helias iiij.
Audier ij.	*Humbert* iij. xx.
Andreu	Hugo iij.
Aimo.	Jacobus.
Aimar iiij.	*Jordan.*
A. v.	J. ij.
B. vj. xx.	*Mateu.*
Chatar ij.	*Otger.*
Ebrardus.	P. xiij. xx.
Focher.	Raim. iiij.
Gui iij.	Rann. ij.
Gaucelm.	*Rainau.*
Greg.	S. ij.
Godafre.	Tomas x.
G. L.	W. vivi xij.

M°. CC. xxj. in crastino octabarum S. Marcialis (1).
(Lat. 1842, fol. 145 v°.)

(1) Le 8 juillet.

XIX.

Isti sunt monachi qui nostris temporibus redditus adquisierunt.

1221.

Abbas Isembertus ccc. sol.
Boso, capicerius, cccc. l. sol.
A. *Marteu*, capicerius, xl. sol.
Bertolmeu Amelii.
A. Bechada.
W. *Richart* l.
W. *de Manauc.*
Isti sunt defuncti, ceteri supersunt.
Raim. *Gaucelm.*
Guido de Subterranea.
P. Ardalo xviij.
Gui Arbert xx.
P. *Pacerau* xl.
P. *Cofolens.*
W. Chauchagrua.
Jacme, nepos ipsius.
Helias *Merchat.*
P. *Guitbert*, con.
Isti fuerunt conversi et obierunt.
B. Loptalis.
G. *Chambaret.*
G. *Daurel.*
G. *Tort.*
P. *Audier* x. sol. W. La Concha.

Gaufre Duret x. sol. P. de Pratmi ij. st. *de froment* ad Cenam.
Helias Jenia v. sol.
B. *Alcair.*
G. *Trobat* xl. sol.
Bos Ladent xij. sol.
S. Helias viij. sol.
B. *Gaudi* xij. sol.
David Ardalo vij ls.
A. de Vairas D. sol.
G. *de Lort.*

(Lat. 1338, fol. 227 v°.)

XX.

Obitus anni 1222 (1).

A. *Gramavi*, J. *deu Peirat lo mut*, W. *Maomet*, He. Daicha, J. *Gachani*, W. A., J. *Badarat*, P. A. de Manania, *Humbert*, J. W., P. *Gui*, Helias, precentor, J. *de Vairaus*, Helias, W. Raim., A. *deu Peirat*, Helias *d'Ichiduol*, Aimar J. P. Helias, S. *Aimar*, S. *Lo Jauvi*, He. *Lo moni*, P. *deu Peirat lalao*, Jacobus He., J. *Lo Bastart*, A. J., W. *Lo Savis*, Iterius Cerc p. Iterii m^a., J. He., P. *Audier*, B. armarius, Helias, qui post obitum multa fecit mira, et Simon, frater ipsius. B. P., W. Helias, P. *Guitbert*, P. *Peirat*, P. *Sarrazi*, W. G. J. He. *Bertolmeu Audier*, *Audier Bertolmeu*, Helias de Vodro, He. P. B. A. J.

(Lat. 1813, fol. 147 v°.)

(1) Voy. *la Chronique de B. Itier* à cette date, ci-dessus p. 113.

XXI.

Status abbatie S. Martialis.

1223.

Anno M°CC°.xxiij°. in Pentecosten (1), W. *de Jaunac* regebat hoc cenobium et *Rofiec* et Monmorlo et Subterraneam; Raim. *Jaucelm*, capicerius; Aimo, prior; P. *Espanol*, subprior; Helias *de Gemeu*, refectorarius; B. Deuga iij^{us} et pistancerius et *lo bosc;* B. Iterii nonum decimum annum in armariatu explebat; S. *Salvaniec*, subarmarius. Hugo de Charreiras, cellararius vini *e* S. Jenia : *Gui Chauchagrua* sub eo; W. *Chauchagrua*, helemosinarius *e Cosei; Audebert d'Analac* sub eo; G. *Lafont*, operarius, archam fecerat in coro, ubi est scilla. *Gaucelm Bobet*, cellararius coquine; *Gregori Lacela*, infirmarius et pannos hospitum; W. La Concha, sacrista, P. Pineta sub eo ; A. *Areu*, thesaurarius, *Andreu deu Trot*, claves S. Petri, Helias *Brivairol*, capellam cimiterii, Ebrardus, pueros ; *Foscher*, xv. annorum, servitor abbatis, P. *Brus* et P. *Cofolent*, capellanus ipsius, Jacobus Chauchagrua, prepositus de Cumbis *e Poi Franc, Rannols Lastors* Veirinas, G. *Trobat* et J. *deu Clauzeus;* capicerii, P. de Grazas *Valris Rotger* Sabata lasculeiras; B. Raim. ortolanus *e Vernuol;* v. pueri : B. *d'Analac*, Rotbertus de *Serran, Gui deu Clauzeus*, Helias de *Frachet, Guischart* de

(1) Le 1er juin.

Chasteu; vj. juvenes : *Mateu Escudier e Mateu Baile,* Aimar de Chambo, P. Chambolo, J. *Rotger, Audier* Lamota. S. vv subdiaconi, B. Lavilata, *Aimar Cofolent,* W. *Amalvi;* conversi : A. *de Julac,* P. B., *Mateu,* P. Maliarta, P. *de Peireguos,* W. *de Monberols,* W. Sabata, *P. Pabiot;* duo novicii pueri : *Gaufre de Bonac, Maurici* Pineta ; diacones : P. *de Pratmi, Gui de Vilatenos, Gaufre* Helias, Raim. *Amalvi;* sacerdotes : A. *Malmiro,* B. *d'Uzercha, Chatart,* G. *Cofolent* l., Helias *Gui,* Hugo Dafio, J. *de S. Sador, Otger,* levita, P. *Lavau,* P. Jorda, W. *Chabrol,* W. *Marteu,* Jorda l., *Audier La porcharia* sub.; P. *de la Soterrana,* puer, Helias *Arnau,* l., Helios l., *Rannols lo Brus,* s., Helias *Beu,* s., G. de Vairas, s., *Aimar Laribeira* a. xj. B. vj. c. e. F. G. xij. h. ix. j. v. m. iiij. o. p. xiij. R. vj. s. ij. w. xj. octoginta et unus. W. *Faure.* Wsias regebat Raim. de Longa, Chambo W. Gossa, *Paonat, Arnac* G. *de Bonavau, S. Valric,* Simon Malafaida et **Audebertus** Oliver, Savio P. *Passerau, Chales* A. *Ravart,* Montandre, *Bertrans* de Longa, Vitaterna Ran. *de Chales, Pairac* W. *de Goret,* Laureira B. *de Goret, Tarn* W. de *S. Marti* v[us]., Ran. *de Montandre* Malveira, *Godafre Seniac,* P. *de S. Brici Du, Borau* de Bride[riis] *Azerable,* G. de Bride *Fesc,* A. *deu Clauzeus* Mosto, W. *Alboi Manauc, Folcau* de Laia *Azac,* Raim., nepos abbatis, *Rossac, Gui de Rialac Rot* et *Rosier,* Helias *Cofolens Anes,* J. *Potet* Exidolium, *Arnau* de Balanias *Mansac,* P. *de Pratmi Maravau, Aimois Mosters,* P. Acarias *S. Sauri,* B. *Lacroz Monleu e Larocha Chandeiric,* W. *de Chales* Cela, Hugo *Arnau Javarzac,* A. *Manleue Claras vaus,* P. *Marteu* Vedrinas *e Charnac,* Umbert de *S. Augusti* Vernuio, W. Chapda *Los Clauzeus,* Helias *Boareu*

Analac, W. *de Seniac Vilars*, S. Lacela *Sirac*, Marbo Aspinras, P. *Palmut* Sermiea, Odo *Soians*, P. *Merret* Poimolo, Raim. *de S. Paul Feletin, Gui de Corum*, prior claustri de Chambo, B. *Pic Laurens*, sed repudiatus est; Hugo *Lapanosa*, W. *de Rocafol e Audier Arman*. xl. vivj.

(Lat. 2400, fol. II r°. et I v°.)

XXII.

Nomina monachorum.

1223.

Aimo. *Audier*. ij. *Aimar*. iij. A. iij.
Andreu.
Audebert⎫
Chatart ⎬ B. vj.
Ebrardus.
Foscher.
Gregori. Gui. iij. *Gaufre*. ij. G. iiij.
Gaucelm.
Guischart. Helias. vij. Hugo. ij.
Jacme. j. iij.
Jorda.
Maurici. Marteu. iij.
Otger p. xiiij.
Rotger Raim. ij. Rann. ij.
Rotbert.
S. iij.
W. viiij.

lxxxiij.
Oct. Apostolorum (1).
M°. CC°. xxiij°.

(Lat. 5611, fol. 109 v°.)

XXIII.

Nomina monachorum.

Vers 1223.

Aimo.
A. Girberto.
A. *Areu.*
A. Malmiro.
A. *deu Clauzeus.*
Andreu.
Audebertus ij.
Aimar ij.
Audier ij.
B. Iterii.
B. *Deuga.*
B. *Lacroz.*
B. *Bochart.*
B. Lavilata.
B. *de S. Valric.*
B. *d'Analac.*
B. *Gordet.*

Hugo ij. W. Sabata.
Helias ij. Humbertus.
J. *deu Clauzeus.*
J. *Trobat.*
J. *Rotger.*
J. con., *Jorda,* Jacobus.
Matheu ij.
Otger.
P. *Espanol.*
P. de Grazas.
P. *Cofolens.*
P. *Lavau.*
P. *Pacerau.*
P. *de S. Brici.*
P. *de Rialac.*
P. *Laguirsa.*
P. *Bru.*

(1) Le 6 juillet.

Chatart ij. P. *de Peireguos.*
Ebrardus. P. *Rabiers,* P. *Borsau.*
G. *Trobat.* Rann. *Lo brus.*
G. *La Bordasola.* R. *Lastors.*
G. *Vassau.* Rotbert de Serran, puer.
G. *Cofolens.* S. *de Salvaniec.*
G. *de Montagut.* Thomas Malafaida.
Gregori Lacela. W. Chauchagrua.
Gaufre Helias. W. LaConcha, W. *deChambo.*
Godafre. W. *de S. Marti.*
Gaucelm ij. W. *Marteu.*
Gui ij. W. *de Chabrol.*
  W. *d'Ichiduol.*
  lxxx.

(Lat. 2316, fol. avant le fol. 1 v°.)

XXIV.

Nomina monachorum qui redditus adquisierunt.

Vers 1223-1224.

Boso, capicerius, CCCC. L. *e.* xij. sol., Isembertus abbas CCC. sol., David Ardalo vij. ls., P. *deu Peirat* iiij. ls. *e* iiij. sol., *Porcher* de Drulas lx. sol., *Audier* Iterii xl. sol., *Phelip deu Peirat* xl. sol., *Brus La Porta* cum uxore xl. sol., *Gui de Vernuol* xl., P., abbas, xl., *Gui,* prepositus *de Rossac,* xx. sol., G. Arbert xx., W. *de Manauc* xx., *Gaucelm Resis* xxx. sol., A. *Taurut* xx., P. Laguirsa xx., P. Upaina xx.,

Rotger Costafava xx., W. Chesa xx., Helias *Marteu* xx., B. *Loptalier* xx. e v., G. Bordasola xx., P. Ardalo xviij. sol., Helias *Merchat* xx., A. *de Vernuol* xx. e v., *Gui* de Manania xx., A. *Marteu* xl. sol., G. Lavilata xx. e i., G. *Sirvent.* xx., Helias Daicha xx., G. *Chambaret* xvj., *Gui.* A. xvj., P. *Guitbert* xxx., *Caors* xij., P. Legatus xv., Nicolaus de Drulas xv. sol., B. *Olric* x. e vij. sol., J. *Deu Peirat* xj, Albertus, abbas, xx. e iiij. sol. e xv. st' de segle, *Chatart*, con. *i.* moi de froment, Ademarus, abbas, xl., Amlardus, abbas, xl., P., abbas, xl., B. Margarata xl., P. *Barrilier* xx., P. *Pabiot* xx., *Bos Ladent* xij., Raim. *Jaucelm* xl., P. *Cofolent* xl., G. *Trobat* xl., W. Chauchagrua xxx., pro s. Hugo xxx., J. *de S. Sador* xv., *Jacme Negre* v., A. *Brus.* v., J. *Charet* v., J. *Faure* v., P. Garda vij., W. *Richat* xl., uxor *Peiro Lafont* ix. sol., Helias Genia v., Maria Chabrola v. sol., S. *d'Albusso* v., B. *Alcair* v., W. *Audier* v., P. *deu Peirat Lotenres* v., P. *Espanol* v., P. *Rodoih* iiij., Valeria *deu Peirat* iiij., *Guischart* iiij, s. Lavilata iiij., Helias Marcialis ij., s. Helias viij., *Bertolmeu* e S. Amelii xxviij. sol., G. *Vilas* xx. s., Nadossa x. sol., *Gui* xx, *Lalmosners*, l., *Aimar Cofolent* xx., W. *de S. Alari* x., P. de Grazas x., P. *Lavau* xxx., *Chatart* xxx., *Andreu* x., *Afueu* v., P. Maliarta xx., *Aimar Chatart* x. sol., *Humbert deu Trot* x., P. S. Lojaio x., Helias de Manania, G. *Asnebasset*, W. Passagua x. sol., Gui Bechada, P. *Lafont*, *Gaufre Lafont*, S. *Dichiduol*, J. *Dichiduol*, G. Jaio, *Chatart Lo Viger*, P. *Garner*, J. Jaio, *Bertolmeu Gauter*, G. *Gauter*, Lucia de S. Alari, *Gaufre Duret*, Hugo Amelii, *Chabrolet*, P. *de Rialac*, P. *Auzelet*, P. Iterii Junior, J. *Lator, Rainau Salvaniec*, J. *deu Peirat lo mut*, G. Jaio, Helias Amelii, B. *Barrau*, Helias *Meschi*, G. *Farner*, P. *Audier*, con., J. *de Lort*, P. *Chabot*, J. Dorador, Agnes Marcela, Hugo Bonaborsa, uxor *Jorda Marteu*, *Alais* Rosseta, Sibilla *deu Peirat* x. sol., W. La Concha. c., W. abbas. j., He. *Confolent* xl., *Jacme* xl., B. Deuga xl., B. Raim. xx., *Chatart* xx., G. *de Claruol* xx. sol., omnia hec c. ls e xxxiij. ls. (Lat. 5321, fol. 14 v°. et 21 r°. et v°.)

XXV.

Nomina monachorum qui redditus adquisierunt.

1224.

Bertolmeu Amelii oct. Assumptionis xxx. sol.
W. Chauchagrua Transfigurationem xxx.
P. *Cofolent* Concepcionem xl.
Raim. *Gaucelm* oct. Annuntiationis xl.
G. *Trobat* oct. Nativitatis S. Marie xl.
Audier Iterii, frater B. armarii, Nativitatem J. Babtiste.
Helias *Cofolent* J. apostoli ante Portam Latinam xl.(1)
Jacme Chauchagrua Jacobi apostoli xl.
P. Maliarta S. Katerine xxx.
P. *Lavau* Dionisii xxx.
Chatar Marteu xx. pro S. Lupo in albis (2).

(1) Sur les fondations pieuses faites par ces trois religieux en 1223, voy. *la Chronique de B. Itier*, ci-dessus pag. 114 et 117.
(2) Sur cette fondation pieuse, voy. *la Chronique de B. Itier*, ci-dessus pag. 118.

P. *Negre* S. Austreclenia v.
B. Deuga oct. Omnium Sanctorum xl. sol.
Hii studuerunt has festivitates augmentare.
P. *Passereau* Mariam Magdalenam xl.
P. de Pratmi Cenam.   (Lat. 2826, fol. 157 v°.)

XXVI.

Nomina monachorum qui redditus adquisierunt.

1224.

W. La Concha c. sol.
W. Chauchagrua l.
W. *de Jaunac* l.
P. *Cofolent* xl.
He. *Cofolent* xl.
P. *Passereau* xl.
G. *Trobat* xl.
Raim. *Jaucelm* xl.
Jacme Chauchagrua xl.
B. Deuga xl.
G. *Trobat* xl.
Bertolmeu Amelii xxx.
Hugo de Charreiras. xxx.
Bernardus Raim. xx.
P. Maliarta xx.
Chatart Marteu xx (1).
Jacme Negre v.
P. Lavau xxx.   (Lat. 1121, fol. 247 v°.)

(1) Sur plusieurs noms mentionnés ici, voy. les deux notes de la pièce précédente ci-dessus pag. 279.

XXVII.

Nomina monachorum.

Aimo (1).
Andreu.
Malmiro.
A. *Areu.*
Audier ij.
Aimar iij.
Audebert.
A. *de Julac.*
A. *Marteu.*
A. *Lo brus.*
B. Iterii.
B. Deuga.
B. Lavilata.
B. d'Analac.
B. *de S. Valric.*
Chatart.
Ebrart.
Foscher.
G. *Foscher.*
G. *de Vairas.*
G. *Trobat.*

Gaucelm.
Gui iij.
Gaufre ij.
Gregori (2) v. idus oct.
Guischart.
Helias Gui.
He. *Brivairol.*
He. Pineta, He. Be.
He. *de Frachet.*
He. *Arnau.*
He. *Umbert de Fondom.*
Hugo.
Jacobus.
[*Jor*]da.
[*Mat*]heu iij.
[P. Aime]rici,
[P. Hi]spanus.
[P.] de Grazas.
P. *Cofolent.*
P. *Lavau.*
P. *Jorda.*

(1) Cette feuille de garde provient peut-être du ms. Lat. 9572 relié du temps de Louis XVIII.

(2) C'est Gregorius Lacela, dont la mort est notée à cette même date dans un des obituaires de Saint-Martial. (Lat. 5257, fol. 64 r° et 10400, fol. 132.)

P. *Bru.*
P. *de Pratmi.*
P. Pineta.
P. *de la Soterrana.*
P. Chambolo.
P. *de Peireguos.*
P. *Pabiot.*
P. B.
Raim. iij.
Rannols ij.
Rotgier.
S. ij.

W. abbas.
W. L'almosners.
W. La Concha.
W. *Chabrol. Amalvi.*
W. *de Cous. Faure.*
W. la Jarrija.
W. *de Bornazeu.*
W. *de Monberols.*
Zazcharias.
M°. CC°. xxiiij°. in vigilia S. Pardulfi (1).
(Lat. 10400, fol. 133.)

XXVIII.

Nomina monachorum ordine litterarum digesta.

Aimo, abbas.
Aimo, prior.
Andreu Beremne.
Andreu de Vusias.
Andreu Garda.
Audebert de Fondom.
Audebert Olivier.
Audebert d'Analac.
Acarias.
A. *La Brossa*, subprior.
A. Bechada.

Chatart Bermont.
Chatart Bonabocha.
Chatart, conv.
Cleopas Daniel.
Gonsindus, abbas.
Godefredus.
Gari de S. Marti.
Gari.
Garn. de Garialessa.
Helias *Desmier.*
Helias *Lacela.*

(1) Le 5 octobre.

A. Vilas.	Helias *Arnau*.
A. *deu Barri* Chambo.	Helias *Guitbert*.
A. *deu Monroi*.	Helias *Pruneu*.
A. *Teicher*.	Helias *Chavilier*.
A. *de la Soterrana*.	Helias Pineta.
A. *lo chapelas deu Moster*.	Helias *Malirat*.
A. *de Montagrier;* rexit Chambo, Arnac, La Soterrana, S. Valric, Rosier, Montandre, Monleu.	Helias *de Praenzac*. Helias *de Rofiac*. Helias *Amanabit* ij.
A. *Marteu* ij.	Helias *Bernard* ij.
A. *Brachet*.	Helias *Loras*.
A. *deu Beuna*.	Helias Urdimala.
A. Girberto.	Helias *Merchat*.
A. *Areu*.	Helias *de Manauc*.
A. *deu Clauzeus*.	Helias Jenia.
A. Malmiro.	Helias *Marteu*.
A. *d'Albilanges*.	Helias *Boareu*.
A. Tiso.	Helias *Beu*.
A. de Laia.	Helias *Gui*.
A. *de Fornols*.	Helias Dibana.
A. *de Clarens*.	

(Lat. 2034, fol. 160 r°. et v°. et 161 r°. 163 r°.)

XXIX.

Nomina monachorum.

A. *Ganart*. Marteu lo brus de Julac.
Aimar de Chambo.
B. Iterii *de S. Sador, d'Arxs*.

Foscher. G. *Foscher de Montabo.*
Gari. Gaufre. G. *Relie.*
Guischart. Gui. Gelos.
deu Clauzeus.
He. *Brivairol.* W. *Chalbos.*
de Frachet Hugo de Roeira.
de S. *Marti.*
He. B.
J. *de* S. *Sador de* S. *Alpinia.*
La Chapela *de las Faurias.*
Maurici. P. *Airis deu Vergier.*
P. B. *Chambolos de la Soterrana.*
Rann. ij.
S. iij.
vv. iiij.

(Lat. 3784, fol. 122 v°.)

XXX.

Obituarii fragmentum.

ij. nonas jan. obiit Isembertus. Hic fecit scrinium sancti Valerici et duas cruces.

vij. idus jan. Galterius. Hic fecit signum quod vocatur Vox Domini, et unum pallium leoninum.

v. kal. febr. Petrus abbas. Iste comparavit unum pallium obtimum leoninum.

ij. nonas febr. Aimericus. Iste fecit armariam arcuatam, ubi scola legit et cantat.

Nonas febr. Fulcbertus levita. Iste fieri jussit capulam,

ubi est crucifixus in onichino depictus, et stolam auream planam cum chillis, ubi est nomen ejus.

v. idus febr. Ancelmus (1), episcopus, qui jacet in hoc loco fuitque sanctus homo.

xvj. kal. Marcii. Ildebertus, vocabulo Goionus. Iste fieri jussit tabulam Sancti Salvatoris ex auro (2) et pavimentum ipsius ecclesie.

xvij. kal. aprilis, obierunt peregrini in oratorio Sancti Salvatoris, conculcati a turba, in uno momento amplius quam l. ij. viri et mulieres ad matutinos in nocte Dominica die medie xl., m. xviij. anno Incarnationis Domini.

x. kal. junii. Rigaudus. Iste deargentavit vultum sancti Salvatoris, jubente Ludovico rege.

vj. kal. junii. Hugo, abbas. Iste exhornavit unam cappam ex auro, et comparavit amictum aureum modicum. Ipso die Benedictus. Iste fecit collarem aureum cum pectinale, qui est cum petris.

xvij. kal. julii. abbas Amblardus Sancti Austremonii de Mauzaco, et hic sepultus est.

xv. kal. julii. Wandalmarus. Iste fecit turibulum magnum de argento.

viiij. kal. julii. Autrannus. Iste fieri jussit bannum qui vocatur Gaiferius, et S. curciabaldum aureum et unum manipulum aureum cum chillis.

iij. idus julii anniversarius dies commemorationis pro nostris fratribus specialiter defunctis istius loci,

---

(1) Anselme, 38e évêque de Limoges, de l'an 869 au 9 février 893.

(2) B. Itier parle de cette table d'or dans *sa Chronique* en 1183. Voy. ci-dessus pag. 61.

Auterius abbas. Iste reparavit aggerem, quo munitum est castellum Sancti Marcialis.

ij. idus julii. anniversarius dies commemoracionis defunctorum, qui de hujus monasterii Sancti Salvatoris cimiterio translati fuerunt.

vij. idus aug. Aimardus. Iste fecit librum florum, ubi est vita sancti Marcialis.

Kal. sept. inchoatio unius xxx. pro fratribus Cluniacensis cenobii defunctis.

iij. idus septembr. anniversarius dies omnium fratrum defunctorum Sancti Geraldi Aureliacensis cenobii, et pro fratribus Sancti Michaelis de Monte similiter.

x. kal. octob. Gislabertus. Iste dedit librum qui vocatur Rabanus.

v. kal. octob. Odolricus, abbas. Iste comparavit duo pallia leonina et textum evangelii minorem ex auro, et fecit dedicare caput istius ecclesie, et redemit duas ecclesias, muros et castellum.

ij. kal. octob. Wido (1), abbas. Iste ampliavit sepulcrum Sancti Marcialis, et fecit vultum Sancti Petri, et incoavit clocarium, et missale cum magna littera fieri jussit.

Kal. octob. Ememo, prepositus de Cambono. Iste fecit manipulum aureum cum chillis.

Nonas octob. Aldo (2), episcopus. Iste jacet in hoc loco ; fuit enim vir sanctus.

v. idus octob. Gaufredus (3), abbas. Iste fecit ij^{as} cruces

---

(1) Gui, abbé de Saint-Martial.

(2) Aldon, 36ᵉ évêque de Limoges en 866.

(3) Geoffroi I, 11ᵉ abbé de Saint-Martial, mort en 998. Voy. ci-dessus pag. 6 et 44.

ex auro et scrinium ex auro, et comparavit iiij pallia, et fecit ij° candelabra magna ante altare.

(1) Bernardus Iterii (2), qui fuit thesaurarius et armarius, jussit fieri crucem, que adoratur a conventu in Parasceven. Helias *Merchat* jussit fieri imaginem argenteam de sepulcro Dei genitricis. Boso Sancti Martini jussit fieri capsulam argenteam in sepulcro.

(Lat. 4239, fol. 3 r°.)

XXXI.

Nomina monachorum qui dona contulere monasterio S. Martialis.

Joffredus abbas fecit duas cruces aureas.
Alter Joffredus abbas coronam auream de sepulcro.
Bernardus Iterii, tunc tesaurarius, jussit fieri crucem de auro, que adoratur a conventu (3).
Stephanus abbas fecit *la Morena*.
Fulcbertus, levita, fecit capsulam auream, ubi crucifixus in onichino.
W. *Vidals* adtulit crucem Domini de sepulcro.
Helias *Merchat*, tunc capicerius, imaginem Dei Genitricis de sepulcro.
Yrmindrudis regina dedit capsulam sancti Vincencii.

(1) Ces dernières lignes sont de la main de Bernard Itier.
(2) Voy. *la Chronique de B. Itier* à l'année 1191.
(3) Voy. *la Chronique de B. Itier* à l'année 1191, ci-dessus pag. 63.

Boso *de S. Marti*, major capicerius, fecit capsulam argenteam alteram, et crucifixum sancte crucis deargentavit.

Aimericus *lo blanc* tabulam argenteam, que est coram altare majore.

Petrus abbas *deu Barri* iiij. textos minores de argento, et duo candelabra argentea, et duas ampullas argenteas.

Odolricus abbas textum minorem de auro.

iiij. kal. aprilis migravit ad Dominum Aimelina (1), uxor W. *de Chauviniec* (2), et est sepulta in monasterio Dolensi, ubi innumera patrantur miracula.

(Lat. 1338, fol. 252 v°. et 253 r°.)

(1) Voy. la *Chronique de B. Itier* à l'année 1217, ci-dessus, pag. 99 et 100.

(2) Guillaume de Chauvigni, seigneur de Châteauroux, que nous retrouvons dans plusieurs documents importants de 1209 à 1220. Ainsi les priviléges qu'il avait accordés aux habitants de Châteauroux sont confirmés par Philippe-Auguste, du 6 avril 1208 au 28 mars 1209. Il promet au roi de le servir fidèlement au mois de septembre de l'année 1209, et trois seigneurs se portent caution de sa fidélité en mars 1213, comme il garantit lui-même celle de Henri de Sulli, son cousin (mars 1218). Enfin Philippe-Auguste atteste que Jean, abbé de Déols, a reconnu que la garde de l'abbaye et du bourg appartient à Guillaume de Chauvigni, seigneur de Châteauroux, et il confirme une charte du mois de septembre 1220 touchant un accord conclu entre ce seigneur et l'abbé de Déols, sur les droits de justice et les franchises du bourg de Déols, en septembre 1220. (L. Delisle, *Catalogue des actes de Philippe-Auguste*, n°s 1083, 1165, 1426-1429, 1804, 1991, 1992.)

XXXII.

Isti monachi instituerunt hec festa et dederunt hos redditus.

1226.

Raimundus, abbas, festum Annunciationis beate Marie xl. s.
Hugo, cellerarius, Conversionem S. Pauli xxxv. s.
B. Deuga octab. Omnium Sanctorum xl. s.
P. *Lavau* sancti Dionisii xxx. s.
Catardus Bona Bocha Purificationis fest. xxx. s.
P. *Pacerau* Macdalene ix. s. *e.* x. sest. siliginis.
P. de Pratmi octab. S. Vincencii xxx s.
P. *Cofolens* Concepcionem beate Marie xl. s.
P. Maliarta Caterine, virginis, xx.
W^{us} La Concha tres dies post Assumptionem et alios iij^{es} post festum Omnium Sanctorum c. s.
Helias *Cofolens* Johannis, evangeliste, xl. s.
Jacobus sancti Jacobi xxx. s.
W^{us}, avunculus Jacobi, xl. in Transfiguratione Domini.
G. Trobat Nativitatem beate Marie xl. s.
Bartolomeus *Amiels* octab. Assumptionis xviij s.
B., prepositus de Vernolio, Decollationem Johannis Baptiste xxx. s.

Abbas Ademarus lx. s.
Abbas Albertus xl. s.
Abbas Amblardus xl. s.

Abbas P. de Barrio xlvij. s.
Abbas Isembertus lx. sol. ad Misericordia Domini et xl. s. in Na^{te} beate Marie.
Abbas Hugo xl. sol.
Abbas P. *de Rossac* xx. s.
Abbas P. *de Nalac* L. sol.
W^{us} abbas *de Raunac* L. sol.

(Lat. 1139, fol. 27 r° et v°.)

XXXIII.

Nomina monachorum qui redditus dederunt.

1226.

[M]ense Januarii (1).
In Epiphania, *Embert deu Trot* x. s.
Tercia die post Epiphaniam, Hel. de Manania x. s.
In octab. Epiphanie, pro *Esteves* Lojaiaos x. s.
In festo beati Hilarii, *Rotger* Costa Fava xx. s.
In festo beatorum martirum Fabiani et Sebastiani, B. Olrix xx. s.
In festo Vincentii, martiris, P. *Asnebas* x. s.
Eodem die, Aimericus *Brus* de Aicha, xx. s.
Item ipso die, Willelmus Passaguas x. s.

(1) Il y a dans le ms. Lat. 5137, fol. 13 v°-14 v°, de la même époque et de la même main que celle-ci, une sorte de liste des bienfaiteurs de l'abbaye, où les noms sont ainsi disposés suivant l'ordre du calendrier; mais ce premier essai d'obituaire ne contient qu'une faible partie des noms dont le ms. Lat. 1139 donne la série complète.

Joan d'Eissidoil x. s.

In octab. S. Vincencii, P. de Pratmi xxx s. (1)

Vigilia Epiphanie, P. Jaios x. s.

[M]ense Febroarii.

Ignacii, episcopi, Ademarus *Chatart* x. s.

Eodem die, abbas Hugo de Brossa xl. s.

Blasii, episcopi, Guido Bechada x. s.

Scolastice, virginis, P. *de Jaunac*, miles, xxv. s.

Valentini, martiris, Hel. *Merchat* xx. s.

Eodem die, P. *Rodois* iiij. s.

Item ipso die, P. *Guitbert* xxx. s.

Cathedra sancti Petri, P. *Lafon* xx. s.

Eodem die, G. Lavilata xiij s.

In Purificatione beate Marie, Catardus Bona Bocha xxx. s.

P. de Gradas x. s.

In octab. sancti Vincencii, P. de Pratmi xxx. s.

Conversio sancti Pauli, Hugo de Charreiras xxxv. sol.

B. Barbosta xx. s.

Sancte Agate, Guido *Gaanz* xx. s.

(En regard de ce mois sur le fol. 20 v° on lit avec un renvoi :)

Item conventus Sancti Marcialis habet xlvj. sest. frumenti.

Item habet xlij^{os} pigment. et habet centum sol. ad minus de redditibus... militis de Roeira annuatim hec omnia rendualia.

Habet unam pistanciam apud Palnacum; ateram apud *Arnac*; terciam apud *Montandre*; iiij^{tam} apud Calesium; v^{tam} apud S. Valericum.

(1) Cet article est barré dans le manuscrit.

[M]ense Marcii.

Hel. Daissa x. s.

Octavo die ejusdem mensis, *Brus* Laporta xx. s.

Gregori, pape, Petrus Laguirsa xx. s.

xvij^{mo} kalendis aprilis, W^{us}. *Richart* xlv. s.

Eodem mense, pro Bertrando de Longua xx. s.

Pro Jacobo *deu Peirat* xxx. s.

[M]ense aprilis.

W^{us}. de Sancto Hilario x. sol.

Ambrosii, episcopi, Stephanus de Exidolio x. sol.

Eodem die, *Porchiers* de Drulas lx. sol.

Joans Charet v. sol.

xvj°. kal. maii, Boso *Bernart* xij. d.

Eodem die, Catardus *lo drapiers* unum modium frumenti.

xj° kal. maii, Ademarus *Cofolens* xx. s.

Georgii, martiris, B. Malgarata xl. sol.

Marci, evangeliste, Geraldus Jaios x. s.

In reoctab. Pasche, abbas Isembertus lx. s.

W^{us}. *de Jaunac*, abbas, infra octab. Pasche, L. s.

Joans Sarrazis, eodem mense, xl. s.

[M]ense Maii.

Philippi et Jacobi, P. *Audiers*, monacus, x. s.

In Inventione sancte Crucis, Hel. *Chalboys* x. s.

Eodem die, P. *Mils*, presbiter, iij. s.

Joannis, evangeliste, Petronilla Bruna xx. s.

Eodem die, *Chatars lo vigiers* x. s.

Nerei et Acillei, Maria Chabrola v. s.

Eodem die, P. Garda, vij s.

Victoris et Corone, Petronilla *deu Clauzeus* x. s.

Potenciane, virginis, P. *Garniers* x. s.

Eodem die, *Joans Audoys* x. s.

Lupi, episcopi, *Joans* Jaios x. sol.
Eodem die, B. *de Boissoil* duos sest. frumenti.
Eodem die, Bertolomeus *Gautiers* x. sol.
Item ipso festo sancti Lupi, Catardus Martelli, capellanus Sancti Micaelis, xx. s.
Pro W°. Bertrando, abbate Vosiensi, xx. s. eodem die.
Item Urbani, pape, Stephanus de Albusso, v. sol.
Ipso die, Rainaldus *de Salvanec* (1), Radulfus prior, x. s.
Germani, episcopi, David Ardalo vij. l.
Joannis ante portam Latinam, Hel. *Cofolens* xl. sol.
P. *Turcat*, iij. sol.
T. *Mauris* dedit nobis in ipso mense quandam decimam, que valet per annum iiij^{or} sol. *He. Aimerici cantor*, v. s.
[M]ense junii.
Clari, episcopi et martiris, *Bos Laden* vj. sol.
Eodem die, pro Hel. Martelli, capellano Sancti Micaelis, xx. sol.
Medardi, episcopi, Guido *de Vernoil* xl. sol.
Eodem die, pro Geraldo Gaut. x. s.
Item pro Petro Ardalo xviij. s.
Marc. apostoli xv^{mo} magister *Joans deu Peirat* xj. s.
Pro Valeria *deu Peirat*, iiij. s.
Cirici et Julite, W^{us}. *de Manauc* xx. s.
Florencie, virginis, *Joans de Lort* x. s.
Vigilia Joannis Baptiste, Lucia de Sancto Ilario x. s.
Amandi, conf., *Chabrolet* x. s.
In festo sancti Marcialis, Helias Genias v. s.
Bernardus *Laden* vj. s.

(1) Ce nom est souligné dans le manuscrit.

In oct. sancti Marcialis, Helias Gales ij. sext. frum.

[M]ense julii.

In octab. sancti Johannis Baptiste, *Guischart* iiij. s.

Gui deu Peirat x. s.

Tercia die post octab. beati Marcialis, W^{us}. La Concha L. s.

In Translatione sancti Martini, *Audiers lo vigiers* v. s.

In octab. sancti Marcialis Boso, capicerius, xxx. s.

In octab. sancti Benedicti, *Aimerix Taurut* xx. s.

Marie Macdalene, Briccia, uxor P. *Lafon* x. s.

Eodem die, *Joans deu Peirat lo muts* x. s.

Jacobi, apostoli, Aimericus *Marteus* xl. s.

Eodem die, Jacobus Chauchagrua xxx. s.

Item eodem die, uxor *Gaufre Lafon* viiij. s.

Natarii, Celsi et Pantaleonis, P. de Beuna x. s. *e* vj. d.

Marie Macdalene, P. *Puceraus* x. sest. siliginis, et ix. sol.

Guido Gahanhs xv. sol.

W. Maenbertz xxv. sol.

[M]ense augusti.

Stephani, pape, P. *Auzelet* x. sol.

Eodem die, P. Legati xv. sol.

Item eodem die, G. Vilas daissa xx. s.

Sancte Affre, virginis, Guido Aimericus xvj. s.

Ciriaci, Largi et Maracdi, P. *Caors* xij. s.

Vigilia sancti Laurencii, *Gaufre Lafon* x. s.

Vigilia sancte Marie, *Guiraus Chambaret* xvj. s.

In crastinum Assumptionis beate Marie, W. La Concha L. sol.

In octab. sancti Laurencii, G. Jaios x. s.

In octab. sancte Marie, Bartolomeus et Stephanus *Amiels* xxviiij. s.

Eodem die, *Gaucem Rezis*, xxx. sol.
Aredii, abbatis, Amelia, filia Helie *Amiel*, x. s.
Augustini, episcopi, Guido de Manania, xx. s.
Decollatio sancti Johannis Baptiste, P. *Peirat Lotenres* vj. s.
Felicis et Audacti, P. Iterii xx. s.
Eodem die, Helias *Amiels* xx. s.
In Transfiguratione Domini, W^{us}. Chauchagrua xl. s.
Aimericus *Ravart* xxx. s.
In Decollatione Johannis Baptiste, B. de Vernolio xxx. s.

[M]ense septembris.

Egidii, abbatis, P. *deu Peirat* iiij. l. et iiij. s.
Marcelli, martiris, B. *Lobarraus* x. s.
Eodem die, abbas Isembertus xl. s.
Nativitas sancte Marie, Nicolaus *deu Cairs* viij. s.
Eodem die, G. Trobat xl. s. et duos sest. *e* una emina siliginis in helemosinam.
Dorotei et Gorgonii, abbas P. de Barrio xlvj. s.
Proti et Jacinti, *Almois* Bona Bocha x. s.
Cornelii et Cipriani, Maria, uxor Petri Iterii.
Exaltatio sancte Crucis, Nicholaus de Drulas xxx. s.
In octab. sancte Marie, Stephanus Lavilata, iij. s.
Vigilia sancti Mathei, Guido, cellerarius Subterranee, xx. sol.
In festo beati Mathei et apostoli, Hugo Bona Borsa, x. s.
Eodem die, B. Dorador, x. sol.
Cosme et Damiani, Gau. *Lator*, x. s.
Eodem die, B. *Alcaires* v. s.
Micaelis, archangeli, Alais Rocetaus x. s.
Eodem die, Stephanus Helias viiij. s.

[M]ense octobris.

Pardulfi, conf., Hugo *Amiels* x. sol.
Eodem die, Hel. *Meschis* x. s.
Fidis, virginis, Agnes Martela x. s.
Dionisii, Rustici et Eleuterii, P. *Lavau* xxx. s.
Austricliniani, G. *d'Aureil* x. s.
Philippus *deu Peirat* xl. s.
Pro Emberto *deu Peirat* xxx. s.
Pro patre ejusdem Emberti alios xxx. s.
Pro Guidone *deu Peirat*, nepote dicti Emberti, x. s.
Sancti Leodegarii, pro Israel vj. s.
Calicti, pape, P. *Auzelet* junior x. sol.
Sancti Frontonis, pro abbate P. *de Nalac* L. s.
Simonis et Jude, Aimericus de Vernolio xv. s.
Vigilia Omnium Sanctorum, G. *Lotort* xv. s.
Sibilla *deu Peirat* x. s.

[M]ense novembris.

In crastinum Omnium Sanctorum, P. *Barriliers* xx. s
Eodem die, W[us]. La Concha L. sol.
Valentini et Ilarii, P. Iterii x. s.
Guido *Arbert* xx. s.
Eodem mense, *Jordas* Puneta, xxx. s. *e* vj. d.
Theodori, martiris, G. *Sirvens* xx. s.
Menne, martiris, Dulcia Relieira x. s.
Briccii, episcopi, *Rainaus de Salvanec* x. s.
Sessatoris, episcopi, *Joans Faure* v. s.
Cecilie, virginis, P. *de Rialac* x. s.
Grisogoni, martiris, Gau. *Duret* x. sol.
Caterine, martiris, P. *Espanols* v. s. *e* iiij. sest. frum.
Agricole et Vitalis, Bernardus *Loptaliers* xxv. s.
Eodem die, Hel. *Merchat* xx. s.
Item Caterine, martiris, P. Maliarta xx. s.

In octab. Omnium Sanctorum, B. Deugua xl. s.
  [M]ense decembris.
Eligii, episcopi, *Joans de Lobtal* xv. s.
In octab. sancti Andree, G. de Bordasola xx. sol.
Sancte Valerie, virginis, G. *Farniers* x. sol.
Lucie, virginis, P. Upaina xx. s.
Eodem die, Boso, capicerius, xxxiiij. sol; ex alia parte dedit nobis D. sol.
Vigilia Natalis Domini, *Joans de San Sador* xv. s.
Eodem die, W^{us}. Chieza xx. sol.
Thome, martiris, Aymericus Bechada L. s.
Andreas *deu Trot* x. sol.
Pro Bosone *Laden* et Bernardo, fratre suo, xvij sol. et duos sest. frumenti.

(N.-B. — Nous avons imprimé en italiques les articles qui sont ajoutés dans le ms. d'une autre écriture que le corps du texte.)

(Lat. 1139, fol. 21 r°-27 r°.)

XXXIV.

De numero cereorum in anniversariis abbatum.

Nota quod in vigiliis abbatum Sancti Marcialis jam defunctorum debent in civorio (1) ardere xij. cerei, et super altare duo cerei, et super corum tres, et ad missam similiter; in primis classibus similiter per totas matutinas xij. cerei in civorio, duo super altare, tres super corum; in simplici doblario tres super corum

---

(1) B. Itier, entre autres travaux exécutés en 1220, place l'achèvement du *ciborium*. Voy. *sa chronique*, ci-dessus p. 109.

ad omnes oras diei, duo super altare ad vesperas et ad missam vj. super civorium et ad cantica xij. cerei ardere debent.

Nota quod apud *Vilamazet* in parrochia de Cozeio unum sest. frumenti, in parrochia *de Molac à la Rossandia* aliud sest., in manso *de Gonsinac* unum sest. siliginis ad opus.

(Lat. 1139, fol. 9 v°.)

(On lit au bas de ce feuillet :)

W[us]. La Concha me fecit et beato Marciali donavit.

XXXV.

Narratio de pallio miraculoso altaris Sancti Salvatoris.

Entre 1216 et 1218.

Cum multa et innumera miracula tempore preterito divina pietas operata sit in ecclesia nostra, quoddam mirabile fecit et dignum memoria ibidem in diebus nostris. Contigit ut quoddam pallium devocionis et humilitatis exemplo nobis esset oblatum ad faciendam tunicam vultus preciosi qui gloriosus eminet super altare sancti Salvatoris. Quo accepto, W[us]. sacrista, ad quem pertinebat, mandavit ad se quemdam opificem obtimum, qui de predicto pallio quod injunctum sibi fuerat faceret, et quasi homini viventi tunica vultui bene sederet, ille siquidem, ut bene doctus erat, amplissimam fecit et speciosam, quam secum postea domum suam detulit ut ibi perficeretur. Qui, quodam cupiditatis stimulo tractus, partem quandam lateralem, quam girones vocant, tunice subtrahens dolose retinuit, quasi non videbit Dominus, nec intelliget Deus Jacob(1). Postmodum tunicam attulit, et vultum induit; sed vestis artissima comparuit, nam amplitudo fuerat subtracta. Post modicum vero temporis, illo super hoc nunquam cogitante nec penitente, sed adhuc illud retinente, dum silentium tenerent omnia (2), et ille dormiens in lecto suo quiesceret, apparuit ei vultus qui non dormit neque dormitat (3), nam vultus Domini super facientes mala (4), et dixit ei : « redde, redde quod de tunica mea rapuisti. » Ad ejus vocem, ille quasi de gravi sompno evigilans et stupefactus, vanum esse putavit, et quasi pro nichilo reputans obdormuit. Vultus autem Domini valde commotus, quod tunica sibi caritative donata diminuta fuisset, terribilis et impatiens illi apparuit et secundo dicens : « redde, redde onus, et tunicam meam emenda. » Quo audito, excitatus a sompno et ad se reversus et hujus criminis se reum dijudicans, surrexit et quod vultui subdole subtraxerat ei confessus et penitens reddidit, et devotissime tunicam emendavit. Unde patet quam benignus et misericors sit Dominus, qui non vult mortem peccatoris, sed ut convertatur et vivat (5). Ex hoc aperte comprobatur quod.... est et molestum quod injuria sibi vel dedecus inferretur ista? placitum est et acceptum (6).........

(Lat. 2670, fol. 4 r°.)

(1) Psal. xciii, 7.
(2) Sap. xviii, 14.
(3) Psal. cxx, 4, et Isaï. v, 27.
(4) xxxiii, 17.
(5) Ezech. xxiii, 11.
(6) Le reste effacé dans le manuscrit.

XXXVI.

Willelmi La Concha dona, etc.

Ad honorem et laudem beate Virginis Marie et omnium sanctorum Dei W^{us}. La Concha, monacus, dedit conventui Sancti Marcialis Lemovicensis centum sol. annuatim renduales, videlicet quinquaginta sol. donavit ad tres dies post festum Assumptionis beate Virginis Marie, et alios quinquaginta sol. similiter ad tres alios dies, qui sequntur : post festum Omnium Sanctorum solemniter et festive sicut in septimana Paschali et Pentecostes celebraturos et precipue ad opus pistanciarie predictorum dierum eosdem reddituros assignavit de locis istis.

xx^{ti} sol. sunt in domo *à la Maciterrada* ad pontem *Guirissoz* ante domum Petri de Axia in cumbis et sunt in tota domo in subterraneo et solario cum venditionibus et xij. denariis de acaptamento et cum dominio, et constiterunt xxvij l.

Item xl. sol. sunt in domo Petri de Sancto Ilario quam W^{us}, nepos suus, tenet in tota domo et in orto et duabus estagiis retro positis, et constiterunt mill. et xx. sol.

xx. sol. sunt ad portam viridarii Sancti Marcialis ante ortum domus helemosinarie in sex estagiis lapideis, et constiterunt xxv l. v^{que} sol.

Alii xx^{ti} sol. sunt supra fontem Serveira in quinque domibus sive estatgiis ; duas estatgias qarum tenet P. *Lasbordas*, terciam tenet Helias de Sancto Martino *Lomas-*

soz, quartam tenet *Brostains* et v^{tam} *Sabatos de Monjauvi;* et sunt cum duobus sol. et vj. d. de acaptamento et cum venditionibus et dominio, et constiterunt xxvj. l. *e* x. s. Medietas vero istorum supradictorum denariorum in vigilia Natalis Domini et alia medietas in vigilia Nativitatis beati Johannis Baptiste singulis annis est redditura in pace.

Generale anniversarium.

Item dominus Raimundus, abbas Sancti Marcialis, in generali capitulo consistens, ad preces jam dicti W^{mi}. La Concha, de voluntate et assensu tocius conventus Sancti Marcialis, instituit et fieri decrevit quod singulis annis, quarta die post octabas majoris festi beati Marcialis, pro parentibus ejusdem W^{mi} jam defunctis et pro omnibus fratribus nostris infra claustrum et extra per cimiteria jam sepultis, officium mortuorum tam solemniter fiat cum processione sicuti fit pro domino Isemberto, abbate, et quod omnes monachi cero ad officium et mane ad missam simul conveniant omnes albis induti. Missa jam matutinali jam dicta cum presbiteris et clericis monasterii et ecclesie de Cortina solemnem faciant processionem. Preterea W^{us}. La Concha supradictus ad pistanciam eodem die faciendam quinquaginta sol. de locis istis infra castrum Lemovicense constitutis duobus terminis in anno renduales assignavit.

Viginti sol. sunt in domo Hug. Cossa ante fontem de Quadruvio juxta domum Bernardi Fabri, et sunt cum dominio et xij. d. de acaptamento; constiterunt xxvj. l. *e* x. s.

x. sol. sunt in domo que fuit W^{mi} Auchacidos que est in platea coram ecclesia beati Micaelis cum vendicionibus, dominio et xij. d. de acaptamento; constiterunt xiij. l.

Viginti sol. sunt in veteri mercato, in duabus domibus que sunt *Aimeric Balarget*, videlicet in una lapidea et atera lignea; et constiterunt xxj. l.

Redditus clericorum.

Iterum idem W^{us}. La Concha clericis monasterii et de Cortina qui ea die officium pro jam defunctis fratribus fecerint et dicte processioni interfuerint vj. sol. annuatim assignavit reddituros de locis istis.

In vicu de *Corba Guriz* ad portam *de Piescha Vaicha* in iiij^{or} estatgiis que sunt sub dominio Bernardi *Papalou*, comparavit W^{us}. La Concha viij^{to}. sol., et duos sol. dedit ostiariis Sancti Marcialis ad pulsandum scilicet duobus festis, videlicet tribus diebus post Assumptionem Beate Marie et tribus diebus post festum Omnium Sanctorum vj. sol. dedit presbiteris clericis monasterii Sancti Marcialis et ecclesie de Cortina; et capellanus Sancti Marcialis, qui pro tempore fuerit, debet istos denarios levare et inter clericos dividere et duos sol. ostiariis reddere in pace. Isti vij. sol. constiterunt x sol.

Melioramenta altaris.

Item ex altera parte iiij^{or} armaria, que sunt circa majus altare, que idem W^{us}. fecit, constiterunt xj. l. et v. s.

Jenue, que sunt circa altare, constiterunt vij. l. *e* x. s.

Lavatorium de plumbo constitit xxxvij. sol.

Duo candelabra deaurata iiij^{or} l. et xv. sol.

Vas argenteum ostiarum lxx. sol.

Tres vitree, candide super altare lxx. sol.

Scrinium, in quo candele servantur, et amphora aque cum sedilibus lapideis xviij. sol.

Domus, quam fecit cum duobus escriptoriis et apparamentis xl. vj. l.

Item ex altera parte fecit idem W^{us} duo signa, que constiterunt D. sol.

Cadafaudus signorum ix. l. et x. sol.

Spila super fenestram S. Marcialis vij. l. *e* x. sol.

Crux aurea, gallus et conche cum artibus constiterunt xxvij. l.

Vitrea sancti Spiritus cum ferro xxiij. l.

Coopertura dome de plumbo (1), cum lignis cooperatis et tegulis novis comparatis, constitit xvj. l.

Totum monasterium induere a superiori gallo usque ad stationes garcionum, cum xj. paribus artium et cum bitumine pinnaculi, xx. l.

Prima opertura monasterii, cum x. milia tegulis comparatis, vij. l.

Minora opera de xx^{ti} sol. et infra que fecit non computamus, que innumerabilia fuerunt.

Preterea xij. l. ex debito Petri Zacarie idem W^{us} jam persolvit.

Item W^{us}. sepedictus duas marchas argenti ad restaurandum textum novum donavit, et eum ligare ex toto fecit.

---

(1) B. Itier dans *sa chronique* dit que le monastère fut couvert de plomb en 1199, voy. ci-dessus pag. 66.

Item mille sol., quos Umbertus S. Augustini in sacristaniam reliquit, constiterunt an. et dimid. xij. l. et x. s.

Guido Alsand. et W. *Maembert.*

xxx. l., quas Guidones fratres habuerunt, constiterunt vj. l.

ccc^{ti} solidi de xx^{ma} legati lx. sol.

Magister Guido et Arnaudus.

Mansus de Verinis constitit ei xvij. l. P., abbas, habuit xij. coclearia argenti et duos ciphos ij^{arum} marcarum, et xij. l. persolvit ex debito.

P. Bruni lxx. sol. Ad. de Sancto Ilario xxv. sol. P. *Faure* lxx. sol. P. *Jorda.* xx. s. Hel. Fasch. patri Arberti xxx. sol. et alios de hominibus de Verinis.

(Lat. 1139, fol. 30 r°.-31 v°.)

Item melioramenta altaris.

Item in clocherio duo signa fecit, que constiterunt D. s.

Item cadafaudus majorum signorum constitit ix l. et x. s.

Spila quedam super fenestram Sancti Marcialis vij. l. et x. s.

Vitrea sancti Spiritus cum ferramento xxiij. l.

Crux aurea, gallus, conche cum artibus xxvij. l. Aurum constitit xv. l.

Coopertura dome cum plumbo et cum lignis operatis xvj. l.

Totum monasterium induere a superiori gallo usque ad stationes garcionum, cum xj^{cim}. paribus artium et cum bitumine clocherii, constitit xx. l.

Item alia opertura monasterii, cum decem milibus tegulis comparatis, constitit vij. l.

Item dictus W^us. La Concha dedit conventui xx. volumina librorum (1).

Item idem W^us., quando fuit operarius monasterii Sancti Marcialis, persolvit de debito Petri Zacharie, predecessoris sui, quod in hoc hopere jam dicto posuerat, xij. l.

Item idem W^us. in tantum sacristaniam accrevit, quod illi qui vestiebantur in festo sancti Michaelis antiquitus non habebant pro pannis nisi novem sol. vel octo ad minus, modo habent xv. sol.

Item in Cena Domini habent modo v. sol., cum antiquitus non haberent nisi duos sol. pro calceamentis.

Item vigilia Natalis Domini accrevit unicuique unum par pedulium.

Item in Rogationibus constituit conventui unas caligas lineas cum quibus in estate dormient.

Item in Pentecosten accrevit unicuique v. sol. pro botis iemalibus cum jam amplius non habuissent.

Item minora opera de xx^ti sol. et infra que fecit non computat.

(Lat. 1139, fol. 1 r°.)

(1) Deux manuscrits de l'ancien fonds latin portent la mention qu'ils ont été donnés par W. La Concha, ce sont Lat. 1139 et 7562. Il faut peut-être y joindre le ms. Lat. 5137 qui, sans porter aucune indication de ce genre, paraît aussi provenir de W. La Concha.

XXXVII.

W^{us}. La Concha, Sancti Marcialis Lemovicensis humilis sacrista, assensu et voluntate domini P., abbatis, et tocius conventus Lemovicensis, accrevit sacristaniam et vestimentum conventus in hunc modum : primo statutum fuit ut vigilia Natalis Domini omnes monachi, qui tantum ad celebrandum festum in claustro presentes remanebunt, quod habeant unum par alborum pedulium ; qui vero se absentaverint, pedules habere non debent.

Item statutum fuit quod in Cena Domini omnes monachi claustrales mansionarii v. sol. habeant pro calciamentis et caligis ; hospites novocii (*sic*) et extranei monachi non debent habere nisi ij^{os} sol. pro calciamentis. Infantes vero, qui de camera debent habere caligas sive tributa quantum hopus est eis, non habebunt in Cena Domini nisi tres sol., duos sol. pro calciamentis et xij. d. pro solis.

Item in Rogationibus omnes monachi mancionarii debent habere caligas sive tributa linea, cum quibus per totam estatem honeste dormiant et pauzent. Preterea statutum fuit quod omnes monachi et claustrales et mancionarii in octab. Pentecost. v. sol. pro botis hiemalibus singulis annis haberent.

Redditus sunt isti : in Cumbis ad portam *Monmelier* in iiij^{or} estagiis xx. sol.

In domo W^{mi}. de Sancto Ilario xl. sol.

In iiij^{or} estagiis ad portam Viridarii xx. sol.

In domo *Macitron* ante helemosinam Sancti Marcialis xx.

In domo Hug. Cossa ad fontem de Quadruvio xx. sol.

In domibus Aimericii *Balarget* in mercato xx. sol.

In vicu de *Corba Surit* in iiij^{or} estatgiis que sunt B. *Papalou* viij. sol.

In domo W^{mi} Auchacidos ante ecclesiam Sancti Micaelis x. sol.

(Lat. 5137, fol. 147 v°.)

XXXVIII.

1226 (1).

Quando W^{us}. La Concha, sacrista, resignavit, cum in extremis laboraret, reliquit in sacristania ducentas et xx^{ti} candelas dimidie libre et quatuor cereos conventui, exceptis minoribus candelis, capsionibus et corbis et aliis apparamentis. A festo enim beati Marcialis usque in octab. Assumptionis beate Marie, ubi resignavit, dispensaverat monachis lxxv. pannos, xlv. esta. et xxiij. fa. et vij. cham., et dederat per unum

---

(1) C'est le 6 juillet 1226, et à l'occasion de l'élection de Raimond Gaucelm, dont il fut un des électeurs, que W. La Concha est nommé pour la dernière fois dans la continuation de la Chronique de B. Itier (voy. ci-dessus pag. 120). On sait aussi, par le présent compte de sa gestion, qu'il a fait à des moines des distributions de linge et de vêtements du 20 juin au 22 août, et on peut remarquer qu'il n'est pas question de Raimond Gaucelm dans ce document. Il est donc présumable qu'il a dû résigner ses fonctions le 22 août de l'année 1226.

annum ostiariis c. sol. et monachis pro minori vestitura reddiderat hoc : B. La Vilata x. sol.; R. *Lastors* x. sol.; W. *Faure* ix. s., J. *Rotger* ix. s.; Rai. de Longa v.; Hel. *Arnau* v.; *Brivairol* xiiij. s.; Ai. *Ganart* iiij. s.; B. Lavand. v. Lavatrix vestimentorum habuerat de eodem W°. iiij. sol. Bocharia pro candelis factis v. duodecim pondera cere constitit autem eidem W°. ix. l. In pano lini iiij. l. In estam. Sancti Johannis centum sol. Reliquit enim sacristaniam cum ix. l. de debito, quas debebat solvere sacrista qui erat presens de x. l. et vij. sol. qui debebantur in statgiis *Bolartz* quas debebat Johannes *de Senalac*, et mater sua W°. La Concha, et ita sacristaniam sine omni debito reliquit W^{us}.

Quando accepit sacristaniam, erat obligata tantis debitis : Guid. Alsand et W. *Maember* habuerunt de W°. mille sol., quas Umbertus de S. Aug. reliquit in debito; magister Guido et Arnaudus habuerunt cccc. de xx^{ma} legati; W^{us}. *de Jaunac*, abbas, habuit x. l. de quinquagesima; abbas P. *de Nalac* habuit de W°. duos ciphos et xij. coclearia argenti pro manso de Verinis, quem ei abbas dedit et quem sacristanie associavit; Guidones fratres habuerunt de W°. xxx. l. pro estatgiis *Bolarot;* abbas W^{us}. abstulit dicto W°. xl. l., quas ei debebat P. *de Senalac*.

(Lat. 5137, fol. 14 v°.)

XXXIX.

Hec est summa ornamentorum tesaurarie, quam tempore Raimundi abbatis (1), *Mattheus de Userchia* (2) *custodiendam accepit.*

xlvj. casulas (3) : xxx^{ta} festales de cerico (4) et xv. feriales.

Centum et iiij^{or} cappas (5).

Tresdecim dalmaticas.

Novem *cortibaus* (6) *festals* et xviij^{to} feriales.

Vestimenta (7) de cerico iiij^{or} decim.

(1) C'est l'abbé Raimond Gaucelm, qui fut élu le 6 juillet 1226, et qui mourut le 5 septembre 1245. Voy. D. Bouq., t. XVIII, p. 237, et *Gall. Christ.*, t. II, col. 562.

(2) Un des obituaires de Saint-Martial nous fait connaître quelques particularités sur le compte de ce Mathieu d'Uzerche : « Nonas (febr.), ob. Matheus d'Usercha, monachus Sancti Marcialis, qui fecit ibi cappam et casulam deauratam *de samiz* rubeo, et quatuor vestimenta et unum prosarium. » Lat. 5245, fol. 138 v°.

(3) Le monastère possédait quarante-sept chasubles de soie en 1222. Plusieurs autres chasubles et même des ornements complets avaient aussi été donnés par des moines à diverses époques. Voy. *la Chronique de B. Itier*, ci-dessus pag. 99, 100, 112, 114.

(4) Pour *serico*, de soie.

(5) Une note écrite par Bernard Itier en 1216 nous apprend qu'à cette époque le monastère ne possédait pas moins de cent six chappes. Voy. ci-dessus pag. 99.

(6) Ce mot désigne une espèce de tunique que portaient les diacres et les autres ministres inférieurs du culte. V. Raynouard, *Glossaire de la langue romane.*

(7) Un vêtement complet se composait d'une chasuble, d'une aube, d'une étole et d'un manipule. Voy. *Mélanges historiques* publ. par Champollion, t. I, p. 627.

Vestimenta parata (1) lxiiij^or; vestimenta plana centum e xlij.

Unum vestimentum paratum de estaminea (2).

Colares (3) xix.

Tres stolas cum pernis (4).

Sex stolas de aurifrigio (5) cum suis manipulis.

vij^tem manipulos cum pernis.

Tres balteos (6) cum pernis.

Tria paria candelabrorum argenteorum (7).

Duo turibula argentea (8).

Tria texta aurea (9). Quatuor texta argentea. Duo libri evangeliorum argenteorum.

(1) Parés, par opposition à *plana*, unis.
(2) Étoffe très-légère. Il y en avait en laine et en soie. Voy. D. d'Arcq, *Comptes de l'argenterie*, p. 374.
(3) Collets de soie brodés d'or, quelquefois ornés de perles, de pierres précieuses et de plaques d'émaux, qui étaient au moyen âge l'accessoire ordinaire de l'amict. Ils retombaient comme les collets de nos habits modernes. V. le glossaire de M. de Laborde, placé à la suite de sa *Description des émaux du Musée du Louvre.*
(4) Pour *perlis*.
(5) D'orfroi, c'est-à-dire bordés d'un galon ou d'une frange d'or ou d'argent.
(6) C'est le baudrier, la ceinture, une des pièces de l'habillement sacerdotal. Il est ainsi décrit par Guillaume Durand (*Rational. divin. offic.*) : « Baltheus, id est zona vel cingulum latius quasi digitis quatuor, sic reticulatus ut quasi pellis viperea videretur, contextum de bisso, cocco, purpura et jacinte. »
(7) Deux de ces candélabres avaient été donnés par l'abbé Pierre du Barri. On ne voit pas figurer dans cet inventaire les deux candélabres émaillés que B. Itier dit avoir été achetés en 1207. Voy. ci-dessus pag. 73 et 288.
(8) Une note écrite par Bernard Itier en 1216 porte que le nombre des encensoirs de Saint-Martial s'élevait à quatre, deux de plus que dans notre inventaire. Voy. ci-dessus pag. 99.
(9) Il s'agit ici du livre des évangiles, peut-être seulement de la

Vita sancti Marcialis (1) cum argento.

Quatuor philacteria (2) : duo sunt aurea cum ligno crucis ; unum servatur in tabulis argenteis (3) ; et duo sunt argentea ; unum ad signandum (4) populum (5), et aliud cum oleo sancte Caterine (6).

couverture ou de l'étui enrichi d'or et de pierres précieuses qui le renfermait. Voy. du Cange aux mots *textum* et *textus*. C'est la couverture d'un livre ainsi revêtu de métal précieux que des voleurs enlevèrent le jour de l'Ascension de l'année 1219. Voy. ci-dessus pag. 104.

(1) Le catalogue de la bibliothèque de Saint-Martial, rédigé au treizième siècle par Bernard Itier ou par un de ses successeurs, nous apprend que le monastère possédait cinq manuscrits de la vie de son illustre patron. — On sait aussi que Bernard Itier, dans une note, signale le moine Adémar comme ayant fait écrire une vie de saint Martial en lettres d'or. Voy. ci-dessus pag. 47.

(2) C'étaient, suivant Guillaume Durand (*Ration. divin. offic.*), des vases d'or, d'argent, de cristal ou d'ivoire, destinés à recevoir les cendres ou les reliques des saints.

(3) Tabernacles à deux battants en forme de diptyques, dans lesquels on plaçait les reliques des saints. B. Itier parle de deux tables d'or de ce genre qui étaient placées l'une devant l'autel du sépulcre, l'autre devant l'autel du Sauveur. Il y avait aussi une table d'argent au sépulcre de saint Martial. Voy. ci-dessus pages 61 et 119. On trouve dans l'inventaire de la Sainte-Chapelle la mention d'une table d'argent doré « qui se clost et ferme à deux clamydes ou guischetz, dedans laquelle il y a plusieurs et diverses reliques ; » notre texte désigne sans doute quelque chose de semblable. Voy. du Cange, au mot *Tabula*.

(4) Pour donner la bénédiction, « signatio, benedictio quæ fit signo crucis, » dit du Cange.

(5) Le ms. porte *propulum*, faute évidente du copiste.

(6) Une lettre de Roger, abbé de la Trinité du Mont, à Rouen, fait connaître quelle était cette huile de sainte Catherine. Sous la date du 24 août 1197, il annonce aux prêtres de l'église Notre-Dame, près la cour de Valenciennes, l'envoi d'une portion : « de illo oleo precioso quod sine humani ingenii artificio et absque alterius olei naturalis mixtura, sed per divine virtutis et pietatis

Tres calices (1), in quibus cantatur (2).

Tres parvos calices ad offerendam faciendam (3).

Concha (4) argentea cum talpa (5).

Major cutella et minor, argentææ.

Unum coclear magnum argenti (6).

Vas argenteum, cum quo ostie in refectorio portantur, quod W^{us}. La Concha (7) donavit.

---

voluntatem, defluit a tribus parvis ossibus sanctissimi corporis beatissime virginis Katherine, que habemus in ecclesia nostra. » Bibl. Nat., *Chartes et diplômes*, 98, 25. Citons encore un passage de Boethius (*Scotorum historia*, éd. sans date de Jod. Badius Ascensius, fol. xj) : « Ab hoc oppido (Edimburgum) plus minus duobus passuum milibus, fons cui olei guttæ innatant scaturit, ea vi ut, si nihil inde collegeris, nihilo plus confluat; quantumvis autem abstuleris, nihilo plus remaneat. Natum esse aiunt effuso illic oleo Divæ Catharinæ quod ad Divam Margaritam ex Monte Sinai adferebatur. Fidem rei faciunt, fonti nomen Divæ Catharinæ inditum, atque in ejusdem honorem sacellum, juxta Divæ Margaritæ jussu ædificatum. Valet hoc oleum contra varias cutis scabrities. »

On trouvera plus loin sous le n° XLII la note de diverses reliques contenues dans une des châsses du monastère de Saint-Martial.

(1) D'après une note écrite par Bernard Itier en 1216, le monastère de Saint-Martial possédait alors quatorze calices d'argent. Voy. ci-dessus pag. 99.

(2) Qui servent à la célébration des saints mystères; c'est dans ce sens qu'on dit chanter la messe. Voy. du Cange, au mot *Cantare*.

(3) Ces calices servaient sans doute à recueillir les dons offerts pour la célébration du saint sacrifice.

(4) Un bassin, une conque.

(5) Couvercle, « a Vasconio *tapo* vel *talpo*, operire, » dit du Cange au mot *Talpa*, qui cite notre texte à l'appui de cette interprétation.

(6) Serait-ce la grande cuiller dont les Grecs se servent pour distribuer l'eucharistie? Voy. le glossaire de M. de Laborde.

(7) Voici les détails que nous avons pu recueillir sur ce reli-

Urceum argenteum et aspersorium (1).
Duo parva coclearia (2) de argento (3).
iiij^{or} cornua (4) de ebore ; quedam sunt cum argento.
Duo candelabra deaurata, que W^{us}. La Concha fecit.

gieux : Il figure comme *operarius* sur une liste des moines de Saint-Martial dressée le 30 juillet de l'an 1209 (voy. ci-dessus pag. 250, 256), et Bernard Itier le place au nombre des sermonaires qu'il a entendus, dans une note rédigée en 1210. Il devint sacristain en 1216. Il était grand sacristain en 1218. Il exerçait encore les mêmes fonctions en 1223, à la Pentecôte. Il fut un des candidats lors de l'élection de W. de Jaunac, le 12 novembre 1220, et un des électeurs de l'abbé Raimond Gaucelm, le 6 juillet 1226. Il figure encore à divers titres dans les mss. Lat. 1121, fol. 247 v°, 5137, fol. 147 v°, et 5321, fol. 14 v°. Enfin le ms. Lat. n° 1139 contient (fol. 1 r°, 9 v°, 30 et 31 r°) la mention des dons qu'il fit au monastère, avec un état sommaire des travaux exécutés par ses soins, et un compte des fonds qu'il avait dépensés (voy. ci-dessus pag. 98, 257, 108, 120, 113, 119, 260, 273, 277, 279, 280, 289, 294, 296, 300, 305-308). L'obituaire de Saint-Martial (Lat. 5243, fol. 112 r°) fixe sa mort au vj. des ides de juin (8 juin).

(1) Un vase propre à recevoir l'eau bénite, avec son goupillon. Peut-être *l'orzol de argent*, dont parle B. Itier dans *sa Chronique*, ci-dessus pag. 61.

(2) Sur les usages de ces cuillers d'église, voy. le glossaire de M. de Laborde.

(3) Outre cette argenterie destinée spécialement aux usages sacrés, le monastère de Saint-Martial possédait une fort belle argenterie de table; c'est ce que prouvent les deux documents que nous avons publiés ci-après sous les n°⁵ XL et XLI.

(4) Qu'était-ce que ces cornets d'ivoire dont on trouve souvent la mention dans les inventaires anciens, notamment dans celui de la Sainte-Chapelle, au n° 94 : « Deux grands cornetz d'ivoire antiens, etc.? » (*Revue archéolog.*, ann. 1848.) C'est ce que nous ne pouvons dire d'une manière précise; on sait que le mot *cornu* désigne également un cornet pour mettre l'encre, un cor ou oliphant, ou simplement un vase en forme de corne. Voy. du Cange au mot *Cornu*.

lxvj. pallia (1) et tria pallia, que singulis diebus festivis ponuntur ante majus altare.

Due aranaee de cerico (2).

v^que *bans Gaifiers* (3).

(1) C'est ce qu'on appelait, au xiiie siècle « parement d'autel, » (voy. dans la *Rev. archéol.*, année 1848, l'inventaire de la Sainte-Chapelle, art. 157 et suiv.) « frontal à parer autel, » (*Mélanges historiques*, par Champollion, t. I, p. 427), et aussi « touaille » (voy. du Cange, au mot *Pallium.* On voit dans *la Chronique de B. Itier* que l'abbaye de Saint-Martial acquit à diverses époques plusieurs ornements de ce genre, notamment en 1182, en 1212 et en 1222. Au nombre des donateurs, on remarque les noms de B. Itier et de son frère Audier Itier. Voy. ci-dessus pag. 60, 84 et 114.

(2) Nous n'essayerons pas d'expliquer ce mot, qui semble réveiller l'idée d'un tissu excessivement délié. Voy. du Cange au mot *Aranea*, et Fr. Michel, *Recherches sur les étoffes de soie*, t. II, p. 207.

(3) Notre manuscrit n'autorise pas la leçon *gans Gaifier*, qui a été adoptée par les continuateurs de du Cange. Peut-être s'agit-il de ces « vexilla quinque preciosa, quæ appellantur banum Gulferii de Turribus[*] » signalés par Geoffroi de Vigeois, qui rapporte l'usage où étaient les moines de Saint-Martial de les porter dans leurs processions le jour des Rameaux (Labbe, *Nova Bibl. manuscr. libr.*, tom. II, pag. 312). Cependant, il ne faut pas oublier qu'au dire d'Adhémar de Chabannais (Labbe, *Nova Bibl. manuscr. libr.*, tom. II, p. 157), Pépin offrit à Saint-Martial la bannière d'or qu'il avait enlevée à Waiffre dans le combat. D'un autre côté, on lit dans la *Chronique de Saint-Denis*, sous l'année 726, que le roi de France prit « les aournemens d'or et de pierres précieuses que Waiffre mettoit en ses bras aus festes sollempnex, que on apele encore les vous Gaifier[**]; » le chroniqueur ajoute qu'ils furent

[*] Il résulte d'une note écrite par Bernard Itier que ce Gulferius mourut en 1210. Voy. ci-dessus pag. 75, note 1.

[**] M. Paulin Paris, d'accord avec les mss. des grandes chroniques signalés par l'abbé Lebeuf comme les plus anciens, a adopté dans son édition la leçon « bons Gaiffier, » qui est celle du ms. de la bibliothèque Sainte-Geneviève coté 1324 (n° rouge), fol. 106 r°, col. 2. Un autre ms. de la même bibliothèque coté 1328 (n° rouge), porte « les bons bras Gaiffier; » un ms. de la bibliothèque Mazarine, qui paraît être du xive siècle, et coté H. 522, porte « brasselez Gaiffier; » une édition gothique de l'an 1476 : « bons Gaiffiers : » d'autres, postérieures à cette date : « gans Gaiffiers. »

Due vinatgerie de argento (1).

Duo texti deaurati, qui fuerunt P. abbati (2).

Tria scrinia; duo reliquit Aimericus Arelli (3).

Molle ferreum, cum quo fiunt ostie (4).

Duo pectenes eburnei (5), cum quibus dominus abbas et ebdomadarius se pectunt.

suspendus comme trophées dans l'église de Saint-Denis, et qu'on les voyait encore de son temps derrière le maitre-autel (D. Bouq., t. V, p. 223 E). Nous ne croyons pas que notre texte désigne de riches bracelets de ce genre, et il est difficile d'attacher au mot ban un autre sens que celui de bannière, d'étendard. Il est probable que les infortunes de Waiffre, et la guerre d'extermination qu'il avait eu à soutenir contre l'usurpateur, avaient laissé en Aquitaine des souvenirs qui, sous l'influence des idées superstitieuses du moyen âge, s'étaient transformés en une espèce de culte religieux. C'est ce qui expliquerait comment, au xiiie s., on faisait des bannières auxquelles on donnait le nom de ce prince malheureux. Du Cange, au mot *Gaiferus*, cite un texte qui viendrait à l'appui de cette induction; il est tiré d'un fragment d'obituaire (Lat. 5239, fol. 3) : « viiij. kal. julii (ob.) Autrannus. Iste jussit fieri bannum qui vocatur Gaiferus, etc. »

(1) Les burettes qui contiennent le vin pour le sacrifice de la messe. V. du Cange, au mot *Vinageriæ*, qui cite ce passage de notre inventaire. Ce sont peut-être les deux ampoules d'argent qui avaient été données par l'abbé Pierre du Barri. Voy. ci-dessus pag. 288.

(2) Peut-être s'agit-il de l'abbé Pierre du Barri, qui est cité comme ayant fait deux petits textes d'argent. Ce personnage, d'abord abbé de Saint-Augustin, gouverna le monastère de Saint-Martial depuis 1161 jusqu'en 1174. Voy. *la Chronique de B. Itier*, ci-dessus pag. 56 et 58.

(3) C'est lui qui est mentionné comme trésorier (thesaurarius) en l'année 1218. Il figure encore en cette qualité en 1223, à la Pentecôte. Voy. ci-dessus pag. 257 et 273. Un des obituaires de Saint-Martial (Lat. 5243, fol. 127 r°) fixe sa mort au xj. des ides de décembre (8 décembre).

(4) Un moule de fer à fabriquer les hosties.

(5) C'était alors l'usage que les prêtres donnassent quelques

Mitra W^{mi} episcopi (1).

Tria auricularia et unum auriculare novum, quod fecit W^{us}. La Concha.

Navicula argenti (2), in qua ponitur incensum.

Octo baculi processionales (3) : duo sunt argentei.

Tres baculi pastorales : duo sunt eburnei.

Duo candelabra deaurata de letonio *espanol* (4).

x^{cem} intersigna (5) minora et xj^{mum} intersignum crismatis.

v^{que} cortine magne : due ponuntur in xl^{ma} ante crucifixum sancti salvatoris ; tercia super majus altare ; quarta ante crucifixum sancte crucis ; v^{ta} ponitur ante ostium cori ; altera ponitur, videlicet vj^{ta}, singulis noctibus super majus altare.

---

soins à leur chevelure avant de se présenter à l'autel pour y célébrer les saints mystères. Voy. du Cange, au mot *Pecten*. Guillaume Durand atteste aussi cet usage.

(1) C'est peut-être la mitre d'un évêque de Limoges nommé Guillaume Ier d'Uriel, que B. Itier mentionne dans sa liste des évêques du diocèse : « Willelmus, prior hujus cenobii iij. » Voy. ci-dessus pag. 245.

(2) Une navette. C'est le vase destiné à contenir les grains d'encens. On lit dans l'inventaire des reliques de la Sainte-Chapelle, n° 115 : « Une petite nef à mettre encens. » Il y en avait sans doute plus d'une, puisque B. Itier relate en 1213 le vol de deux navettes d'argent. Voy. ci-dessus pag. 88.

(3) Ces *baculi processionales* sont sans doute les mêmes que les deux *baculi officiales* qui avaient été dépouillés du métal précieux qui les couvrait, le jour de l'Ascension de l'an 1219. Voy. *la Chronique de B. Itier*, ci-dessus pag. 104.

(4) Sur le métal d'Espagne, voy. Vie de Gauzlin, publiée par M. L. Delisle dans les *Mém. de la Société archéologique de l'Orléanais*, t. II, p. 267 et 269.

(5) « Signum, insigne, *gall.* enseigne, bannière, » dit du Cange au mot *Intersignum*.

Cutella argenti (1), in qua dominicis diebus sal ponitur, et alia multa sunt ibi (2).

Ornamenta sepulcri S. Marcialis (3).

Sex casule festales : una pulcra que fuit capellano sancti Micaelis (4) ; altera est quam rex Anglie (5)

---

(1) L'écuelle dans laquelle on met le sel le dimanche, pour la bénédiction de l'eau. Cet article est rapporté dans du Cange, au mot *Cutella*.

(2) Il y a ici dans le manuscrit un blanc d'environ trois lignes.

(3) On trouve dans *la Chronique de B. Itier* la mention de divers travaux exécutés au tombeau de saint Martial avant la rédaction du présent inventaire : reconstruit et agrandi au xe siècle par l'abbé Gui, il fut encore agrandi de nouveau en 1207; c'est ce qui résulte d'une note écrite par B. Itier à la suite d'un manuscrit de Térence : « Explicit vita Secundi philosophi, quam scripsit Bernardus Iterii, armarius hujus loci, anno m°. cc°. vii°, ab incarnatione Domini, quo incepimus sepulcrum Sancti Marcialis ampliare, mense septembrio. » (Lat. 7901, fol. 38 v°.) Puis, reconstruit ou réparé en 1211, il avait été fermé avec des portes de fer; on y avait placé deux verges dorées, au lieu de deux verges de fer qui y étaient auparavant. En 1212, on l'avait décoré de cent quatre-vingt-quinze étoiles d'or, qui se détachaient sur un fond d'azur. En 1222, on y avait mis une pierre de jaspe ; enfin en 1224, on avait refait la table d'argent du sépulcre. Voy. ci-dessus pag. 79, 81, 85, 112 et 119.

(4) Peut-être Hélie Marteu mort en 1214. C'est à Pierre de Verteuil, bibliothécaire de Saint-Martial, qu'on devait la construction de la chapelle de Saint-Michel ; il est mort en 1211. Voy. *la Chronique de B. Itier*, ci-dessus pag. 81 et 91.

(5) Peut-être Henri III, roi d'Angleterre, qui est mentionné dans *la Chronique de B. Itier* comme l'auteur de plusieurs dons d'objets précieux offerts à l'abbaye de Saint-Martial. Voy. ci-dessus pag. 60.

dedit; tercia est *de samiz* (1), quam G. *Trobat* (2) fecit; quarta est rubea cum scuto (3); due sunt albe de diaspro (4).

Alie due sunt de purpura septimanales.

v^que cappe : una est alba; altera rubea, quam G. *Trobat* fecit; tres sunt septimanales.

De vestimentis usque ad xxv^que, et plura alia ornamenta tam argentea quam aurea.

(Lat. 1139, fol. 28 r° et 29 r°.)

XL.

Anno Incarnati Verbi m°. cc°. xxxij^do., dominica quadragesime qua cantatur *Letare Jerusalem*, computata fuerunt coclearia argentea conventus in capitulo sancti Martialis, Johanne de Faurias refectuario manente, et fuit summa cocleariorum centum quinque (ce dernier mot est effacé), exceptis decem quæ in debito remanebunt. Pondus argenti fuit undecim marcharum et dimidia, et qarta pars uncie.

(Lat. 1139, fol. 228 v°.)

---

(1) Étoffe de soie se rapprochant beaucoup du velours.

(2) Il était, en 1218, chevecier du sépulcre (capicerius de sepulcro). Une note de B. Itier nous apprend qu'il l'était encore en 1223, à la Pentecôte (voy. ci-dessus pag. 258, 260 et 273). Il est question de lui dans le ms. lat. 1139, fol. 25 et 28 r°, et dans le ms. 1785, fol. 1 v°, à la date de 1221. Enfin il figure à divers titres dans les mss. Lat. 1338, fol. 227 v°; 1121, fol. 247 v°; 1993, fol. 119 v°; 1785, fol. 2 v°; 2770, fol. 178 v°. etc. (Voy. ci-dessus pag. 119, 248, 272, 277, 278, 279. 280, 281, 289, 295.)

(3) Peut-être un écusson; à moins qu'il ne faille lire *scuta*, mot qui, suivant du Cange, désigne une espèce de vêtement ecclésiastique.

(4) Sur le diapre, voy. Fr. Michel, *Recherches sur les étoffes de soie*, t. 1, p. 236 et suiv.

XLI.

Item conventus S. Marcialis habet lx^{ta} novem coclearia argenti : refecturarius habet lx.; B. Deugua habet vij^{tem}; Jacobus *deu Peirat* habet unum; Audierius La Porcharia habet aliud coclear (1), et ita sunt lx. novem. Pro nepote P. Bruni debet sacrista unum. Pro Emberto *de Fondon* debet B. Deugua duo coclearia (2). P. de Chambo, refecturarius, habet lxxij°. coclearia argenti de conventu.

(Lat. 1139, fol. 28 r°.)

XLII.

De reliquiis in argentea capsula inclusis.

Reliquias eas habet in se capsula argentea a sinistro latere altari senioris posita : sanctorum Mari et Leodegarii, sancta Sussanna, de terra quam Dominus calcavit, sancti Pauli, apostoli, et sancti Martini, episcopi, s. Briccii, episcopi, et s. Menne, martyris, sancti Eusebii, martyris, et s. Pastoris, sancti Petri, apostoli, et s. Mariæ, s. Albini et s. Sulpicii et s. Susanna, s. Eparchii.

(Lat. 1785, fol. 2 r°.)

---

(1) Ces trois lignes, depuis le mot *refecturarius* jusqu'à *et ita*, sont biffées dans le manuscrit.

(2) Cette ligne, depuis les mots *Pro Emberto* jusqu'aux mots *P. de Chambo*, est biffée dans le manuscrit.

VARIA

AD POSSESSIONES ET BIBLIOTHECAM SPECTANTIA.

I.

S. Martialis monasterii polyptychum.

Vers 1216.

Monasterium Sancti Marcialis, apostoli, continens xc^{ta} monacos, habens membra sua in episcopatu Lemovicensi : monasterium Cambonense, ubi sunt monachi xxx.; Subterranea, ubi habitant monachi xij.; monasterium Sancti Valerici, ubi sunt monachi xij.; apud Arnacum xiiij.; apud *Pairac* v.; apud *Syrac* ij.; apud *Mausac* ij.; apud *Charnac* j.; apud Vedrinas j.; apud Veirinas j.; apud *Rot* ij. illi qui faciunt menses in abbatia *Cosei, Manauc, Vernul, Fesc, Rosir, Liquair, Rossac*, prepositus de Cumbis, qui habitat in claustro, et alii singuli in prepositura sua; apud *Arx* ij.; *au Rochairol* j.; apud *Azac* ij.; apud Laureriam ij.; apud Claveiras j. pertinens ad helemosinarium ; ad prepositum de Subterranea pertinet *Seniac*, ubi sunt duo monachi; apud *Azerable* j.; apud Buxeriam Magdalenam j. : ipse dat vestimenta fratribus apud Subterraneam commorantibus ; apud *Lussac* j. : ad prepositum

Sancti Valerici pertinet; *Analac*, ubi sunt duo monachi; *à Vilars* ij.; *à La Breuna* j.; *à Mosters* ij.; apud Claras valles ij.; *à Valeira* j.; *S. Berta* j. et pertinet ad prioratum *d'Arx; à Tarn* iiij^{or}; ad *S. Dionis* ij.; *à Benaias* j.

In pago Bituricensi, *Rofic*, ubi manent viij. monachi; *Malveira* iij.; apud Dunum iij.; *à Chaselas* ij. pertinens ad domum *d'Arx; à S. Victor* j. pertinens *à Roffec*.

In pago Pictavensi, Monmorlo iij.

In pago Petragoricensi, *Paonat*, ubi sunt xvj. monachi; *au Fleis* j.; *à Taiac* ij.; *à Ribanac* ij.; ad Sanctum Nazarium j.; *à Montfalco* j.; hii omnes pertinent ad prepositum Paunatensem. *Airau* j.; *à S. Albi* ij.

In pago Engolismensi, Mosto, ubi sunt duo (1) monachi : hic facit (2) unum mensem in abbatia; *La Rocha Chanderic*, ubi ij.

In pago Sanctonensi, *Chales*, ubi xij. monachi; *Montandre* vij.; Savio x.; *Anes* ij., et facit unum mensem; *Monleu* ij.; *S. Sauri* iij.; Cela ij.; *Au Doat* j.; *à Vitaterna* vj.

In pago Burdegalensi, Lissa iij.; Peira ficha ij. : et pertinet ad priorem *de Chales; Li forneu* j.

In pago Arvernensi, Vernuia ij.

In pago Rotenensi, *Aspinras* ij.; *Riupeiros* x., et solebant ibi manere xij. monachi; *Torsac* j.

In pago Dietensi, *Soians* iij.; Cerniea ij.

In pago Tolosano, Lapela ij. et pertinet ad priorem d'Aspiras.

In pago Biterrensi, *Poimolo* ij.; *Laurens* j.

(1) Le manuscrit portait primitivement : « ubi *est unus* monachus. »
(2) Il faudrait ici : « *hi faciunt* unum mensem. »

In pago Nivernensi, Sancta Valeria. ij. que pertinent *à Chambo*.

Sunt et alie in pago Lemovicensi pertinentes : ad prepositum de Chambo, videlicet Sancta Valeria *de Lemotges*, ubi ij.; *Maravaut* viij.; Albusso ij.; apud *Feletin* ij.; *à la Brossa* j.

(Lat. 5943 A, fol. 79 r°.)

II.

S. *Martialis monasterii polyptychum minus.*

1219.

M°. CC°. nono. x°., Radegundis (1), cenobium S. Marcialis Lem. lxx. mo.
Vosiensis abbatia xx. monacorum.
Chambo cum pertinentiis c. monacorum.
Subterranea, Cella, *Charnac.*
Palnatum, S. *Sauri*, Vedrinas.
Arnac, Manauc, Lissa, Veirinas.
Vernuio, Sirac.
Chales, Soians, Vilars.
Savio, Cermea, *Arxs, Azerable.*
Montandre, Chazelas, *Taiac.*
S. *Valric, Lo Rochairol, Rossac.*
Roffiacum, La Panosa, S. Berta, *Lo Fleis.*
Malveira, *Rot*, S. *Nazari.*
Du, Monleu, Poimo., Rosier, Monfalco.
Sanctus Victor, Laureira, *Valris.*
Monmorlo, Anes, S. *Albi*, Aspinras.

(1) Le 13 août.

Pairac, Aliquair, Airau.
Tarn, Vitaterna, *Vernuol, Mosto.*
Mansac, Laurens, Fesc, Cosei, Riupeiro.
Seniac, Larocha, Chandiric.
Azac, Taursac.
Analac, Claveiras, Peira Ficha.

(Lat. 544, fol. 113 v°. et 114 r°.)

III.

*In hoc loco continentur omnes libri monasterii
sancti Marcialis, apostoli.*

Augustinus de Trinitate.
Augustinus de confessione.
Augustinus de questionibus.
Augustinus contra quinque hereses.
Augustinus super epistolas Pauli.
Augustinus de quantitate anime, et Ambrosius de bono mortis.
Augustinus super l^{ta} psalmos priores.
Augustinus super psalterium.
Augustinus super Johannem.
Augustinus super epistolas Pauli major.
Augustinus super epistolam Johannis.
Augustinus retractacionum libri ij°.
Augustinus de penitentia, et canones, et decreta sanctorum in uno.
Augustinus super epistolas Johannis.
Augustinus super Genesim ad litteram.

Augustinus de verbis Domini.
Augustinus de sermonibus et de unico baptismo.
Augustinus de psalmo c. iiij^{to} usque ad finem.
Augustinus de civitate Dei.
Augustinus de cena Domini.
Augustinus de mendacio.
Speculum Augustini.
Augustinus super cantica graduum.
Augustinus contra quinque hereses.
Augustinus de doctrina christiana.
Augustinus de verbo Domini in monte habito.
Gregorius super moralia Job, duos.
Gregorius super Jhezechielem vetus.
Gregorius super xl^{ta} omelias evangeliorum.
Registrum Gregorii.
Letanie sancti Gregorii, pastorale vetus.
Gregorius super Jhezechielem novum.
Gregorius Nazanzenus.
Hieronimus super xij^{cim}. prophetas.
Hieronimus super Matheum.
Hieronimus super epistolas Pauli.
Hieronimus super Ysaiam.
Hieronimus super Matheum.
Hieronimus super Jhezechielem.
Hieronimus super Osee et Amos.
Cronica Hieronimi.
Epistole Hieronimi et vita S^{ti} Brandami in unum.
Epistole Hieronimi contra Augustinum, et e converso,
    et xiiij^{cim} epistole Pauli, in uno.
Hieronimus de titulis psalmorum.
Hieronimus contra Jovinianum.
Hieronimus de ligno scientie boni et mali.

Expositio brevis Hieronimi super psalmos.
Ambrosius de sacramentis.
Ambrosius super apocalipsin.
Exameron sancti Ambrosii.
Beda super proverbia Salomonis.
Beda de temporibus.
Beda super Lucam (1).
Beda super vij^{tem} epistolas canonicas.
Beda de temporibus.
Beda super Marcum.
Beda de corpore Domini.
Beda super actus apostolorum.
Isidorus ad Florentinum.
Sententie sancti Isidori.
Isidorus super Genesim et dialogorum in unum.
Sinonima Isidori ad Florentinum.
Etimologiarum.
Origenes super Leviticum.
Origenes super Genesim novum.
Ildefonsos duos.
Rabanus de laude Crucis.
Rabanus super Regum.
Ratbertus de corpore Domini.
Ratbertus de corpore Domini, et liber pronosticorum, et sententie Deuteronomii in uno.
Omelie sancti Johannis Constantinopolitani.
Johannes Constantinopolitanus super epistolam ad Ebreos.
Oddo ad Turpionem.
Liber Baruc, et vita sancti Nicholai, et canones de sacramentis in uno.

(1) Voy. la note du catal. de B. Itier, ci-après p. 334.

Moralia Job sancti Oddonis.
Egisippus vetus.
Egisippus novus.
Bruno super Pentateucum.
Brocardus.
Itinerarium Egerie abbatisse.
Istoria tripartita. Istoria vetus. Istoria Josephi in duos libros.
Actus apostolorum. Liber evangeliorum.
Expositio Maragdi super regulam sancti Benedicti.
Gesta Pontificum, Istoria Clementis. Vita sancti Martini.

     novus   vetus
Orosius. Passionarius. Passionarius. Passionarius alius.
Istoria Anglorum.
Cronica Anastasii. Vitas patrum. Diadema monacorum.
Liber collationum. Omelie evangeliorum. Liber de Tabernaculo. Liber evangeliorum.
Cassiodorus super l. psalmos.
Adbreviationes psalmorum. Vita Genulfi, etc.
Gesta Francorum.
Proverbia Salomonis, Ecclesiastes Cantica canticorum.
Liber sapientie Jhesus, filius Sirac.
Vita Pardulfi, liber pronosticorum, sententie Deuteronomii : in uno continentur hec tria.
Amalerius.
Vita sancti Johannis Alexandrini, Numerus apostolicorum, Ieronimi ad Damasum in uno.
Glosarius.
Duas novas istorias, orationes et synonima Isidori in uno.
Claudius super epistolas Pauli.
Prosper de vita contemplativa, expositio diversorum evangeliorum.

Moralium libri Job duo.
Pentateucum et liber Judicum in uno.
Proverbia Salomon.
Epistole Leonis pape.
Istoria ecclesiastica.
Quedam pars omeliarum.
Vite sancte Radegundis, Ilarii, Vincentii, Germani, et plures alie in uno.
Vite et passiones sanctorum Ursini, Genulfi, Lutie et Geminiani, Sixti, Laurentii, Augustini, Audbertus de virtutibus in uno.
Canones, glose partium per alphabetum.
Hymni, prose, orationes.
Vita sancti Odonis.
Sermo de nativitate sancte Marie, sancti Benedicti.
Gesta Alexandri.
Aimo super Isaiam.
Vitas patrum Paschasii xl.
Omeliarum. (Lat. 5243, fol. 89 v°. et 90 r°.)

IV.

Isti sunt [libri monasterii S.] Marcialis, apostoli.

Vita sancte Radegundis et sancti Germani Autissiodorensis, [sancti Vin]centii et vita sancti Hilarii et actus Marie Magdalene (1), et Palladius in uno.
Liber sententiarum diversis voluminibus.

(1) Peut-être Lat. 5351.

Historia [Anglorum, Palladius] de agricultura et Alcuinus de Trinitate.

Alter Alcuinus.

[Vitas] patrum, et Johannes de reparatione lapsi, et de compunctione in uno.

Vita sancti Johannis Alexandrini cum aliis vitis patrum, et lex [Salica in uno, et gesta pontificum].

Astrologia.

Vitas patrum.

Vitas patrum, Dialectica.

Decretales [Aimerici de Barrio].

Due ystorie magne nove (1); alie due ystorie veteres, in uno volumine ; [altera] que est in camera abbatis.

Vetus istoria alia.

Icrarchia Dyonisii.

Bestiarius.

[Cartolarium] novum, cartolarium vetus.

Bernardus Clarevallensis et Boecius de Trinitate in uno.

Trogus Pompeius, Suetonius, gesta Cesarum, facta antiquorum in uno.

Cantica canticorum [Helie, armarii].

Psalterium magistri Gisleberti.

Sentencie Lombardi.

Sentencie magistri Hugonis (2).

Brocardus.

---

(1) Ce sont peut-être les livres d'histoires (*libri insignium historiarum*), qu'avait composés l'abbé P. du Barry. Voy. *Hist. littéraire de la France*, t. XIV, p. 563, et Migne, Enc. Cath., *Diction. de Patrologie*, t. IV, col. 711.

(2) Sur ce volume, voy. la note du manuscrit Lat. 483, ci-après pag. 354.

Tullius Cicero de officiis, et institute legum in uno.
Josephus de antiquitate in duobus voluminibus.
Magnus Seneca, et controversie Tullii, et Apuleius et Plinius, et alia...
Manegaudus super omnes psalmos.
Exodus glosatus marginaliter, optimus.
Epistole Pauli glosate, optime.
Epistole magistri Yvonis, et epistole Senomanensis in uno.
Megategnus de phisica.
Liber magistri Hugonis de sacramentis, sive de summa divine pagine.
Titus Livius et ystoria Julii Cesaris in uno.
Claudianus major et minor, et hystoria Romana, et Sidonius, et Palladius, et situs terrarum et Solinus in uno.
Job glosatum et vij. epistole canonice glosate et Cantica canticorum glosata, et quedam pars epistolarum Pauli glosatarum, et alie plurime glose de eisdem epistolis in uno.
De Niceno concilio, et aliis multis conciliis in uno.
Epistole Pauli glosate, in uno parvo volumine.
iiij^{or}. unum, Paterius (1), cronica Gaufredi *de Broil*, istorie magistri Petri Comestoris, Anselmus cur Deus homo, de sacramentis sermones.
B. Clarevallensis, Merlinus, Macer in uno.
Liber Bernardi, prioris (2), ubi est Job expositum, et multi sermones et alia bona.

---

(1) Probablement Lat. 2303.

(2) Bernard Itier place ce prieur sur la liste des sermonaires qu'il a entendus pendant trente-trois années, de 1177 à 1210. Voy. ci-dessus pag. 255.

Libri Geraldi de *Rialac* (1).
Decreta Gratiani.
Codex,
Instituta,
Summe legum,
Digesta Pandectarum.
Novellas,
Digesta vetus,
Digesta nova.
Summa decretorum,
Compendium magistri Salerni de Salerno.
(Lat. 5245, fol. 163 r°.)

V.

(2) *Hic est nostrorum descriptio facta librorum* (3).

Bernardus Iterii, hujus loci armarius, in hoc volumine ideo intitulavit, quia liber iste inutilis est ad legendum, et sic non erit inutilis.

Genesis in quatuor voluminibus habetur a nobis. (fol. 1 r°.)

---

(1) Un des manuscrits de Gérard de Rilhac, auj. Lat. 7094. A., porte la mention suivante au dernier feuillet : « Hic est liber Sancti Marcialis, apostoli, quem Geraldus *de Reelac* acquisivit. Si quis eum furatus fuerit vel a monasterio Sancti Marcialis alienaverit, anathema sit. »

(2) Avant ce catalogue, B. Itier avait fait un essai d'inventaire fort incomplet qu'il avait placé sur les marges du man. Lat. 1338, fol. 260 r°.

(3) Ce catalogue de la bibliothèque de Saint-Martial de Limoges, rédigé par Bernard Itier, a été publié par M. B. Hauréau, dans le *Bulletin des comités historiques*, année 1852, pag. 61-66.

Exodus, in quinque locis habemus, sed unus est glosatus.

Leviticus, in quatuor locis. (fol. 2 r°.)

Numeri, in quatuor locis. (fol. 2 v°.)

Deuteronomius, in quatuor locis. (fol. 3 r°.)

Josue in quatuor locis, sed unus non est integer. (f. 3 v°.)

Liber Judicum in tribus voluminibus.

Liber Ruth in tribus voluminibus. (fol. 4 r°.)

Vitam S. Marcialis in sex libris habemus (1).

Liber Barlaam.

Liber Bernardi, prioris (2).

Liber Bartolomei, prioris (3).

Liber de claustro anime (4).

Quatuor libri Regum in tribus libris. (fol. 4 v°.)

Breviaria tria in conventu (5);

duo in sepulcro;

---

(1) Probablement Lat. 5572 et 5576. Un autre catalogue de la bibliothèque de Saint-Martial de Limoges fait mention de cinq vies de saint Martial et de deux livres *cum aurea gemma*, qui contenaient peut-être aussi l'histoire du saint. Un nécrologe nous apprend qu'Aimard avait fait un *Liber florum* renfermant la vie de l'apôtre du Limousin. C'est peut-être le ms. Lat. 5296 A. orné de lettres très-fleuries. Voy. ci-dessus pag. 286, et L. Delisle, *Le cabinet des manuscrits de la Bibliothèque impériale*. Paris, Impr. imp., 1869, pag. 389.

(2) Le prieur Bernard figure sur la liste de sermonaires dressée par B. Itier, il avait été sous-prieur jusqu'en 1212. Voy. ci-dessus pag. 255 et 256.

(3) Il était en 1182 prieur de Chalais; il est mort en 1210, prieur de Saint-Martial de Limoges. Son nom figure sur la liste des sermonaires dressée par B. Itier. Voy. ci-dessus pag. 75, 255, 256, 262, et Lat. 5243, fol. 97 r°.

(4) C'est sans doute le livre d'Hugues de Foliet *de Claustro corporis et animae*.

(5) Probablement Lat. 743, 1253 et 1254.

unum in camera abbatis ;
unum ad Sanctum Benedictum ;
armarius unum.
Omnes octo volumina. (fol. 4 v°.)
Duo libri Paralipomenon, in iiij^{or} libris.
Job iiij.
Tobias iiij.
Judith iiij.
Hester iiij.
Ezras iiij.
Isaias iiij^{or}.
Jeremias iij.
Jezechiel iij.
Daniel iij.
Parabole iiiij.
Ecclesiastes iiiij (1).
Cantica canticorum vj.
Liber Sapientie vj.
Ecclesiasticum vj.
Lamentationes Jeremie viij.
Liber Baruch j. (2)
Psalterium xv.
xij. Prophete minores, id est Osee, Johel, Micheas, Naum, Jonas, Zacharias, Amos, Malachias, Abdias, Abacuc, Sophonias. iij. duo libri.
Duo libri iiij. Machabeorum.
iiij. Evangelia Mathei, Marci, Luce, Johannis v. (3).
Apocalipsis Johannis v.
Actus Apostolorum Luce v.

(1) Probablement Lat. 5552.
(2) Peut-être Lat. 196.
(3) Peut-être Lat. 260.

Septem epistole canonice : Jacobus j, Petrus duas(1), Johannes tres, Judas j. v.

Epistole Pauli vj. (fol. 5 r°.)

Passionarii quinque, ubi sunt passiones et vita sanctorum : tres magni, alter minor, quintus ubi est vita sancti Hilarii (2).

Josephus in duo volumina.

Orosius ij. libri.

Oracius.

Origenes super Leviticum et super vetus Testamentum, duo libri (3).

Cronica Anastasii.

Cronica Gaufredi *de Bruil* (4), ubi est epistola presbiteri Johannis, et cronica Richardi usque ad Julium Cesarem, et Historia qualiter Karolus imperator expugnavit Hispaniam, et secreta theologie, et Gesta pontificum Romanorum, et vita sancti Pardulfi versibus composita, et versus Misse Hildeberti, Cenomannensis episcopi, versus de sancto Aredio ; hec omnia sunt in uno volumine, nec non ex dictis magistri Franconis de ligno trium foliorum, ex quo facta est crux Domini (5), et versus de imagine Salvatoris. (fol. 5 v°.)

Trogus Pompeius, Suetonius de gestis xij. Cesarum, Gneus Florus, Valerius Maximus, Pomponius Mela, hec omnia in uno volumine.

---

(1) Peut-être Lat. 306.
(2) Probablement Lat. 196, 5301, 5314, 5321, 5351, 5600.
(3) Probablement Lat. 2965.
(4) B. Itier en parle dans *sa chronique* en 1184. Voy. ci-dessus pag. 61.
(5) C'est une partie du manuscrit Lat. 3719.

Astrologia, Constantinus super Megagtenum.

Beda super Lucam (1), Augustinus de Trinitate, de Civitate Dei, de quantitate anime (2), encheridion S. Augustini (3), speculum Augustini (4), super Johannem, super epistolas Pauli, duo volumina.

Super L. psalmos priores (5), super C. psalmos extremos (6), retractationes Augustini.

Aug^{us}. de Verbo Domini.

Confessiones Augustini.

Glosarius magnus (7).

Cartularii duo (8).

Paterius (9).

Brocardus cum passione sancti Georgii.

Itinerarium Egerie abbatisse.

Historia Clementis pape.

Ierarchia Dionisii.

Moralia Job in duos codices (10), et consuetudines Cluniacensium, et compotus, et abacus.

Aimo super Isaiam (11).

(1) Lat. 9572; il y a dans le recueil coté Lat. 10400 une feuille de garde qui a peut-être été enlevée à ce manuscrit. On y lit : *Beda super Lucam, liber Sancti Marcialis Lemovicensis.*
  (2) Probablement Lat. 2699.
  (3) Probablement Lat. 2034 et 2036.
  (4) Lat. 2977 A.
  (5) Probablement Lat. 1993.
  (6) Probablement Lat. 1987.
  (7) Probablement Lat. 609.
  (8) Ces deux cartulaires paraissent aujourd'hui perdus. Voy. les catalogues de la bibliothèque de Saint-Martial que nous publions d'après les mss. Lat. 1139 et 5245.
  (9) Probablement Lat. 2303.
  (10) Sans doute Lat. 2208 et 2209 et 2455.
  (11) Probablement Lat. 2406. Au fol. 140 de ce manuscrit on

Diadema monacorum (1).

Cronica Jeronimi.

Jeronimus de illustribus viris.

Jeronimus contra Jovinianum (2).

Moralia Job sancti Odonis, in duobus locis.

Odo ad Turpionem. (fol. 6 v°.)

Ambrosius de bono mortis.

Historia Anglorum.

Augustinus super Genesim ad litteram.

Exameron sancti Ambrosii (3).

Exameron sancti Basilii.

Egesippus (4).

Collationes patrum (5).

Terencius (6).

Lucanus ij.

lit : « Aymo super Isaïam, » et plus bas, la signature : « Helias de Brolio; » puis sur le même feuillet, col. 2 : « Hic liber est scriptus M°. CC°. ij°, predie nonas aprili, regnante in Francia Phillipo, in Anglia Johannes, et Oto erat imperator Romane urbis semper, » et enfin au fol. 141 v° : « Hunc librum fecit fieri Gaucelmus, armarius, ad honorem et servicium Sancti Marcialis Lemovicensis. »

(1) De Smaragde. Lat. 2463.
(2) Probablement Lat. 2670.
(3) Probablement Lat. 2637. Au fol. 2 r° de ce manuscrit on lit qu'il a été livré à la bibliothèque de Saint-Martial par l'abbé Jacques Jouvion. Mais au fol. 195 v° on trouve une note beaucoup plus ancienne ainsi conçue : « Hic est liber beati Marcialis, apostoli; si quis cum furaverit, sit anatema; » et plus bas : « Iste liber est de abbacia Sancti Marcialis, et habent memoriale pro eo a nobis librum, qui dicitur Quot modis. »
(4) Très-probablement Lat. 5064. On lit au fol. 1 r° de ce ms. : *Hunc librum scripsit Willelmus Boarelli ad honorem et servicium beati Marcialis, precepto domni Alberti, abbatis.*
(5) Lat. 2135 ou peut-être 2768 A., et 5679.
(6) Probablement Lat. 7901.

VARIA AD POSSESSIONES

Sermones Ademari, monaci (1), de sancto Marciale et
 sociis ejusdem (2).
Vita sancti Marcialis major, et sermones Ademari.
Historia tripartita et Jherosolimitana.
Dialectica.
Consuetudines nove (3).
Consuetudines de Cluniaco.
Historia ecclesiastica et sermo de cena (4).
Ordo episcopalis (5).
Pastoralis major (6).
Pastoralis minor.
Pastoralis de Arnaco, ubi sunt versus Misse.
Ildefonsus major.
Ildefonsus minor.
Ildefonsus, ubi sunt orationes domni Anselmi. (fol.
 7 r°.)
Bruno super Pentateucum.
Liber sancti Hilarii de sinodis in uno.
Rabanus de laude Crucis.
Rabanus super iiij^{or}. libros Regum (7).
Jeronimus super Isaiam, et super Jezechiel, et super
 Jeremiam, et Daniel, et super xij. prophetas, et

---

(1) Adèmar de Chabannais mort en 1034 à Jérusalem. Voy. la *Chronique de B. Itier*, ci-dessus pag. 47.

(2) Probablement Lat. 2469 et 3785.

(3) Ce livre de Coutumes paraît avoir été rédigé en 1220. Voy. la *Chronique de B. Itier*, ci-dessus pag. 112.

(4) Lat. 5072.

(5) Peut-être Lat. 944.

(6) Peut-être Lat. 2262.

(7) Probablement Lat. 2428; sans doute Raban Maur, dont un exemplaire avait été donné par un nommé Gilbert. Voy. le nécrologe imprimé ci-dessus pag. 286.

super Marcum, et super Osee, et Amos ; magister Hugo de sacramentis, tria volumina.

Palladius de agricultura ij et de quatuor virtutibus (1).

Decretales Aimerici de Barrio (2), et alie Gaufredi de Niolio (3).

Elucidarium in tribus voluminibus (4).

Summa legum.

Summa decretorum.

Summa J. Belet ij. (5).

Summa Amalerii de divinis officiis (6).

Summa magistri Hugonis de sacramentis.

Summa magistri Johannis Marescalc, monachi Sancti Gildasii, de sacramentis.

Summa magistri Petri Hispaniensis (7), super librum Prisciani de constructione.

Sentencie Isidori.

Sentencie magistri Petri Lumbardi, Parisiensis episcopi, iiij^{or} libri (8).

(1) Probablement Lat. 3239.

(2) Il était prévôt de Feyt en 1197. B. Itier le place sur la liste des sermonaires qu'il a entendus de 1177 à 1210. Voy. ci-dessus pag. 64 et 256.

(3) Il était sous-prieur de Saint-Martial de Limoges, où il prêcha plusieurs fois. B. Itier dit qu'il est mort en 1208, et qu'il a eu de lui un grand nombre de volumes. Voy. ci-dessus pag. 73, 255, 256.

(4) Probablement Lat. 2877 A.

(5) Il en existe plusieurs ; peut-être Lat. 585 ou 3157.

(6) Probablement Lat. 2400.

(7) Peut-être Pierre L'Espanol, moine de Saint-Martial, qui, lors de son entrée au monastère, en 1213, avait donné plusieurs volumes. Voy. *la Chronique de B. Itier,* ci-dessus pag. 90.

(8) Ils étaient peut-être parmi les ouvrages de Lumbardus, que B. Itier dit lui avoir été remis le 1er août de l'an 1212. Voy. ci-dessus pag. 86.

Sine simili.
Johannicus.
Alexander.
Constantinus, in duobus locis.
Solinus de mirabilibus mundi.
Valerius Maximus.
Pomponius Mela.
Decreta Graciani (1).
Decretales.
Virginale.
Mariale (2).
Marcianus.
Vita s. Martini. (fol. 7 v°.)
Decreta.
Codex.
Efforciatum.
Instituta.
Digestum vetus.
Digestum novum.
Novella legum.
Summa legum.
Alexander Yastros. (fol. 76 r°.)
Libri Bernardi *Iterii* armarii sunt isti.
Istorie Comestoris (3).
Officia.
Collectaneum (4).
Barlaam.
Verbum adbreviatum.

(1) Probablement Lat. 3885.
(2) Probablement Lat. 5267.
(3) Peut-être Lat. 5505 et 5103.
(4) Probablement Lat. 5240.

Himni cum cronica (1).
Missale (2).
Librum Tenebrarum.
Flavius de re militari.
Boecius de Consolatione Philosophie, cum consuetudinibus.

(Lat. 1085, fol. 104 v°.)

VI.

Librorum monasterii S. Martialis alia descriptio.

Augustinus super L^{ta} psalmos priores (3).
Augustinus a L^{mo} primo psalmo usque ad finem.
Augustinus super epistolas Pauli a prima usque ad Ephesios.
Augustinus ab epistola ad Ephesios usque ad finem.
Augustinus super Johannem.
Augustinus de Cena Domini.
Augustinus de hoc quod scriptum est : « qui est homo qui vult vitam (4). »
Augustinus de confessione.
Augustinus contra quinque hereses.
Augustinus super cantica graduum vetus.
Augustinus super cantica graduum novum.
Augustinus super Genesim ad litteram.

(1) Sans doute Lat. 1338.
(2) Lat. 821. On lit au fol. 142 v° de ce manuscrit : *Hunc librum emit Bernardus Iterii, hujus loci armarius, de Willelmo Martelli quinque sol. anno M°. CC°. X°. ab incarnato Verbo.*
(3) Lat. 1993.
(4) Psal. xxxiii, 13.

Augustinus de Trinitate.
Augustinus de sermone Domini in monte habito.
Augustinus super epistolas Johannis (1).
Speculum sancti Augustini (2).
Commentum Augustini a psalmo c^o. xxx^{mo}.
Augustinus de mendacio.
Augustinus ad Jeronimum et Jeronimus ad Augustinum, ubi sunt epistole Pauli.
Augustinus parvus super epistola Johannis.
Augustinus de verbis Domini.
Augustinus de questionibus.
Augustinus de penitencia, in quo sunt canones.
Augustinus de Civitate Dei.
Augustinus de doctrina cristiana (3).
Augustinus de quantitate anime (4).
Encheridion sancti Augustini.
Retractationes sancti Augustini.
Jeronimus contra Jovinianum (5).
Jeronimus super Jezechielem.
Jeronimus super Matheum, ubi sunt cantica canticorum et apocalipsis (6).
Jeronimus super Jeremiam.
Jeronimus super Ozee et Amos.
Jeronimus super Matheum.
Jeronimus de litteris et pronubiis, et ligno scientie boni et mali.

---

(1) Peut-être Lat. 2719.
(2) Lat. 2977 A.
(3) Lat. 2704.
(4) Lat. 2699.
(5) Lat. 2670.
(6) Peut-être Lat. 1842.

Jeronimus de titulo psalmorum.
Jeronimus vetus super psalmos (1).
Jeronimus super Matheum.
Jeronimus vetus de expositione psalmorum.
Cronica Jeronimi.
Jeronimus super epistolas Pauli.
Jeronimus super duodecim prophetas.
Jeronimus super Ysaiam.
Gregorius Nazarenus.
Item liber Gregorii.
Apologia Ambrosii super Eclesiastem.
Albericus Augustinus de moribus eclesie in eodem.
Gregorius in moralibus xv^{cim} libri in volumine uno.
Gregorius de eodem, a sexto decimo usque ad xxxv.;
    et ibi sunt consuetudines (2).
Pastoralis Gregorii (3).
Gregorius super Ezechielem novus (4).
Gregorius super Ezechielem vetus.
Registrum Gregorii (5).
Dialogorum Gregorii xl^{ta} (6).
Omeliarium vetus sancti Gregorii.
Orationes psalmorum composite a beato Gregorio xl^{ta}.
Omeliarium novum sancti Gregorii.
Vetus liber omnium moralium Job libri xxx^{ta} v^{que}.
Moralia Job liber novus.
Moralia Job sancti Odonis.

(1) Peut-être Lat. 2675.
(2) Lat. 2208, 2209, 2262.
(3) Peut-être Lat. 2036 ou 2799.
(4) Peut-être Lat. 2239.
(5) Lat. 2279.
(6) Lat. 2268.

Pastorale vetus.

Liber sancti Gregorii, ubi sunt letanie et orationes ipsius, et sinonima Ysidori.

Beda de temporibus.

Item alter Beda de temporibus.

Beda super vij^{tem} epistolas canonicas (1).

Beda de metrica arte.

Beda super Lucam (2).

Beda super actus apostolorum.

Beda super proverbia Salomonis.

Beda super Marchum.

Beda de Tabernaculo (3).

Ambrosius de sacramentis.

Exameron sancti Ambrosii (4).

Exameron sancti Basilii.

Ambrosius super Apocalipsim.

Rotbertus de corpore Domini.

Bruno super Pentateucum.

Rotbertus de corpore Domini, et liber pronosticorum, et sentencie Deuteronomii in uno volumine.

Bruno super omnes psalmos.

Rabanus de laude Crucis (5).

Rabanus super Regum.

Johannes Constantinopolitanus super epistolas ad Ebrehos unus novus, et alter vetus (6).

Omelie Johannis Crisostomi.

(1) Lat. 2367.
(2) Peut-être Lat. 2353. Voy. aussi la note du catalogue rédigé par B. Itier, ci-dessus p. 334.
(3) Probablement Lat. 2372.
(4) Probablement Lat. 2637.
(5) Peut-être Lat. 2428.
(6) Probablement Lat. 1785.

Juvenalis.

Lucanus et alia bona in uno.

Liber domni Isemberti abbatis, ubi sunt duodecim lectiones de festis, et evangelia, et collecte (1).

Isidorus super Genesim et dialogorum in uno.

Isidorus etimologiarum.

Isidorus sentenciarum (2).

Isidorus ad Florentinum (3).

Isidorus de continencia virginum et de differenciis per alfabetum.

Origenes super Genesim novum.

Omelie Origenis xcv. super vetus Testamentum.

Origenes super Leviticum (4).

Orosius novus.

Orosius vetus.

Egesippus (5).

Gesta Britannorum et gesta Francorum.

Tres Ildefonsi.

Odo ad Turpionem.

x. omelie Eusebii ad monacos et omelie xij^{cim} Pasche, et tres omelie de fide, et omelie Gregorii Nazareni in uno.

Liber Baruch et vita sancti Nicolai, et canones in uno.

Omeliarium, quod incipit in vigilia Natalis Domini usque ad Pascha.

Omeliarium, quod a Pascha incipit usque ad Natale.

---

(1) Lat. 5345. L'abbé Isembert est mort, comme on sait, en 1198.
(2) Lat. 2328, 2026.
(3) Lat. 2826.
(4) Lat. 2965.
(5) Lat. 5064.

Omeliarium quadragesimale novum.
Quatuor regule sancti Benedicti.
Smaracdus super regula sancti Benedicti (1).
Smaracdus de arte grammatica (2).
Smaracdus, qui vocatur Diadema monacorum.
Claudius super epistolas Pauli (3).
Aimo super Ysaiam.
Ilarius super Matheum, et Albuinus super cantica, et xij^{cim} abusiva in uno.
Epistole Leonis pape.
Liber sancti Fulgencii.
Alcuinus ad Karolum.
Prosper de vita contemplativa (4).
Vita sancti Brandani, alii sermones et gesta Salvatoris in uno.
Gesta pontificum.
Liber de sacramentis et canones in uno.
Note Senece, sinonima Ciceronis, leges Romanorum, Grecorum, Alemannorum, Francorum, Syranorum in uno.
Liber legum.
Istoria Langobardorum et arimetica Boecii.
Anchirotus Epiphani et alia diversa.
Liber medicinalis magnus.
Istoria ecclesiastica (5).
Sermones de sancto Marciale, liber vetus.
Glosarius magnus.

(1) Lat. 2157.
(2) Lat. 7551.
(3) Probablement Lat. 2394 A.
(4) Lat. 2770.
(5) Lat. 5072.

Liber iiij^or evangeliorum.
Vita sancti Leodaegarii, et sancti W^mi, et sancte Fidis, et quedam alia in uno volumine.
Collationes patrum in uno.
Leges Romane.
Decreta pontificum.
Liber canonum.
Item alius liber canonum.
Benedictiones et ordo episcopalis.
Item textus iiij^or evangeliorum.
Canones, sentencie, docma de fide et doctrina in uno.
Itinerarium Egerie abbatisse.
Actus Apostolorum, apocalipsis, vij^tem epistole canonice, epistole Pauli, iiij^or evangelia in uno.
Duo passionarii magni.
Alter passionarius a Natale Domini usque ad kalendas maii.
Alter passionarius vetus.
Omeliarium vetus.
Breviarium magnum de conventu.
Breviarium aliud vetus.
Omeliarium vetus.
Breviarium trium lectionum.
Cassiodorus super L^ta psalmos (1), gesta Francorum, et Amalerius in regula canonicorum.
Item Amalerius de divinis officiis, vita sancti Bassoli et etticus philosophus in uno.
Vita sancti Maioli abbatis (2).
Libri quatuor Flavii de re militari.

(1) Probablement Lat. 2195.
(2) Lat. 5611.

Solinus de mirabilibus mundi in uno.
Gesta Alexandri et quedam alia in uno.
Parabole Salomonis et alii libri ejusdem in uno.
Istoria Clementis.
Cronica Anastasii.
Glose et cronice Isidori in uno.
Vita sancti Gauterii (1) et cronica Ricardi Cluniacensis in uno.
(2) Vita sancte Radegundis, sancti Germani Autissiodorensis et passio sancti Blasii et sancti Vincencii, vita sancti Hilarii et actus Marie Macdalene, et passio sancte Margarite, et quedam alia in uno.
Liber sentenciarum de diversis voluminibus.
Istoria Anglorum.
Palladius de agricultura.
Alcuinus de Trinitate in uno.
Alter Alcuinus.
Liber magnus de vitis patrum, et Johannes de reparatione lapsi, et de compunctione, et liber sentenciarum Isidori in uno.
Vita sancti Johannis Alexandrini, cum aliis vitis patrum, et lex Salica in uno, et gesta pontificum.
Astrologia.
Vitas patrum.
Vitas patrum.
Dialectica.
Decretales Aimerici de Barrio (3).

---

(1) Probablement saint Gautier, abbé de L'Esterp en Limousin, mort en 1070, le 11 mai.

(2) Lat. 5351.

(3) Sur Aimeri du Barri, voy. la note du catalogue rédigé par B. Itier, ci-dessus pag. 337.

Due istorie magne nove.
Alie due istorie veteres, in uno volumine.
Omne vetus Testamentum.
Alia vetus istoria.
Gerarchia Dionisii.
Bestiarius.
Cartolarium vetus.
Cartolarium novum.
B. Clarevallensis, et Boecius de Trinitate in uno.
Trogus Pompeius, Suetonius, gesta Cesarum, facta antiqorum in uno.
Cantica canticorum Helie armarii.
Psalterium magistri Galeberti (1).
Sentencie Lumbardi.
Sentencie magistri Hugonis.
Brocardus.
Tullius Cicero de officiis et institute legum in uno.
Josephus de antiquitate in duobus voluminibus, magnus Seneca, et controversie Tullii, et Apuleius, et plurima et alia multa.
Manegaudus super omnes psalmos.
Exodus glosatus in margine.
Epistole Pauli glosate.
Epistole magistri Yvonis et epistole Senomanenses in uno.
Megategnus de phisica.
Liber magistri Hugonis de sacramentis, sive de summa divine pagine.

---

(1) Peut-être pour *Gisleberti*; la glose sur le psautier de David par Gilbert de la Porée, évêque de Poitiers, de 1142 au 4 septembre 1154.

Titus Livius et istoria Julii Cesaris in uno.

Claudianus.

Anticlaudianus.

Claudianus major et minor, et istoria Romana, et Sidonius, et Palladius, et situs terrarum, et Solinus in uno.

Job glosatum et vij^{tem} epistole canonice, et Cantica canticorum glosata, et quedam pars epistolarum Pauli, et alie plurime glose de eisdem epistolis in uno.

De Niceno consilio et aliis multis conciliis in uno (1).

Item epistole Pauli glosate in uno parvo volumine. iiij^{or} unum.

Paterius (2).

Cronica Gaufridi *de Broil* (3).

Istorie magistri P. Comestoris.

Anselmus cur Deus homo, de sacramentis, sermones B. Clarevallensis, Merlini, Macer, in uno.

Liber Bernardi (4), prioris, ubi est Job expositum et multi sermones, et alia bona.

Libri Geraldi xx^{ti} (5).

Decreta Graciani.

Codex.

Instituta.

Summe legum.

Digesta pandectarum novella.

Digesta vetus.

---

(1) Peut-être Lat. 2316.

(2) Probablement Lat. 2303.

(3) Sur Geoffroi du Breuil, voy. la note du catalogue rédigé par B. Itier, ci-dessus pag. 333.

(4) Sur le prieur Bernard, voy. l'article du catalogue rédigé par B. Itier et la note, ci-dessus pag. 331.

(5) Sur Gérard de Rilhac, voy. la note du catalogue imprimé, ci-dessus pag. 330.

Digesta nova.
Summa decretorum.
Olim.
Compendium magistri Salarini de Salerno.
Barlaam.
Summa Johannis *Belet.*
Amalerius.
Duo cantica graduum.
Liber sine simili.
Orationes Tullii.
Liber benedictionum et orationum (1).
Contentio Fabe cum monaco.
Liber Guidonis *de Serran* (2).
Duo libri ymnorum Prudencii.
Ephitaphia Romanorum.
Stobias versificatus.
Item alter Trogus Pompeius.
Due vite S. Martini.
Duo libri cum aurea gemma.
Vita sancti Odonis.
xiij. libri catenati.
Tres passionarii.
v^{que} libri moralium.
iiij^{or} officia magna.
Omelie Origenis.
iiij^{or} collectanei.
iiij^{or} epistol. ij. (3).

(1) Lat. 1013, 1120.
(2) Il figure sur la liste de sermonaires dressée par B. Itier, et son obit est marqué au 24 juillet dans un nécrologe publié ci-dessus pag. 255 et 264.
(3) Lat. 1125.

Virgili (1).
Seduli.
Seneca major.
Alter liber medicine.
Boecius de consolationibus; duo sunt.
Vita Johannis helemosinarii.
Liber cum quo fit aqua benedicta.
xxx^{ta} sermones [theo]logie.
v^{que} libri cum cantu.
Oratius.
Sermones de s. Marciale et sociis ejus.
Decreta imperfecta.
Duo libri Helie *Guitbert* (2).
Prudencius de martyribus.
Duo Prisciani de constructione.
v^{que} vite s. Marcialis.
Decretales W^{mi} Fulcaudii (3).
Liber castellorum Lemovicensium.
Passio s. Thome apostoli.
Passio s. Columbe : « vos qui voluptatibus. »
Gesta Salvatoris.
Gesta Alexandri.
Juvenalis alter.
Lucanus alter.

(1) Probablement Lat. 7927.
(2) Hélie Guitbert est mort en 1200. Voy. *la Chronique de B. Itier*, ci-dessus pag. 67. Ces deux livres, ainsi qu'un livre de proses mentionné plus bas (pag. 352), sont sans doute entrés depuis cette époque dans la Bibliothèque de Saint-Martial.
(3) Son nom figure sur la liste de sermonaires dressée par B. Itier; il est mort en 1212. Voy. ci-dessus pag. 86 et 255. C'est à cette époque que sa collection de décrétales a été achetée par B. Itier. Voy. pag. 87.

Flavius de re militari.
Glose Prisciani.
Musica, ortografia.
Musica Guidonis (1).
Cassiodorus super l. psalmos.
Sermones Crisostomi.
Sermones Comestoris.
Decreta Ebonis, episcopi (2).
Liber vetus Fulgencii.
Expositio Comestoris super epistolam ad Ebreos.
xij. abusiones, brevis regula.
Exceptiones Valerii Maximi.
Sentencie Isidori, tres libri.
Cronica B. armarii (3).
Helias (4) super Cantica canticorum.
Duo paria tener.
iiij^{or} responsorias (5).
Istoria Longobardorum.
Expositio Donati (6).
Breviarium Oliverii.
Sompnium Scipionis, Macrobius.
Adbreviationes prosa.
Focas super Aratorem.
iiij^{or} libri decretorum et canonum.

(1) Sans doute Gui d'Arezzo.
(2) Probablement Ebbon, évêque de Limoges, de l'an 750 à l'an 786 environ.
(3) Voy. le catalogue rédigé par B. Itier, ci-dessus pag. 339.
(4) Helias, c'est peut-être lui qui porte la désignation de bibliothécaire dans un des articles de ce catalogue. Voy. ci-dessus pag. 347.
(5) Ces livres de répons sont peut-être ceux que nous trouvons mentionnés dans le ms. Lat. 5239.
(6) Lat. 7570.

Origenes super Leviticum.
Liber Octoviani imperatoris.
Marcianus et cantica.
Priscianus et Arator.
Versus misse : « o qui perpetua. »
Toni et versus cantor.
Expositio misse.
Sermones Clarevallenses de regula.
Duo libri pistanciarii.
Duo libri in camera abbatis.
Prosarium W^{mi} de Laia (1).
Proserium Helie Guitberti.
Verbum adbreviatum.
Liber de arte numerandi.
Fortunatus de laude sanctorum.
Ordo pontificalis.
Glose partium per alfabetum.
Passio Ursini, Savini.
Passio Sixti.
Vita sancti Columbani.
Sermones morales et dogma.
Encheridion vetus.
Lectiones divine scripture.
Commentum in Virgilio.
Inquisitio sacerdotum.
Psalterium de notis.
Liber Regum vetus.
Dogma de fide et doctrina.
Ale cherubin, compotus.

(1) Il est mort en 1213. Voy. *la Chronique de B. Itier,* ci-dessus pag. 86. Son recueil de proses n'a dû entrer dans la Bibliothèque de Saint-Martial qu'après sa mort.

Letania ordo defunctorum.

Priscianus in xij. versus Virgilii.

Hymni Cistercienses.

Miracula P., abbatis Cluniacensis.

B. Clarevallensis de diligendo Deo.

Lamentationes glosate.

De archa Noe pro archa sapien.

Missale Isaac.

Consuetudines W^{mi} de Barrio (1).

Liber de nativitate sancte Marie.

vj. graduales, liber minimus [cum] sermonibus de Canticis canticorum; duo sunt in Rogationibus.

x^{cem} proserii.

Hymni conventus.

Magnitudo?....

Sermones Ademari Ardalo (2).

In sepulcro sunt xv^{cim} volumina.

Tres prosarii.

Officia nova.

Officia vetera.

Responsorias novas (3).

Responsorias veteras.

Epistolarium.

Collectaneus.

Liber, in quo sunt lectiones et responsorias Marcialis.

Liber magnus lectionum omnium. Quodam vetus breviarium, in quo est psalterium.

---

(1) Il est mort en 1216. Voy. la Chronique de B. Itier, ci-dessus page 98.

(2) Il était mort avant l'année 1212. Il avait été chapelain de La Souterraine. Voy. la *Chronique de B. Itier*, ci-dessus page 86.

(3) Lat. 1134.

Duo missalia.

. . . . breviaria, officia (1), ...
. . . . xxx^{ta}. . . . .
. . . . glose super evangelia. . . . .
. . . . note plures teol . . . .
. . . . prose, orationes, expositio super vij.
. . . . versus misse, expositio Decalogi . . . .
. . . . . . sitione Astralabii, liber de indust . . . . .
. . . . signis et planetis sunt in volumine u[no].
. . . .
. . . .
. . . . note super. . . . .
. . . . flores. . . . .
. . . . glose pru . . . . , glose. . . . .
. . . . . [qu]edam summa de sacramentis . . . . . .
. . . . . e et alia plura sunt in volumine . . . . . .
. . . . . . de Greco in Latinum transtulit . . . . . .
. . . . theologie, speculum ecclesie . . . . . .
. . . . in[vo]olumine uno.
. . . . inum, introductiones ad grammaticam
. . . . sacerdotalium. Materia Luc. . . . .
. . . . Salomonis proverbia sunt in uno.

Item? tractus, versus, responsoria et officia varia per annum sunt in uno.

Parabole Salomonis, summa de sacramentis, glose super Cantica canticorum, de sancta Veronica, et alia plura sunt in uno.

Liber qui dicitur Bel(eth)?, materia Tullii, versus de contemptu mundi, summa de sacramentis ecclesie,

---

(1) Ces quelques mots sont tout ce qui reste du feuillet 235 arraché aux trois quarts et effacé.

W. de omnibus sepulturis, de septem donis Spiritus sancti, que sunt vij. vicia, quedam figure, vestimenta sacerdotis et alia plura in uno.

Cantica canticorum glosata, plures sermones theologie, versus misse, auc^{tes}(1)Augustini, Gregorii, Jeronimi et aliorum doctorum ecclesiasticorum, et flores auc^{tum}, et expositiones auc^{tum} et auc^{tes} libri Regum et de omnibus libris veteris Testamenti, et de omnibus prophetis introitus, et auc^{tes} canonice et glosate, et multa alia bona sunt in uno volumine parvo.

Liber Ysopus, speculum medicorum, Theodorus, Ovidius de pulice, Ovidius de somno, versus optimi de contemptu mundi qui sic incipiunt : « Vox di[vina] sonat, » et alia bona sunt in uno.

Quidam prosarii, in quo sunt octoginta prose, responsoria et antiphone beate Marie, omnes redditus conventus, omnes libri, omnia ornamenta monasterii et plura alia.

Alius prosarius parvus, in quo sunt ymni totius anni, prose festales, antiphone processionales et Sanctus, exorcismus aque, baptismus puerorum et alia multa.

Summa istorum librorum atque voluminum est ccccl. librorum ad minus (2).

(Lat. 1139, fol. 229 r° — 236 r°.)

---

(1) Auctoritates.
(2) Voici une note de B. Itier qui porte également à 450 le nombre des mss. composant la bibliothèque de Saint-Martial de Limoges : « si quis omnes libros hujus monasterii in unum congregaverit, cccc. et l. procul dubio inveniet, cum missalibus et textis et proseriis » (Lat. 1338, fol. 143 r°).

VII.

§. B. recepit pro B. (1) subpriore xj. libros : psalterium et epistolas Lumbardi (2), Brucardum et moralia Job et Gregorium super Ezechielem et apocalipsim et istum et exortationes patrum, summam de viciis et alias duas summas.
(Lat. 483, fol. 9 r°.)

Dominus Johannes Lemovicensis debet ij. sol. pro quarto libro sententiarum fratris H.
(Ibid., fol. 78 v°.)

Iste quaternus est magistri Johannis *Le Limosini* et alius quaternus quem vobis tradet magister Arnulfus (3).
(Ibid., fol. 182 r°.)

---

(1) Peut-être Bernardus *du Palais* dont Bernard Itier fait mention dans sa liste des dignitaires, voy. ci-dessus page 256.

(2) Cette note paraît s'appliquer au moins à un des volumes désignés dans la *Chronique de B. Itier*, à l'année 1212, voy. ci-dessus page 86.

(3) Toutes ces notes sont écrites sur le parchemin avec un crayon de plomb.

RERUM ET NOMINUM

INDEX (1).

A

A., 270.
A., vicecomes, 238; voy. Ademarus.
A. d'Albilanges, 283.
A. Areu, 251, 276; thesaurarius, 273, 281, 283; v. Aimericus Arelli aut Areu.
A. deu Barri prae., 64, 256, 283; v. Aimerici de Barrio decretales.
A. Bechada, 260, 267, 268, 271, 282; v. Aymericus Bechada.
A. Bechet, an. 1221 m., 110.
A. deu Beuna, 283.
A. de Bonac, S. Augustini Lemovicensis abb., 106.
A. Brachet, prior de Monmorlo, an. 1216 m., 98, 101, 283.
A. Bru an. 1211 m., 82.
A. Brus an. 1219 m., 103, 105, 278; v. Aimericus Brus.
A. Brus junior, 269.
A. Brus senior, 269.
A. Brus senioris uxor, 269.
A. Brus de Trasdos an. 1214 m., 91.
A. præ. de Chales, 111, 112.
A. de Clarens, 283.
A. deu Clauzeus, levita, 258, 274, 276, 283.
A. Daicha, an. 1218 m., 102, 103.
A. de Fernols, præpositus de Fesc., 88.
A. præ. de Fesc, 111.
A. de Fornols, 110, 259, 283.
A. Gamart, 283, 308.
A. Girberto, 252; infirmus, 258, 276, 283.
A. Gramavi, 272.

---

1. Pour simplifier autant que possible la composition de cet *Index rerum et nominum*, on a fait usage de quelques abréviations qu'il suffit d'indiquer ici :

    abb.   *abbas.*
    an.   *anno.*
    b.   *beatus* ou *beata.*
    con.   *conversus.*
    ep.   *episcopus.*
    l.   *levita.*
    L.   *Lemovicense, Lemovicenses* ou *Lemovicensis.*
    m.   *moritur* ou *mortuus.*
    præ. ou pri. *præpositus* ou *prior.*
    S.   *sanctus.*
    S. M.   *Sancti Martialis.*

358   RERUM ET NOMINUM

A. J., 272.
A. de Jaunac, 68.
A. de Julac, con., 274, 281.
A. La Brossa, 256; subprior, 282.
A. de Laia an. 1223 m., 114, 115, 262, 283.
A. Lo Brus, 281.
A. de La Rochela, subdiaconus, 258.
A. de la Soterrana, 283.
A., lo chapélas deu Moster, 283.
A. de Malamort, bacterium capit, 93-94.
A. Malmiro, sacerdos, 274, 276, 283.
A. Manleue, 253, 274.
A. Maomet an. 1219 m., 103; v. A. Maumet.
A. præ. de Maravau, 112.
A. Martel, primus prior de Tarn, capicerius major, 68.
A. Marteu, capicerius major, an. 1206 m., 71, 251, 256; capicerius, 260, 264, 268, 271, 278, 281, 283.
A. Maumet, an. 1218 m., 102; v. A. Maomet
A. deu Monroi, 283.
A. de Montagrier, 283.
A. de Nozeiras filius an. 1223 m., 116.
A. de Peirabufeira filius an. 1223 m., 116.
A. deu Peirat, 272.
A. Ravart, 259, 274; v. Aimeric et Aimericus Ravart.
A. de Sant-Remei an. 1208 m., 73.
A. Taurut, 267, 277; v. Aimerix Taurut.
A. Teicher, 252, 283.
A. Tiso, 258, 283.
A. de Vairas, 272.
A. de Vernuol, 268, 278.
A. de Vilac, 253.
A. Vilas, 267, 283.
Abbo, S. M. abb., 2, 37; an. 842 seu potius 861 m., 38, 39, 241, 243.
Abubarcarus, successor Mahumeti, 36.

Acarias, 282.
Accarom occupant Sarraceni, 191.
Accaron civitas, 191.
Acon, Acre (Syrie); a Sarracenis an. 1291 expugnata, 138.
Acra an. 1189 seu potius 1190 a Christianis expugnata, 63, 151; ibi Hugo de Surgeiras an. 1212 m., 85.
Ad. de Sancto Ilario, 304.
Adabaldus, S. M. abb., basilicam S. M. recipit, 6; an. 989 seu 1007 m., 44, 45.
Adabaudus, S. M. abb., 264.
Adalbaldus L. M. abb., 45, 242.
Adalbaudus, 240, 243; v. Odobaldus.
Adalbertus decanus, 4, 5, 6.
Adalfredus, Solemniacensis abb., 246.
Adelfius, L. ep. 244.
Adelfius II, L. ep., 244.
Adelfius III, L. ep., 244.
Ademarus, S. M. abb., abbatiam rerum temporalium copia amplificat, 9, 49, 50; electioni Humbaldi non adest, 186; an. 1114 m., 52; in capitulo ante analogium sepultus, 89, 187, 241, 242, 243, 246, 267, 278, 289.
Ademarus, S. Eparchii et S. M. monacus, 47; Raimundi et Hildegardis filius, 4; sermones ejus de sancto Marciali, 336; an. 1034 m., 47.
Ademarus II, vicecomes L., decem libras cœnobio S. M. donat an. 1077, 49; idem Ademarus, proconsul L., ab abbate 1500 sol. et mulam optimam accipit, ibid.
Ademarus III, vicecomes L. Exidolii castrum S. M. abbati vendit, 11.
Ademarus V, vicecomes L. — Victoriæ de Brehansonibus primicerius existit, an. 1177, 189: an. 1180, de Jerusalem reversus, 60.

INDEX. 359

Ademarus junior, vicecomes L., an. 1195 m., 63, 237.
Ademarus, vicecomes senior an. 1199 m., 66.
Ademarus, comes Engolismensis; ejus filia Johanni Anglorum regi an. 1200 nupta, 67; ipse apud Lemovicas an. 1202 m., 68, 106.
Ademarus junior, frater Guidonis, vicecomitis L., abbatem S. M. captum detinet an. 1204, 69.
Ademarus, vicecomes L., unigenitus filius Guidonis, vicecomitis L., an. 1223 m., 114, 115, 116, 117.
Ademarus d'Afriac, prior Grandis Montis, 57; concilio generali Lateranis habito adest, 94; an. 1215 m., 95.
Ademari Ardalo sermones, 353; v. Aimar Ardalo.
Ademari sermones, 336.
Ademarus Chatart, 291.
Ademarus Cofolens, 292.
Ademarus deu Perier, capellanus de Rialac, 96.
Ademarus de S^{to} Riberio, abbas Terracini, se monasterio dat S. M. an. 1101, 187.
Ademarus Vigerii, sacrista, 146.
Adrianus IV papa Eugenio succedit, 55.
Adrianus V papa eligitur an. 1276, 173; paulo post electionem m., 174. Cf. Otobonus.
Afneu, 278.
Agedunum (mortalitas malignantium apud) an. 1191, 63; Ahun, ar. de Guéret (Creuse).
Ageduni burgus, 213.
Agericus, L. ep., 244.
Agnes Marcela, 269, 279.
Agnes Martela, 296.
Aguilphus, Solemniacensis abb., 245.
Aiceli (magister) de Barmont, canonicus L., 91.
Aiguiranda an. 1199 obsessa, 66. Aigurande, ar. de La Châtre (Indre).

Aim., 253.
Aimar, 270, 276, 281, 283.
Aimar Ardalo, capellanus de Subterranea, m., 86; v. Ademari Ardalo sermones.
Aimar Chatar an. 1211 m., 82.
Aimar Chatart, 269, 278.
Aimar de Chambo, juvenis, 274.
Aimar Cofolent, 118, 119; subdiaconus, 258, 274, 278.
Aimar Confolent, 113.
Aimar D'Ichiduol, 252.
Aimar Gui, an. 1219 m., 103, 251.
Aimar J., 272.
Aimar La Ribeira, præ. de Rosir, 88, 113.
Aimar Laribeira, subdiaconus, 258, 274.
Aimar Locreps, 252.
Aimar Sudrau, 252.
Aimardus, Cluniacensis abb., 246.
Aimardus, 286.
Aimelina, uxor W. de Chauviniec, multis post mortem miraculis clarescit, 288; v. Odelina.
Aimeric Balarget domus, 302.
Aimeric Ravar, 120; v. A. Ravart et Aimericus Ravart.
Aimericus, Claromontensis ep., 53.
Aimericus, S. M. abb., 41; an. 956 m. 42, 240, 242, 243, 284; v. Aimiricus.
Aimericus, Solemniacensis abb., 245.
Aimericus Arelli, 315.
Aimericus Areu, 258; thesaurarius, 258.
Aimericii Balarget domus, 307.
Aimerici de Barrio decretales, 328, 337, 346; v. A. deu Barri.
Aimericus Brus de Aicha, 290.
Aimericus Lo Blanc, 288.
Aimericus Marteus, 294.
Aimericus Ravart, 295; v. Aimeric Ravart.
Aimerix Taurut, 294; v. A. Taurut.
Aimericus de Vernolio, 296.

Aimiricus, 4.
Aimo, 270, 275, 276, 281.
Aimo, S. M. abb., 3, 41; an. 942 m., 42, 240, 242, 243, 282.
Aimo, prior, 103, 273, 282.
Aimo, Bituricensis ep., concilium an. 1031 de apostolatu S. M. convocat, 46.
Aimo, prior de Duo, 257.
Aimoinus, prior de Malavau, 121.
Aimois, 274.
Aimonius, 19.
Ainardus, S. M. abb., 1, 240, 242, 243.
Ainardus de Chanborenc an. 1222 m., 114.
Airau, 321, 323; Eyraud, commune de St-Pierre d'Eyraud ou commune de Calviat (Dordogne).
Alais Rosseta, 268, 279.
Alais Rocetaus, 295.
Alais, uxor W. Chapda, an. 1223 m., 115.
Alanson (dux de), 214.
Alanus (magister), 254.
Alasac, 75; Alassac, arr. de Brives (Corrèze).
Albericus, Remorum arch., 255; ejus sermo de s. Marciali apostolo, 86.
Albericus abbas; ante bibliothecam claustri humatus, 13.
Albertus, S. M. abb., abbatiam amplificat, 11; Terracinense monasterium recipit, ibid.; capellas castelli Axiæ necnon duas in pago Lemovicensi ecclesias adquirit, ibid.; an. 1156 m., 55, 241, 242, 243, 267, 278, 289.
Albertus cancellarius; v. Gregorius VIII.
Albiensis diœcesis, 179.
Albini (s.) reliquiæ, 319.
Albusso, 66, 322; Aubusson (Creuze).
Albusso (vicecomitis d') filius trucidat B. de Giac, 113, 114.
Aldo, L. ep., 2; in basilica S. M. sepultus, 38, 244, 286.

Alduinus, L. ep., 45.
Alebreto (dominus de), 213.
Alelmus (quidam monachus nomine), 16, 17, 18, 19; S. M. abb. tertius, 97; nihilominus inter abbates non computatus, 20, 97; de Subterranea fit prior, 98; an. 1217 m., 100, 238, 265.
Alemannorum imperator, 192.
Alexander, Solemniacensis abb., 245.
Alexander III, papa, synodum generalem an. 1179 celebrat, 14, 59, 237; an. 1181 m., 60, 237, 66.
Alexander IV papa electus, 195.
Alienor, an. 1137, Ludovico Francorum regi nupta, 53; una cum rege Ludovico apud S. Dionysium cruce signata, 54; an. 1153 Heinrici, ducis Normannorum, uxor, 55; dein, regina Anglorum Lemovicas cum filiis suis an. 1172 venit, 58; an. 1203 m., 69.
Aliquiar, 322; v. Liquair et Quars.
Almodia, Gaufredi de Thouvaz filia, Guidoni, vicecomiti L., nupta, 176.
Almois Bona Bocha, 295.
Alpiniani (s.) corpus in prioratu de Rofiec asservatum, 14; tabula et capsa ad illud reponendum apud Rofiec factæ, 14.
Alrancia aqua; l'Aurence, ruisseau près de Limoges, 140.
Alranssa, 163; le Mas d'Aurence, entre Aixe et Limoges (Haute-Vienne).
Amalricus, rex Jherusalem, s. Crucis partem non modicam Grandimontensibus mittit, 58.
Amalricus Montis Fortis, filius Symonis Montis Fortis, comes Licestriæ, cum uxore sua, in carcerem conjectus an. 1276, 174. Papa intercedente, an. 1282 liberatur, 177.
Amalvi, 282.
Amanabit, 252.

Amblardus, de Cluniaco, prior de Silviniaco, S. M. abb., 10, 52, 53, 54, 241, 242, 243, 267, 289 ; sepultus in capitulo ante analogium, 89; v. Amlardus.

Amblardus, S. Austremonii de Mauzaco abb., 285.

Amelia, filia Heliæ Amiel, 295.

Amelius an. 1223 m., 115, 121, 261.

Amelii an. 1223 m., 114, 116.

Amelii de Monte Quoqulo filius, monachus, 123.

Amissia, Eschivati de Cabanisio filia, Guidoni vicecomiti L. nupta, 176.

Amlardus, S. M. abb., 278; v. Amblardus.

Amphiteatrum Lemovicis, 81.

Anagnia; ibi a Guillelmo de Nogareto Bonifacius VIII comprehenditur, 139; ibi Innocentius IIII papa eligitur, 195.

Analac, 113, 259, 275, 321, 323; Naillac, ar. de Périgueux (Dordogne).

Anastasii cronica, 37.

Anastasius papa, successor Eugenii, an. 1153 consecratur, 55.

Ancelmus, L. ep., 285; v. Anselmus.

Andegavensis ep. an. 1197 m., 64, 196.

Andreas deu Trot, 297.

Andrensis episcopus, 27; v. Jacobus, prior de Calesio.

Andreu, 251, 270, 275, 276, 278, 281.

Andreu Beremme aut Beremnes, 252, 262, 282.

Andreu Garda, 282.

Andreu deu Trot, 252 ; clavicularius S. Petri, 258, 273.

Andreu de Vusias, 282.

Androchius (s.) portatus Lemovicis an. 1520, 215.

Anes, prioratus, 45, 95, 97, 111, 112, 198, 259, 274, 321, 322; — (mezatgium d'), 182, note 2. Anais, arr. d'Angoulême (Charente), ou arr. de La Rochelle (Charente-Inférieure).

Anesium prioratus, 95, 198.

Angli an. 1066 multi pereunt, 48.

Angliæ regis brachium an. 1203 in Aquitania confractum, 193.

Angliæ rex, 317.

Anglica regio anathemati an. 1210 subjecta, 76 ; an. 1211 reconciliatur, 78.

Aniciensis burgenses bajulum episcopi in ecclesia fratrum Minorum Aniciensium interficiunt, 171; pecunia et consulatu an. 1277 mulctati, 171.

Aniciensis ecclesia fratrum Minorum, 171; Le Puy (Haute-Loire).

Anni initium in diœcesi Lemovicensi a festo Paschae ad festum Annuntiationis an. 1301 translatum, 140.

Annona ann. 1235 et 1258 rara, 155, 158.

Annunciatio B. Mariæ festive celebrata apud S. M. an. 1215, 97.

Anselmus, L. ep., 2, 38, 244; v. Ancelmus.

Ansildis, (s.) virginis, festum, 79.

Antiphona ab ordine Cluniacensi recitata, 107.

Apela, 259.

Apulia, 133. La Pouille.

Aquæ Sparsæ ad culturam redactæ, 115, 116, 117.

Aquas Sparsas (molendina ad), 14.

Aquis Sparsis (stagnum de), 114; Aigueperse, comm. de Saint-Bonnet-la-Rivière (Haute-Vienne).

Aquarum abundantia Lemovicis, 88 ; v. Inundatio.

Aquila (dominus de), 212.

Aquitaniæ ducatus, 118.

Aragoniæ regnum, 178.

Aragonum rex, 177.

Arbertus, 304.

Arcambau de Comborn prædicat, 114.

Archa in choro S. M., ubi est scilla, 273.
Archambaldus pro abbate de Fijac rogat, 109.
Archambaldus, Comborum vicecomes, an. 1277 m., 175. — De uxore et filio ejus, 175-176.
Archambaldus, Solemniacensis abb., 246.
Arcx (cœnobium quod dicitur), Ars, arr. et cant. de Cognac (Charente), 14; v. Arxs.
Ardalo, quondam abbas Usercensis, 80; v. Petrus Ardalo.
Ardentium labes an. 994, 43; v. Pestilentia.
Arena Lemovicis, 159.
Arena (porta de), 209. La porte des Arènes, à Limoges.
Arenam (altare ad) consecratum, 106.
Arenarum cimeterium, 81. Le cimetière des Arènes, à Limoges.
Arenis (Crosum de), 209; v. Cros (lo) da l'Arena et Crosum de Arenis.
Arenis (porta de), 201; v. Arena (porta de).
Argenti vivi libra quo pretio venundata in urbe Cenomannica, 81; quo pretio venumdata Lemovicis an. 1211, 81.
Arianorum contumacia, 120.
Arnac (prior claustralis d'), 108. Arnac-la-Poste, arr. de Bellac, cant. de St-Sulpice-les-Feuilles (Haute-Vienne).
Arnac (prioratus d'), 108, 111, 112, 274, 283, 291, 322.
Arnaco (pastoralis de), 336.
Arnacum, 67, 249, 320; v. Arnac.
Arnau de Balanias, 259, 274; v. Arnaut de Balanias.
Arnau Espero, canonicus, 91.
Arnau Tiso, 255; v. A. Tiso et Arn. Tizo.
Arn. Tizo, 261; v. A. Tiso et Arnau Tiso.
Arnaudus (magister), 304, 308.

Arnaut de Balanias, 120; v. Arnau de Balanias.
Arragonia (rex de), 58.
Arriani de Toloza, 120.
ArtigiensesLemovicisexoriuntur an. 1210, 77.
Arturus, rex Anglorum, an. 607 m., 36.
Arturus, dux Britanniæ, occisus, 119.
Arturus, filius comitis Britanniæ, Mariam, filiam L. vicecomitis, uxorem ducit, 172.
— Dein comes Britanniæ et vicecomes L., Castrum Lucii magistro G. de Malo Monte an. 1280 in beneficium confert, 176.
— Monasterio S. M. plurima damna infert an. 1290, 180.
Artus de Bretanha, vicecomes L., 197.
— De subsidio a burgensibus castri L. debito pro filiis suis an. 1292 componit, 135.
— Ejusdem castri homagium abbatibus S. M. debitum an. 1295 et 1300 denegat, 135, 140.
Arxs (domus seu prioratus d'), 98, 283, 322; v. Arcx.
Arx (domus d'), 113, 321.
Arx (prioratus d'), 320, 321.
Arvernensis pagus, 321. L'Auvergne.
Arvernorum comitis soror, v. Guidonis, comitis L., uxor.
Ascalon a Balduino rege expugnata an. 1158, 56. Ascalon (Palestine).
Ascelinus, Montis Leudenensis urbis ep., 42.
Asclipiodotus, L. ep., 244.
Asclipius, L. ep., 244.
Aspinras, 113, 259, 275, 321, 322. Asprières, arr. de Villefranche-de-Rouergue (Aveyron).
Aspiras (prior d'), 321; v. Aspinras.
Astidus, L. ep., 244.
Aticus, L. ep., 244.

Audebert, 270, 275, 281.
Audebert d'Analac, 273, 282; v. Audebertus d'Analac.
Audebert de Fondom, 282.
Audebert Olivier, 282.
Audebert de S. Vairic, 120.
Audebertus, 276; v. Audebert.
Audebertus, comes de la Marcha, an. 1178 m., 59.
Audebertus, comes Marchiæ, filio unico defuncto, apud Jerusalem recedit, 188; uxorem propter adulterii suspicionem repudiaverat, 189.
Audebertus d'Analac, subdiaconus, 258; v. Audebert d'Analac.
Audebertus Oliver, infirmus, 258, 274.
Auderius Iterii, v. Audierius Iterii.
Audier, 270, 275, 276, 281.
Audier Arman, 275.
Audier Iterii, B. armarii frater, 114, 117, 268, 277, 279; v. Audierius Iterii.
Audier Lamota, 251; puer, 258; juvenis, 274.
Audier Laporcharia, 113; subdiaconus, 258, 274, 319.
Audiers lo Vigiers, 294.
Audierius Iterii, B. Iterii frater, 71, 80, 114, 116; v. Audier Iterii.
Audoinus, 261.
Audoinus thesaurarius, 64.
Auduinus Marches, cellerarius, 125.
Aunai (abbas d'), 109.
Aurel (prioratus d'), 106, 111; v. Aurelium.
Aureliacum, 3. Aurillac (Cantal).
Aurelianensis dominus, 214.
Aurelianis (bastardus de), 211.
Aurelianus, L. ep., 244; corpus ejus an. 1316 terra levatum, 145; in ecclesia S. Cessatoris jacens, 201.
Aurelium, 170. Aureil, canton de Limoges (Haute-Vienne); v. Aurel.
Auriflamma in Hispaniam apostata, 174.

Ausance, 213. Auzences, arr. d'Aubusson (Creuze).
Aus Eschausiers (domus), 40. L'Echoisier, à 3 lieues de Limoges.
Austremonii (s.) corpus in quodam municipio comitis Arvernorum delatum, 83.
Austricliniani (s.) capsa, 61; illi candela data, 92; altare ejus in monasterio S. M. Lemovicis, 136.
Austriclinianus (s.) apud Montem Gaudii delatus, 215.
Autafort an. 1199 obsessum, 66. Hautefort, arr. de Périgueux (Dordogne).
Autafort (comes de), 67.
Auterius, S. M. abb., an. 1045 m. 48, 240, 286.
Autrannus, 285.
Autsindus, L. ep., 244.
Avenæ sextarius quanti venditus an. 1202, 192.
Avinio, 139. Avignon (Vaucluse).
Avino an. 1226 expugnata, 120.
Axia (castrum de), Aixe, arr. de Limoges (Haute-Vienne). Ab Anglorum rege. Johanne, an. 1214 expugnatum, 16, 92; illud Guido vicecomes post ix ebdomadas recipit, 99.
Axia (domus de) an. 1214 consummatur, 88.
Axia (vicecomitates de), 162.
Axiam (vini copia apud), 110.
Axia (torcularia duo de) an. 1222 mutata, 12, 71, 110, 112, 113.
Axia; ibi monetam an. 1211 cudit Guido, L. vicecomes, 78; non unius certaminis theatrum, 162; a Lemovicensibus an. 1274 obsessa, non tamen expugnatur, 172; cujus propter obsidionem Eduardus, rex Angliæ damnatur, 173.
Axiæ castellum; ibi capellas Albertus, S. M. abb., adquirit, 11.
— turris ejusdem castri, an. 1206 consummatur, 71.

Axiæ vineæ custodibus muniuntur, 12.
Aymericus, Lep., Jacobum Afrehet, S. M. abbatem electum an. 1272 confirmat, 22; communias in castrum de Chaslutz movet, 133; an. 1272 m., 134; magnam pecuniæ summam ad ædificandam S. Stephani ecclesiam legat, ibid., 184, 200, 245.
Aymericus Arnaudi, 159.
Aymericus Bechada, 297; v. A. Bechada.
Aymericus de Brolio, S. M. abb., 24.
Aymericus de Rupe Cavardi de burgo Oratorii cum G. de Malo Monte contendit, 177.
Aymoinus, præpositus Cambonensis, 195.
Aymo super Isaïam, 334.
Azac (domus d'), 111, 113, 123, 126. Azat-le-Riz, arr. de Bellac, cant. du Dorat (Haute-Vienne), 259, 274, 320, 323.
Azerable, 111, 113, 259, 274, 320, 322. Azerables, ar. de Guéret (Creuse).

B

B., 270, 356.
B. abbas, 10; v. Bernardus.
B. armarius; v. Bernardus Iterii.
B., L. ep., 111, 194; v. Bernardus et Bernardus de Sevenas.
B. subprior, 356.
B. Martini L. abb., an. 1214 crucem suscipit, 92.
B., abbas de Tuela, 91.
B. A. J., 272.
B. Acorat an. 1218 m., 102, 103.
B. Aimericus, 248.
B. Alcair, 260, 269, 272, 278.
B. Alcaires, 295.
B. Amlardi an. 1223 m., 115, 116.
B. d'Analac an. 1211 m., 82; puer, 273, 276, 281; v. Bernardus d'Analac.
B. Arrabit, an. 1217 m., 101, 238; clericus Cambonensis, 255.
B. Barbosta, 291.
B. Barrau, 279.
B. Bochart an. 1220 m., 109, 276.
B. Bofi, 256.
B. Boichol, 268.
B. de Boissoil, 293.
B. de Chando, 267.
B. Chenut an. 1213 m., 86.
B. de Colonias, prior de Monmorlo, 101, 238, 248, 266.
B. de Lort, 259.
B. Deuga psalterium peroptimum, 102; 117, 120; tertius prior et pistancerius, 273, 276, 279, 280, 281, 289.
B. Deugua, 297, 319; v. Bernardus Deuga.
B. Deusol an. 1223 m., 116.
B. Dorador, 269, 295.
B. præ. de Du, 111, 248.
B. Fizicus (magister), 121.
B. Garda, 248, 251, 262.
B. Gaudi, 261, 269, 272.
B. de Giac, prior de Feletin, an. 1222 occisus, 113, 114.
B. Gorbelo, 252.
B. Gordet an. 1222 m., 111, 114, 248, 251; custos ecclesiæ cœmiterii 258, 265, 276.
B. de Goret, 259, 274.
B. Iterii; v. Bernardus Iterii.
B. Lacroz, 248, 274, 276.
B. Ladent, 265, 269.
B. Laribeira, 248.
B. præ. de Laureira, 111.
B. Lavilata, subdiaconus, 258, 274, 276, 281, 308.
B. lo Barrau, 269.
B. Lo barraus, 295.
B. L'Optalier, 251, 268, 278.
B. L'Optalis, 260, 271; crux ejus, 61.
B. Malagarata, 292.
B. Margarata, 268, 278.
B. prior de Montandre, 108.
B. Olric, 268, 278.
B. Olrix, 290.
B. P., 272.
B. de Paizac, 248.

B. Papalou estatgia, 307; v. Bernardi Papalou estatgia.
B. Pic ou B. Pix, 68, 275; v. Bernart Pic.
B. Raymundus, præ. de Vernul et ortolanus, 113, 119; ortolanus, 259, 273, 279.
B. Ribanac, 112; miles pecuniosus, an. 1216 m., 98.
B. de Roeira, 248.
B. Roncomet (magister), 254.
B. de S. Valric, subdiaconus, 258, 276, 281.
B. de Tarn, armarius, 255, 263; v. Bernardus de Tarn.
B. de Teulet, 266.
B. d'Uzercha, sacerdos, 274.
B. de Ventedor, Tutellensis abbas, 107.
B., præ. de Vernolio, 289, 295.
B., præ. de Vernuol, 111, 112.
B. Benedicti capella, 209; v. S. Benedicti capella.
B. Cessatoris Lemovicensis ecclesia, 145; v. S. Cessatoris ecclesia.
B. Magdalena de la Baume, 215. La Sainte-Baume, com. du Plan d'Aups.
B. Mariæ de Arena ecclesia, 159. N.-D. des Arènes, à Limoges.
B. Mariæ de Arenis claustrum an. 1260 incœptum, 132.
B. Mariæ de Harenis ecclesia. Hujus primus lapis an. 1260 ponitur, 184.
B. Mariæ ordo an. 1274 sublatus, 172.
B. Mariæ de Regula monasterium, 159. N.-D. de la Règle, à Limoges; v. Regula.
B. Mariæ de Subterranea præpositatus, 21; v. La Soterrana et Subterranea.
B. Martini ecclesia Turonis, 39.
B. Micaelis ecclesia (platea coram), 302.
Babyloniae soldanus, 171; a Tartaris interficitur, 175.
Baglangers (los) castri L. consules ejiciunt, 194.
Balazis, juxta Lemovicas, 162.

Balezy, près Isle, cant. de Limoges (Haute-Vienne).
Balduinus, rex Jherosolimorum, Ascalon expugnat an. 1158, 56.
Balduinus, Flandrensis comes, an. 1204 Latinus imperator, 69.
Balma (castrum de), 56.
Bans Gaifiers, 314.
Barbaris (solidi de), 81.
Barbelli in Vigenna an. 1276 inventi, 173.
Bartholomeus, 246.
Bartholomeus, prior S. M., 75, 255, 262.
— ejus liber, 331.
Bartholomeus, servitor abbatis, 96.
Bartholomeus Audierii, prior de Duneto, dein S. M. abb., 26.
Bartolomeus Amiels, 289, 294.
Barum, 49. Bari dans la Pouille.
Basculi apud Nobiliacum an. 1203 a J., ep. L., debellati, 193.
Bastiment (domus vocata vulgariter lou), 205.
Batareu (occisio de) an. 1201, 238. P.-ê. Badarous, arr. de Mende (Lozère).
Bayardaria (domus vocata vulgariter), 205, 215; cf. Guillelmi Juliani domus.
Beana (abbas de), 112, 113, an. 1223 m. 115, 116. Abbaye de Beaune, arr. de Limoges, canton d'Ambazac (Haute-Vienne).
Beatrix, uxor Perio d'Espana, an. 1219 m., 105.
Beders (civitas de) an. 1209 vastatur, 74. Béziers (Hérault).
Belac, 78. Bellac (Haute-Vienne); v. Belacum.
Belacum, 177; v. Belac.
Bellaco (villa de), 203, 207.
Bellocum cœnobium a Radulfo, Bituricensi arch., an. 836 conditum et consecratum, 2, 38. Beaulieu, arr. de Brives (Corrèze).
Bellovidere (domus sive castrum

de), 27. Beauvais, château, comm. de Limoges (Haute-Vienne).

Benaias, 247, 251, 321. Benayes, arr. de Brives (Corrèze).

Benedicti (s.) corpus desuper Ligerim translatum, 72.

Benedictus, S. M. abb., 2, 38; an. 877 m., 40, 240, 241, 243, 285.

Benedictus, cardinalis, 182; v. Bonifacius.

Berau de Bride, 259, 274.

Bernardus, Tutellensis abb., 85, 241, 242, 243; v. B. abbas.

Bernardus, L. ep., 245; v. Bernardus de Sevenas.

Bernardus, Solemniacensis abb., 245.

Bernardus, prior, 255; ejus liber, 329, 331, 348.

Bernardus d'Analac, 82; v. B. d'Analac.

Bernardus (s.) Clarevallensis an. 1090 nascitur, 49; an. 1113 religiosum habitum induit, 51; an. 1153 m., 55.

Bernardus Deuga, tertius prior, 257; v. B. Deuga.

Bernardi Fabri domus, 301.

Bernardus Iterii an. 1163 nascitur, 56; an. 1177 monachus factus, 59; an. 1185 diaconus, 62, 65; an. 1186 pagum Pictavensem petit, et ibi tres annos commoratur, 62; an 1187 capitulo Grandimontis adest, et inter discordantes monachos versatur, 62; an. 1189 sacerdos et thesaurarius ad tres annos, 63; crucem auream et horologium an. 1191 suo monasterio donat, 63; an. 1195 subarmarius factus, 64; an. 1198 succentor, 65, 67; an 1204 armarius et tertius prior, 69; an. 1205 librum ligare facit, 71; Cluniacense monasterium an. 1206 visitat, ibid.; an. 1208 Clarummontem et inde S. Mariam de Podio et Casam Dei pergit; unde reversus gravissimo morbo laborat, 73; an. 1210 apud Pictavim vadit, et inde S. Martini Turonis et Majus monasterium visitat, 75; eodem an. missale a se emptum fuisse testatur, 339; an. 1211 s. Martialis apostoli caput populo Lemovicensi monstrat, 80; eodem an. septem solidos in deauratione virgarum sepulchri impendendos dat et ad populum sermonem facit, 81; audit ab Isemberto abbate quæ dona primus monasterio largitus sit, 81; an. 1212 emit pallium ante altare S. Michaelis ponendum, 84; an. 1214 in festo sanctæ Crucis de maio de morte Hugonis, abbatis, chronicalem notam scribit, 89; eodem an. orationem de B. Maria quotidie recitare incipit, 92; an. 1216 tres casulas facit, 99; an. 1219 Dei Genitricis festum solemnius celebrari instituit, 103; an. 1221 bello desinente, Merpis, B. Iterio præsente, redditur, 110; an. 1222 ipse casulam nigram facit, 114, 239, 248, 255, 256, 257, 272, 276, 279, 281, 283, 287; an. 1210 septimum annum in armariatu explebat 75; an. 1219 sextum decimum, 253; an. 1223 nonum decimum, 273; eodem an. vigesimum, 116; armarius an. 1225 m., 120; Chronica ejus, 351; Chronicon ejus, 28-119, a Stephano de Salviniec et Helia de Brolio, ejusdem monasterii armariis, continuatum, 119-129; manu ejus exarata monasterii S. M. librorum descriptio, 330; quos ipse libros possidebat, 338, 339; ejus de Ascensione Domini sermo, 219-224; item ejus sermonis fragmentum de eodem argumento, 224-225; ejus de abbate epitaphium et funereus rotulus, 217, 218; ejus de philosophia disquisitiones, 226-235, 287, 351.

INDEX. 367

Bernardus Jornal, monachus sacerdos; W. deu Barri occidit, 98.
Bernardus Lacroz, cellerarius, 258.
Bernardus Laden, 293.
Bernardus, frater Bosonis Laden, 297.
Bernardus L'Optaliers, 296; v. B. L'Optalier.
Bernardus deu Palais, 256.
Bernardi Papalou estatgia, 302; v. B. Papalou.
Bernardus Raim., 280.
Bernardus de S. Asterio, Tutellensis monachus, 165.
Bernardus de S. Sevenas, L. ep., 107; an. 1220 synodum celebrat, 108, 111; an. 1225 cum abbate S. M. discordat, 194, 245; v. Bernardus.
Bernardus de Tarn, 256; v. B. de Tarn.
Bernardus de Ventedor, electus de Tucla, 75.
Bernart Pic, 259; v. B. Pic.
Berno, Cluniacensis abb., 246.
Bernulfus, Solemniacensis abb., 245.
Bertolmeu, 278.
Bertolmeu Amel, 251.
Bertholmeu Amelii, 260, 268, 271, 279, 280.
Bertolmeu Audier, 272.
Bertolmeu Chavalier, 251.
Bertolmeu Gauter, 268, 278.
Bertolmeus Gautiers, 293.
Bertolmeu de Stampas, 256.
Bertrandus, abbas Tutelensis, 75.
Bertrandus de Azat, miles, proditionis in regem Franciæ reus, capite damnatur, 208.
Bertrandus de Born; octava candela pro eo in sepulcro S. M. ponitur, 93.
Bertrandus de Dompnho, prior de Savio et S. M. capicerius, 146.
Bertrandus de Gemeu an. 1219 m., 103.
Bertrandus de Goth; v. Guillelmus del Goth.

Bertrandus de Longua, 292; v. Bertran de Longa.
Bertrandus de Turribus apud Petragoram an. 1280 m., 177.
Bertrannus, Aniciensis ep., an. 1213 m., 86.
Bertran de Longa, 96, 259.
Bertrans de Longa, 109, 248, 274.
Bertrans, præ. de Montandre, 112.
Bertrans Relie an. 1218 m., 103.
Betleem ecclesia, 6. Bethleem (Palestine).
Beufort castrum seu de Malamort, 189.
Biron an. 1212 expugnatum, 84. Biron, arr. de Bergerac (Dordogne).
Biterna, 95. Beziers (Hérault).
Biterrensis pagus, 321. Le pays de Béziers.
Biturica, 178.
Bituricas (concilium apud) an. 1225, 120; concilium generale an. 1276, 174; item an. 1283, 177. Bourges (Cher).
Bituricensis arch. G. de Soliaco, 175.
Bituricensis pagus, 77, 321. Le Berry.
Bizantea urbs a ·Francis an. 1203 expugnata, 238.
Blancha, conjux Ludovici, 42.
Blanzac (castrum de), 60. Blanzac, arr. de Bellac (Haute-Vienne).
Bladi caritas an. 1235, 155; — penuria an. 1258, 158; v. Frumenti sextarius.
Bocharia (lo portal de), 86. La porte Boucherie, à Limoges.
Bolona, 250. Blond, arr. de Bellac (Haute-Vienne).
Bonaco (parrochia de), 24. Bonnac, arr. de Limoges (Haute-Vienne).
Bonavau, 274.
Bonefacius, 182; v. Bonifacius.
Bonifaci Barraban, 251.
Bonifacius papa VIII, 23; an. 1298 sextum decretalium li-

brum edit, 138; an. 1303 a Guillelmo de Nogareto Anagniæ comprehensus, 138, 139.
Borguol, monasterium, 45. Bourgueil, arr. de Chinon (Indre-et-Loire).
Bornet, 77.
Bornet (abbas de), 255. Abbaye de Bournet, diocèse d'Angoulême.
Borteus, 248.
Bos Ladent, 248, 260, 268, 272, 278.
Bos Laden, 293.
Bos de S. Marti, 267.
Boso, Solemniacensis abb., 245.
Boso vetulus de Marcha, 41.
Boso, comes de Marcha, castrum de Laureira in armis ingreditur, 56.
Boso, capicerius, an. 1189 m., 63, 237, 260, 271, 277, 294, 297.
Boso Bernart, 292.
Boso Laden, 297.
Boso de S. Marti, 256, 268, 288.
Boso Sancti Martini, 287.
Boso de Mathaz, Stirpensis abb., an. 1208 m., 73.
Boucicaut, lieutenant du roi de France, à Limoges, en 1361, 153.
Brabandiæ ducis filia, uxor Philippi, Franciæ regis, 174.
Braimanssorum sex millia in ecclesiam debacchantes, 190.
Brenna, 131. Bret, château ruiné, arr. de Brives, cant. de Lubersac, comm. de Mongiboud (Corrèze).
Bricci (s.) ep. reliquiæ, 319.
Briccia, uxor P. Lafon, 294.
Brideriis (turris de) an. 1202 corruit, 68. Bridier, comm. de la Souterraine (Creuse).
Brivairol, 308.
Briva an. 1199 obsessa, 66. Brives (Corrèze).
Prostains, 301.
Brugayrens (decima deu), 22. La Bruyère? arr. de Limoges, cant. d'Aixe, comm. de Se-

reilhac (Haute-Vienne).
Brus la Porta, 267, 277, 292.
Burdegala, 67, 173, 178. Bordeaux (Gironde).
Burdegalæ villa, 213.
Burdegalensis pagus, 321. Le Bordelais.
Burgi Novi villa, 207.
Burgus Novus, 213. Bourganeuf (Creuse).
Burgundiæ dux, 214.
Buxeria Magdalena, 320. La Bussière-Madeleine, comm. de La Souterraine, arr. de Guéret (Creuse).

C

C. Azac, 111.
C. de Festiac, 252.
C. W. Marteu, 254.
Cabilonis Cistercienses incipiunt, 77. Chalon-sur-Saône (Saône-et-Loire).
Caercis, prior de Granmont aut Grandis Montis, 98, 107, 101-102; v. Caors.
Cairoensis ecclesia, 257.
Cairoi (altercatio deu) an. 1220, 238; v. Quadruvio.
Calesium, 22, 64, 291; v. Chales.
Caliga Jesu Christi apud Sanctum Julianum servata, 82.
Camboneare castellum vi expugnatum, 41.
Cambonense monasterium, 21, 41, 320; v. Chambo.
Cambononeos monachi, an. 1230 S. M. monachis reconciliati, 21, 122.
Cambonensis præ., 19, 111.
Cambonum, 195; huc adducitur prior claustri Cambonensis. Chambon-sur-Voueize ou Chambon ville, ar. de Boussac (Creuse).
Canonicorum novorum congregatio exoritur, 188.
Cantuariensis sedes, 87. La cathédrale de Cantorbéry.
Cantica canticorum Heliae, armarii, 328, 337.
Caors, 268, 278; v. Caercis.

Capannense jus hæreditarium, 4. Champagnac, cant. d'Oradour-sur-Vevre, arr. de Rochechouart (Haute-Vienne).
Caristia magna an. 1254, 152; item an. 1271, 134.
Carlus, 2; v. Karlus.
Carlus minor regnum recipit, 3, 39; v. Karlus.
Carolus Calvus, 240; v. Karolus.
Carmelitæ Lemovicis, 209.
Carmes (les) à Limoges en 1264, 153.
Carnotensis ep. an. 1217 m., 102.
Cartusienses à Granoble instituti, 77.
Casa Dei Arvernis instituta, 77. La Chaise-Dieu, arrond. de Brioude (Haute-Loire); v. La Chesa Deu.
Cassanuol an. 1214 expugnata, 91. P.-ê. Cassenueil, arr. de Villeneuve-sur-le-Lot (Lot-et-Garonne)?
Castellæ rex, 170, 171.
Castrensis ep. seu de Castres en Albiges, 212.
Castrum Lucetum, 209; v. Castrum Lucii.
Castrum Lucii, 176; v. Chaluz et Chaluz-Chabrol.
Castro Radulfi (domina de), sancta femina, à marito an. 1217 occisa, 99; v. Aimelina et Odelina.
Catardus Bona Bocha, 289, 291.
Catardus Lo Drapiers, 292.
Catardus Martellus, capellanus Sancti Micaelis, 293; v. Chatart Marteu.
Caturco (burgenses de), an. 1290 et an. 1302, ludum de miraculis b. Martialis celebrant, 137.
Cegurio (rusticus de), 121. Segur, arr. de Brives (Corrèze).
Cela (abbas de) gladio m., 82.
Cela, 274, 321; v. Cella.
Cella, 77, 259, 322. Abbaye de Celle-Frouin, arr. de Ruffec (Charente); v. Cela.
Cellario (helemosina de), 126.

Cenomannica urbs, 81. Le Mans (Sarthe).
Ceræ libra quo pretio venundata Lemovicis an. 1212, 86.
Cerniea, 259, 321, 322; v. Sermiea.
Cesarius, L. ep., 244.
Cessator, L. ep., 244.
Cessatoris (S.) Chilli, 93.
Chabesaria (la), 107.
Chabrinhacum, 23. Chabrignac, arr. de Brives, cant. de Juillac (Corrèze).
Chabrol, 269.
Chabrolet, 278, 293.
Chadigan, Mahumeti uxor, 36.
Chales prioratus, 111, 112, 259, 274, 321, 322.
Chales (prior de), 321. Chalais, arr. de Barbezieux (Charente); v. Calesium.
Chaluz (la Lesda de), 86.
Chaluz-Chabrol, 66; v. Castrum Lucetum et Castrum Lucii.
Chambo (prior claustralis de),108.
Chambo (præ. de), 109, 322.
Chambo prioratus, 87, 107, 112, 258, 274, 275, 283, 322.
Chambo (controversia de) an. 1223, 116, 117.
Chambo (occisio de) an. 1191, 237; v. Cambonense monasterium.
Chambolos, 284.
Chaminada (domus de), 145.
Chanaleigles, 213. Cheneraillles, arr. d'Aubusson (Creuse).
Charanta, 179. La Charente, rivière.
Charnac, 96, 112, 274, 320, 322. P.-ê. Charnat, arr. de Thiers, canton de Lezoux (Puy-de-Dôme).
Charros (abb. de) an. 1219 m., 106; an. 1222, 111, 113, 114. Abbaye de Charroux, arr. de Civray (Vienne); v. Karrofensis abbas.
Chartosa (cella de), 114.
Charvix (castrum de), 143. Château-Chervix, arr. de St-Yrieix (Haute-Vienne).

24

Chaselas, 321. Chezelles, arr. de Châteauroux, canton de Buzançais (Indre); v. Chazelas.

Chaslucet, 69, 98, 110.

Chaslucetum (raptores apud), 133. Chalucet, canton de Limoges, comm. de Solignac (Haute-Vienne).

Chaslutz Chabrol, 185. Chalus, arr. de Saint-Yrieix (Haute-Vienne).

Chastanet, 183. Chatenet-Colon, arr. de Bellac, canton de Bessines (Haute-Vienne).

Chastelairau (vicecomes de), 85. Chatellerault (Vienne); v. Hugo de Surgeiras.

Chasteunou an. 1212 expugnata, 84.

Chatar an. 1222 m., 111, 119, 270.

Chatardus, 254.

Chatardus Lo Viger, miles castri L. 75; v. Chatart Lo Viger.

Chatart, 260, 268, 275, 277, 278, 279, 281; con., 278, 282; sac., 274; infirmus, 258.

Chatart Bonabocha, 251; — helemosinarius, 258, 260, 282.

Chatart Bermont, 251, 282.

Chatart, clarissimus aurifex, 80, 83.

Chatart lo meschi, 269.

Chatart Lo Viger, 278; Chatars Lo Vigers, 292; v. Chatardus Lo Viger.

Chatart Marteu, 118, 279, 280; v. Catardus Martellus.

Chazelas, 322; v. Chaselas.

Chazelis (prioratus de), 206.

Childemarus, Solemniacensis abb., 245.

Childemnus, Solemniacensis ab., 245.

Chinon, 69. Chinon (Indre-et-Loire).

Choumont (dominus de), miles, 211.

Christianorum persecutiones tres, 34.

Christianus, L. ep., 244.

Chyprus insula, 191.

Cirac (prioratus de), 112; v. Sirac et Syrac.

Cisterciense capitulum an. 1210 habitum, 76.

Cistercienses Cabilonis, 77.

Cisterciensis ordo an. 1099 oritur, 50, 52; an. 1210 Willelmum, Bituricensem patriarcham, terra levari postulat, 76; — eodem anno divinis officiis in Anglia vacat, ibid.

Cisterciensis ordinis quidam abbas contra hæreticos missus, 255.

Cistercius an. 1101, vel circa, oritur, 188. Citeaux, comm. de St-Nicolas, cant. de Nuits, arr. de Beaune (Côte-d'Or).

Claras valles, 321. Clairavaud, arr. d'Aubusson (Creuse); v. Claras vaus.

Claras vaus, 111, 274; v. Claras valles.

Clari, 261.

Claris d'Ichiduol, 259.

Clarmont, 73. Clermont-Ferrand (Puy-de-Dôme).

Clauzeus (los), 259, 274, 284. Les Cluzeaux, comm. de St-Pierre de Chignac (Dordogne).

Claveiras, 320, 323. Clavières, arr. de St-Flour (Cantal).

Clemens III papa, 66.

Clemens IV an. 1264 summus pontifex electus, 195; cf. Guido Folcous.

Clemens, papa V; ei caput S. M. venerandum ostenditur, 137; tributa Terræ Sanctæ addicta percipienda curat, 139.

Cleopas, 252, 263.

Cleopas Daniel, 282.

Clois, an. 1199 obsessa, 66. Cluis, arr. de La Châtre, cant. de Neuvy-St-Sépulcre (Indre); v. Seguinus de Clois.

Cluchier (la rue deu), 152. Rue qui passait devant le clocher de St-Martial, à Limoges.

Cluniacense cœnobium a Wil-

lelmo duce, comite Arvernorum, ædificatum, 40.
Cluniacenses an. 1063 S. M. domum occupant, 48, 150; — novas apud S. M. consuetudines introducunt, 241; — cum S. M. monachis dudum litigantes an. 1246 conciliantur, 21, 123.
Cluniacenses abbates, 246.
Cluniacenses à Masco, 77.
Cluniacensis ordo; hic antiphona de B. Maria recitatur, 107.
Cluniacensis prior expulsus in ordine Cartusiæ, 116.
Cluniacum cœnobium, a Willelmo duce, comite Arvernis, ædificatum, 3; fame liberatum, 55; ab Hugone abbate an. 1206 visitatum, 71; ibi ordinatio fit de carnibus ab hospitibus non comedendis, 93. Cluny, arr. de Mâcon (Saône-et-Loire).
Cluniaco (abbas de) Amblardus, 10.
Cluniaci (anni ab exordio), 87.
Cluniaco (consuetudines de), 336.
Cluniaco (M. de), 75.
Cluny (l'abbat de), 150; v. Cluniacenses.
Cœleste organum, 82.
Cœlestinus III papa, 66.
Cœlestinus IV summus pontifex an. 1241 electus, post decem et novem dies, 195.
Cœlestinus V an. 1294 ex eremita Montis-Cassini summus pontifex factus, 181; eodem an. se abdicat, 138, 182.
Coleiras de argento, 238.
Colaures (locus de) Petragoricensis diœcesis, 24.
Colossus, 34.
Colossus Rodi destructus an. 645, 36.
Combis (præpositus de), 26; v. Cubis et Cumbis.
Comborum vicecomitatus, 175. Vicomté de Comborn, arr. de Brives, canton de Vigeois (Corrèze).

Cometes apparet an. 1066 Anglorum cladem prænuntians, 48; item an. 1264, 133; v. Stella.
Comphacum, 179. Cognac (Charente).
Concilium magnum an. 1213, 238; v. Bituricas, Lateranis, Lucdunum, Lugdunense concilium, etc.
Confratria obolorum Lemovicis instituta an. 1199, 66.
Conradus, episcopus Portuensis, 117.
Constantini de Born filius an. 1210 m., 75.
Constantinopolis, 37; urbs famosissima, ditioni Francorum restituta, 69. Constantinople.
Consuetudines de Cluniaco, 336.
Corbafi, 132. Courbefi, arr. de St-Yrieix, cant. de Chalus, comm. de St-Nicolas (Haute-Vienne).
Corba Guriz (vicus de) seu Corba Suriz, 302, 307.
Corniculæ inter se pugnantes, 174.
Corona, 76, 77. Abbaye de la Couronne, arr. d'Angoulême (Charente).
Cortina (clerici de), 302.
Cortina (turris de), 40. La Tour de la Courtine, près de la maison de l'abbé de St-Martial, à Limoges.
Cortray, 141. Courtray (Belgique); Gallicorum ibi an. 1302 magna fit strages, ibid.
Cosay (locus qui dicitur), 203; v. Petit Limoges.
Cosebeu, 126.
Cosei, 112, 273, 320, 323.
Cosei (la bailia de), 96.
Coseium, 12. Couzeix ou le Petit Limoges, arr. de Limoges (Haute-Vienne); v. Cosay et Cosei.
Cozeis (parrochia de), 298.
Cozeyo (domus præpositi de), 27.
Cozeys (locus de), 215.

Crassai in Bituricis, 22. Gracay, arr. de Bourges (Cher).
Crassy, 126.
Cros da l'Arena (platea quæ vocatur lo), 197.
Crosum de Arenis vel l'Arena, 209. Le Creux des Arènes, sur l'emplacement des anciennes arènes de Limoges; v. Arenis (crosum de).
Crucis veræ portio non modica ab Amalrico Grandimontensibus an. 1174 missa, 57, 58.
— a W. Widals Domini de sepulcro allata, 287; magna portio Treveris adorata, 82.
Cruce (prioratus de) an. 1224 instituitur, 118.
Crucesignati an. 1214 xxx[ta] homines L. castri et decem monachi, 92; v. B. S. Martini abb., Hugo lo Bru, Hugo de Brussia, Hugo de Surgeiras, J., L. ep., Ludovicus VII, Ludovicus IX, P. Bru, Philippus II, Philippus III, Rannulfus de Turribus, Richardus, S. de Fursac, W. Chapda.
Crutaus, 181.
Crux aurea apud S. M. monasterium furata, 63.
Crypta aurea S. M. igne vastata, a Josberto capicerio restaurata, 5, 43.
Cubis (rua de), 201. La rue des Combes, à Limoges.
Cumbis (in), 300, 306.
Cumbis (præ. de), 205, 247, 273.
Cumbrilia. In hac regione 6,000 Braimanssorum ad internecionem cæsi, 190. La Combraille.

D

Dagobertus, Bituricensis arch., 45.
Dagobertus, Solemniacensis ab., 245.
Dalo (abbas de), 121. Abbaye de Dalon, diocèse de Limoges.
Damiata, 106, 107. Damiette (Égypte).
Daniel, Solemniacensis abb., 245.
Dativus, L. ep., 244.
Daurat (abbas deu) an. 1223 m., 116.
Daurat (muri deu) eversi, 72; (turris deu) an. 1201 corruit, 68. Le Dorat, ar. de Bellac (Haute-Vienne).
Dauratense territorium L. diœcesis, 174.
Dauratensis abbas an. 1223 m., 115; an. 1224 m., 118; v. Daurat (abbas deu).
Daurato (villa de), 203.
David Ardalo, 89, 252, 260, 264, 268, 272, 277, 293.
Deambulatorium angelorum, 71; voy. Cluniacum.
Decreta Ebonis ep., 351.
Decretales Aimerici de Barrio, 328, 337, 346; — Gaufredi de Niolio, 337; — Willelmi Fulcaudii, 87, 350.
Decretalium sextus liber an. 1298 a Bonifacio VIII promulgatus, 138.
Dexippus, 34.
Dias prioratus? 259; v. Doat.
D'Ichiduol (prioratus), 112.
Dietensis pagus, 321. Le Diois.
Dinamandi (dominus), 211.
Dionisius Paschales cyclos scribit, 36.
Dionysius, clericus, 207.
Doat, 113, 321. Le Douhet, arr. et cant. de Saintes (Charente-Inférieure); v. Dias.
Dodo, regularis abbas S. Savini, 1; deinde primus S. M. abb. an. 831 m., 37, 240, 241, 243.
Dolense cœnobium, 98, 100.
Dolense monasterium; ibi miracula patrantur, 288. Abbaye de Déols ou Bourg-Dieu, du diocèse de Bourges, arr. de Châteauroux (Indre); v. Duls.
Dolensis pavo miraculis clarescit, 83; v. Odelina.

Domini figura in cruce pendens, 47.
Domme (locus de), 208. Domme, arr. de Sarlat (Dordogne).
Domus Dei capellanus, 117. Prieuré et hôpital de la Maison-Dieu, dépendance de l'abbaye de la Règle, à Limoges.
Donzenaco (dominus de), 24. Donzenac, arr. de Brives (Corrèze).
Dozil (li) de la font fiunt, 77.
Drolliis (Petrus de) alias Jouviondi, ex præposito de Cumbis et officiali L., S. Augustini, post S. M. abb. effectus, 26.
Du, prioratus, 97, 111, 112, 259, 274, 322, 65, 112, 257; (procuratio a) exigitur, 105; (turris de) vehementi vento an. 1206 eversa, 72; v. Dunum.
Ductrannus, Solemniacensis ab., 245.
Dulcia Relieira, 296.
Duls (miraculum de imagine lapidea de) an. 1187, 62, 237; v. Dolense cœnobium.
Dunetum, 26; v. Bartholomeus Audierii. Dunet, arr. du Blanc, cant. de St-Benoit-du-Sault (Indre).
Dunum prioratus, 89, 321. Dun-le-Roi, arr. de Saint-Amand-Mont-Rond (Cher); v. Du.
Duo, 259; v. Du et Dunum.
Duran (magister) canonicus, 91.
Durandus, L. ep., 245.

E

Ebbo, L. ep., 244; v. Ebonis ep. decreta.
Ebbolus, L. ep., 244.
Ebbulus, L. ep., 244.
Ebolus, 121.
Ebolus d'Ornhac, archidiaconus Marchiæ, an. 1294 m., 182.
Ebonis, ep., decreta, 351.
Ebrardus, sacerdos, 258, 270; pueros, 273, 275, 277.
Ebrart, 281.
Ebulo, Solemniacensis abb., 245.

Eclipsis lunæ an. 1312, die quarta decima mensis decembris, 144; item an. 1320, die vicesima julii, 148; item eclipsis lunæ integralis an. 1290 visa, 197; item an. 1301, 199; item eclipsis lunæ particularis an. 1290, 197.
Eclipsis solis, an. 1178 descripta, 59, 189-190, 237; item eclipsis solis particularis an. 1290 visa, 197.
Eduardus, filius Enrici regis, a Simone Montis Fortis comprehensus, 132.
Elduinus, Solemniacensis abb., 246.
Elmos de Rossac, monachus factus, 88.
Emaus castellum in Palestina, 35.
Embertus de Fondom, 319.
Emberti deu Poirat pater, 296.
Embertus deu Peirat, 296.
Embert deu Trot, 290.
Ememo, præ. de Cambono, 286.
Emerinus, L. ep., 244.
Engalcia, Guidonis de Turribus uxor, 46.
Engoleime (comitatus d'), 67.
Engoleime (comes d') et de la Marcha, 118.
Engolisma civitas, 42, 67.
Engolisme (in episcopatu) septem abbatiæ, 76.
Engolismensis civitas ab an. 1202 comitem nullum habebat, 106.
Engolismensis decanus, 19.
Engolismensis ep., 17, 189, 212.
Engolismensis pagus, 321. L'Angoumois.
Enjalrandus de Mayrinhiec, miles, Philippi IV præcipuus consiliarius, an. 1315 Parisiis, propter forefacta, patibulo affixus, 183.
Enricus, rex Alamanniæ, 132.
Enricus, rex Angliæ, 132; v. Heinricus.
Eparchii (s.) reliquiae, 319.
Episcopi defuncti inhumati jacentes in Anglia, 76.

Erchenobertus, L. ep, 244.
Ermenmaris, L. ep., 244.
Ermeno, L. ep., 244.
Erminia (rex d') sanctum sepulcrum et magnam Terræ Sanctæ partem an. 1299 recuperat, 185.
Ermogenianus, L. ep., 244.
Eschivat an. 1196 m., 237.
Eschivatus, Bigorræ comes, et dominus de Cabanisio, an. 1283 m., 178.
Esteves Lo Jaiaus, 290.
Eugenius papa III, 50, 54; an. 1153 m., 55.
Eusebii (s.) martyris reliquiæ, 319.
Eustorgius, L. ep., 52; an. 1137 m. 53, 245.
Evangelium æternum, liber ab Alexandri IV legato damnatus et combustus, 156, 157.
Exidolium castrum; domus ibi ædificatur, 11; hoc castrum Guido vicecomes an. 1211 recipit, 82.
Exidolium, 274. Excideuil, arr. de Périgueux (Dordogne).
Exochius, L. ep., 244.
Exuperius, L. ep., 244.
Eygolenis (fons de), 209. La fontaine d'Aigoulène, à Limoges; v. Golena (fons de).

F

Fames an. 867 sævit, 39, item an. 1156, 55; item an. 1202, 192; item eod. an. fames et mortalitas pauperum, 68, 238; v. Mortalitas.
Faure, 282.
Faurias (las), 284. Fauries (les), comm. de Terrasson (Dordogne).
Felicius, L. ep., 244.
Feletin, prioratus, 114, 275, 322. Felletin, arrond. d'Aubusson (Creuse).
Ferriolus, L. ep., 244.
Fesc an. 1221 a guerra gravatur, 110; (præpositura de), 64, 89, 91, 97, 111, 112, 126, 274, 320, 323. Feyt ou Feix-Fayte, arr. d'Ussel (Corrèze).
Festiac, 169. Feytiat, ar. de Limoges (Haute-Vienne).
Fexs, 259; v. Fesc.
Fisco (præ. de), 206.
Focher, 270.
Fois (comes de), 120.
Folcau de Laia, præ. de Manauc, 88, 248, 259, 274.
Font-Ebraldi, ibi sepulta est regina Alienor, 69.
Fontis - Ebraldi sanctimoniales institutæ, 77. Fontevrault, arr. de Saumur (Maine-et-Loire).
Fontis Gumbaudi abbas veneno sublatus, 76. Abbaye de Fongombault, arrondis. du Blanc (Indre).
Forneu (li), al. Fornols, 259, 321. P.-ê. Fournos, comm. de St-Sauveur (Gironde).
Foscher, 275, 281, 284; servitor abbatis, 273.
Fouveau (romancium de), 213.
Frachet, 284.
Fredericus, imperator Romanus, ab Innocentio IV an. 1245 depositus, 131.
Frigus asperrimum tempore hiemali an. 1272 circa Nativitatem Domini sævit, 134; item an. 1658, 216; v. Gelu, Hiems.
Frotarius, Solemniacensis abb., 245.
Frumenti sextarius quanti venditus an. 1202, 192; an. 1235, 184; an. 1258, 158; an. 1404, 200, 201; v. Bladi caritas.
Fulbertus I, S. M. abb., 3, 39; an. 881 m., 40, 240, 242, 243.
Fulbertus II, S. M. abb., 3, 40; an. 899 al. 902 m., ibid, 240, 242, 243.
Fulcbertus, 284, 287.
Fulco, presbiter, an. 1198 mira et inaudita miracula facit, 65.
Fulgur in clocherium S. M. cadit an. 1320, 147.

INDEX. 375

Fulgura an. 1284 visa, 179; v. Tonitrua.
Funerei ritus Lemovicis, 158, 161.
Fustinia (turris nomine), 3. La Tour de Fustinie, près des étangs d'Aigoulène, à Limoges.

G

G., 270, 275.
G. Caturcensis ep., 15, 60, 61.
G. L. ep., 121, 237.
G. præ. d'Arnac, 111, 112.
G. Arbert, 277; v. Gui Arbert.
G. d'Arx, subdiaconus, 258.
G. Asnebasset, 278.
G. Assalor, 248.
G. d'Aurel, 252, 260, 268, 271.
G. d'Aureil, 296.
G. Basili, 252.
G. Bertrans, decanus, 98, 99.
G. de Bonavau, 248, 259, 274.
G. Bordasola, sacerdos, 108; an. 1221 m., 110, 258, 268, 278, 297.
G. de Bride, 259, 274.
G. de Brideriis, 96.
G. de Bridier, 248.
G. Brunot, 251, 261.
G. Chambaret, 251, 260, 262, 268, 271, 278.
G. Charais, 252.
G. de Charuol, 267.
G. Chauchagrua, 252; v. Gui Chauchagrua.
G. de Claruol, 279.
G. Cofolens, 277.
G. Cofolent, l., 274; subdiaconus, 258.
G. Daicha an. 1223 m., 115, 116.
G. de Lort, 272.
G. Farner, 279.
G. Farners, 269.
G. Farniers, 297; v. Gregori Farnier.
G. Folcau, an. 1219 m., 103.
G. Foscher, 281.
G. Foscher de Montabo, 284.
G. de Frachet an. 1222 m., 114.

G. Garmavi domus, 116.
G. Gauter, an. 1219 m., 106, 269, 278.
G. Jaio, 269, 278, 279.
G. Jaios, 294.
G. de Jaunac, 96, 259.
G. Lafont an. 1223 m., 115, 116, 253, 256; operarius, 273.
G. de Laia, 263.
G. de Launac, 248.
G. La Bordasola, 277.
G. Lachasana, abb. de Uzercha, 91.
G. Lastors an. 1219 m., 103, 104; nondum miles, 105.
G. Lavilata, 268, 278, 291.
G. Lombardi, thesaurarius, 248.
G. de Longa an. 1223 m., 114, 265.
G. Lo Tort, 296.
G. de Maurensanas, 251.
G. Mauri filius an. 1223 m., 116.
G. de Montagut, 258, 277.
G. Petit an. 1223 m., 115, 116, 262.
G. de Pontroi, prior d'Aurel, an. 1207 m., 71.
G. præ. deu Quars, 112.
G. Rafart claustrum S. Martialis L. an. 1248 ædificat, 156.
G. Relie, 284.
G. de Rot, 249.
G. de S. G., 253.
G. de S. Remei, an. 1219 seu 1222 m., 106, 111.
G. præ. de S. Sauri, 112.
G. de S. Valric, 249, 262.
G. Salabardi, sacerdos, 258.
G. Sarrazi an. 1218 m., 102.
G. Sirvent, 268, 278.
G. Sirvens, 296.
G. de Soliaco, Bituricensis arch., 175.
G. Testa, 263.
G. Tort, 251, 260, 268, 271.
G. Trobat, 119, 248; capicerius de sepulcro, 258, 260, 267, 272; capicerius, 273, 277, 278, 279, 280, 281, 289, 295, 318.
G. Vilas, 267, 278.
G. Vilas Daissa, 294.

G. de Vairas, 274, 281.
G. Vassau, sacerdos, 258, 277.
G. de Vernuol, 116, 252.
G. Vilas, archipresbiter, an. 1219 m., 103, 105.
G. deu Vilatenor ou G. de Vilatenos an. 1223 m., 115, 116.
G. Bituricensis arch., 76; v. G. de Cros.
G. abbas de Fijac, 108.
G., archidiaconus Sanctonensis, 18.
G., S. M. abb., an. 1298 m., 185; v. Geraldus Faydit.
G., S. Martini L. abb., an. 1296 m., 185.
G. Boutet, apothecarius domini Delphini, de civitate Bituricensi, 207.
G. de Cros, Bituricensis arch., S. Augustini abbatem cum Hugone præposito conciliat, 87. — G. Lachasana in abbatem Uzerchiæ eligit, 91, 95; an. 1218 m., 102, 103, 105.
G., L. ep., Brebansones debellat, 189.
G. de Malo Monte (magister) Heliæ de Malo Monte frater, 163, Guillelmi et Petri de Malo Monte patruus, 141, 142; clericus genere nobilis, rector vicecomitatus L., regis consiliarius, 126, 127, 134; an. 1280 castrum Lucii nomine beneficii accipit, 176; cum consulibus L. castri et cum burgensibus lites quas cum vicecomitissa habebant componit, 163, 166; inter eos et vicecomitissam iniquus arbiter, 134, 135, 141, 142, 163, 164, 165, 166, 167; vicecomitissæ imperio castrum L. bis submittit, 172, 175; monachis S. M. et abbati Usercensi inimicus, 126, 127; de Burgo Oratorii cum Aimerico de Rupe Cavardi contendit, 177; concilio regis an. 1284 ejectus, 128; an. 1299 apud Chaslutz Chabrol mortuus et in monasterio S. Pardulfi sepultus, 185; v. Geraldus de Malo Monte.

Gaiferus Bechada, homo facundus, an. 1213 m., 86.
Galart de Cardalac, electus de Tuela, 75.
Galatrava an. 1212 expugnata, 84. Calatrava (Espagne).
Galeberti (magistri) sententiæ, 347.
Galhardus de Miromonte, ex abbate Cassinensi S. M. abb., 23.
Galis (princeps de), dux Aquitaniæ, comes Pictavis, Lemovicas an. 1364 ingreditur, 199.
Gallina, quanti an. 1235 vendita, 155, 184.
Galo legatus, 74, 238.
Galterius, 284.
Garactensis villa, 212. Guéret (Creuse).
Garacti villa, 213.
Garactum, 213.
Gari, 282, 284.
Gari de S. Marti, 282.
Garinus, abbas, an. 1183 m., 61.
Garinus, abbas de Pontiniaco, 58.
Garinus, Bituricensis arch., an. 1179 m., 59, 60.
Garinus, miles de Toarces, 72.
Garinus, forte de Toarcis? an. 1216 m., 98.
Garinus, prior de Veirinas, 249.
Garis Brus, 265.
Garner, 259.
Garnerius deu Domno, 72.
Garnerius de Garialessa, 256, 282.
Gasto de Bearno in carcere ab Odoardo Angliæ rege detentus an. 1275, 173.
Gau. Duret, 296; v. Gaufre Duret.
Gau. Lator, 295.
Gaubert de Bornazeu, 251.
Gaubert Lespinas an. 1222 m., 114.
Gaubert Palmut an. 1210 m., 99; prior de Monberol, 248, 256, 266; v. Gaubertus Palmut.

Gaubertus, Solemniacensis abb., 246.
Gaubertus, custos sepulcri, 5; v. Josbertus.
Gaubertus Palmut, prior de Monberols, 95; v. Gaubert Palmut.
Gaucelm, 270, 275, 277, 281.
Gaucelm Bobet, cellerarius coquinæ, 273.
Gaucelm de Charnac, sacrista, 257.
Gaucelm de Cossac, monachus, 96.
Gaucelm Dobet, 259.
Gaucelm de Meira, 106; an. 1222 m., 111, 113, 114, 259.
Gaucelm de Peirabufeira, an. 1216 m., 99.
Gaucelmus de Meiras, 95-96.
Gaucelmus de Petrabuferia, decanus L., 182.
Gaucelm Resis, 268, 277.
Gaucelmus, armarius, 335.
Gaucelmus, pœnitenciarius, an. 1216 m., 99.
Gaucem Rezis, 295; v. Gaucelm Resis.
Gaufre, 275, 281, 284.
Gaufre Arman, 249.
Gaufre de Bonac, novitius, 274.
Gaufre de Bruil, prior Vosiensis, an. 1184 chronicon suum absolvit, 61; v. Gaufredi de Bruil chronica.
Gaufre de Chamborest, 252.
Gaufre Duret, 251, 260, 269, 272, 278; v. Gau. Duret.
Gaufre Helias an. 1219 m., 105, 258, 274; diaconus, 274, 277.
Gaufre Lacela, helemosinarius, 257, 263.
Gaufre Lafont, 269, 278.
Gaufre Lafon, 294.
Gaufre Lafont uxor, 268.
Gaufre Lafon uxor, 294.
Gaufre Lancles, monachus, 96.
Gaufre Laplou, 267.
Gaufre de Lesina, an. 1216 m., 98.
Gaufre de Niol, 255, 256, 261.
Gaufre de Nowilla an. 1223 m., 116.

Gaufre Sarrazi, 248, 253.
Gaufredus, S. M. abb., an. 998 m., 44, 286, 240, 242, 243.
Gaufredi de Bruil cronica, 333; v. Gaufridi de Broil chronica.
Gaufredus La Cela, prior de Rofiaco, an. 1208 m., 73, 74.
Gaufredus presbiter, prior de Laureira, 56.
Gaufredus de Niolio, subprior, an. 1208 m., 73; ejus decretales, 337.
Gaufredus de Taunai, 75.
Gaufredus, Turonensis arch., an. 1208 m. miraculis post obitum clarescit, 73, 86.
Gaufridi de Broil chronica, 348; v. Gaufredi de Bruil cronica.
Gauterius, Cluniacensis abb., 59, 241, 246.
Gauterus Mauri, 77.
Gauter Quart, 252.
Gauzbertus; voy. Gaubertus et Josbertus.
Gauzlenus, Biturcensis archiepiscopus, 7.
Geilo, L. ep., 2, 38, 244.
Gelos, 284.
Gelu an. 1301 die decima aprilis, 199; v. Frigus asperrimum.
Geraldus (s.) Aureliacensis an. 836 natus. 2, 38, 40; vita ejus, 41.
Geraldus abbas mutat capitulum, 129.
Geraldus, decanus, an. 1218 m., 103.
Geraldus I, L. ep. an. 1023 m., 46, 244.
Geraldus II, L. ep. an. 1177 m., 59, 66, 242, 245.
Geraldus, vicecomes L., 41.
Geraldus, Caturcensis ep., an. 1209 m., 74.
Geraldus (magister), abbas de Moleine, 93.
Geraldus, avunculus Jacobi Jouviondi, 27; v. Geraldus Jouviondi.
Geraldus I, Solemniacensis abb., 245.
Geraldus II, Solemniacensis abb., 246.

Geraldus, Cluniacensis abb., 246; v. Girordus.
Geraldi de Du filia; v. Rotgerii Palasteu uxor.
Geraldus Faydit, S. M. abb., 23; monasterium an. 1294 derelinquit, 181; extra abbatiam latitat, 198; an. 1298 m., 185.
Geraldus Gauter, 293.
Geraldus Iterii, 57.
Geraldus Jaios, 292.
Geraldus Jouviondi ex abbate S. Martini L., Karrofensis abb., 25; dein S. M. abb. an. 1384 electus, ibid.; thecam ad recondendum S. M. caput et monasterii viridarium recipit, 26.
Geraldus de Malo Monte, 127; magister clericus, de concilio regis Franciæ, 134; ejectus e concilio regis, 128; clericus, 172; v. G. de Malo Monte.
Geraldus de Reelac, 330; v. Giraldi de Rialac libri, 330; Geraldi libri xx^{ti}, 348.
Geraldus Vassal, magister puerorum, 100.
Gi. de Vernuol an. 1223 m., 115.
Giomes (solidi de), 81.
Girardus, Cluniacensis abb., 18.
Girardus, Engolismensis ep., 51.
Girbertus de Mala Morte ex archidiacono L., ep. L. an. 1275 electus, 173; vicecomitissam Lemovicensem et G. de Mala Morte an. 1276 excommunicat, 126, 173, 175, quam sententiam an. 1277 revocat, ibid. — Tutellense monasterium pacat, 166; Petrum de S. Valerico et Petrum Coral, abbates electos, confirmat, 169-170; de jure procurationis cum abbate S. M. transigit, 127; Lemovicas an. 1203 interdicto subponit, 178; an. 1295 m., 181, 245.
Giri, monachus, 96, 261.
Girordus, Cluniacensis abb., 241; an. 1220, episcopus de Valensa, 106; v. Geraldus.

Gislabertus, 286.
Godafre, subdiaconus, 258, 270, 274, 277.
Godefredus, 85, 282.
Godefridus dux an. 1099 rex effectus, 50.
Golena (fons de), 198; v. Eygolenis (fons de).
Gombau, 264.
Gonsinac (mansus de), 298.
Gonsindus, S. M. abb., 2; an. 875 seu 893 m., 39, 40, 41, 240, 241, 243, 282.
Gora (parrochia de), 22. Gorre, ar. de Rochechouart, cant. de St-Laurent-sur-Gorre (Haute-Vienne).
Græci an. 1282 ab ecclesia iterum desciscunt, 177.
Græcorum terra Francis et latinis an. 1204 reddita, 69.
Græcorum ecclesia sub obedientia ecclesiæ Romanæ, 69.
Grandimons; huc venit Remensis arch. Albericus, 86. Grandmont, arr. de Limoges, cant. de Laurière, comm. de Saint-Sylvestre (Haute-Vienne).
Grandimont an. 1101 exoritur, 188.
Grandimontenses dissentione gravi an. 1187 periclitantur, 62; ad an. usque 1214 discordant, 91; iterum an. 1217 periclitantur, 100; Lemovicis instituti, 77.
Grandimontensis prioratus, 183; prior, 189; v. Guillelmus de Treynaco.
Grandimontis altare majus, 74.
Grandimontis ecclesia an. 1219 iterum consecrata, 104.
Grandines an. 1284, 179; v. Pluvia.
Grandis Mons. 98.
Granmont (Caercis prior de), 98.
Granoble, 77. Grenoble (Isère).
Gregori, 270, 275, 281.
Gregori Farnier, 248, 253.
Gregori Lacela, infirmarius et custos pannorum hospitum, 258, 273, 277.

Gregori Manleue, 253.
Gregorius VIII, an. 1185 ex cancellario, summus pontifex eligitur, 62, 66; v. Albertus, cancellarius.
Gregorius papa IX, 200.
Gregorius papa XI Aymerico de Brolio conservatoriam perpetuam et privilegium de creandis pœnitenciariis largitur, 24.
Gros-Bosc, abbatia, 77. Abbaye de Grosbois, diocèse d'Angoulême.
Guallinaria porta, 201. La porte Poulaillière ou Orlogette, à Limoges.
Gui, 270, 275, 277, 278, 281, 284.
Gui, comes Arverniæ an. 1221 m., 110.
Gui, qui attulit reliquias, 265.
Gui, præ. de Rossac, 112, 277; v. Guido.
Gui A. 267. 278.
Gui Arbert, 252, 260, 268, 271; v. G. Arbert.
Gui Bechada, 269, 278.
Gui de Blaom, Dauratensis abb. an. 1206 m., 71.
Gui Chauchagrua, cellerarius, 258, 273; v. G. Chauchagrua.
Gui deu Clauzeus, puer, 273; v. Guido deu Clauzeus.
Gui de Corum, 275.
Gui Dona, an. 1220 defunctus, 106, 259.
Gui Dongladio an. 1220 m., 109.
Gui Folcau an. 1219 m., 105.
Gui Gaucelm an. 1219 m. 105, 260.
Gui Lastors an. 1219 m., 106.
Gui de Lossac, 261.
Gui de Manania, 268, 278; v. Guido de Manania.
Gui deu Peirat, 294; v. Guido deu Peirat.
Gui Plaichat, an. 1217 m., 100.
Gui de Rialac, 259, 267, 274; v. Guido de Rialac.
Gui de Rochafort an. 1213 m., 238.
Gui de Rossac, 119.

Gui de Serran, 248; v. Guidonis de Serran liber.
Gui de Serran, 255, 264.
Gui Truart, 252.
Gui deu Verdier an. 1216 m., 98.
Gui de Vernolio, 260.
Gui de Vernuol, 268, 277; v. Guido de Vernoil.
Gui de Vilatenor, 258.
Gui de Vilatenos, diaconus, 274; v. Guido de Vilatenor.
Guido (magister), 304, 308.
Guido, cellerarius Subterraneæ, 295.
Guido, præ. de Arnaco, 158.
Guido, præ. de Rossac, 108; v. Gui, præ. de Rossac.
Guido, Solemniacensis abb., 246.
Guido, comes Arvernorum, an. 1211 monasterium de Mauzac funditus evertit, 83; an. 1212 cxx municipia perdit, 84.
Guido, primogenitus Archambaldi, Comborum vicecomitis, et hæres, conjux Amissiæ de Cabanisio et Almodiæ de Thoarcio, 175, 176.
Guido I, L. ep., 49, 186, 244.
Guido II, L. ep. an. 1235 m., 184, 245.
Guido I, vicecomes L., 25 libras donat monasterio S. M. an. 1005, 45.
Guido V, vicecomes L., Petrum Audierii comprehendit an. 1199, 66, 67 note 5; an. 1202; a Johanne, Anglorum rege, comprehensus, 193; uxor ejus an. 1210 m., 75; apud Axiam an. 1211, novam monetam cudit a Lemovicensibus non receptam, 78; Tuvers expugnat, 80; castrum Exidolii recipit, 82; an. 1214 cum Johanne, Angliæ rege, pacem componit, 91; ei an. 1216 Chaslucet redditur, 98; Axiæ castrum recipit, 99; an. 1219 abbati S. M. placatur, 105, 107; an. 1220, abbati de Tostoirac qui S. M. abb. erat

eligendus favet, 109; an. 1221 bellum cum militibus suis sustinet, 110, 115; an. 1228 dum exiret e Nontron comprehensus, 121; an. 1230 m.; in basilica S. M. sepultus, 121, 195.

Guido VI, vicecomes L., cum abbate S. M. an. 1240 discordat, 122; Brennam an. 1244 impugnat, 131; an. 1255 Parisius vadit, 123; cum burgensibus castri L. an. 1261 pugnat, 132, 184; an. 1263 m., unicam filiam relinquens, 132, 137.

Guido, Arturi vicecomitis L. filius, 135.

Guido Aimericus, 294.

Guido Alsand., 304, 308.

Guido Arbert, 296.

Guido Bechada, 291.

Guido de Brucia, miles, 22, 157.

Guido deu Clauzeus, archidiaconus, 113.

Guido Folcous, S. Ægidio oriundus miles uxoratus, postea episcopus Aniciensis, postea Narbonensis archiepiscopus, postea Cardinalis, cf. Clemens IV, 195.

Guido Gaans, al. Gahans, 291, 294.

Guido la Porta, frater Reginaldi la Porta, Lemovicensis episcopi, ex abbate Vosiensi S.M. abbas electus an. 1298, 23, 185; a Bonifacio VIII depositus, 23.

Guido de Manania, 295; v. Gui de Manania.

Guido de Marcha an. 1294 occisus, 181.

Guido de Noalac cum Nobiliacensibus an. 1217 discordat, 100.

Guido de Nova villa, præ. d'Arnaco, 125.

Guido deu Peirat, Emberti deu Peirat nepos, 296; v. Gui deu Peirat.

Guido de Phelinis; ei prioratus de Chazelis, cum officio pistanceriæ et subcantoriæ redditur, 205, 206.

Guido de Rialac, 261; v. Gui de Rialac.

Guidonis de Serran liber, 348; v. Gui de Serran.

Guido de Soliaco (frater), ordinis Prædicatorum, archiepiscopus Bituricensis an. 1276, 173; Lemovicensem vicecomitissam ad cautelam absolvit an. 1277, 175.

Guido de Subterranea, 271.

Guido de Turribus, 46.

Guido de Vernoil, 293; v. Gui de Vernolio et de Vernuol.

Guido de Vilatenor, diaconus, 111; v. Gui de Vilatenos.

Guidones fratres, 304, 308.

Guigo, S. M. abb., 4, 42; an. 973 m., 43, 44, 240, 242; v. Wigo.

Guillelmus, S. M. abb., 242.

Guillelmus I, L. ep.; v. Willelmus.

Guillelmus II, L. ep., 245.

Guillelmus III, Cluniacensis abb., 246; v. Willelmus.

Guillelmus Amalvi, alias Amalvini, antea abbas Vosiensis, abbas S. M. electus, an. 1261 m., 123, 184; v. Guillermus Amalvini.

Guillelmus de Balazac, 181.

Guillelmus Donarel, prior de Sirac, 125.

Guillelmus de Firbes, frater Minor, 159.

Guillelmus del Guotz, 139; corr. Bertrandus de Goth.

Guillelmi Juliani domus, 205, 215; cf. Bayardaria.

Guillelmus del Nogueyret, miles, Bonifacium VIII vi comprehendit an. 1303, 138; a Clemente V apud Avinionem an. 1309 citatus, 138.

Guillelmus Piedieu, 213.

Guillelmus de S. Valerico, P. de S. Valerico, abbatis S. M., nepos, 135.

Guillelmus, dictus Tridayna,

prior de Anesio, Geraldi Faiditi, S. M. abbatis, frater, 198.
Guillelmus Vauna, prior d'Azac, an. 1272 m., 125.
Guillelmus de Ventodoro, S. M. abb. electus an. 1339; an. 1340 m., 24.
Guillermus Amalvini, 21; v. Guillelmus Amalvi.
Guillermus de Marolio S. M. abb. electus an. 1261, 123, 124; monasterii ædificia adauget; illud etiam possessionibus ditat, 21-22; an. 1272 m., 124; v. Guillelmus de Marolio.
Guio Barbarot, 96.
Guiraus Chambaret, 294.
Guirissoz (pons), 300.
Guischart, 269, 275, 278, 281, 284, 294.
Guischart de Chasteu, 273-274.
Guitburgis an. 1213 m., 238.
Gulferius de Turribus an. 1210 m., 75.
Gundobertus, Solemniacensis abb., 245.
Gyrovagus clericus quidam, 254.

H

H. fratris quartus liber sententiarum, 356.
H. B., 284.
H. Gauffridi, S. M., abb., 25; v. Helias Gaufridi de Chabrinhaco.
H. Guibertus l'ermita, 253.
He., 281.
He. Aimerici, cantor, 293; v. Helias Aimerici.
He. Arnau, 281.
He. Be., 281.
He. Brivairol, 281, 284.
He. Chalboi an. 1222 m., 111; v. Hel. Chalboys.
He. Cofolens, 117.
He. Cofolent, 280; v. Helias Cofolent.
He. Confolent, 279.
He. Daicha, 272; v. Helias Daicha.
He. de Frachet, 281.
He. Lomoni, 272.
He. Malirat, an. 1223 m., 115; v. Helias Malirat.
He. P., 272.
He. Pineta, 281; v. Helias Pineta.
Hebionitæ hæretici, 8.
Heinric, 252.
Heinricus, imperator Latinus, Balduino succedit, 69.
Heinricus rex, 51.
Heinricus, dux Normannorum an. 1153; Alienor uxorem ducit, 55.
Heinricus, Anglie rex junior, 66; terram Audeberti, comitis Marchiæ, an. 1177 emit, 189; apud S. M. an. 1182 honorifice receptus, 60; ecclesiæ S. M. eodem an. thesaurum accipit, 190; an. 1183 m., 61, 237, 242; ejus apud Martel obitus narratur, 191.
Heinricus senior, rex Anglorum, filiis suis an. 1174 placatur, 13; an. 1189 m., 63, 237, 242.
Heinricus III, Anglorum rex, 107, 119.
Heinricus, Albanensis ep., 254.
Heinricus, Bituricensis arch. consecratur an. 1183, 61; an. 1199 m., 66, 238.
Heinricus, ep. de Sanctas, 100; an. 1219 m., 104.
Hel. Chalboys, 292.
Hel. Cofolens, 293.
Hel. Daissa, 292.
Hel. Fascher, 304.
Hel. de Manania, 290; v. Helias de Manania.
Hel. Martelli, S. Micaelis capellanus, 293.
Hel. Merchat, 291, 296; v. Helias Merchat.
Hel. Meschis, 296.
Hel. de Malmon, decanus S. Aredii an. 1276 factus, 166.
Hel. de Malo Monte, G. de Malo Monte frater, 163; in lites inter Lemovicenses et vicecomitissam motas iniquus arbiter,

ibid., 164, 166, 167, 169; v. Hel. de Malmon.
Helemosinarum usus in Lemovicinio institutus, 188.
Helenæ imperatricis corpus Treveris delatum, 82.
Heliæ armarii Cantica canticorum, 328, 337.
Helias, 270, 272, 275, 276, 278.
Helias præcentor, 272.
Helias super Cantica canticorum, 350.
Helias, capellanus de Tarn, an. 1199 m., 66.
Helias, prior, qui erat de Calesio, 127; v. Helias Autenc.
Helias Achar, 261.
Helias Ademari, prior Grandimontensis, 183.
Helias Aimerici, sedis Lemovicensis præcentor, 80.
Helias Amanabit, 252, 283.
Helias Amelii, 269, 279.
Helias Amiels, 295.
Helias d'Arbolieras, prior de Anesio, 199.
Helias Arnau, l., 274, 283, 308.
Helias Autenc, prior, 126, 127; an. 1284 m., 128.
Helias B., 251.
Helias de Bencha, subcantor S. M., an. 1265, 124; subarmarius S. M. eodem anno, ibid.
Helias Beray seu potius Berau, sacrista, 125.
Helias Bernard, 283.
Helias Berquet an. 1208 m., 73.
Helias Beu, 251.
Helias Beus, 249, 274, 283.
Helias Boareu, 251, 259, 274, 283.
Helias Brivairol, capellanus cœmeterii, 273.
Helias de Brolio, monachus S. M. an. 1243, armarius et cantor an. 1244, 122, 123, 128, 158; item armarius an. 1265, 124; cantor, eodem anno facit ligari viginti volumina, ibid.; an. 1270 facit ligari et cooperiri omnes libros ad expensas conventus, 124; auctor Chronici, 122-129.

Helias Champanhous, 181.
Helias Chaulie, 252.
Helias Chavilier? 283.
Helias Cofolent, 114, 120, 259, 279; v. He. Cofolent.
Helias Cofolens, 249, 274, 289.
Helias Confolens, 261.
Helias Daicha, 269, 278; v. He. Daicha.
Helias Desmier, 282.
Helias Dibana, 283.
Helias D'Ichiduol, 272.
Helias Fechier, prior, 126.
Helias de Frachet, 273, 281.
Helias G., 113.
Helias Gales, 294.
Helias Gaufridi de Chabrinhaco, S. M. abb. electus an. 1311; an. 1329 m., 23; v. H. Gauffridi.
Helias de Gemeu, sacerdos, 258; refectorarius, 273.
Helias Genia seu Genias, 278, 293; v. Helias Jenia.
Helias de Gimel, archidiaconus L., 187; ne quisquam hujus nominis aliquam obtineat dignitatem in ecclesia L. interdicit Urbanus papa, ibid.
Helias Gui, 249, 251.
Helias Gui, sac., 274, 281, 283.
Helias Guitbert, monachus sacerdos, an. 1200 m., 66-67, 238, 252, 263, 283; duo libri ejus, 350; proserium ejus, 352.
Helias Iterii, B. Iterii frater, 80; filii ejus post baptismum an. 1211 mortui, 81.
Helias Iterii, B. armarii nepos, an. 1222 m., 113; post obitum multa mira fecit, 272.
Helias Jenia, 249, 252.
Helias Jenias, 260, 269, 272, 283; v. Helias Genia.
Helias Jorda, 252.
Helias Lacela, 258, 282.
Helias La Mosnaria an. 1206 m., 71.
Helias Lapanosa, infirmus, 258.
Helias la Porta, 126.
Helias de Lodio, S. M. abb., 24.

Helias de Lopsaut, prior de Karitate, 100; an. 1219 m., 103.
Helias Loras, 283.
Helias Malirat, 249, 252, 283; v. He. Malirat.
Helias de Manania, 269, 278; v. Hel. de Manania.
Helias de Manauc, 249, 283.
Helias Marcialis, 278.
Helias Marteu, capellanus S. Michaelis, an. 1214 m., 91, 249, 251, 268, 278, 283.
Helias Merchat, 249, 254, 260, 262, 268, 271, 278, 283, capicerius, 287; v. Hel. Merchat.
Helias Meschi, 268, 279; v. Hel. Meschis.
Helias de Malo Monte, frater Ademari et Geraldi de Maumont, 163; v. Hel. de Malo monte.
Helias de Malamort, archi. Burdegalensis, an. 1206 m., 70, 71.
Helias Pineta, 126, 249, 253, 258, 283; v. He. Pineta.
Helias de Praenzac, 283.
Helias Pruneu, 252, 283.
Helias du Retz, decanus L., an. 1268 m., 161.
Helias de Rofiac, 283.
Helias de Sancto Martino Lo Massoz, 300-301.
Helias Sarrazi filia an. 1222 m., 114.
Helias de Telfont, an. 1206 m., 71.
Helias Urdimala, 283; v. Urdimala.
Helias Viger de Belac; ejus uxor an. 1219 m., 103.
Helias de Vodro, 272.
Helios l., 274.
Helisabet, priorissa Lesparum, 64.
Helizabet revelatio, 55.
Helizabet, regina Anglorum, 106.
Hemmanuel, imperator Græcorum an. 1180 m., 60, 242.
Henricus de Palnaco, socius abbatis S. M., 123.

Henricus, Wintoniensis ep., 55.
Heracleus imperator, 36.
Heraclius; v. Heracleus.
Heremitæ fratres ordinis S. Augustini Lemovicis an. 1290 instituti, 137.
Hereticis (mortalitas de) in pago Narbonensi, 75.
Hiems asperrima et longa an. 1213, 87; item hiems asperrima an. 1216, 96; item hiems magna sævit an. 1363, 199, 200; v. Frigus, Nives, Siccitas.
Hildegardis, Ademari, S. M. monachi, mater, 4.
Hilduinus, L. ep., an. 1014 m., 45.
Honorius III an. 1216 summus pontifex eligitur, 98, 106.
Horæ canonicæ B. M. Virginis et sanctorum circa an. 1101 tunc primum in ecclesiis dictæ, 188.
Hospitalarii, 77; hospitalariorum exordia, 188.
Hospitale pauperum S. M. ædificatur, 257; an. 1211 consummatur, 80. L'hôpital de Saint-Martial, à Limoges.
Hu., Cluniacensis abb., 15; v. Hugo de Clermont.
Hu., S. M. abb., 15-16; v. Hugo de Brossa.
Hubert Folcau, subdiaconus, 258.
Hubert de S. Augusti, capellanus abbatis, 258, 261.
Huga, priorissa Lesparum, 64.
Hugo (s.), 50, 267, 278.
Hugonis (s.) ignis, 238.
Hugo I, S. M. abb., 7; de apostolatu s. Marcialis concilium celebrat, ibid.; hujus nomen in Litaniis inter apostolorum nomina scribit, 8, 44; an. 1025 m., 46, 240, 242, 243, 285.
Hugo II, S. M. abb., 16, 19; cum Johanne, L. ep., de ccc solidis abbati S. M. unoquoque anno persolvendis paciscitur, 66, 67; illi cum consulibus

Lemovicensibus inimicitiæ an. 1202 intercedunt propter clausuram quam vocant Rerdo,192; ab Ademaro juniore, nondum milite, an. 1204 comprehensus, 69; an. 1206 Cluniacum it, 71; eodem an. translationi S. Benedicti interest, 72; in sede L. an. 1211 processionem et missam majorem celebrat, 80; an. 1214 gravissimo morbo laborat, 88; an. 1215 resignat, 92; an. 1217, al. 1218, intestatus m., 97, 101, 103, 238, 239, 241, 242, 243, 256, 261, 262, 290, 270, 275, 276, 281; v. Hugo de Brossa et Hugo de Brussia.

Hugo, Solemniacensis abb., 246.

Hugo, abbas de Solomnac, 88, 90, 246.

Hugo, Rutenensis ep., cum pluribus episcopis unctioni Heinrici, Bituricensis ep., interest, 61.

Hugo, capicerius, 56.

Hugo, cellerarius, 289.

Hugo, præ. an. 1213 cum abbate S. Augustini discordat, 87; eodem anno abb. electus, 91.

Hugo, prior de Superbosc, 121.

Hugo Amelii, 268, 278.

Hugo Amiels, 296.

Hugo Arnau, 274.

Hugo Bacos an. 1219 seu 1222 m., 105, 114.

Hugo de Barbais princeps, 63.

Hugo Bausart, monachus et sacerdos, an. 1197 m., 64, 263.

Hugo Berau, sacerdos, 111.

Hugo Bonaborsa an. 1218 m., 102, 269, 279, 295.

Hugo deu Brol an. 1218 m., 102, 103.

Hugo de Brossa, prior S. Benedicti de Sauz et prior de Du, S. M. abb. an. 1198 electus, 65, 249, 291; sacrista, 257; prior de Du, 257, 267.

Hugo de Brucia, S. M. abb., 97; v. Hugo de Brossa.

Hugo XIII, Marchiæ comes, al. Hugo Bruni, filiam ducis Burgundiæ an. 1276 Parisiis uxorem ducit, 174; an. 1280 et 1282, monetam suam adulterat, 176, 177.

Hugo de Brussia, S. M. abb., 16; v. Hugo de Brossa et Hugo de Brucia.

Hugo, dux, dictus Capecius, filius Hugonis, rex factus, 5, 42, 43.

Hugo de Charreiras, 109, 249; cellerarius vini, 258, 273, 280, 291.

Hugo de Clermont, Cluniacensis abb., electioni Hugonis de Brossa adest, 65; an. 1199 m., 66, 238, 242, 254.

Hug. Cossa domus, 301, 307.

Hugo Dafio an. 1224 m., 118, 249; subdiaconus, 258; sac., 274.

Hugo Descozuz cœnobium S. Michaelis de Clusa an. 985 ædificat, 44.

Hugo de Frisa, Cluniacensis abb. an. 1156 electus, 55; an. 1161 expellitur, 56.

Hugo de Jaunac an. 1221 m., 110, 269.

Hugo Lapanosa, 275.

Hugo de Malmont, Sollempniacensis abb., 107.

Hugo la Porcharia, monachus Tutellensis, 165.

Hugo IX, de Lezina, al. Lo Bru, an. 1199 Marchiæ comitatum arripit, 66; comitatus Engolismensis hæres, 67; Subterraneæ et deu Daurat muros evertit, 72.

Hugo Lo Bru, de Marchia comes, novam apud Belac an. 1211 monetam instituit, 78; cum Johanne, Angliæ rege, an. 1214 concordat, 91; an. 1219 seu 1220 apud Damiatam m., 105, 106, 107.

Hugo Lo Bru junior, comes de la Marcha et Engolismensis, mortuo patre, factus, 106; an. 1221 Merpis obsidet, 110.

Hugo de Nonans, 62.

Hugo de Pairac, miles, 22.

Hugo de Roeira an. 1223 m.,
114, 115, 284.
Hugo Saldebrol, archidiaconus,
an. 1197 m., 64.
Hugo de Surgeiras, vicecomes
de Chastelairau, an. 1212 m.,
85.
Hugo Taurut, 252.
Hugo, 242, 243; Hugo I, Cluniacensis abb., 241, 246; Hugo II,
Cluniacensis abb., 241, 246;
Hugo III, Cluniacensis abb.,
241, 246; Hugo IV, Cluniacensis abb., 241, 246; Hugo V,
241, 246.
Humbaldus, L. ep., 186; litteras
apostolicas adulterat, 187; an.
1095 depositus publice, 50,
187, 245.
Humbert, 270, 272.
Humbert, præ. de Charnac, 112.
Humbert de Fondom, 249.
Humbert Freners, 252.
Humbert Gui an. 1219 m., 105.
Humbert de S. Augusti, 249,
251; v. Humbertus de S. Augusti.
Humbert deu Trot, 269, 278.
Humbertus, 64, 276.
Humbertus sacrista xij sol. pro
pannis et pro pellicia, et iij
sol. pro calciamentis monachis
donat an. 1213, 87.
Humbertus de S. Augusti, 96,
257.
Humbertus S. Augusti, sacrista,
257; v. Humbert de S. Augusti.
Huncbertus, Solemniacensis
abb., 246.

I

I. abbas, 59; v. Isembertus.
Ignis de cœlo; v. Fulgur et Fulgura.
Ignis sacer; v. Ardentium labes,
Pestilentia ignis.
Ignitegium, 136.
Ildebertus, vocabulo Goionus,
285.
Ildegarius, L. ep., 244.

Ildefonsus, rex de Castella, an.
1214 quinta die octobris m.,
92.
Ilduinus, L. ep., an. 1014 m., 45,
244.
Incendium L. castri an. 1123,
1167, 1200, 52, 56, 66; L. civitatis an. 1105, 188; Rotomagensis civitatis an. 1211, 77;
S. M. monasterii et basilicæ
an. 952, 1053, 42, 48.
Innocentius III papa, 18; an.
1187 capitulo Grandimontensi
adest, 62; summus pontifex
an. 1198, 65, 66, 67; an. 1209
Johannem, Angliæ regem, excommunicat, 75; an. 1211 a
conventualibus ecclesiis vicesimam partem reddituum exigit ad solvendos sumptus belli
contra Otthonem imperatorem
suscepti, 79; an. 1215 Romæ
generale concilium celebrat,
95; an. 1216 m., 97, 98.
Innocentius papa IV an. 1243
summus pontifex eligitur, 195;
in concilio Lugduni an. 1244
celebrato Fredericum II, imperatorem Romanum, imperio
privatum declarat, 131; v. Senebaudus.
Innocentius V papa veneno sublatus an. 1276 m., 173.
Inquisitores regis Franciæ apud
Axiam missi, 164.
Inundatio magna an. 1271, 134;
item an. 1404 in tota Aquitania, 200; cf. Aquarum abundantia, Pluviæ.
Isaac, 252, 266; missale ejus,
353.
Isembertus ex priore de Rofiec
S. M. abb., 13; hunc prioratum amplificavit, 14; monasterio S. M. multos redditus
adquirit, ibid.; molendina ad
Aquas Sparsas ædificat, ibid.;
capellam cœmeterii et cellarium juxta capellam S. Mariæ
construenda curat, ibid.; ad anniversarium suum celebrandum diem constituit, ibid.; item

25

generale anniversarium mortuorum quotannis celebrandum decernit, 15, 58; an. 1179 concilio Romæ ab Alexandro III papa celebrato cum multis abbatibus interest, 14, 59; an. 1181 apud Cluniacum ab abbate Titbaldo honorifice receptus, 60; an. 1194 Richardo, Angliæ regi, in Alamannia captivo, ad redemptionis subsidium, quinquaginta quinque marchas de thesauro ecclesiæ S. M. et L marchas de facultatibus suis largitur, 191, 192; an. eodem apud Rofiacum ægrotat, 63; an. 1198 m., 65, 237; ille primus dedit quinque solidos de Giomes in bona pellicia de agnis, 81; anni ab ordinatione ejus computati, 241, 242, 243, 256, 259, 265, 267, 271, 277, 284, 290, 292, 295; officium mortuorum solemne ab illo institutum, 301; liber ejus, 343.

Israe, 251.
Israel, 296.
Iterius, 244.
Iterius, prior de Montmorlo, 98, 101.
Iterius deu Barri, præ. de Subterranea, 125.
Iterius deu Barrio, præ. de Subterranea, 125, 126.
Iterius Bernardi, an. 1206 m., 71.
Iterius de Briderlls, capicerius, 98.
Iterius de Briders, 262.
Iterius Cere. 272.
Iterius Laribeira, 237.
Izembertus, al. Izimbertus, S. M. abb., 63, 65, 66; v. Isembertus.

J

J. papa, 36; v. Johannes papa.
J. Anglorum rex cum filia Ademari, vicecomitis Angolismensis, matrimonio jungitur, 67; castrum de Axia occupat, et illud tres annos detinet, 99; v. Johannes, Anglorum rex.
J. Lemovicensis episcopus, 15, 16, 17; v. Johannes, L. ep.
J. abbas, d'Usercha, an. 1211 m., 78.
J., 270; con., 276.
J. præ. d'Anes, 111, 112.
J. Audoi, 269; v. Joans Audoys.
J. Badarat, 272.
J. Babtiste nativitas en prim clas, 116.
J. Baptiste ignis, 237.
J. Bertolmeu, 272.
J. Cambo, 105.
J. Charet, 269, 278; v. Joans Charet.
J. Chauchet, 252.
J. Chauso, 252.
J. deu Clauzeus, 109, 249, 252; custos de Poifranc, 258, 261; capicerius, 273, 276.
J. Climens an. 1218 m. 102.
J. de Colonias, quondam abbas deu Palai, 80.
J. de Cusansa, burgensis de Marteu, 59.
J. Delort, 252, 269, 279; v. Joans Delort.
J. D'Ichiduol, 269, 278; v. Joan D'Eissidoil.
J. Dorador, 279.
J. Faure, 253, 261, 278; v. Joans Faure.
J. Flamenc, 251.
J. Gachani, 272.
J. Gui, 251.
J. He., 272; v. Jacobus He.
J. Jaio, 269, 278.
J. Jaios, 268; v. Joans Jaios.
J. Joi de Deu an. 1223 m., 116.
J. Larocha, abbas Dolensis, 81.
J. Lator, 269, 278.
J. de Lautar, 266.
J. Lo Bastart, 272.
J. Lo Gales (magister), 18.
J. de L'Optal, 268; v. Joans de L'Obtal.
J. Maubert, 252.
J. deu Noal, an. 1216 m., 99.
J. deu Peirat, 253, 278.

J. deu Peirat, clericus; 268, subdiaconus, 258; v. Jacobus deu Peirat.
J. deu Peirat Lo Jauvi, an. 1205 m., 70.
J. deu Peirat lo mut, 272, 278-279, 268.
J. Potet, prior de Anesio, 95, 120, 256, 259, 274.
J. Preveiral, 251.
J. Roi, an. 1222 m. 114.
J. Rotger, monachus, 96; puer, 258, 274, 276, 308.
J. de S. Jauvent, an. 1219 m., 105.
J. de S. Sador, 99, 268, 274, 278, 284.
J. Trobat, 276.
J. de Vairas, sacrista, 64, 194, 249, 252, 257, 260, 264.
J. de Vairaus, 272.
J. Vidal, 251.
J. de Virac uxor an. 1219, al. 1222 m., 106, 114.
J. W., 272.
Jacme, 117, 275, 279.
Jacme, W. Chauchagrua nepos, 271.
Jacme Chauchagrua, 279, 280; v. Jacobus Chauchagrua.
Jacme Negre, 269, 278, 280.
Jacobus, rex Arragonum, an. 1276 m., 174.
Jacobus, 109, 114, 251, 270, 276, 281.
Jacobus, forte Chauchagrua?, 289.
Jacobus, subhelemosinarius, 249.
Jacobus Afichet, al. Afrehet, prior de Calesio, S. M. abb. electus an. 1272, 22, 124, 125; cum rege Angliæ et vicecomitissa Lemovicensi litigat, 22-23, 164; an. 1276 m., 126, 243.
Jacobus Borzes, 105.
Jacobus de Cabanis, miles et senescallus Tolosæ, 208, 211.
Jacobus Chauchagrua, 120, 253; custos de Poifranc, 258, 261; præpositus de Cumbis e Poi Franc, 273, 294; v. Jacme Chauchagrua.

Jacobus He., 272; v. J. He.
Jacobus Jouviondi, ex præposito de Subterranea S. Cypriani abb., dein S. M. abb., 26-27;
— monasterii ædes adauget, ibid.
— nonnulla eidem monasterio dona confert, ibid.
— anniversario suo et parentum celebrando diem instituit, ibid.
Jacobus deu Peirat, 292, 319.
Jaunac (P. de) ou Jaunhac (W. de). Jaunac, arr. de Tournon (Ardèche).
Jauvis (locus dictus aus), 137.
Javarzac, 274. Javrezac, arr. de Cognac (Charente).
Jequeli Pompedors uxor, an. 1219 m., 106.
Jeronimi chronica, 335.
Jerusalem a paganis expugnata an. 1010, 45; a christianis an. 1099 capta, 50, 60; rursus a paganis an. 1187 expugnata, 62, 237; huc Francorum et Anglorum reges an. 1190 proficiscuntur, 63, 237.
Jherusalem; v. Jerusalem.
Jherosolima; sepulcrum Domini ibi asservatum confringitur, 6; hic Templarii et Hospitalarii an. 1110 exorti, 77; v. Jerusalem.
Jo. Vincencii mansus, 22.
Joans Audoys, 292; v. J. Audoi.
Joans Charet, 292; v. J. Charet.
Joan D'Eissidoil, 291; v. J. D'Ichiduol.
Joans Delort, 293; v. J. Delort.
Joans Faure, 296; v. J. Faure.
Joans Jaios, 293; v. J. Jaios.
Joans de L'Obtal, 297; v. J. de L'Optal.
Joans deu Peirat, 293.
Joans deu Peirat lo mut, 294.
Joans de San Sador, 297.
Joans Sarrazis, 292.
Joffredus I, S. M. abb., 43, 242, 243, 287; v. Gaufredus I et Josfredus.

Joffredus II, S. M. abb., 6; coronam auream gemmis distinctam super altare sepulcri facit, basilicam Salvatoris restituit, 6, 43, 44, 287; ejus obitus, 7; v. Gaufredus.
Johan Chandos à Limoges en 1361, 153.
Johannes XVIII papa; privilegium ab eo S. M. monasterio concessum, 45; an. 1032 m., 47.
Johannes XXI an. 1276 summus pontifex eligitur, 174; an 1277 m., 175.
Johannes XXII papa, villa Caturcensi oriundus, Lemovicensem diœcesim dividit, 146.
Johannes, Anglorum rex, 16; an. 1200 filiam Ademari, comitis Engolismensis, uxorem ducit, 67; neptis ejus Ludovico, Philippi Francorum regis filio, eodem anno nupta, 67, 68, 72.
— an. 1202 Guidonem vicecomitem comprehendit, 193.
— in Anglia an. 1209, licet excommunicatus, regnat, 75.
— cum Stephano de Lengatona an. 1214 concordat, 88.
— eodem an. a sententia excommunicationis absolutus, ibid.
— cum Guidone vicecomite et aliis eodem an. pacem componit, 91-92.
— castrum de Axia expugnat, ibid., 99.
— an. 1216 veneno sublatus m., 99.
— Arturum occulte occiderat, 119.
Johannes filius Arturi, vicecomitis L., 135; Gualhardo, abb. S. M., an. 1307 homagium præstat, 143.
Johannes quidam matrem occidit, 61.
Johannes d'Albusso, custos altaris, 258.
Johannes Audierii, tertius prior, 198.
Johannes Audoini, 181, v. J. Audoi et Joans Audoys.
Johannes Aymerici, 180.
Johannes Bonet, subprior, 126, 128.
Johannes de Clari, clericus, judex in castro L. a P. de S. Valerico, S. M. abbate, institutus, 135.
Johannes Cornut, 196.
Johannes Evangelista, 8.
Johannes de Faurias refecturarius, 318.
Johannes Le Limosini, 356.
Johannes Lemovicensis, 356.
Johannes de la Roche, 211.
Johannes, L. ep. 18, 20; ex decano S. Stephani L. ep. an. 1197 electus, 64, 65, 66; an. 1199 cum Hugone abbate de ccc solidis persolvendis concordat, 66, 67; an. 1202 interdictum ab ipso latum contemnentes, presbyteri divina celebrant, 192; an. 1203 cum baronibus et episcopis Nobiliacum obsidet, 193; eodem an. terram et regaliam suam a Francorum regis ditione liberat, 193; an. 1211 Solemniacense monasterium consecrat, 77; an. 1211, eo absente, Hugo abbas majorem missam in sede L. celebrat, 80; an. 1212 S. Valeriæ ecclesiam consecrat, 84; eodem an. S. Mariæ de Regula majus altare consecrat, 85; an. 1214, S. Michaelis ecclesiam dedicat, 90; eodem an. exulat, 91; an. 1215 concilio Romæ celebrato interest, 95; an. 1217 ecclesiam de Monagut dedicat, 99; an. 1218 crucem suscipit, 16, 101; eodem an. m., 103, 245.
Johannes de Senalac, 308.
Johannes Vitalis, camerarius, 146.
Jorda, l., 274, 275, 276, 281.
Jorda de Malmont, 249; capellanus abbatis; 258.
Jorda Marteu uxor, 279.

Jordan, 270.
Jordanus, L. ep., an. 1028 basilicas S. Salvatoris et S. Pardulfi de Arnaco consecrat, 46; an. 1031 de apostolatu S. M. concilium convocat, 47, 244.
Jordanus deu Brol, miles castri L. an. 1210 m., 75.
Jordanus de Cabanes, 49.
Jordanus de Cosei, 96.
Jordas Otger, 113.
Jordas Puneta, 296.
Josbertus, capicerius, 43; v. Gaubertus et Gauzbertus.
Josfredus I, S. M. abb., 6; hujus tempore S. M. corpus levatum ad Montem Gaudii translatum fuit, ibid., 240; v. Gaufredus.
Josfredus II, S. M. abb. an. 1008 electus, an. 1020 m., 46; v. Gaufredus.
Jouvionderia (locus de) prope Treynhacum, 25.
Jozfredus, S. M. abb.; v. Josfredus.
Judæi Domini sepulcrum confringunt, 6.
— Franciæ regno an. 1306 pulsi, 142.
— eorum libri Parisiis an. 1309 combusti, 144.
Juifs (les) brûlés en France en 1321, 153.
Julac, 283. Juillac, ar. de Brives (Corrèze).
Julia Costenera vidua, 196.
Justiniani codex an. 532 promulgatus, 36.

K

Karitas, prioratus, 100. La Charité, arr. de Cosne (Nièvre).
Karlus, 40.
Karolus Martellus seu Marteu, 37; an. 741 m., 240.
Karolus, imperator, an. 814 m., 37, 240; ejus translatio an. 1000 facta, 45.
Karolus Calvus imperator, an. 836 inunctus, 2, 37; an. 348, eo regnante, mutatus est canonicalis habitus in monasticum apud S. M., 1, 38; an. 877 m., 40.
Karolus, frater Lotharii, in carcerem ab Hugone duce conjectus, 5, 43.
Karolus minor rex, 40.
Karolus patruus Ludovici V, 42.
Karolus, comes Andegaviæ, frater domini Ludovici, regis Franciæ, factus rex Siciliæ, bello incepto an. 1264 Manfredum debellat, 133. Siculi in eum rebellant, 177, 178.
Karolus de Anjo, comes de au Mayne, Lemovicas cum rege an. 1439 ingreditur, 210; item an. 1442, 213.
Karolus, filius Philippi Franciæ regis, an. 1284 Aragoniæ regno a Martino IV donatus, 179; an. 1285 patrem Aragoniam aggressurum comitatur, 180; huc profecturus in castro L. divertitur, 136, 180.
Karoli (princeps filius) an. 1284 navali prælio apud Neapolim vincitur, 179.
Karolus de Bles, dux Britanniæ, vicecomes Lemovicensis; an. 1363 homines ejus Lemovicis Angliæ regi hominium præstant, 200.
Karolus, dux Borbonensis et Alverniæ, totius Aquitaniæ regimen habens, Lemovicas cum rege an. 1439 ingreditur, 210.
Karolus V, Francorum rex, 200.
Karolus VII, Francorum rex, 202.
Karrofensis abbas, 25. Charroux, arr. de Civray (Vienne); v. Geraldus Jouviondi et Charros (abbas de).
Kartago in Affrica combusta, 32. Carthage en Afrique.

L

La Breuna, 321. P.-ê. La Brunie, comm. de S. Cyr (Haute-Vienne).

La Brossa, 322. La Brousse (Haute-Vienne).
La Chapela, 284. P.-ê. la Chapelle-St-Martial, cant. de Pontarion, arr. de Bourganeuf (Creuse).
La Chesa Deu, 73 ; v. Chesa Dei.
La Chieira (crux de) prope Lemovicas, 164.
La Fayeta, marescallus Franciæ, 211.
La Joncheira, 72. La Jonchère, arrond. de Limoges (Haute-Vienne).
L'almosners, 278.
La Massola, 132. Mansourah (Égypte).
Lambert, 256.
Lambertus prior, quondam abbas Gratie Dei, 80 ; an. 1212 m., 83, 263.
Lanso (comes de) an. 1283 in Apulia m., 178.
La Panosa, 259, 275, 322. Lapanouse, arr. de Millau (Aveyron).
Lapela, 321. P.-ê. Paille, arr. de Saint-Jean-d'Angely (Charente-Inférieure) ; v. Apela.
Lapis de cœlo cadit in diœcesi Albiensi an. 1284, 179 ; item eodem anno apud Comphacum, ibid.
La Porcharia, 98. La Porcherie, arr. de Saint-Yricix (Haute-Vienne).
La Rocha Chandeiric, Chanderic seu Chandiric 111, 112, 259, 274, 321. 323. P.-ê. La Rochandry, comm. de Mouthiers - sur - Boëme (Charente).
La Rochela, 72 ; an. 1224 in deditionem accipitur, 119. La Rochelle (Charente-Inférieure).
La Rossandia, 298.
La Soterrana, 106, 283, 284 ; v. Subterranea.
Las Chanabiciras (præceptor de), 169. Chenevières, arr. de St-Yrieix, cant. de Chalus, com. des Cars (Haute-Vienne).
Las Cumbas (homines de), 164. La rue des Combes, à Limoges.
Lateranis concilium celebratum, 51. Le palais de Latran, à Rome.
Laureira (castrum de), a Bosone, Marchiæ comite, occupatum, 56.
Laureira, 111, 113, 259, 274, 322. Laurière, arr. de Limoges (Haute-Vienne).
Laurens, 275, 321, 323. Laurens, arr. de Béziers (Hérault).
Laurens Colaro, 252.
Laurentius (magister, 159.
Laureria, 320 ; v. Laureira.
Lavalada, 247.
Lavaura, 78. Lavaur (Tarn).
Lavilata, 278.
Lemovicæ, 38, 58, 178 ; incendiis vastatæ, 188 ; afflictæ pestilentia, v. Mortalitas et Pestilentia ; tempestate, 93, 96, 179 ; fulgure, 141, 147, 176, 177 ; gelu, 134 ; caritate annonæ, 134, 153, 184, 200 ; a Pastorellis bis occupatæ, 132, 147, 152, 184 ; interdicto suppositæ, 173 ; non unius domini imperio subditæ, 132, 163, 164, 172, 175 ; summi pontificis, regumque præsentia sæpius cohonestatæ, 2, 5, 38, 49, 55, 58, 60, 128, 133, 136, 142, 147, 180, 187, 200, 203, 213, 214 ; v. Lemovicensis.
Lemovicæ (domus infirmariæ) ab Isemberto, abbate, ædificata, 14.
Lemovicas castrum. Ibi triginta homines an. 1214 crucem suscipiunt, 92 ; v. Lemovicense castrum.
Lemovicenses occasione electionis Humbaldi, L. episcopi, a burgensibus L. castri impetiti, 187 ; Lemovicis an. 1182 ecclesias quinque et viridarium S. M. monasterii destruunt,

61; an. 1202, cum abbate discordant, 68, 192; monetam quam Guido, vicecomes, apud Axiam cudi jussit, an. 1211 non recipiunt, 78; an. 1214, pereiras metu Philippi regis erigunt, et muros machinis bellicis muniunt, 92; eorum triginta eod. an. crucem suscipiunt, ibid.; an. 1215 præ lætitia choreas agunt, 93; an. 1244 et 1252 Brennam et Corbafi armati petunt, 131, 132; cum Guidone, vicecomite, an. 1261 discordant, 132; an. 1273 a vicecomitalibus Axiæ vexati, Axiam et vicum S. Præjecti ferro et igne vastant, 162, 163; an. 1274, bello recrudescente, Axiam obsident, 172; eodem an. lites cum vicecomitissa susceptas G. et Hel. de Malo Monte arbitrio permittunt, qui eas dirimant, 163, 164; ab iisdem mulctæ damnati, 135, 164; jurisdictionem et arma consulatus amittunt, 167, 168, 169; a lata sententia an. 1276 appellant, 169; eodem an., in vicecomitissam insurgunt, 172; in Parlamento an 1277 damnati, 171; de supradicta mulcta an. 1292 cum Arturo, L. vicecomite, transigunt, 135.

Lemovicense amphitheatrum; ibi sermones facti, 81.

Lemovicensis archidiaconus, Aimericus de Serra, Durandus de Orlhaco, Girbertus de Mala Morte, Reginaldus la Porta.

L. cancellarius, Petrus Fabri.

Lemovicenses canonici processionem cum monachis S. M. faciunt, 73; an. 1215 baculum capiunt, 94; v. S. Stephani L. canonici.

Lemovicensis cantor, Helias de Gimel, Petrus de Pi.

Lemovicensis castellania, 157.

Lemovicense castrum, 133, 135, 162, 168, 175, 301; an. 1123 crematum, 52; item an. 1167, 56; item an. 1200, 66; hic an. 1172 Angliæ regina Alienor commoratur, 58; an. 1203 hujus castri muri C. cubiti corruunt, 68; an. 1212 ejusdem castri homines cccc Hispaniam proficiscuntur, 84; inibi S. Michaelis ecclesia, an. 1214 dedicata, 90; an. 1285 regis nomine occupatur, 131, 136; Pars civitatis a burgo S. Martini distincta, 158. Quid juris ibi habuerint abbates S. M., 22, 135, 140, 143; vicecomitissa L., 163, 172, 175; rex Franciæ, 136; huc an. 1439, et an. 1442 Carolus VII, rex Franciæ, ingreditur, 203, 213.

Lemovicensis castri consules et homines cum Geraldo de Malo Monte de juribus suis paciscuntur, 134.

L. castri burgenses cum Arturo, vicecomite L., componunt, 135; v. Lemovicenses.

L. castri burgensis J. deu Peirat, 70.

L. castri leda, 22.

Lemovicenses cives L. castri tres homines an. 1216 occidunt, 99; v. Lemovicenses.

Lemovicensis civitas, 70, 79, 131, 140, 143, 160, 170, 175, 178; an. 1105 combusta, 188; ibi mulier insanæ mentis domum suam et se ipsam comburit, 79; ibi clamatum stipendium ex parte regis, 170; v. Lemovicæ.

L. civitatis pars dicta de hospitali, 166.

Lemov. claustri mercenaria, 136.

Lemovicenses clerici et presbyteri excommunicati, 68, 192.

Lemovicensis consulatus domus, 109; in eam W. de Faviairolas manus injicit, 171.

Lemov. conventus fratrum Minorum, 183.

Lemovicensis curia, 140, 147.

Lemovicensis decanus, 194.

Lemov. diœcesis, 26; pestilentia et fame afflicta, 133, 155; a prædonibus infestata, 165; a Johanne XXII divisa, 146; hujusce diœcesis communiæ in raptores Chasluceti insurgunt, 133. Le diocèse de Limoges; cf. Lemovicinium.
L. ecclesia cathedralis, 160; v. S. Stephani basilica.
L. ecclesia B. Mariæ de Arenis.
L. episcopus, 160, 175.
Lemovicenses episcopi, 244-245.
— in monasterium S. M. non venire debent, nisi invitati, 127.
L. Minores, 160. Locum sibi a monachis S. Martini concessum relinquunt, 131; an. 1276 pro Lemovicensibus deprecantur, 166; interdictum an. 1283 latum observant, 178; an. 1305, provinciale capitulum celebrant, 141.
Lemovicensis moneta, 143.
Lemovicenses mulieres texentes S. M. cereum offerunt, 100.
Lemovicenses mulieres capitis integumento an. 1233 uti incipiunt, 131.
Lemovicensis pagus, 11, 322. Le Limousin.
L. patriæ tres status convocati, 212.
Lemovicenses prædicatores, 160.
— an. 1219 Lemovicas veniunt, 130.
— an. 1233 de capitibus tegendis mulieres admonent, 131; an. 1237 conventus locum mutant, 130; an. 1276 pro Lemovicensibus deprecantur, 166; interdictum an. 1283 latum observant, 178; an. 1305 provinciale capitulum celebrant, 141.
Lemovicensis præpositus, 166, 181, 197; cf. Guillelmus de S. Valerico, Raimundus de Crosenc.
L. regalia, 193.

Lemovicensis sedes, 60.
— sedis præcentor Helias Aimerici, 80.
L. senescallus, 127.
L. vicecomes, 118, 190.
L. vicecomitatus, 134, 165; interdicto suppositus, 173.
L. vicecomitatus rector, Geraldus de Malo Monte.
L. vicecomitissa excommunicata, 173; L. castrum cum exercitu ingreditur, 175; cf. Margarita de Burgundia, Maria, Sarra.
L. vicecomitissæ præ., 164, 167.
L. vicecomitissæ satellites, 163.
L. vicecomitissæ soror, 174.
L. villa, 215.
Lemovicinum; inibi xxv abbatiæ, 77. Le Limousin.
Lemovicinium, 127, 128; pestilentia afflictum, 128; a prædonibus vastatum, 164, 165; a Geraldo de Malo Monte pessime administratum, 126, 127; v. L. vicecomitatus et Lemovicinum.
Lemovicis confratriæ abrogatæ an. 1276, 168.
— copia vini an. 1221, 110.
— fœneratores persecuti an. 1214, 92; item an. 1300, 140.
— (la lesda de), 86.
— ordo novus an. 1223 receptus, 114, 115; v. Ordo novus.
Lengatona, 88. Langhton, comté de Hertford (Angleterre).
Leodegarii (s.) reliquiæ, 310.
Leonardi (B.) confessoris caput, 201.
Leprosorum coadunatio an. 1101 exoritur, 188.
Lesina, 98. Lusignan, arr. de Poitiers (Vienne).
Leychonsier (locus vocatus), 24. P.-ê. Leychoisier, comm. de Bonnac (Haute-Vienne).
Libraria in monasterio S. M. a Petro de Vertuol facta, 81.
Lignum salutare Treveris veneratum, 82; v. Crucis (s.) lignum.

Ligeris, 72. La Loire.
Liquair, 320; v. Aliquair et Quars.
Lissa, 321, 322. St-Étienne-de-Lisse, arr. de Libourne (Gironde).
Lo bosc, 247, 273.
Lodoicus, filius Philippi, 67; v. Ludovicus.
Lodovicus venit contra Tolosanos, 104; v. Ludovicus.
Lo Fleis, 321, 322. Le Fleix, ar. de Bergerac (Dordogne).
Lombardi an. 1320 in Francia comprehensi, 147.
Lora, soror Echivati, Bigorræ comitis, Raimundo VI vicecomiti Turennæ nupta, 178, 180.
Lo Rochairol, 320, 322. Rocherolles, comm. de La Chapelle-St-Martial, arr. de Bourganeuf (Creuse).
Lorre, 86. Lorrez-le-Bocage, ar. de Fontainebleau (Seine-et-Marne)?
Lotarius rex, v. Lotharius.
Lotharius I, rex; eo imperante, canonici S. Salvatoris monachi fiunt, 1, 240.
Lotharius II, rex; huic se monachum esse facturum Aimericus jurejurando promittit, 4; Lemovicas venit, 5, 41, 43; ab uxore an. 986 veneno sublatus, 44.
Lotharius, v. Innocentius papa III.
Loup (le corps de s.) relevat de son tombeau en 1158, 151; v. Lupus (s.).
Lucas Evangelista, 8.
Lucdunum. Ibi concilium generale an. 1244 celebratum, 131; Lyon (Rhône).
Lucia de S. Alari, 269, 278.
Lucia de Sancto Hilario, 80.
Lucia de Sancto Ilario, 293.
Lucius papa III, 14, 66; an. 1182, al. 1185 m., 62, 237.
Ludovicus, Francorum rex seu imperator, an. 840 m., 38, 240; nono post ejus mortem anno canonicalis habitus in monachicum apud S. M. versus, 1, 38; S. Martini Turonensis canonici monachicum schema induunt, 38.
Ludovicus Balbus regnum suscipit ad tres annos, 2, 40.
Ludovicus, filius Lotarii, Aimerico S. M. honorem committit, 41; veneno ab uxore sublatus, 42.
Ludovicus rex, lo reis Gros; regni ejus initium an. 1109, 50.
Ludovicus VII, Francorum rex, ducit uxorem Alienor, an. 1137, 53; an. 1147 crucem apud S. Dionysium suscipit, 54; eo regnante, Brebansones an. 1177 debellati, 189; an. 1180 m., 60, 237, 242.
Ludovicus VIII, Francorum rex, an. 1188, nascitur 62, 237; an, 1200 Johannis, Angliæ regis, neptem uxorem ducit, 67; uxor ejus an. 1213 duos geminos filios uno partu edit, 86; an. 1216 in Anglia regnat, 99; apud Tolosanos bellum illaturus, an. 1219 proficiscitur, 104; obsidioni Tolosæ adest an. 1219, 105; Aquitaniæ ducatum an. 1224 ditionis suæ facit, 118, 119; an. 1225, Rupellam, Niort et San-Joan expugnat, 120; an. 1226 à Muntpansier m., ibid.
Ludovicus IX, Francorum rex, an. 1248 ad Terram Sanctam proficiscitur, 131; an. 1270, Tunicium petit et ibi eodem an. m., 133; an. 1298, sanctorum collegio adscriptus, 133.
Ludovicus X, adulterii reos cum uxore sua facti milites ultimo supplicio damnandos Parlamento tradit, 183.
Ludovicus Delphinus, 203.
Ludus de Miraculis B. Martialis ann. 1290 et 1310 celebratus, 137, 138.
Lugdunense concilium an. 1274

celebratum, 172. Lyon(Rhône), v. Lucdunum.
Lumbardi decreta et psalterium, 86 ; epistolæ ejus, 356.
Lupus (s.), ep., 244 ; an. 1154, miraculis clarescit, 55 ; corpus ejus in ecclesia S. Michaelis asservatum, 90 ; v. Loup (s.).
Lussac, 320 ; Lussac-les-Églises, ar. de Bellac (Haute-Vienne).

M

Maciterrada (domus à la), 300.
Maci Tron domus, 307.
Magalonensis, ep., cancellarius Franciæ, 212.
Magnaco (dominus de), L. ep. 203. Magnac-Laval, arr. de Bellac (Haute-Vienne).
Magnus Pons Parisius an. 1280 abundantia aquarum diruitur, 176. Le Grant Pont, à Paris.
Mainardus S. M. abb., 9 ; 241.
Mainart an. 1220 m., 109.
Mainart Macareu, 249.
Maiolus, Cluniacensis abb. 246.
Mairabou (lo portals de), 84 ; Porte Mirebœuf ou S. Martin à Limoges.
Majus Monasterium, 75, 77 ; Marmoutier, près Tours (Indre-et-Loire).
Malamont (pestis de), an. 1177, 237.
Malamort (castrum de), 189. Mallemort, arr. de Brives (Corrèze). Cf. Beufort castrum.
Malamortensis occisio an. 1177, 59.
Malazes, monasterium constructum, 45. Maillezais, arr. de Fontenay-le-Comte (Vendée).
Malharensis ep., 212.
Malmiro (a) la Croz datur, 115.
Malmiro, 284.
Malum Punicum quanti an. 1235 venditum, 155.
Malveira (prioratus de), 112, 259, 274, 321, 322. Mauvières, ar. du Blanc (Indre).

Manauc, 89, 112, 259, 274, 320, 322. P.-ê. Manot, ar. ct cant. de Confolens (Charente).
Manaucum, v. Manauc.
Mandain, 251.
Manfredus in Apulia debellatus et occisus an. 1264, 133.
Manhania (barrium de), Lemovicis, 131. Le faubourg de Manigne, à Limoges.
Manhaniæ descensus, 210. La rue Montant Manigne, à Limoges.
Manhania (porta de), 201. La porte Manigne, à Limoges.
Mansac, prioratus, 14, 95, 112, 259, 274, 323. Mansac, ar. de Brives (Corrèze).
Mansi Leonis villa incipit, 137. Mas-Léon, près S. Denis-des-Murs, ar. de Limoges, cant. de S. Léonard (Haute-Vienne).
Manssac, v. Mansac.
Maomet, princeps Arabum et pseudopropheta, 36.
Maravau ou Maravaut, 112, 274, 322. Maraval, comm. de Cenac-et-S.-Julien-de-Castelnaud, ar. de Sarlat (Dordogne).
Marbo, armarius, 256, 275.
Marcha (comitatus de), 66.
Marchia, 174.
Marchiæ comes bellum in consules suscipit, qui los Baglangiers defendebant, 194.
Marchiæ comes, 212 ; Marchiæ et de Perdiac comes, 213.
Marcialis (s.) apostolus, primus L. ep., 64, 244 ; miraculis clarescit, 20 ; apostolatus ejus, 47 ; in Gallia, Britannia, Italia et Hispania acceptus, 8 ; de apostolatu ejus collatio, 7.
— capitis ejus capsa, 80, 89.
— capitis ostensiones, 25 ; an. 1223, 116, 117 ; item an. 1286, 136 ; item an. 1290, 136, 197 ; item an. 1296, 196 ; item an. 1300, 136, 196, 197 ; item an. 1308, 136 ; item an. 1363 per tres dies, 200.
— capitis ejus processio an. 1404

extra villam Lemovicensem facta, 201.
— caput apostoli, 43.
— deportatum an. 1224 a priore S. M. 119.
— ostensum an. 1306 Clementi V papæ, 137.
— item an. 1439 Carolo VII, Franciæ regi, 208.
— portatum an. 1520 per villam et apud Montjauvi, 215.
— collecta ejus a Johanne papa facta, 47, 202.
— corpus ejus translatum, 43, 150.
— greba ejus, 26.
— sermones de beato Marciali, 47.
— de S. Marciali, 350.
— urna ejus, 72, 82.
— vita ejus litteris aureis scripta, 47.
— item vita ejus sex libris constans, 331.
— item vita ejus major, 336.
Marcialis Auderii, 181.
Margarita, vicecomitissa Lemovicensis, filia ducis Burgundiæ, soror Beatricis, Hugoni XIII Marchiæ comiti nuptæ, 172, 174; an. 1273 Lemovicenses aggreditur et, bello intermisso, causam in Parlamento obtinet, 162, 163, 164; an. 1274, bello renovato, civitatem ingressa, Lemovicenses, invito Angliæ rege, jurisdictioni suæ astringit, 163, 172; impositam Angliæ regi mulctam pro parte obtinet, 173; an. 1276 cum abbate S. M. litigat, 22-23; bello in Usercensem abbatem gesto, excommunicatur, 169, 173; ad Parlamentum regis citatur a Lemovicensibus qui rursus rebellant, 169, 172; an. 1277 abrogatis eorum juribus castroque L. occupato, excommunicationis sententia absolvitur et m., 175, 176.
Mari (s.) reliquiæ, 319.
Maria (s.) reliquiæ ejus, 319.

Maria, vicecomitissæ L. filia, Arturo, comitis Britanniæ filio, an. 1275 nupta, 172.
— an. 1276 ad Parlamenti curiam citata, 169.
— an. 1280 castrum Lucii Geraldo de Malo Monte nomine beneficii confert, 176.
— an. 1286 mercatum Lemovicis mutat, 136.
— an. 1290 in monachos S. M. insurgit, 180; eodem an. m. 137.
Maria, Guidonis vicecomitis L. soror, 176.
Maria, vicecomitissa de Ventedor, an. 1219 m., 105.
Maria an. 1219 comburitur, 106.
Maria, uxor Petri Iterii, 295.
Maria Chabrola, 269, 278, 292.
Mariæ Magdalenes ecclesia, 117.
Maria de Ventedor, uxor P. d'Espana, an. 1222 m., 110-111, 113, 114.
Marmanda expugnata, 104. Marmande (Lot-et-Garonne).
Marques moneta, 78.
Marquisia, Audeberti, comitis Marchiæ, filia, 188.
Marsal (s.) lo cors de — levat en 994 — lo chapt levat en 1130, 150; v. Marcialis (s.).
Martel, 191.
Marteu, 59, 239. Martel, arr. de Gourdon (Lot).
Marteu, 275.
Marteu Faure, 269.
Marteu lo Brus de Julac, 283.
Marti Alcair, an. 1212 m., 85.
Marti Cruet, 251, 264.
Martialis (s.), v. Marcialis (s.).
Martialis Bermundeti, locum tenens regius et consul ville, 209, 210, 211.
Martialis Mere, præpositi de Cumbis nepos, 205.
Martini (s.), ep. reliquiæ, 319; ejus corpus, 38.
Martini (s.) ad transitum usque a passione Christi anni computati, 33.

Martinus IV an. 1281 summus pontifex eligitur, 176 an. 1282 Amalricum Montis Fortis carcere liberandum curat, 177; Petrum, Aragoniæ regem, regno privatum excommunicationis sententia plectit, 178. Cf. Symo Gallicus.
Maschausia (la), 96.
Masco, 77. Mâcon (Saône-et-Loire).
Massere, 171. Masseret, ar. de Tulle, cant. d'Uzerche (Corrèze).
Mateu, 270.
Mateu Baile, juvenis, 258, 274.
Mateu Escudier, 252; juvenis, 274.
Mateus Giraudos, 263; v. Matheu Giraudo.
Mateu de Vilaivenc, 251.
Mathei Benedicti domus, 210, 211.
Matheu, 276, 281.
Matheu Giraudo, 249; v. Mateus Giraudos.
Matheu de Vilaivenc, 249; pistancerius, 258.
Matheus de Drulhis, præ. de Subterranea, 181.
Matheus Vitalis, aurifex Lemovicis, 187.
Mattheus de Usercha, al. d'Usercha, monachus S. M., 309.
Mauhias, 36.
Mauransanas, clericus uxoratus, 180.
Maurici, 275, 284.
Maurici Girberto, 252.
Maurici Pineta, novitius, 274; v. Mauricius Pineta.
Mauricius, 246.
Mauricius, archidiaconus, an. 1197 m., 64.
Mauricius, Parisiensis ep., an. 1197 m., 64, 237.
Mauricius, Pictavensis ep., an. 1214 m., 91.
Mauricius Pineta, magister operis, 125; v. Maurici Pineta.
Mausac, 320.
Mauzac (abbacia de), 84. L'abbaye de Mauzac ou Mozac, ar. et cant. de Riom (Puy-de-Dôme).
Mauzac (monasterium de), 83.
Meaulx (ep. de); v. Petrus de Verseilhis.
Melicens, uxor Audier Iterii, an. 1223 m., 115, 116.
Mendicantium processio, 201.
Menne (s.) martyris reliquiæ, 319.
Menudet (ordo deu), à S. Paul an. 1223 recipitur, 116, 117.
Menudetz (fons quæ dicitur aus), Lemovicis, ibi fratres minores commorantur, 131, 152.
Menydet (ordo novus deu) Lemovicis an. 1223 receptus, 115.
Mercato (rua de), 201. La rue du Marché, à Limoges.
Merchaders an. 1200 trucidatus, 67, 238.
Merpis an 1221 obsessus, 110; expugnatur, ibid.; redditur, ibid. Merpins, ar. de Cognac (Charente).
Michael, imperator Romanorum, 37.
Miliciæ Templi Jherosolimitani ordo an. 1119 institutus, 52; v. Templarii.
Milites novi, 240, an. 1167 ad curiam S. M. fiunt, 57; item an. 1205, 1000, 70; v. S. Marcialis curia.
Minores fratres an. 1207 instituti, 130, 178; v. Menudet et Menydet.
Mirabeu, 91. Mirebeau, arr. de Poitiers (Vienne).
Mirrea, 49. Myre, métropole de la Lycie (Asie-Mineure).
Moichac an. 1212 expugnata, 84; (obsidio de), 86. Moissac (Tarn-et-Garonne).
Molac (parrochia de), 298.
Monagut (ecclesia de) an. 1217 dedicata, 99.
Monasterium (ecclesia quæ vocatur), 11. Moutier, à ou près S. Yrieix (Haute-Vienne).

Monasterii clerici, 302; voy. Mosters.
Monberols prioratus, 95.
Monbru, 100. P.-ê. Montbrun, château, comm. de Dournazac (Haute-Vienne).
Mommalier (porta de), 201; v. Monmelier.
Monfalco, 322. Monfaucon, arr. de Bergerac (Dordogne); v. Montfalco.
Monleu (prioratus de), 111, 112.
Monleu, 274, 283, 321, 322. Montlieu, ar. de Jonzac (Charente-Inférieure).
Monmelier (porta à), 9, 306; v. Montis Malier porta.
Monmelier (Domus et terra de) in castro Lemovicensi, 137; v. Monmalier.
Monmorlo prioratus, 101, 112, 259, 273, 321, 322. Montmorillon (Vienne); v. Montmorlo.
Mons Acutus in Combralhia, 213. Montaigut-en-Combraille, ar. de Riom (Puy-de-Dôme).
Mons Gaudii, 43, 145, 159, 204, 215. Mont-Jovi, commune de Limoges (Haute-Vienne).
Monstrum in castello Emaus an. 380 natum, 35; item Lemovicis an 1283 visum, 178-179.
Montandre, 112, 259, 274, 283, 291, 321, 322. Montendre, ar. de Jonzac (Charente-Inférieure).
Monte Cassyno (de) heremita; v. Cœlestinus. Mont-Cassin, royaume d'Italie.
Montfalco, 321; v. Monfalco.
Montisleudenensis urbs, 42; Laon (Aisne).
Montis Gaudio (corpus apostoli translatum in), 6.
Montis Gaudii locus, 203; domus conventus, ibid.
Montis Malier porta et portale, 204, 209. La porte Montmalier, à Limoges.
Montis Malier iter, 215.
Montjauvi, 150; v. Montis Gaudii et Montis Gaudio.

Montmorlo, 98; v. Monmorlo.
Mortalitas maxima an 1202, item an. 1235, 184; item an 1278, 176; item an. 1285 in toto Lemovicinio, 128; v. Agedunum, Ardentes, Fames, Lemovicinium, Malamont, Malamortensis occisio, Pestilentia.
Mosters, 112, 259, 274, 321; v. Monasterium.
Mosto, prioratus, 84, 89, 91, 97, 112, 259, 274, 321, 323. Mouton, ar. de Ruffec (Charente); v. Mutone (prior de).
Mundi ab exordio anni computati, 68.
Munera (ecclesia quam vocant) a Stephano abbate ædificata, 3.
Municipia octoginta in pago Narbonensi an. 1210 expugnata, 75.
Muntpansier, 120. Montpensier, ar. de Riom (Puy-de-Dôme).
Mutialis, 121.
Mutone (prior de), 205; v. Mosto.

N

Nabruna, 267.
Nadossa, 278.
Nadoussa, 269.
Nafilat an. 1212 m., 85.
Narbonensis pagus, 75. Le Narbonnais; v. Municipia.
Navarra (rex de), 58.
Navarra, 178.
Navarræ regis filia, 179.
Neapolim ante navale prælium an. 1284 commissum, 179.
Necessitates quatuor, 135.
Nicolai (s.) corpus de Mirrea apud Barrum delatum, 49.
Nicolaus quartus (sic pro III) summus pontifex an. 1277 eligitur, 175; an. 1280, m., 176.
Nicolaus deu Cairs, 295.
Nicolau Faure, monachus an. 1215, 96.

398 RERUM ET NOMINUM

Nicolaus de Drulas, 268, 278, 295.
Nicolau Pichamel, 252.
Nicolas deu Quars, 269.
Niolio (Gaufredus de), 73. Nieul, ar. de Limoges (Haute-Vienne).
Niort an. 1224 obsessa, 119; a Ludovico juniore an. 1225 expugnata, 120. Niort (Deux-Sèvres).
Nivernensis comes burgenses et homines castri L. an. 1261 impugnat, 132.
Nivernensis pagus, 322. Le Nivernais.
Nivernensis prior, 18.
Nives maximæ, an, 1219, 102.
Noalac, 98. Noaillac, arr. de Brives, cant. de Meyssac (Corrèze).
Noalas, 66. P.-ê. Noailles-les-Brive, ar. et cant. de Brive (Corrèze).
Nobiliacum an. 1203 obsessum, 193, S. Léonard-le-Noblet, arrond. de Limoges (Haute-Vienne); hic capitis b. Leonardi confessoris processio facta, 201.
Nobiliacenses bellum an. 1217 cum Guidone de Noalac sustinent, 100.
Nontrom, 121; v. Nuntrun.
Normanni in Franciam et Aquitaniam se infundunt, 2, 38, 241.
Nostre-Dame de la Règle (le mostié de), brûlé en 1068, 150; v. Regula et S. Mariæ de Regula ecclesia.
Nuces Lemovicis et in Pictavia pereunt an. 1301, 199.
Nuntrun, 66. Nontron (Dordogne); v. Nontrom.

O

Oblationes populi Lemovicensis S. M. monachis, 63, 77, 80.
Obolorum confratria an. 1199 orta, 66.
Octovianus, Ostiensis ep. 62.
Odachar, L. ep. 244.
Odelina, an. 1217 occisa; miracula ad ejus tumulum multa fiunt, 100; v. Aimelina.
Odilo (s.) quintus abbas Cluniacensis, 45; an. 1048 m., 48, 240, 246.
Odo (s.), Cluniacensis abb., 38; S. Geraldi vitam edere jussus, 4, 41; corpus ejus Turonis in loculo argenteo asservatum, 82.
Odo, Pariensis ep., an. 1208 m., 73.
Odo, Francorum rex, 2; quinto anno Fulberti abbatis obiit, 39.
Odo, 259, 262, 275.
Odoardus, rex Angliæ, Axiæ obsidionem an. 1274 cum Lemovicensibus frustra suscipit, 172; an. 1275 Gastonem de Bearn captivum in Anglia detinet, 173; an. eodem Amalricum de Monte Forti in carcerem conjicit, 174.
Odobaldus, al. Odolbaudus, S. M. abb., 45; v. Adabaldus.
Odolricus S. M. abb., 8, 44; an. 1040 m., 47, 240, 242, 243, 286, 288.
Ofitia, Turpionis episcopi neptis, 4.
Ogiensis comes cum Johanne, Angliæ rege, an. 1214 concordat, 91; v. Radulfus de Schaudu.
Oliver de Noalac, 269.
Oliverii breviarium, 351.
Opera in rationibus W. La Concha operarii descripta, 302, 303, 304, 305.
Oratio beatæ Mariæ cuidam monacho Cisterciensi data, 79.
Oratorii burgus, 177. Oradour-sur-Vayres, arr. de Rochechouart (Haute-Vienne).
Ordo novus et nova congregatio Lemovicis an. 1222 instituti, 114; v. Lemovicis.

Orgoletus (turris nomine), 3. La Tour d'Orlogette ou Orgolette al. Argoulet, près de la porte Poulaillière, à Limoges.
Orosii historiæ, 35.
Otger, 270, 275, 276, 158, 274.
Otgerius, 249.
Otgerius Bodi, 121.
Otobonus, 173 ; v. Adrianus V.
Ottger, 75, 265.
Ottho III imperator, Karoli imperatoris corpus transferendum curat, 45.
Ottho IV, imperator, an. 1209 imperat, 75 ; religiosorum et clericorum persecutor, ideo ab Innocentio papa an. 1210 excommunicatus, 76; an. 1218 m., 103.
Outarricha (dux d'), 192.
Ovum unum quanti venditum an. 1317, 145.

P

P., 270.
P., Senonensis arch., 72.
P., S. Martini abb., 158.
P. præ. de Clarasvaus, 111.
P. præ. de Mansac, 112.
P. præ. de Mosters, 112.
P. præ. de Savio, 112.
P. præ. de Seniac, 111, 112.
P. præ. de Soians, 111.
P. A. de Manania, 272.
P. S. M. abbas, 315 ; v. Petrus de Barri.
P. S. M., abb. electus, Lateranensi concilio non adest, 94, 95; an. 1219, de dissidiis suis cum Guidone, L. vicecomite, concordat, 105, 277, 278, 304; v. P. et Petrus d'Analac.
P. seu P. d'Analac, capicerius, 19, 95, 97; sacrista, 256, 257; abbas 107, 261, 266, 267; v. Petrus d'Analac.
P. Acarias, 250, 259, 274.
P. Aimerici, 281.
P. Airis deu Vergier, 284.
P. Albet, 255.
P. Alcair, 252.

P. Amelii, 269.
P. Arcamala, 253.
P. Ardalo, 249, 251, 260, 264, 268, 271, 278; v. Petrus Ardalo.
P. Asnebas, 290.
P. Asnebasset, 269.
P. Audier, 251, 261, 263, 268, 271, 372; con. 279.
P. Audiers, monachus, 292.
P. Auzelet an. 1218 m. 102, 268, 269, 278, 294.
P. Auzelet junior, 269, 296.
P. B. an. 1223 m., 114, 115, 116, 282, 284; puer, 250; con., 274.
P. B. Chauchagrua, 252.
P. deu Barri an. 1219 m., 104, 105; infirmus, 258, 267.
P. Barrilier, 268, 278.
P. Barriliers, 296.
P. de Barrio, S. M. abb., 290, 295; v. P. de Barri, S. M. abb.
P. de Baxatgei an. 1224 m., 119.
P. de Beana, 269.
P. de Beuna, 294.
P. de Berenc, 252.
P. Bilot, 252.
P. de Biulet, præ. Cambonensis, 125.
P. Bocicorn, 251.
P. Bonabocha, an. 1218 m., 102, 103.
P. Bonifacis, an. 1217 m., 100.
P. Borsau, an. 1219 m., 103, 253, 277.
P. deu Brol, an. 1224 m., 118.
P. Bru monachus, an. 1218 crucesignatus, 101; eodem an. m., 102, 250, 253, 276, 282.
P. Bruchart, 253.
P. Bruni, 304.
P. Bruni nepos, 319.
P. Brus an. 1218 m., 103; ij pallia de Damiata affert, 114, 273.
P. Caors, 294.
P. Chabirans, 251.
P. Chabot, 279.
P. de Chambo, refecturarius, 319.

P. Chambolo, 252, 282; juvenis, 274.
P. deu Clauzeus, an. 1223 m., 116.
P. Coc, an. 1222 m., 114, 253.
P. Cofolen, 250.
P. Cofolens, 267, 271, 276, 289.
P. Cofolent, abbatis S. M. capellanus, 273, 278, 279, 280, 281.
P. Confolent, abbatis S. M. capellanus, 258, 260; v. Petrus Cofolens seu Cofolent.
P. de Corbuol, Senonensis arch., 102.
P. David, an. 1214 m., 88, 250, 252, 253.
P. Espanol, 268; subprior, 273, 276, 278.
P. Espanols, 296.
P. Faure, 304.
P. de Forcelas, 250, 253.
P. G. an. 1219 m., 105; P. G. puer, 250.
P. G. de Solomnac, clericus in curia Innocentii papæ, an. 1206 m., 71.
P. Galterii, 181.
P. Garda, 268, 278, 292.
P. Garn., 269.
P. Garner, 278.
P. Garniers, 292.
P. Gazeu, 264.
P. de Gradas, 291.
P. de Grazas, 250, 258, 273, 276, 278, 281.
P. Greu, 111.
P. Gui, 272.
P. Guitbert, 262, 250, 252, 260, 268; con., 271, 272, 278, 291.
P. Helias, an. 1211 m., 82, 272.
P. Helias Chatart, 251.
P. Hispani (magister), dominus Tusculanus, 174; v. Johannes
P. Hispanus, 281.
P. Hugo, 121.
P. Hugonis, an. 1216 m., 98.
P. Iterii, 295, 296; v. Petrus Iterii.
P. Iterii ma., 272.
P. Iterii junior, 269, 278.
P. J. con., 250, 252.

P. Jaios, 291.
P. Jaucelm de Noalac, 98.
P. de Jaunac, 269; miles, 291.
P. Jorda, 274, 281, 304.
P. Jossa, præ. de Rofiaco, 125.
P. Lachesa, an. 1223 m.; capicerius de sepulcro, 115, 258.
P. Lafon, 291, 294; v. Briccia, uxor P. Lafon.
P. Lafont, 269, 278.
P. Lafont uxor, 268.
P. Laguirsa, infirmus, an. 1221 m., 110, 258, 261, 262, 267, 276, 277.
P. Laplou an. 1222 m., 114.
P. Laporcharia, an. 1223 m., 116.
P. Lasbordas, 121, 300.
P. de La Soterrana, puer, 274, 282.
P. Lator, an. 1223 m., 115, 116.
P. Laurier, an. 1223 m., 114, 115, 116, 238; v. Petrus Laurier.
P. Lavau, 250; sacerdos, 258, 260, 274, 276, 278, 279, 280, 281, 289, 296.
P. Lavilata, 252.
P. Legati, 294.
P. Legatus, 267, 278.
P. L'Ermita, 250, 252.
P. Lo Grant, 252.
P. Luor, 196.
P. de Malamort an. 1219 m., 106.
P. Maliardta seu Maliarta, an. 1223 m., 115, 116, 261, 266; con., 274, 278, 279, 280, 289, 296.
P. de Manauc, 68; an. 1216 m., 99, 252.
P. Marteu, 251, 274.
P. Mercier, prior, 126.
P. Merret, prior de Soians, 106, 109, 275.
P. Mil, 269.
P., de Miletona abb., 184. Abbaye de Milton, du comté de Dorset (Angleterre).
P. Mils, presbyter, 292.
P. Moncelli, præ. de Paonato, 125.

P. Morceu, præ. Palnatensis, 125; prior, 126; v. Petrus Morcelli.
P. de Nalac, 249; S. M. abb., 290, 296, 308.
P. Negre, 280.
P. de Noallas, præpositus de Panazols, 125.
P. Pabiot, 268; con., 274, 278, 282.
P. Pacerau, 260, 271, 276.
P. Paceraus, 289, 294; v. P. Passerau.
P. Palmut, 259, 275.
P. Papalou, 111.
P. Passerau an. 1217 proserium facit, 102, 250, 253; infirmus, 258, 268, 274, 280; v. P. Pacerau.
P. Peirat, 272.
P. deu Peirat, 268, 277, 295.
P. deu Peirat lalao, 272.
P. deu Peirat lo tenres, 269. 278, 295.
P. de Peireguos, 252, con., 274, 277, 282.
P. Petit, 259.
P. de Petrabufeira, 157.
P. Pineta, monachus, 96, 253, 273, 282.
P. de Pratmi, prior de Manssac, 95; stabulum ædificat, 114, 120, 259, 260, 272, 274; diaconus, 274, 280, 282, 289, 291.
P. Rabier an. 1222 m., 111, 114.
P. Rabiers, 277.
P. Rabiers Gori, 252.
P. de Reins an. 1197 m., 237; v. Petrus de Reins.
P. de Rialac, 269, 276, 278, 296.
P. Rocinol an. 1218 m., 102; v. P. Rossinhol et Rocinol.
P. Rodoih, 278.
P. Rodois, 291.
P. Roduol, 269.
P. de Roeira, 269.
P. de Rossac, abbas, 290.
P. Rossinhol, decanus Engolismensis, 18; v. P. Rocinol.
P. S. Lojaio, 268, 278.

P. de S. Brici, subprior, 109, 120, 250, 274, 276.
P. de S. Laurens an. 1223 m., 115-116.
P. de S. Marti, prior d'Aurel, 106.
P. de S. Sador, 251.
P. de S. Valerico, S. M. abb., 23, 135; v. Petrus de S. Valerico.
P. Saralha, 159.
P. Sarrazi, 272.
P. de Senalac, 308.
P. deu Sepulcre de Sant Victor, an. 1223 m., 114, 115, 116.
P. de Telet, an. 1218 m., 103.
P. Turcat, 269.
P. Upaina, 252, 268, 277, 297; v. Peiro Upaina.
P. de Vertolio, 256.
P. do Vertuol, 250, 263.
P. Viladarn, 251.
P. W., an. 1219 m., 103.
P. de Weirac, archidiaconus nummosus, an. 1213 m., 91.
Pairac, prioratus, 85, 111, 112, 259, 274, 320, 323; v. Petrasia.
Palais (abbas deu), an. 1223 m., 115. Le Palais, arr. de Limoges (Haute-Vienne).
Pallium altaris S. Salvatoris miraculo clarum, 298.
Palnacum al. Palnatum, 291, 322. Paunat, arr. de Bergerac, cant. de Sainte-Alvère (Dordogne).
Palnatensis præpositus, 19.
Panazols, 125. Panazol, canton de Limoges (Haute-Vienne).
Paonat, 108, 111, 258, 274.
Paonat (ij fratres de), 112.
Paonat (præ. de), 113.
Paonat (prioratus de), 108, 321; v. Palnacum et Palnatum.
Papolenus, Solemniacensis abb., 245.
Paradisus Mahumeti, 36.
Parisius, 174.
Parisiensis archidiaconatus, 86.
Parisiensis ep., 212.
Pascal, 252.

Pascalis papa II, v. Paschalis.
Pascha (turbatio de), 37.
Pascha ultimum, an. 1204, 69.
Paschæ Kyrie eleison, immutatum. — Octavæ solemnius, an. 1211, celebratæ, 77.
Paschalis papa II, an. 1112 Lateranis concilium celebrat, 51, 52.
Pastoralis de Arnaco, 336.
Pastorelli, 184.
Pastoris (s.) reliquiæ, 319.
Paulus apostolus, 8.
— ejus reliquiæ, 319.
Paunat (prior claustralis de), 108.
Paunatensis præ., 321;
Pauperum xenodochia circa an. 1101 exoriuntur, 188.
Peirabufeira, 111; Pierre-Buffière, ar. de Limoges (Haute-Vienne); v. Petrabufferia.
Peira Ficha, 321, 323; Peyrafiche, près Aureil, canton de Limoges, ou Pierrefiche, près Aigueperse, ar. de Limoges, cant. de Pierre-Buffière (Haute-Vienne).
Peireiræ præ metu Philippi regis erectæ, 92.
Peiro Lafont uxor, 278.
Peironis, 99.
Peiro Upaina, 99; v. P. Upaina.
Peito (proceres de), 92; v. Peiteus.
Peiteus, 17. Poitiers (Vienne), 75.
Pela Vezi, prope Minorum Le. monasterium, 131.
Pena d'Agenes, 84. Penne, ar. de Villeneuve-sur-Lot (Lot-et-Garonne).
Perche (comes del), an. 1217 m., 100.
Peregrinorum quinquaginta duorum an. 1018 apud Lemovicas obitus, 44, 46, 239, 285.
Perio de Baxatger uxor, an. 1223 m., 116.
Perio Bona Bocha uxor, an. 1219 m., 106.
Perio d'Espana, 105; v. Perrio d'Espana.

Perpinha, in terra regis Arragonum, 171. Perpignan (Pyrénées-Orientales).
Perrio, 256.
Perrio Bonabocha, an. 1222 m., 114.
Perrio d'Espana, an. 1222 m., 114; v. Perio d'Espana.
Persecutiones Christianorum, 34.
Peschers (lo) consummatur, 104.
Pestilentia ignis in Aquitania desævit, 6, 150; v. Ardentium labes.
Petit Limoges (locus qui dicitur vulgariter); v. Cosay, Cosei et Coseium.
Petrabufferia (castrum et castellania de), 143; v. Peirabufeira.
Petragore, 177. Périgueux (Dordogne).
Petragoricensis diœcesis a prædonibus vastata, 165.
Petragoricensis ep., 120.
Petragoricensis ep., 160.
Petragoricensis pagus, 321. Le Périgord.
Petragoricensis pœnitenciarius, 255.
Petragoricum, 77. Le Périgord.
Petrasia, 161. Peyrat, cant. de Bellac, ou Peyrat-le-Château, ar. de Limoges, cant. d'Eymontiers (Haute-Vienne); v. Pairac.
Petronilla, uxor Bru La Porta, 268.
Petronilla Bruna, 292.
Petronilla deu Clauzeus, 292.
Petri (s.) altaris crux 61; apostoli reliquiæ, 319.
Petrus....., 125.
Petrus, rex Arragonensis, a Simone de Montfort anno 1213 occisus, 90. Petrus, Aragoniæ rex, Siciliam an. 1282 invadit et regiam dignitatem usurpat, 177; an. 1283 Carolum de Francia, Siciliæ regem, ad certamen privatum vocat nec venire sustinet, 178; a summo pontifice excommunicatur et Ara-

goniæ regno privatur, ibid.; de concilio Bituricis adversus eum convocato, 178; an. 1284 Caroli filium, in mari captum, custodiæ tradit, 179; cruce adversus eum prædicata, excommunicationis sententiæ a papa latæ subjacet, 128, 179.

Petrus, Philippi regis frater, 196.

Petrus, Bituricensis arch., an. 1170 m., 57.

Petrus, legatus, Bituricensis patriarcha electus, an. 1182 m., 60.

Petrus, Engolismensis ep., an. 1182 m., 60.

Petrus, ex monacho Cluniacensis abbas, 52 an. 1156 m., 55, 241, 246.

Petrus, prior de Grandimonte, an. 1137 m., 53.

Petrus, quintus prior Grandismontis, 57.

Petrus, L. ep., 245.

Petrus, prior de Rofiaco, 126.

Petrus I, S. M. abb., 9, 241, 242, 243.

Petrus II, ex priore Cluniaci S. M. abb., 11; an. 1161 resignat, 56, 241, 242.

Petrus III, S. M. abb., 66, 241, 242, 256; v. Petrus deu Barri.

Petrus, capicerius, 97; v. P. et Petrus d'Analac.

Petrus, abbas; v. kal. Febr. m., 284.

Petrus (frater), Geraldi Faydit, abbatis S. M., nepos, 181.

Petrus d'Analac, ex præ. de S. Valerico an. 1216 S. M. abb. electus, 20, 98; ordinatio ejus de vino pauperibus erogando, 93; an. 1219 vesperas et matutinas de b. Maria solemnius recitari permittit, 103, 107; an. 1220 m., 108, 242, 257; v. P. d'Analac.

Petrus Ardalo, Davidis Ardalo nepos, præ. de Subterranea, an. 1214 m., 89, 293; v. Ardalo, P. Ardalo.

Petrus Audierii, burgensis L., quondam senescallus Marchiæ, 66; an. 1206 m., 71; vinea ejus cum torcularibus ab Audierio Iterii empta, 71.

Petri de Axia domus, 300.

Petrus Aymerici, 180.

Petrus de Barri, ex abbate S. Augustini S. M. abb., 56. multa et magna bona suo monasterio confert, 11.

— claustra infirmorum, nonnullas domos, et alia ædificat, 12.

— libros quam plurimos in usum monasterii fieri facit, ibid.

— debita persolvit, ibid.

— crucem et calicem argentea nec non et pecuniam ad alteram crucem faciendam dereliquit, ibid.

— multa alia pretiosa adquisivit, 288.

— an. 1174 m., 58; v. P. de Barrio, S. M. abb., et Petrus III.

Petrus Bernardi, quintus prior Grandis Montis, 54.

Petrus de Bordeus, L. ep., 50.

Petrus de Brolio, miles de Sancto Germano, Heliæ de Brolio frater, an. 1286 m., 128.

Petrus Bruni, burgensis castri L., an. 1264 m., 158.

Petrus Chadardi, L. canonicus, 158.

Petrus de Chastelutz, S. M. prior claustralis, 198.

Petrus de Chasteunou an. 1208, ab hæreticis interfectus, 73.

Petrus Chavalers, sacerdos secundus an. 1208 m., 73.

Petrus Christoforensis, prior Grandismontensis, 53; v. Petrus de S. Christophoro.

Petrus Cofolens al. Cofolent, abbatis S. M. capellanus, 89 casulam stolam et manipulum dat, 100; v. P. Cofolent.

Petrus de Cous, an. 1206 m., 71.

Petri de Cous filius, balistarius

vicecomitissæ L., an. 1276 occisus, 169.
Petrus de Drolliis, alias Jouviondi, Geraldi Jouviondi nepos, S. M. abb., 26, 27; abbatiam amplificat, ibid.
Petrus Gaucelmi de Noalac, 98.
Petrus Girau, notarius papæ Innocentii III, an. 1206 m., 71.
Petrus Guischardi, tertius prior, 198.
Petrus Helie, conversus, an. 1182, m., 60.
Petri Hispaniensis (magistri) summa super librum Prisciani de constructione, 337.
Petrus Iterii, pater armarii, an. 1188 m., 62, 295; v. P. Iterii.
Petrus Jouviondi S. M. abb.; v. Petrus de Drolliis.
Petrus Lagirsa, seu Laguirsa, præ. de Rossac, 17; S. M. abb. electus an. 1216, 19, 97; confirmatur a Johanne, ep. L., sed postea a summo pontifice deponitur, 20; inter abbates non computandus, ibid., 242, 292.
Petrus Laurier, ecclesiam Cairoensem per xl ann. tenuit, 257; v. P. Laurier.
Petrus L'Espanol, sacerdos, factus monachus, an. 1214, 90; (magister), 257; subprior, 257.
Petrus Merret, magister puerorum, 257.
Petrus Mimet, Petragoricensis ep., an. 1182 m., 60.
Petrus Morcelli, capicerius S. M., 198; v. P. Morceu.
Petrus de Nalhac, præ. de S. Valerico, 20.
Petrus de Pi., cantor L., an. 1295 m., 182.
Petrus Pictavinus, cancellarius Parisiensis, an. 1205 m., 70; v. Scripturarum armarium.
Petrus Raimundus, miles de Chales, 121.

Petrus de Reins, præcentor Parisiensis, an. 1197 m., 64.
Petrus de Ronconio, L. canonicus, 158.
Petrus de Sancto Christophoro, prior Grandismontis, an. 1139 m., 53.
Petri de Sancto Ilario domus, 300.
Petrus, S. Martini abbas, Tutellensis abbas electus, 170.
Petrus de S. Valerico ex priore de Rofiaco an. 1276 S. M. abb. electus, 126; an. 1281 cum Girberto de procuratione componit, 127; an. 1285 in castrum L. manum injicit, 136; an. 1286 cum monachis pacem componit, 128; an. 1295 m., 123, 124, 181, 243; v. P. de S. Valerico.
Petrus de Verseilhis, S. M. abbas, postea episcopus de Meaulx, 26.
Petrus de Vertuol, armarius, an. 1211 m., 81.
Petrus Vitalis semetipsum occidit an. 1205, 70.
Petrus Zacharias, operarius monasterii S. M., 303, 305.
Peyroza (Fratres de), 145. Autrefois le siége présidial, auj. le Palais de Justice, à Limoges.
Peyssonieyra porta, Lemovicis, 141. La porte Poissonnière, en face l'église St-Pierre, à Limoges.
Phelip deu Peirat, 268, 277.
Philipi apostoli caput Treveris delatum, 82.
Phelipe de Belarbre an. 1220 m., 109.
Philipus de Belarbre an. 1221 m., 110.
Philipus, prior de Duls an. 1220 m., 109.
Philipus, dux Suevorum, in camera sua an. 1208 perimitur, 73.
Philippus de Burdegala, 178.
Philippus deu Peirat, 296.

Philippus I, Francorum rex, 49.

Philippus II, Francorum rex, an. 1165 nascitur, 56, 236; an. 1179 rex inungitur, 60; an. 1188, crucem suscipit, 62; an. 1190, Jerusalem proficiscitur, 63, 237; an. 1191 Acra potitur, ibid.; ab Innocentio III excommunicatus, 85; an. 1203 in registro suo scribi facit L. episcopum e ditione regis non ejiciendum, 193; an. 1213, ex Anglia, quam occupaverat, rediens, thesaurum et naves suas amittit, 87, 107; a fratre suo Ludovico miles factus an. 1222, 112; an. 1223 m., 114, 115, 116, 117.

Philippus III, Francorum rex, in Lemovicensi castro a burgensibus ejusdem castri an. 1272 honorifice receptus, 133, 134; item eodem an. apud Lemovicas, 196; filius ejus primogenitus an. 1276 m., 173; eodem an., barones et milites Atquitaniæ et communitates villarum submoneri jubet, 170; contra regem Hispaniæ cum innumerabili exercitu progreditur, 174; eodem an. in Franciam cum exercitu suo regreditur, 175; an. 1279, pacem cum Odardo, Angliæ rege, componit, 176; an. 1282, facit questam novam omnibus ecclesiis, 127; an. 1283, concilium generale Bituris celebrat de bello in Aragoniam movendo, 178; filius ejus Philippus regis Navarræ filiam an. 1283 uxorem ducit, 179; an. 1284, ipse cum rege Navarræ cruce signatur, 179, 180; an. 1285, L. castri saisinam amovet et in illud manus injicit, 136; Aragoniam profecturus, in castro L. et in monasterio S. M. diversatur, 128, 136; in Arragonia an. 1285 m., 128.

Philippus, Navarræ rex, Philippi regis Franciæ filius, an. 1285 Lemovicas venit, 180.

Phœnix avis tempore Claudii visa, 34.

Pichavacha (portale de) an. 1315 corruit, 183. La porte de Pissevache, à Limoges; v. Piescha Vaicha.

Pictavensis ep., 212.

Pictavensis pagus, 62, 321. Le Poitou.

Piescha Vaicha (porta de), 302. La porte de Piessevache, à Limoges; v. Pichavacha.

Pipinus pius an. 768 m., 37, 240; S. Marciali Sanctum Valericum dedit, 37.

Pluvia lana mixta apud Atrabatas, 35.

Pluviæ nimiæ an. 1301, 140; v. Aquarum abundantia, Inundatio.

Podiensis ep. an. 1220 m., 109; v. Rotbert de Mahu.

Podiensis pagus, 77.

Pœnitentiariorum creandorum potestas abbati S. M. a Gregorio XI concessa, 24.

Poi-Agut in Lemovicinio an. 1199 obessa, 66, 166. Piégut, commune de St-Sulpice-les-Feuilles, ar. de Bellac (Haute-Vienne).

Poi Franc, 247, 258, 273.

Poimolo, 112, 113, 259, 275, 321, 322. P.-é. Pomayrolt, ar. d'Espalion (Aveyron).

Poi Sancta Maria, 73.

Pomi unius an. 1235 pretium, 155, 184.

Pompedors (turris de), an. 1202 igne flagrans corruit, 68.

Pompedors sacristæ camera ruit, 112. P.-é. Arnac-Pompadour, Corrèze, ar. de Brives (Corrèze).

Poncius, Cluniacensis abb., 52, 241, 246.

Poncius prior, 56.

Poncius Arvernensis ep., 61 62.

Poncius de Ponto, episcopus de Sanctas an. 1217, 100.
Pons Helias, 263.
Pons de Morlo, 255.
Pontiniaco (abbas de), 58. Pontigny, ar. d'Auxerre (Yonne).
Porcher de Drulas, 268, 277.
Porchiers de Drulas, 292.
Potenciacum castellum, 4. Château-Ponsac, ar. de Bellac (Haute-Vienne).
Prædicatores Lemovicis J., ep. L., interdictum servant, 178.
Prædicatores Lemovicis; corum domus, 209; v. Lemovicenses prædicatores.
Prædones in Lemovicinio suspensi, 165.
Præmonstratenses Lauduni instituti, 77. Les moines de Prémontré, ar. de Laon (Aisne).
Prejan de Coitivy, gubernator Rupellæ, 211.
Processio in solemnitate S. Marcialis cum canonicis facta, 84.
Processiones, 201.
Prosaria, 201; — Helie Guitberti, 352; — P. Passerau, 102; — V^{mi} de Laia, 352.
Pruliacense monasterium, 76.
Pruna quanti an. 1235 vendita, 155.
Psalterium B. Deuga, 102.

Q

Quadruvio (de) altercatio, 110.
Quadruvio (cimiterium de) an. 1307 clausum, 142. Le cimetière du Queyroix, à Limoges.
Quadruvio (fons de), 301, 307. La fontaine du Queyroix, à Limoges.
Quadruvii scanna, 167.
Quadruvio (de) cum imagine b. Mariæ et corpore b. Aureliani processio, 201.
Quairoi (controversia de ecclesia deu), 117; v. Cairoensis ecclesia, Cairoi et S. Petri de Quadruvio ecclesia.

Quars (le), 112, 259; v. Aliquair et Liquair. Les Cars, arr. de S. Yrieix (Haute-Vienne).
Quinquaginta duorum hominum obitus Lemovicis, 7; v. Peregrinorum quinquaginta.

R

R. vicecomes de Torena in carcere detentus, 59.
R., Turennæ vicecomes, Loræ, Échivati de Cabanisio filiæ, conjux, 180.
R. vicecomes Turenniæ, 187.
R. Petragoricensis ep., 187.
R., Dolensis abb., 74; v. Radulfus deu Poi.
R., Vosiensis abb., 111, 112, 255.
R. præ. de Fex, 112.
R. præ. de Paonat, 111.
R. præ. de Poimolo, 112.
R. Rofoc, 111.
R. præ. de Subterranea, 108, 111, 112.
R. præ. de Veirinas, 112.
R. Vitaterna, 111.
R. de Corso, cardinalis, 97; v. Robertus de Corso.
R. Gaucelmi, vini cellerarius, 19; v. Raimundus Gaucelmi.
R. Gaucelm, capicerius, 109; v. Raimundus Jaucelm.
R. La Porta, L. ep., an. 1307 civitatis L. dominium cum Philippo IV partitur, 143; B. Aureliani corpus an. 1316 terra levat, 145; v. Raynaldus la Porta.
R. Las Tors, Petragoricensis ep., 18; v. Rann. Las Tors.
R. Lastors, 277, 308.
R. de Longa, Vosiensis abbatis frater, 19.
R. de S. Paul, 259; v. Raimundus de S. Paul.
R. de Serran an. 1221 m., 110; v. Rotbertus de Serran.
Racemi præcoces Lemovicis, 176.

Radulfus, Bituricensis arch., 2, 38.
Radulfus, Cluniacensis abb., 58-59.
Radulfus de Chaudu; v. Radulfus de Schandu.
Radulfus de Cuilenc, capellanus de Savio, 105; v. Raols de Cuilenc.
Radulfus deu Poi, Dolensis abb. an. 1211 m., 81; v. Raols deu Poi.
Radulfus de Schaudu, comes Ogiensis, an. 1219 m., 104, 105.
Radulfus, Cluniacensis abb., 241, 246.
Radulfus, defuncto Lamberto, an. 1212 prior instituitur, 85, 89, 101, 103, 238, 293; v. Raols, prior.
Radulfus (magister) de ordine S. Augustini, 201.
Raim., 270, 282.
Raim., nepos abbatis, 274.
Raim. de Chales, 120.
Raim. La Cela, 262.
Raimundus, comes Tolosæ, transfretat, 90.
Raimundus, Ofitiæ filius, Ademari monachi pater, 4.
Raimundus Amalvi, subdiaconus, 20, 258, 274.
Raimundus Gaucelmi alias Gauselm S. M. abb.
— novus sacerdos an. 1211 factus, 77; vini cellerarius, 19.
— an. 1226 in pastorem electus, 120.
— abbatiam amplificat, 20.
— Subterraneam recuperat, 21.
— cum Cluniaco litigat, 21;
— an. 1245 m., 21, 122-123, 194, 242, 250, 268, 271, 279, 289, 301;
— hujusce abbatis tempore descripta summa ornamentorum thesaurariæ, 309; v. Raymundus.
Raimundus Jaucelm, 259; capicerius, 273, 278, 280; v. R. Jaucelm.

Raimundus de Longa, Vosiensis abb., 107, 258; resignat in manu Raimundi, abbatis S. M., 121, 256, 258, 274, 308.
Raimon de Marvol, monachus, 96.
Raimundus de S. Paul, infirmus, 258, 275; v. R. de S. Paul.
Raimundus de Vairas, nuncius burgensium castri Lemovicensis an. 1210 m., 76.
Raimundus de Vusias, sacerdos et monachus, an. 1170 occisus, 57.
Rainaldus de Salvanec, 293; v. Rainaus de Salvanec.
Rainau, 270.
Rainau Salvaniec, 268, 278.
Rainaus de Salvanec, 296; v. Rainaldus de Salvanec.
Rann., 270, 275, 284.
Rann. d'Afriac, 253; helemosinarius, 257.
Rann. de Chales, prior de Monmorlo, 101, 259, 274.
Rann. de Fornols, 263.
Rann. Lator an. 1223 m., 116.
Rann. Las Tors, ep. Petragoricensis, 107; v. R. Las Tors.
Rann. de Montandre, 258-259, 274.
Rannols, 282.
Rannols, hostalarius, 250.
Rannols Lastors, 113, 250, 253, 258, 273.
Rannols lo Brus, 274, 277.
Rannols de Salanac, 250.
Rannulfus de Turribus, an. 1217 crucesignatus, 101.
Ranulfus, S. Eparchii abb., an. 1218 m., 103.
Ranulfus Marabotis, archidiaconus Sanctonensis, an. 1209 occisus, 74.
Raols, prior, 256; v. Radulfus.
Raols de Cuilenc, an. 1222 m., 114; v. Radulfus de Cuilenc.
Raols deu Poi, 266; v. Radulfus deu Poi.
Raymundus, S. M. abb., 126; v. Raimundus Gaucelmi.

Raymundus de Crosenc, præ. L., 180.
Raymundus de Rapistagno, Grandimontensis prior, 183.
Raynaldus la Porta, Guidonis la Porta, S. M. abbatis, frater, 23; ex canonico L. ep. electus an. 1294, 182, 185; an. 1300 de usuris inquiri jubet, 140; v. R. la Porta.
Reginaldus la Porta; v. Raynaldus la Porta.
Regula (monasterium de). Ibi multa miracula fiunt, an. 1210, 75; an. 1217, Odelinæ sepulcrum miraculis clarescit, 100, 288.
Regula Lemovicensi (abbacia de), 140; ibi, post multa de electione abbatissæ an. 1276 dissidia, 175; tandem an. 1282 sanctimoniales concordant, 177; ibi cum imagine b. Mariæ processio facta, 201; v. B. Mariæ et S. Mariæ de Regula monasterium.
Rerdo (clausura quam vocant), 192.
Reus, Petragoricensis episc., 121.
Remigibertus, L. ep., 244.
Rialac (capellania de), 96.
Rialac (ecclesia de), 97, 259.
Ribanac, 112, 321.
Ricambaldus, Solemniacensis abb., 245.
Richardus, Anglorum rex, Alienor reginæ filius, 58, an. 1170, lapides in fundamentis S. Augustini monasterii ponit, ibid.; an. 1172 Lemovicas cum matre venit, ibid.; an. 1188 cum Philippo, Francorum rege, crucem suscipit, 62; an. 1190 Jerusalem proficiscitur, 63, 64, 237; in Anglia regnans, 65, 66; de Jherosolimis redit, 191; an. 1199 apud Chalucz Chabrol m., 66, 192, 238, 242.
Richardus, comes Pictavensis, an. 1182 castrum de Blanzac occupat, 60; v. Richardus, Anglorum rex.
Richardi cronica, 333.
Rigaudus, 285.
Rilhaco (præ. de), 27.
Rimaclus, Solemniacensis abb., 245.
Riomum, 213. Riom (Puy-de-Dôme).
Riupeiros (prioratus de), 112; Riupeiro, al. Riupeiros, 321, 323. Rieupeyroux, arr. de Villefranche de Rouergue (Aveyron).
Riuspeiros, 259.
Rivo Petroso (decanatus de), 27; v. Riupeiros.
Robert de Serram, 255.
Robertus, Francorum rex; v. Rotbertus.
Robertus, abbas de Corona, an. 1210 m., 76.
Robertus de Corso, legatus apostolicæ sedis, 16, 19; v. R. de Corso, Rotbertus de Corso.
Rocamador Bernardo abbati redditur, 85; v. Rupes Amatoris.
Rocinol (magister), sermocinator, 254; v. P. Rossinhol.
Roeira expugnata an. 1216, 98, 110, 254. Royère, arr. de Bourganeuf (Creuse).
Roeira (miles de), 291; v. B. de Roeira.
Rofec, 97, 111.
Roffec, 321.
Rufflacum, 322.
Roffiec (prioratus de), 13, 107.
Rofiacum, 63, 108.
Rofiaco (prioratus de), 112.
Rofic, 321. Ruffec, arr. et cant. du Blanc (Indre).
Rofiec prioratus, 89, 273.
Rofut (prior de), 169.
Romana ab urbe condita anni completi, 123.
Romæ concilium generale an. 1179 celebratum, 59, 237; item an. 1215 Lateranis, 95.
Roncum (castrum de), 41. Rançon, arr. de Bellac, canton

de Chateauponsac (Haute-Vienne).
Roricius, L. ep., 244.
Roricius ij, L. ep., 244.
Rosacum, 126. Roussac, arr. de Bellac, canton de Nantiat (Haute-Vienne); v. Rossac et Rossacum.
Roserium, 12. Rosier-S.-Georges, arr. de Limoges, cant. de Châteauneuf-la-Forêt (Haute-Vienne).
Rosier, 89; an. 1221 a guerra gravatur, 110, 259, 274, 283, 322.
Rosir (turris de), a vicecomitis L. fratre Ademaro occupata, 70.
Rosir, 320.
Rossac, 95, 97, 112, 259, 274, 277, 320, 322.
Rossacum, 12.
Rossaco (præ. de), 24.
Rot prioratus; huc S. Celsus defertur, 39; an. 1222 vacat, 111, 259, 274, 320, 322; v. Roth.
Rotbert, 275.
Rotbert de Mahu, an. 1220 martyrium patitur, 106; v. Podiensis ep.
Rotbert de Ser, 262.
Rotbert de Serran, abbas S. Poncii en Grammont an. 1220 m., 109, 255, 256.
— puer, 277; v. Robert de Serram.
Rotbertus, Francorum rex sapientissimus et piissimus, 5.
— filius Hugonis, 7, 43.
— an. 984 regnare incipit, 44, 45; an. 1031, concilio de apostolatu s. Marcialis interest, 7, 47.
Rotbertus, primus Cisterciensis abb., 50.
Rotbertus, dominus de Monte Berulphi, an. 1276 m., 175.
Rotbertus, Rotberti de Monte Berulphi nepos, Ysabellam, Ventodorensis vicecomitis filiam, an. 1276 uxorem ducit, 175.
Rotbertus de Corso, presbiter cardinalis tituli S. Stephani, 92.
Rotbertus de Serra, 250.
Rotbertus de Serran, puer, 273.
Rotenensis pagus, 321. Le Rouergue.
Rotger Bufa, 255.
Rotger Chapola, an. 1223 m., 115.
Rotger Chapela, 250.
Rotger Costafava, 268.
Rotger Raim., 275.
Rotger Sabata, 250, 259, 273.
Rotger Costa Fava, 278, 290.
Rotgerius, decani Adalberti frater, 4; an. sexto Hugonis abbatis m., 8.
Rotgerius Palasteu seu Palesteu, 72; an. 1213 m., 88.
Rotgerii Palasteu uxor an. 1206 occisa, 72.
Rotgier, 282.
Roth, prioratus, 95; v. Rot.
Rotlandus, Cluniacensis abb., 106, 108, 246.
Rotomagensis civitas an. 1211 igne conflagrata, 77. Rouen (Seine-Inférieure).
Rupella, 120; v. La Rochela.
Rupes Amatoris, 170. Rocamadour, arr. de Gourdon, cant. de Gannat (Lot); v. Rocamador.
Ruptarii apud Nobiliacum an. 1203 a J., L. ep., debellati, 193.
Rusticus, L. ep., 244.
Rusticus ij, L. ep., ibid.

S

S. O. præ. de Azerable, 111.
S. præ. de S. Valric, 111.
S. præ. de Taiac, 112.
S. Veirina, 253.
S. de Vilars, 111.
S., 270, 275, 284.
S. deu........, 194.
S. Afichet, 238.
S. Aimar, 273.
S. d'Albusso, 269, 278.
S. Amelii, 278.
S. Arcu, 251.

S. D'Ichiduol, 269, 278.
S. Donu an. 1218 m., 102.
S. Enjalbert, 252.
S. de Faola, an. 1212 m., 85.
S. de Fursac, monachus, an. 1218 crucesignatus, 101.
S. de Granmont, 258.
S. Helias, 252, 253, 261, 269, 272.
S. Jenia, 247, 273.
S. Lacela, 259, 275.
S. Lamblada seu Lanlada, an. 1223 m., 115, 116.
S. Lavalada, 121.
S. Lavilada, 269.
S. Lespaier S. Benedicto dat vitream, 119.
S. Lo bladier an. 1220 m., 109.
S. Lo Jauvi, 272.
S. Manauc, 112.
S. deu Pont, 266.
S. Salvaniec, al. de Salvaniec, 119, 253, 254.
— an. 1218 l., 258.
— an. 1223 subarmarius, 273, 277.
— an. 1230 prior Vosiensis, ejusdem monasterii abbatis electioni interest, 121; auctor chronici, 119-122; v. S. de Saviniec.
S. de Saviniec, armarius, 120; v. S. Salvaniec.
S. Viger, an. 1217 m., 101, 238, 261.
Sabatos de Monjauvi, 301.
Saccitarum ordo a Gregorio X in concilio Lugdunensi an. 1274 sublatus, 172.
Sacerdos, L. ep., 244.
Salanac, 37, 66. Salagniac, arr. de Guéret, cant. de Grand-Bourg (Creuse).
Salas (canonici de) priorem suum an. 1210 interimunt, 75. Les Salles, cant. de Rochechouart (Haute-Vienne).
Salis eminæ pretium Lemovicis an. 1196, 64, 237.
— an. 1315, 183.
Salutaris, L. ep., 244.
Salvaniec (prior de), 109.

Salvaniec, 250.
Salvaterra expugnata an. 1212, 84, 171.
Salvaterra, 175. Sauveterre de Béarn, arr. d'Orthez (Basses-Pyrénées).
S. Adrien (l'egliesa de), brûlée en 1066, 150.
San Benaech, 97; voy. S. Benedictus de Sauz.
San Joan a Ludovico, Francorum rege, occupata, 120. S. Jean d'Angely (Charente-Inférieure).
S. Albi, 321, 322. S. Aubin de Lanquais, arr. de Bergerac, ou S. Aubin de Nabirat, arr. de Sarlat (Dordogne).
S. Alpinia, 284. P.-ê. S. Alpinien, arr. d'Aubusson (Creuse).
S. Amantii abbatia, 77. Abbaye de S.-Amant-de-Boixe, arr. d'Angoulême (Charente).
S. Antonius, 144. Abbaye de S. Antoine, à Paris.
S. Aredius, 166. S. Yricix (Haute-Vienne).
S. Augustini abbas, 16, 26; an. 1213 cum Hugone præ. discordat, 87, 120, 121, 189, 214; v. Petrus de Drolliis.
S. Augustini monasterium an. 1170 ædificatur, 58; an. 1180 a Seebranno L. et G. Caturcensi episcopis consecratur, 60. L'abbaye de S. Augustin, à Limoges.
S. Augustino (præ. de), 27.
S. Ausonii abbatia, 77. L'abbaye de S. Ausony, à Angoulême.
S. Austremonii de Mauzaco abbatia, 285; v. Mauzac.
S. Benedictus de Saus, prioratus, 18, 19, 65, 89, 101. St-Benoist-du-Sault, arr. du Blanc (Indre); v. San Benaech.
S. Benedicti capella an. 1224 consummatur, 119. La Chapelle de S. Benoît dans l'église de S. Martial de Limo-

ges; v. B. Benedicti capella.
S. Berta, 321, 322.
S. Celsus, 39.
S. Cessatoris extra muros ecclesia, 201. L'église de S. Cessadre ou S. Sadre, plus tard les Pénitents rouges.
S. Dionis, 247, 321. P.-ê. S. Denis-des-Murs, arr. de Limoges (Haute-Vienne).
S. Dionisius. Ibi Ludovicus VII crucem suscipit, 54. L'abbaye de S. Denis (Seine).
S. Domnoleni ecclesia cremata, 188. L'église de S. Domnolet, à Limoges.
S. Egidius, 74, 195. St-Gilles-du-Gard, arr. de Nîmes (Gard).
Sancti Egidii comes a Francis occisus dicitur, 78.
S. Eparchii abbatia, 77. L'abbaye de S. Cybard-lez-Angoulême (Charente).
S. Eparchii basilica Engolismæ; ibi Guigo, S. M. abb., sepultus, 5, 42.
S. Eparchii abbas, 255.
S. Eparchii monachus Ademarus, 47; v. Ademarus.
S. Eulalia juxta Userchiam, 169. Ste-Eulalie, arr. de Tulle, comm. d'Uzerche (Corrèze).
S. Eutropius de Sanctas, 95. Prieuré de S. Eutrope de Saintes.
S. Genesii ecclesia an. 1105 cremata, 188.
S. Georgii de Ramas ecclesia, 58. Ramathaïm-Sophim, ville de la Palestine.
S. Geraldi Lemovicensis monasterium an. 1180 consecratur, 60. L'église, puis l'hôpital S. Gérald, à Limoges.
S. Geraldi ecclesia a burgensibus Lemovicensibus an. 1182 eversa, 61; ibi pauperes multi moriuntur an. 1202, 192.
S. Geraldus, 209.
S. Geraldi prior, 214.
S. Geraldi cœmeterium Lemovicis, 155. Cimetière S. Gérald, à Limoges.
S. Geraldi nundinæ, 199.
S. Girau (l'ospital de) commencé en 1158, 151; v. S. Geraldi monasterium.
S. Hylarius, 38. P.-ê. l'abbaye de S. Hilaire-le-Grand, à Poitiers.
Sancta Jema, 66, 88. P.-ê. Ste-Gemme, arr. de Saintes (Charente-Inférieure).
S. J. Angeriaci deditio an. 1224, 119. S. Jean-d'Angely (Charente-Inférieure).
S. Johannis Angeliacensis prior, 254.
S. Johannis Babtistæ Lemovicis ecclesia; an. 1105 cremata, 188; an. 1219 iterum consecrata, 104. Église S.-Jean-en-S.-Étienne, à Limoges.
S. Julianus Turonis, 82. L'abbaye de S. Julien de Tours.
S. Juniani villa, 147. S. Junien, arr. de Rochechouart (Haute-Vienne).
S. Justi parrochia, 157. S. Just, cant. de Limoges (Haute-Vienne).
Sancti Laurencii Romæ abbas, auj. Santo Lorenzo in Lucina, à Rome, 50.
S. Lazari parrochia, 22. S. Lazare, commune de Limoges (Haute-Vienne).
S. Leonardi villa, 207, 212, 213. S. Léonard, arr. de Limoges (Haute-Vienne).
Sancta Livrada, 66. Ste-Livrade, arr. de Toulouse (Haute-Garonne).
S. Magri, 66. St-Maigrin, arr. de Jonzac (Charente-Inférieure).
S. Marcialis, 37, 40.
S. Marcialis apostoli basilica, 1, 44; recuperata, 6.
S. Marcialis cœnobium, 45, 49, 322.
S. Marcialis conventus, 117, 169.

S. Marcialis ecclesia, 204.
S. Marcialis monasterium, 47, 172, 320;
— an 1199 plumbo coopertum, 66;
— Amblardi abbatis tempore incendio concrematum, 10;
— an. Aimerici abbatis decimo igne vastatum, 4, 42;
— quo tempore monasticus ordo illuc intravit, 122;
— qui sermocinatores hic auditi sunt B. Iterii tempore, 254;
— an. 1235 peste afflictum, 156;
— an. 1240 novo claustro auctum, 122, 156;
— hic an. 1266 processio a canonicis facta, 159;
— a senescallo Philippi III et vicecomite L. læsum, 127, 180;
— an. 1320 fulmine percussum, 147;
— ab inclytis hospitibus visitatum, 16, 49, 60, 86, 88, 90, 92, 117, 128, 137, 143, 147, 187, 196;
— an. 1439 a rege Francorum Carolo VII et a regina visitatum, 208, 215;
— Ibi sepulti Guido V et Guido VI Lemovicenses vicecomites, Lemovicenses episcopi, S. M. abbates et monachi, 2, 3, 10, 13, 25, 26, 27, 88, 89, 90, 121, 126, 195. Le monastère de S. Martial, à Limoges.
— varia ad S. M. monasterium pertinentia;
— Archa in choro S. M.; v. Archa.
— Archa operis, 93, 96;
— Armaria duo in claustro an. 1217 facta, 100, 193;
— Candelabra d'esmaus duo an. 1208 empta, 73;
— Cellarii ostio januæ ligneæ an. 1222 factæ, 114;
— Clausura an. 1220 inhoneste patens, 108;
— Clocarium an. 1212 dealbatum, 85;

— idem venti vehementia an. 1214 eversum, 93;
— an. 1217 subtus decoratum, 101;
— Columba, ciborium, capella an. 1220 perficiuntur, 109;
— Conchæ deauratæ an. 1215 cadunt, 96;
— Copa argentea ad custodiendum corpus Christi a Chatart, clarissimo aurifice, an. 1211 data, 83;
— Cortinam juxta turris an. 1211 corruit, 80;
— Crux aurea, et horologium an. 1192 consummantur, 63;
— ea an. 1195 a carpentario aufertur, 63-64;
— Crypta aurea gemmis distincta a Gauzberto, capicerio, restaurata, 5, 43;
— Cymbala duo majora et symbolum an. 1215 renovantur, 34;
— Ductus aquæ per plumbea cornua an. 1199 veniunt, 66;
— Gallus an. 1215 cadit, 96;
— Genitricis Dei majestas an. 1219 erecta, 103;
— Genitricis Dei sedile an. 1213 ponitur, 87;
— Gradus ad vinum hauriendum an. 1220 consummatus, 107;
— Icona, quæ erat super sepulcri altare, a Josberto, capicerio, facta, 43;
— Icona S. Marcialis super altare sedens, ibid.;
— Imagines Petri et Pauli juxta crucifixum an. 1214 positæ, 88;
— Imago Dei Genitricis an. 1217 empta, 101;
— Infernus in monasterio an. 1212 missus, 84;
— an. 1217 positus, 99;
— Majestas Domini an. 1213 in porta occidentali picta, 87;
— Naviculæ argenteæ duæ an. 1214 auferuntur, 88;
— Orzol (l') de Argent, 61;

INDEX. 413

— Peschers (lo) an. 1219 consummatur, 104;
— Scala dormitorii lapidea an. 1217 facta, 100, 193;
— Scalæ S. Michaelis lampas, an. 1213 picta, 87;
— Signa magna duo an. 1284 facta, 128;
— Symbolum novum et pilarium in medio claustri an. 1214 erecta, 92;
— Tabula ibi an. 1140 incœpta, 54;
— Tabulæ an. 1224 ampliantur, 118;
— Thesaurariæ ornamentorum summa, 309;
— Urna aurea, 72, 82;
— Vitrea magna, quæ erat super archam operis, an. 1215 corruit, 93, 96.
S. M. monasterii cartularia duo, 334;
— cartularium novum, 52, 328, 347;
— cartularium vetus, 328, 347;
— Usus varii et ritus in festivitatibus recepti;
— Adventus jejunium an. 1218 institutum, 102;
— Jejunia nova et ciborum quadragesimalium usus an. 1222 instituuntur, 113;
— Jejunium an. 1224 indictum, 118;
— Annunciatio b. Mariæ an. 1211 fit festivius, 77; v. Annunciatio B. Mariæ
— Conceptio b. Mariæ an. 1215 festive celebratur, 96;
— Item b. Nativitas Mariæ eodem an., 96;
— Omnium Sanctorum in crastino defunctorum an. 1215 fit solemne festum, 96;
— Transfiguratio cum prim clas an. 1213 facta, 88;
— Adipe abstinere sabbatis monachi incipiunt, 74;
— Calciamenta fratribus distributa in capitulo, 77;
— Pannorum, pelliciæ et calceamentorum pecunia monachis erogata? 87;
— Cerei non offeruntur, 74;
— Item cerei ix tolluntur, 76;
— Cerei novem non offeruntur, 79; v. Oblationes.
S. Marcialis abb., 27, 79, 82, 121, 128;
— ad electionem episcopi L. vocandus, 186, 189, 1404, 201.
S. M. abbates, 240, 241, 242, 243, 256.
S. M. armarii B. Iterii, Gaucelmus, Helias de Brolio, Stephanus de Salviniec, 256, 257.
S. M. camerarius, Johannes vitalis.
S. M. cantor, Helias de Brolio, Simon de Castro Novo.
S. M. capellanus, 302.
S. M. capicerii, 256.
S. M. capicerius, Bertrandus de Dompnho, 146.
S. M. cellararius, Audoinus Marches.
S. M. helemosinarii, 257.
S. M. helemosinarius Simon Vidal, 198.
S. M. magister operis.
S. M. monachi Angliæ regi Richardo in redemptionis subsidium L marchas largiuntur, 192;
— an. 1209 sabbatis adipe abstinere incipiunt, 74;
— an. 1212 eorum octo in Hispaniam contra Sarracenos proficiscuntur, 84;
— an. 1230, cum Cambonensi monasterio litem componunt, 21, 122;
— an. 1240, cum Guidone VI vicecomite discordant, 122;
— Item cum Cluniacensibus an. 1246, 123;
— et cum Lemovicensibus canonicis an. 1257, 1263 et 1271, 124, 157, 160;
— an. 1222, 1272, 1275, 1276, 1286 intestinis dissensionibus turbati, 113, 125, 126, 128, 169, 172, 182;

— ann. 1282, decimam solvere renuunt, 117;
— an. 1307, ad convivium a Johanne vicecomite vocati, 143;
— eodem an. Jacobum, Majoricarum regem, excipiunt, 142;
— an. 1316 Corporis Christi festum celebrare incipiunt, 145; v. Crucesignati.
S. M. operarius W. La Concha.
S. M. ostiarii, 302.
S. M. præcentor, 161.
S. M. prior, 158. Cf. G. Stephanus de Salvanhec.
S. M. priores, 256.
S. M. sacrista, Helias Berau Johannes Vitalis, W. La Concha, etc.
S. M. sacristæ, 257.
S. M. sacrista major, 269.
S. M. subcantor, Helias de Bencha.
S. M. subprior, Johannes Bonet.
S. M. subpriores, 256.
S. Marcialis altare, 47;
— majus altare, 205.
S. M. castellum, 3;
— castri homines civitatem L. incendio vastant, 188.
S. M. claustrum, 122, 156; v. G. Rafart.
S. M. cœmeterium, ubi ludi de miraculis B. Martialis bis celebrati sunt, 138. Le cimetière de S. Martial, à Limoges.
S. M. curia, 57, 70.
S. M. feodum et dominium, 145.
S. M. helemosina, 307.
S. M. honor, 41.
S. M. hospitale pauperum; v. Hospitale pauperum S. M.
S. M. libraria; v. Libraria.
S. M. pons, 114, 130, 163;
— hujus turris lignea an. 1215 corruit, 93. Le Pont S. Martial, près Limoges, au sud.
S. M. sepulcrum a Widone abbate ampliatum, 85, 286;
— iterum an. 1207 ampliatum, 317, n. 3.

— inibi missa privata ab Alberico, Remensi arch., an. 1212 celebratur, 86;
— ejus januæ ferreæ an. 1211 factæ, 79;
— jaspis lapis huc an. 1222 missus, 112;
— tabula aurea olim erat ante altare sepulcri, 61;
— tabula argentea sepulcri an. 1224 restituta, 119;
— virgæ duæ deauratæ inibi an. 1211 factæ, 81;
— sepulcri ornamenta, 317.
S. M. viridarium an. 1182 a Lemovicensibus burgensibus destructum, 61; a Geraldo Jouviondi, abbate, monasterio redditum, 26.
S. Mariæ capella, 14.
S. Maria de Arenis, 95; v. S. Mariæ de L'Arena ecclesia.
S. Mariæ de Columna, 15. L'abbaye de la Colombe, diocèse de Limoges.
S. Mariæ Dolensis abbatia, 15. L'abbaye de Déols ou de Bourg-Dieu, arr. de Châteauroux (Indre); v. Dolense cœnobium.
S. Mariæ de Larena ecclesia, 61.
S. Mariæ de Misericordia Dei abbatia, 15. L'abbaye de la Merci-Dieu, diocèse de Poitiers.
S. Mariæ de Regula ecclesia, 85.
S. Mariæ de Regula majus altare, 85.
S. Mariæ de Regula monasterium an. 1066, et 1105 crematum, 150, 138. L'abbaye N. D. de la Règle, à Limoges; v. Regula.
S. Marcialis de Exidolio ecclesia, 12.
S. Marsal; v. S. Martialis.
S. Marti, 284.
S. Martinus, 209.
S. Martini abbas, 16, 120, 121.
S. Martini abbatia, 27. Abbaye de S. Martin-lez-Limoges, depuis les Feuillants.

S. Martinus de Tors, 75. Saint-Martin de Tours (Indre-et-Loire).
S. Martini Turonensis monachi an. 848 canonicale schema induunt, 38.
S. Mauricii domus a burgensibus Lemovicensibus an. 1182 destructa, 61.
S. Mauritii ecclesia an. 1105 cremata, 188. Église de S. Maurice, à Limoges.
S. Micel-la-Clusa, 56. Abbaye de S. Michel de Cluse (diocèse de Turin).
S. Michaelis altare, 84.
S. Michaelis de Clusa cœnobium ab Hugone Descozuz an. 985 ædificatum, 44.
S. Michaelis de Lemotges ecclesia, 97.
S. Michaelis capella a Petro de Vertuol, armario, ædificata, 81; an. 1265 depicta, 124;
— capellanus, 317.
S. Michaelis ecclesia an. 1214 dedicata, 90, 238, 307. Église S. Michel-des-Lions, à Limoges.
S. Michaelis de Leonibus platea, Lemovicis, 136, 145. Place de S. Michel-des-Lions, à Limoges.
S. Nazari, 322.
S. Nazarius, 321.
S. Pardulfi de Arnaco basilica an. 1028 consecrata, 46. S.-Pardoux-d'Arnet, arr. d'Aubusson (Creuse).
S. Pardulfi monialium monasterium, 185. Couvent de Dominicaines à S. Pardoux, arr. de Nontron (Dordogne).
S. Pauli ecclesia, Lemovicis, 116, 160. Église S. Paul, plus tard S. Paul-S.-Laurent, depuis les Pénitens bleus, à Limoges.
S. Pauli platea, Lemovicis, 160.
S. Petri abbas secularis, 77. S. Pierre-du-Puy.
S. Petri altare, 73, 208.

S. Petri sacrista, 269.
S. Petri navis; ibi an. 1404 processio facta, 202.
S. Petri Prulin. abbatia, 15.
S. Petri de Quadruvio ecclesia, 140. S. Pierre-du-Queyroix, à Limoges.
S. Petri Solemniacensis abb., 16; v. Solemniacense monasterium.
S. P. de Solonnac dedicatio an. 1299, 238.
S. Poncii abb., 108, 109. Abbaye de S. Pons de Tomières, dioc. de Narbonne.
S. Prejecti vicus incensus, 162. S.-Priest d'Aixe, cant. d'Aixe, arr. de Limoges (Haute-Vienne).
S. Sador, 283.
S. Salvatoris altare; super hoc ecclesia ex auro et gemmis et argento, 3; crux argentea, 12; ante hoc tabula de auro, 61; supra hoc viriale factum, 146.
Salvatoris mundi basilica, 1; a novo renovata, 6; basilica vetusta, 7; basilica, 38; Lemovicensis basilica, 46; basilicæ porta occidentalis, 46; basilica, 48, 49.
S. Salvatoris monasterium, 192; v. S. Martialis monasterium.
S. Sauri, 112; 274, 321, 322. S. Saturnin de Séchaud, comm. Port-d'Envaux, ou S.-Saturnin-du-Bois, arr. de Rochefort-sur-Mer, comm. de Surgères (Charente).
S. Scatfredi abbatia, 77. L'abbaye de S. Chaffre, diocèse du Puy.
Sanctus Stephanus, 37.
S. Stephani altare in basilica S. Eparchii, 5.
S. Stephani L. basilica, 49. La cathédrale de S. Étienne, à Limoges.
S. Stephani mater ecclesia an. 1101 concremata, 188.

S. Stephani protomartyris ecclesia, 209.

S. Stephani L. ædificium incœptum an. 1273, 134; inibi cum corpore Christi processio facta, 201.

S. Stephani canonici, 90, 124, 158, 159, 160, 161.

S. Stephani chorus, 161;

S. Stephani de Monte Celio canonici, 97. Auj. S.-Stefano-Rotondo, à Rome; v. Rotbertus de Corso.

S. Sipriani extra muros Pictavenses, 27. Abbaye de S. Cyprien de Poitiers.

S. Simphoriani villa, 213. Saint-Symphorien, arr. de Bellac, cant. de Nantiat (Haute - Vienne).

Sanctæ Trinitatis ecclesia an. 1105 cremata, 188. L'église de la Ste-Trinité, appelée plus tard Ste-Félicité, dite du Pont-St-Martial, à Limoges.

S. Valeria (prioratus de), 112, 322. Ste-Valière, comm. de Nevers (Nièvre).

S. Valeria de Lemotges, 322.

Sanctæ Valeriæ ecclesia an. 1210 dedicata, 238; an. 1212 consecrata, 84.

Sanctæ Valeriæ præbendarii, 89. Chapelle, puis monastère de S. Valerie, devenu ensuite les Récollets, à Limoges.

S. Valericus S. Marciali datus, 37, 108, 112, 291.

S. Valerici monasterium, 320.

S. Valerici præ., 321.

S. Valerico (villa et præpositura de), 143. S. Vaury, arr. de Guéret (Creuse); voy. le suivant.

S. Valric, 107, 111, 274, 283, 322; v. S. Valericus.

S. Victor, 259, 321.

S. Victor, 322.

Sanctimonialium conventus an. 1101 exoriuntur, 188.

Sanctonensis pagus, 321. La Saintonge.

Saralhac (parrochia de), 22. Sereilhac, arr. de Limoges, cant. d'Aixe (Haute-Vienne).

Sarra, vicecomitissa, an. 1216 m., 99.

Sarraceni Domini sepulcrum confringunt, 6; multitudo eorum in Hispania christianos an. 1211 opprimit, 83; an. 1212, octo monachi et cccc homines castri L. ad eos debellandos Hispaniam proficiscuntur, 84; a Jacobo, Arragonum rege expugnati, 174.

Savaricus, 92.

Savio P., 111, 112.

— (prior de), 146;

— (prioratus de) lis. Saujo, 75, 259, 274, 321, 322. Saujon, arr. de Saintes (Charente-Inférieure).

Scolares Parisienses an. 1198 Fulco presbyter sibi asciscit, 65.

Scotiæ rex, 174.

Scripturarum armarium; voy. Petrus Pictavinus.

Secot-Lansa, abbas d'Usercha 78.

Seebrandus, al. Seebrannus, L. ep., an. 1179 presbyter et episcopus consecratur, 59; an. 1181 cum canonicis Lemovicensibus disceptat, 60; an. 1183 unctioni Bituricensis archiepiscopi interest, 61, 62; an. 1192 cum Guidone vicecomite sex millia Braimanssorum debellat, 190; an. 1197 m., 64, 66, 237, 242, 245, 254.

Segetes et vina in Francia an. 1257 immatura, 157; v. Vinum.

Segui Lastors an. 1224 m., 118, 266.

Seguinus de Clois, prior de Chaudu, an. 1207 m., 71.

Seguret (abbas de) secularis, 77; fit episcopus Podiensis, 106. S. Michel de l'Aiguille, près du Puy (Haute-Loire).

Sehebrandus, L. ep., 64; v. Seebrandus et Seebrannus.

Senebaudus ad summum pontificatum, an. 1243 evectus, 195. Cf. Innocentius IV.
Seniac, prioratus, 111, 112, 259, 274, 320, 323. P.-ê. Cénac, arr. de Sarlat (Dordogne).
Seniaco (præ. de), 27.
Sepulcrum Jhesu Christi apud Jherosolimam a Sarracenis et Judæis an. 1010 confractum, 6, 45; mox ab ipsis restitutum, ibid.; ab Armeniæ rege Christianis an. 1299 redditum, 185. L'église du S. Sépulcre, à Jérusalem.
Sermiea, 275. P.-ê. Sermerieu, arr. de La Tour-du-Pin, cant. de Morestel (Isère); v. Cerniea.
Sermocinatores in capitulo S. M. auditi, 254-256.
Sermones Ademari Ardalo de S. M., 336.
Sermones de b. Marciali, 47, 350.
Serveira (fons de), 300.
Sibiliæ obsidio an. 1212 facta, 84. Séville (Andalousie).
Sibilla, uxor Petri de Brolio, m., 129.
Sibilla deu Peirat, 268, 279, 296.
Sicardus, Solemniacensis abb., 245.
Siccitas maxima an. 1278, 176.
Siciliæ rex, 177; v. Petrus, Aragoniæ rex.
Sigillum conventus S. M. a senescallo Franciæ regis sublatum, 127.
Siliginis sextarius quanti venditus an. 1202, 192; an. 1235, 184; an. 1258, 158; an. 1404, 201.
Silino, Solemniacensis abb., 245.
Silvinico (prior de) Amblardus, 10. Prieuré de Souvigny, arr. de Moulins-sur-Allier (Allier).
Silvius, Solemniacensis abb., 245.
Simeonis Lemovicensis filius laqueo an. 1219 suspenditur, 104.

Simon, primas Bituricensis, 107.
Simon, Heliæ Iterii frater, 272.
Simon præ. S. Valerici, 112.
Simon Lafont, capellanus de Monasterio, an. 1213 m., 86.
Simonis Lucas domus, 210.
Simon Malafaida, 109, 117, 119, 253, 259, 274.
Simon de Monfort an. 1212 oppida quatuor expugnat, 84;
— Petrum, Arragonensem regem, occidit, 90;
— an. 1218 occisus, 102, 103, 238;
— miraculis post mortem claruisse dictus, 103.
Simon Montis Fortis an. 1264 H., regem Angliæ, comprehendit, 132; an. 1265 m., 124.
Simon de Paris, serviens regis, 198.
Simon Vidal, helemosinarius, 125.
Simphoriani domus a burgensibus L. eversa, 61.
Simplicius, L. ep., 244.
Sirac, 275, 322. Cirat? arr. de S.-Yrieix, cant. de S.-Germain-les-Belles, comm. de La Porcherie (Haute-Vienne); v. Cirac et Syrac.
Sisteus (ordo de), 50. Citeaux, à S.-Nicolas, arr. de Beaune, cant. de Nuits (Côte-d'Or); v. Cisterciensis ordo.
Soians (prioratus de), 106, 111, 113, 275, 321, 322. Soyans, arr. de Die (Drôme).
Solarii filia combusta, 110.
Solemniacense monasterium consecratum, 77. Abbaye de Solignac, cant. de Limoges (Haute-Vienne).
Solemniacenses monachi periclitantur, 100.
Solempniacensis abbas, 121.
Sollempniacenses abbates, 245, 246.
Sorranus ep., 72.
Stella, quam cometes nominabant, an. 1264 visa, 195; v. Cometes.

Stella clarissima an. 1282 in L. diœcesi apparet, 177.
Stenopolis, castellum, 3.
Stephani (b.) cum imagine canonicorum L. processio, 201.
Stephani civitas, 3; voy. Stenopolis.
Stephanus, Angliæ rex, 55.
Stephanus, primus heremita Grandismontis, 48, 53.
Stephanus de Muret, prior Grandismontensis, an. 1124 m., 53.
Stephanus, quartus prior de Grantmont, an. 1152 m., 54.
Stephanus, abbas de S. Micella Clusa, 56.
Stephanus, S. M. abb., super altare S. Salvatoris ecclesiam ædificat, 3; duas turres in castro S. M. facit, ibid., 40, 41-42; an. 919 seu 936 m., 240, 242, 243, 287.
Stephanus I, Cluniacensis abb., 246.
Stephanus II, Cluniacensis abb., 241, 246.
Stephanus I, Solemniacensis abb., 245.
Stephanus II, Solemniacensis abb., 245.
Stephanus Aimerici, prior claustri Cambonensis, 195.
Stephanus de Albusso, 293.
Stephanus Almoynii, S. M. abb., 26.
Stephanus Amiels, 294.
Stephanus de Exidolio, 292.
Stephanus Fursat, an. 1219 m., 105.
Stephanus Lavilata, 295.
Stephanus de Lengatona in Alemannia arch., 86; arch. Cantuariensis, cum Johanne rege pacificatur an. 1213, 88.
Stephanus de Salvanhec, prior S. M., 123.
Stirpensis abbas, 120. Abbaye de l'Esterp, du diocèse de Limoges, arr. de Confolens (Charente).
Stodilus, seu Stodilo, L. ep., 2, 38, 240, 244.

Subterranea præpositura seu prioratus, 27, 57, 86, 89, 97, 98, 105, 111, 112, 259, 273. La Souterraine, arr. de Guéret (Creuse).
Subterranea ecclesia magno splendore illustrata in diebus Adventus Domini an. 1203, 68.
Subterranea (monasterium de), 89.
Subterraneæ muri evertuntur an. 1206, 72.
Subterranea (præpositus de), 169, 320, 322.
Subterranea, 320, 322.
Subterraneæ præpositus Iterius de Barrio Matthæus de Drulhis. Stephanus Almoynii.
Subterranea (villa de), 21.
— (homines de), ibid.
Sulpicii (s.) reliquiæ, 319.
Surias, 259. Suris, arr. de Confolens, cant. de Chabanais (Charente).
Susannæ seu Sussannæ (s.) reliquiæ, 319.
Symon, legatus in Francia, Bituricas an. 1276 ad concilium generale regni episcopos convocat, 174; an. 1284 generale concilium Parisius celebrat, 179.
Symo Gallicus; v. Martinus IV.
Symon, cantor, an. 1218 m., 103.
Symon de Rupe Chavardi, Burdegalensis arch., Burdegalam an. 1276 ingreditur, 173.
Syrac, 320; v. Cirac et Sirac.

T

T. Mauris, 293.
T., Nivernensis ep., 61.
Taiac, 112, 259, 321, 322. Tayac, arr. de Sarlat (Dordogne).
Tallia ad arbitrium imposita, hominibus castri L. in quatuor casibus sive necessitatibus, 135, 168.

Tancarville (dominus de), 207, 211.

Taneguinus du Chastel, olim præpositus Parisiensis, 207.

Tarn (imago Dei Genitricis sanguinem profluens visa apud) an. 1194, 63; miracula ibidem visa, 237. L'abbaye de Tarn, près d'Aixe, arr. de Limoges (Haute-Vienne).

Tarn (prioratus de) incipitur an. 1202, 68, 96, 97, 112, 238, 259, 274, 321, 323;
— procuratio hic a primate an. 1219 exigitur, 105.

Tarn (porta de) an. 1222 erigitur, 111.

Tarn (lo portal de) eod. an. consummatur, 112. La porte de Tarn, à Limoges?

Tarnum, 69; v. Tarn.

Tartas (rex deu) Sarracenos an. 1299 profligat, 185.

Tartas in Vasconia (locus qui dicitur), 213. Tartas, arr. de Saint-Sever (Landes).

Taulæ, 210. Rue des Taules, à Limoges, près de l'abbaye de S. Martial.

Taursac, 323; v. Torsac.

Tempestates an. 1284, 179.

Templariorum exordia an. 1101, 188; item apud Hierosolymam an. 1210, 77.

Templi militiæ magister et omnes Templarii comprehensi an. 1310, 144.
— eorum quinquaginta et sex prope Parisius combusti, 144.

Teobaldus, Cluniacensis abb., 60.

Teodericus, Solemniacensis abb., 245.

Terra quam Dominus calcavit, 319.

Terræ Sanctæ subsidium, 135.

Terræ motus magnus tertia nocte Martii an. 1215, 94-95, 96.
— item an. 1312, die duodecima mensis novembris, 144.

Terramaor (prior de), 254.

Terracinensis abbatia, 10, 11; v. Terraso.

Terraso monachis S. M. datur an. 1101, 50. Terrasson, arr. de Sarlat (Dordogne).

Terrasso (abbas de), 115.

Theotbaldus, Cluniacensis abb., 246; v. Teobaldus, Titbaldus.

Thomas, archiepiscopus Cantuariæ, an. 1171 martyr occidit, 57, 237.

Thomas Malafaida, 277.

Tiro (monachi de) exordiuntur, 77. Thiron-Gardais, arr. de Nogent-le-Rotrou (Eure-et-Loir).

Tissat (dominus de), miles, 206.

Titbaldus abbas, 60. Titbau, 241; v. Teobaldus, Theotbaldus.

Titbaudus, abbas de Balma, 103.

Tolosa a Simone Montisfortis an. 1213 expugnata, 90; an. 1217 obsessa, 101; item an. 1219, 105. Toulouse (Haute-Garonne).

Tolosana civitas, 215.

Tolosanus arch., 212.

Tolosanus comes senior an. 1222 m., 110.

Tolozanus comes, 120.

Tolosanus pagus, 321. Le Toulousan.

Toloza (Arriani de); in concilio Bituricis celebrato de eis decernitur, 120.

Tomas, 270.

Tonitrua magna cum crebris coruscationibus an. 1282, 177.

Tonitrua an. 1284, 179; v. Fulgur.

Torena (comes de), 118.

Torsac, 321. Torsiac, arr. de Brioude (Haute-Loire); v. Taursac.

Tostoirac, 98.

Tostor (abbas de), 121.

Tostorrac (abbas de), 108. Tourtoirac, arr. de Périgueux (Dordogne).

Touront (castrum de), 203. Thouron ou Touron, château,

arr. de Bellac, cant. de Nantiat (Haute-Vienne).
Trasdos, 91.
Treveris civitate delatum corpus Helenæ imperatricis, 82. Trèves (Prusse-Rhénane).
Treynhacum, 25. Treignac, arr. de Tulle (Corrèze).
Trinitatis (s.) festum fit apud Cistercienses, 59; octavæ instituuntur, 70.
Tuela, 75; (negocium de), 85. Tulle (Corrèze); v. Tutellensis conventus.
Tunicium, 133. Tunis (Afrique).
Turones civitas, 172. Tours (Indre-et-Loire).
Turpio, Lemovicensis episcopus, 4, 41; an. 944 m., 42, 244.
Turre de Alvernia (dominus de) miles, 211.
Tusse (de) miles, regens Delphinum, 206.
Tutelensis ep., 212.
Tutellensis conventus, 170. S. Martin de Tulle (Corrèze).
Tutellensis diœcesis, a Johanne XXII an. 1317 instituta, 146; v. Tuela.
Tuvers a Guidone, vicecomite L. expugnata an. 1211, 80. P.-ê. Tiviers, arr. de St-Flour (Cantal).

U

U. (abbas de), 90.
Ugo Geraldi, ep. Caturcensis, et referendarius papæ Clementis, depositus et sævissimo supplicio affectus, 146.
Umberga, Adomari, vicecomitis L., uxor, 49.
Umbert de Fondom, 281.
Umbert de S. Augusti, 274.
Umbertus S. Augustini, 304, 308.
Urbanus secundus papa, antea monachus Cluniacensis, 49, 50, 66, 186; an. 1095 monasterium visitat, 187.
Urbanus IV, patriarcha Jerosolymitanus, summus pontifex eligitur; an. 1264 moritur, 195.
Urdimala, 263; v. Helias Urdimala.
Urinale quanti an. 1235 venditum, 155.
Usercensis abbas, 126.
Usercha (abbas d'), 78. Uzerche, arr. de Tulle (Corrèze).
Userchia, 169.
Userchiæ obsidio, 173.
Usuraco (terra de), 11. Uzurat, comm. de Limoges (Haute-Vienne).
Uzercensis abbas an. 1223 m., 115.
Uzercha, 89.
Uzercha (abbas d'), 106, 111, 113, 114, 116.
Uzercham apud bellum pacificatum, 110.

V

V. Chauchagrua, 250, 253-254; v. W. Chauchagrua.
V. Folcau, 250; v. W. Folcau, et Willelmi Folcau decretales.
V. Surac, 247.
Valeira, 321. Vallière, arr. d'Aubusson, cant. de Felletin (Creuse).
Valensa (episcopus de), Girordus, 106.
Valeriæ (s.) camisia cum maxillis ejus, in ecclesia S. Stephani asservata, 209, et Susanne tabula an. 1211 facta, 82.
Valeriæ (ecclesia super decollatione s.) an. 1160 ædificata, 56.
Valeriæ domus a burgensibus Lemovicensibus an. 1182 eversa, 61.
Valeria deu Peirat, 278, 293.
Valle Alba (locus de), de comitatu Marchie, 26. Lavaud-Blanche, château, comm. du Compas, arrond. d'Aubusson (Creuse).
Valris, 247, 273, 322. Vaulry, arr. de Bellac (Haute-Vienne).

Vedrinas, 96, 274, 320, 322. P.-ê. Vedrenas, comm. de Montbonchu (Creuse).
Veer in Lemovicinio, 126.
Vayres, arr. de Limoges, cant. de Rochechouart (Haute-Vienne).
Veirinas, 98, 112, 247, 320, 322. P.-ê. Verinas, comm. de Rochechouart (Haute-Vienne).
Vendome (comes de), 211.
Venti vehementia damna, 93.
Verinis (homines de), 304.
Verinis (mansus de), 304, 308. Verines, arr. de La Rochelle (Charente-Inférieure).
Verlena (a) ducenti utriusque sexus an. 1223 pereunt, 115, 116, 239. Verleine, comm. de Romain, arr. de Nontron (Dordogne); v. Verzena.
Vernolium, 12, 126.
Vernolium præpositura, 14, 289. Verneuil, arr. de Limoges, cant. d'Aixe (Haute-Vienne).
Vernuia ou Vernuio, 113, 274, 321, 322. P.-ê. Verneugheol, arrond. de Clermont-Ferrand (Puy-de-Dôme).
Vernuol, 89, 111, 112, 113, 259, 273, 323.
Vernul, 320; v. Vernolium.
Vertuol (Petrus de), 81. Verteuil ou Vertheuil.
Verzena (a) homines cccc an. 1223 incendio pereunt, 114; v. Verlena.
Vigenna, 162, 173. La Vienne, riv.; v. Vinzenna et Vizenna.
Vilamazet, 298.
Vilars, 111, 259, 275, 321, 322. Villars, arr. de Nontron, ou p.-ê. Villars, comm. de S. Martial de Viveyrols (Dordogne).
Vincenis (nemus de), 144. Vincennes, arrond. de Sceaux (Seine).
Vincencii (s.) capsula a regina Yrmindrudi data, 285.
Vindemiæ nimis seræ an. 1302, 199.

Vineæ Lemovicis et in Pictavia an. 1301 pereunt, 199.
Vinearum major pars aret an. 1364, 200.
Vini an. 1213 abundantia, 90;
— copia maxima an. 1215, 96.
— item an. 1221, 110.
Vini sextarius quanti venditus an. 1235, 184.
— item an. 1258, 158.
Vini albi sextarius quanti an. 1235 venditus, 155.
Vini forum legale an. 1302, 199.
Vinum vetus quanti venditum an. 1257, 157, 158; v. Segetes et vina.
Vinzenna, 70; an. 1213 congelata per tres vices, 87; v. Vigenna et Vizenna.
Viridarii porta, 202, 300, 306.
Vitaterna, prioratus, 111, 113, 259, 274, 321, 323. St-Martial de Vitaterne, arr. de Jonzac (Charente-Inférieure).
Vizenna, 70, v. Vigenna et Vinzenna.
Vosiensis abbas, 108, 109, 111, 112, 258; negat omnia jura beati Martialis, 122; excommunicationis sententiam contra se latam sustinet, 122.
Vosiencis abbatia, 10. Vigeois, arr. de Brives (Corrèze).
Vulgrinus, Bituricensis ep., 53.
Vusias (abbas de), 113.
Vusias (prioratus de), 108, 112; v. Vosiensis abbatia.

W

W., 270, 275.
W., dux Aquitanie, 45.
W., Bituricensis arch., an. 1170 m., 57.
W., Burdegalensis arch., 61.
W. ep. mitra, 316.
W., Pictavensis ep., an. 1196 al. 1197 m., 64, 237; v. Willelmus, cognomento Tempers.
W., Grandimontensis prior, cum cc. clericis de Grandimonte,

exit an. 1187, 62; v. Willelmus, prior Grandismontis.
W. abbas de Raunac, 290.
W. S. Augustini abb. an. 1213 resignat, 91.
W., clericus, caput Brebansonum an. 1177 occiditur, 189.
W., decanus S. Aredii, frater Guidonis, vicecomitis L., an. 1223 m., 114, 115.
W., helemosinarius, 96; v. W. Chauchagrua.
W. sacrista, 298; v. W. La Concha.
W. avunculus Ademari junioris, vicecomitis L., 115; v.W. decanus S. Aredii.
W., avunculus Jacobi, 289; v. W. Chauchagrua.
W., Petri de Sancto Ilario nepos, 300.
W. S. M. abbas electus, an. 1220, 109;
— an. 1222, apud Aurel benedicitur et consecratur sacerdos, 111;
— an. 1223 præpositos et priores sibi subjectos mandat, 112.
— statutum ejus de jejuniis et quadragesimali cibo, 113.
— an. 1224, a capellano Domus Dei invitatus, processionem et stationem in ecclesia Mariæ Magdalenes facit, 117-118.
— L sol. in celebrando solemnius S. M. translationis festo donat, 119;
— an. 1225 cum B., ep. L., discordat, 20, 194.
— an. 1226 post quatuor menses m., 20, 194. 279, 282; v. Willelmus.
W. præ. Cambonensis, 111.
W. præ. de Chambo, 112.
W. de Cosei p., 112.
W. de Larocha Chandeiric p., 111, 112.
W. præ. de Mosto, 112.
W. præ. de Pairac, 111.
W. præ. de Tarn, 112.
W. A., 272.

W. Alboi, 259, 274.
W. Alboini, an. 1208 m., 73, 74.
W. Amalvi, subdiaconus, 274.
W. Amaneu, Burdegalensis ep., 107.
W. Arloi, 256.
W. Armant, 259.
W. Auchacidos domus, 301, 307.
W. Audier, 269, 278.
W. Auzelet, an. 1223 m., 115.
W. deu Barri an. 1216 occiditur in cœnobio Dolensi, 98, 250.
W. de Barrio consuetudines, 353.
W. Bertrandus, abbas Vosiensis, 293.
W. Bertrans, abbas Vosiensis, 263.
W. Boarcu, 251.
W. Bonifaci, 252.
W. de Bornazeu, 282.
W. de Bre, 251, 254; infirmus, 258, 262.
W. de Cardalac, Caturcensis ep., 107.
W. Chabost, 269.
W. Chabrol, 108, 251, 252; pistancerius, 258, 262, 274.
W. de Chabrol, 277, 282.
W. Chainler, 252.
W. Chalbos, 284.
W. de Chales, 274.
W. de Chambo, 277.
W. Chapda, monachus crucesignatus, 101, 251, 252, 274.
W. Chauchagrua, 253; helemosinarius, 257, 258, 260, 268, 271, 273, 277, 278, 279, 295; v. V. Chauchagrua.
W. Chesa, 268, 278.
W. Cheza, an. 1211 m., 82.
W. Chieza, 297.
W. de Cosilac, 259.
W. de Cossac, monachus Vosiensis, an. 1217 occiditur, 100.
W. de Cous, 282.
W. D'Ichiduol, 277.
W. Faber, 121.
W. Faure, 274, 308.
W. de Faviairolas, 171.
W. Folcau, 86, 255.
W. Fulcaudii decretales, 350;

INDEX.

v. W. Folcau, et Willelmi Folcau decretales.
W. G., 272.
W. Gaufredi, abbas de Tostoirac an. 1216 m., 98.
W. de Gemcu an. 1220 m., 109, 252.
W. de Goret, 85, 259, 274.
W. Gossa, præpositus de Chambo, 258, 274.
W. Guosa, 120.
W. Helias, 272.
W. de Jaunac, L. prior de Monmorlo, 101, 108, 109, 250, 256, 259, 267, 273, 280; abbas, 292, 308.
W. La Concha, 64;
— S. M. sacrista, 98, 108, 273, 277, 279, 280, 282, 289, 294, 296, 298, 306, 307, 308, 312, 313, 316;
— sacrista major, 257, 260, 271;
— cameras in infirmaria ædificat, 113, 119, 120;
— operarius, 250.
— sermocinator, 256;
— monachus, 300, 301, 302, 303;
— operarius monasterii S. M., 305; v. Opera.
W. de Laia an. 1213 m., 86;
— prosarium ejus, 352.
W. La Jarrija, 282.
W. Lamosner, 282.
W. de Linieiras, 121.
W. Lo Savis, 272.
W. Maembert, 304, 308.
W. Maenbertz, 294.
W. Malet, an. 1218 m., 102.
W. de Malmont, canonicus, 91.
W. de Manauc, helemosinarius, 257, 260, 268, 271, 293.
W. Maomet, 272.
W. Marteu, 251;
— refectorarius, 258, 274, 277.
W. de Mataz, clericus, an. 1218 m., 102.
W. Mauri, prior, 255, 256.
W. de Monberols, con., 274, 282.
W. de Montmaureu, miles, 121.
W. Morseu, miles, an. 1222 m., 114.

W. Otger, 252.
W. de Panazols, an. 1223 m., 115, 116.
W. Passagua, 269, 278; v. Willelmus Passaguas.
W. Pecos, 251.
W. de Pena-Vaira, miles castri L., an. 1210 m., 75.
W. Pineta, 253.
W. Perost (magister) an. 1214 Pictavensis ep. eligitur, 91.
W. Preost, Pictavensis ep., an. 1224 m., 119.
W. Prova, præpositus de Chambo, an. 1214, 91.
W. Raim, 272.
W. Richart, 260, 262, 268, 271, 292.
W. Richat, 278.
W. de Rochafol, 275.
W. de Roeira, 251, 264.
W. Sabata, an. 1223 m., 115, 116, 265; con., 274, 276.
W. de S. Alari, an. 1224 m., 116, 118, 119, 263, 278.
W. de S. Ilario domus, 306.
W. de S. Hilario, 292.
W. de S. Marti, præ. de Vernuol an. 1213, 88;
— de Jaunac abbatis elector, 109, 274;
— capellanus abbatis, 258, 277.
W. de Seniac, 259, 275.
W. Teicher, sacerdos, 111, 252.
W. de Terrasso, 109.
W. de Vertuol, prior de Cella an. 1216, 98, 259.
W. Vidals Domini crucem de sepulcro affert, 287.
Wandalmarus, 285.
Wido, abbas, 286.
Wigo, S. M. abb., an. 990 m., 44; v. Guigo.
Willelmus, dux Aquitaniæ, monachicum schema induit, 37.
Willelmus dux, comes Arvernis m., 3, 40.
Willelmus dux, Pictavinus comes, 3, 40.
Willelmus, Guidonis vicecomitis avunculus, an. 1223 m., 116;

v. W., avunculus Ademari et W., decanus S. Aredii.
Willelmus, Bituricensis ep., 67;
— an. 1208 m., 73;
— depositio ejus Bituricis, ibid. n. 2;
— an. 1211 corpus ejus terra levatur, 83;
— an. 1217 festum ejus instituitur, 102;
— an. 1223 a pontificibus plurimis corpus ejus levatur, 112.
Willelmus, Burdegalensis arch., 88.
Willelmus I, L. ep., 245.
Willelmus II, L. ep.; v. Guillelmus.
Willelmus I, Cluniacensis abb., 241, 242, 246.
Willelmus II, Cluniacensis abb. an. 1215 resignat, 93, 246.
Willelmus, prior Grandismontis, 102; v. W., Grandimontensis prior.
Willelmus, abbas, an. 1208 m., 74.
Willelmus I, S. M. abb., 242.
Willelmus II, S. M. abb., 242;
— an. 1255 Parisiis vadit, 123; v. W. et Willelmus de Jaunhac.
Willelmi abbatis mater, 116.
Willelmus Boarelli, 335.
Willelmi Folcau decretales an.
1213 à B. Iterii emptæ, 87; v. W. Fulcaudii decretales.
Willelmus de Jaunhac, prior de Monmorlho, 20.
Willelmus de Marolio, 242.
Willelmus Martelli, 339.
Willelmus Passaguas, 290; v. W. Passagua.
Willelmus, cognomento Tempers, Pictavensis ep. an. 1185 electus, 62;
— an. 1197 m., 64;
— post mortem miraculis claruisse dictus, 65.
Wsias, 105, 274; v. Vusias, prioratus et Vosiensis abbatia.
Wusias (prior claustralis de), 108.

Y

Yrmindrudis regina, 287.
Ysabella, vicecomitis Ventodorensis filia, 175.

Z

Zacharias, puer, 258.
Zazcharias, 282.
Zurac (sanctimoniales de) an. 1205 S. M. se dant monasterio, 70;
— an. 1223 dimissæ, 115. P.-é, Sourzac, arr. de Ribérac, cant. de Mussidan (Dordogne).

ADDITIONS ET CORRECTIONS.

Pag. 6, ligne 21 (cf. pag. 44, ligne 13, et pag. 288, ligne 10 en remontant), *ajoutez en note :* Les couronnes d'or ornées de perles dédiées à la sainte Vierge et offertes au viie siècle, par le roi goth Reccesvinthus, à l'église Sainte-Marie-d'en-Bas, de Tolède, donneront une idée de ce que pouvait être cette couronne d'or appendue au-dessus de l'autel du Sépulcre de S. Martial. On trouvera une reproduction très-exacte de ces couronnes conservées au Musée de Cluny, dans le mémoire de M. Peigné-Delacourt (pl. v et vi), *Recherches sur le lieu de la bataille d'Attila en 451*, Paris, 1860, in-4°.

Pag. 23, ligne 14, *au lieu de :* abbas Monasterii, *il faut peut-être lire :* abbas Montis-Cassini, comme l'ont fait les éditeurs du t. XXI des hist. de France.

Pag. 28, ligne 9, *ajoutez note* 1 : Les fragments suivis de la seule indication du feuillet appartiennent au ms. Lat. 1338.

Pag. 44, ligne 8, *après* Hugo Descouzuz, *ajoutez en note :* Hugues de Scousut, Auvergnat de nation, seigneur de Montboissier, fondateur de cette congrégation religieuse, dont le premier monastère était situé à l'entrée des Alpes, dans le diocèse de Turin. (*Dictionnaire des ordres religieux*, t. I, col. 1036, dans l'Encycl. de l'abbé Migne.)

Pag. 55, note 7. *A cette note, ajoutez :* après cette apparition de la sainte Vierge ressuscitée, un ange aurait révélé à sainte Élisabeth, que Marie s'était montrée à elle pour lui prouver qu'elle avait été ravie au ciel, tant en corps qu'en esprit. (Voy. *La légende dorée*, trad. fr. par M. G. B., 1re série, pag. 275.)

Pag. 56, ligne 21, *au lieu de :* corruerunt. In Nativitate S. J. Baptiste, *lisez* : Corruerunt in Nativitate S. J. Baptiste. Ad curiam S. Marcialis......

ADDITIONS ET CORRECTIONS.

Pag. 67, note 3. Ce mariage du roi d'Angleterre, *ajoutez :* avec Isabelle d'Angoulême.

Pag. 75, ligne 3, *au lieu de :* Prioratus de Savio, *lisez* ici et ailleurs : *Saujo.*

Pag. 104, lignes 4 et 5. *Après* Radulfus de Chaudu, comes Ogiensis, *ajoutez* note 1 : Raoul II, surnommé d'Exoudun, mort le 1er mai de cette année ; c'était le frère de Hugues IX de Lusignan, comte de La Marche (voy. la *Bibliothèque de l'École des chartes,* 4e série, t. II, pag. 549), cf. ci-après pag. 105, lignes 18 et 19.

Pag. 164, ligne 23, *après les mots :* abstulerunt burgensibus, *ajoutez* note 5 : La tenson de Peire et de Guilhem (vv. 25 et 26), composée vers l'an 1276, fait allusion à la chute des communes de Montpellier et de Limoges, détruites l'une et l'autre par les factions. (Voy. le mémoire de M. P. Meyer sur les derniers troubadours de la Provence, *Bibliothèque de l'École des chartes,* 6e série, t. V, pag. 295, 296.)

Pag. 258, ligne 10, *ajoutez en note :* Le mot Lapanosa est surmonté dans le ms. d'un *o* traversé par une ligne horizontale, sorte de thêta, qui est l'abréviation ordinaire du mot « obiit. »

Ibid., ligne 11, *ajoutez en note :* Le mot Barri est surmonté du même signe que ci-dessus dans le ms.

TABLE GÉNÉRALE.

	PAGES
Introduction	j
Appendice à l'Introduction	lxviij
I. Commemoracio abbatum Lemovicensium basilice S. Marcialis, apostoli	1
II. Chronicon B. Iterii, armarii monasterii S. Martialis	28
III. Anonymum S. Martialis chronicon ab ann. Mº CCº VIIº ad ann. Mº CCCº XXº	130
IV. Fragments d'une petite chronique Limousine de l'an 804 à l'an 1370	148
V. Anonymum S. Martialis chronicon ab ann. Mº CCº XXXVº ad an. Mº CCº LXXVIIº	154
VI. Anonymum S. Martialis chronicon ab ann. Mº CCº LXXIIIIº ad ann. Mº CCCº XVº	172
VII. Brevissimum chronicon, 1251-1299	184
VIII. Varia chronicorum fragmenta ab ann. DCCC. XLVIII ad ann. 1658	186

APPENDIX.

PARS PRIOR.

VARIA B. ITERII.

I. Abbatis cujusdam titulus funereus	217
II. Abbatis cujusdam epitaphium	218
II bis. Prosa	218
III. Sermo de Ascensione Domini	219
IV. Sermonis cujusdam fragmentum	224
V. Philosophia unde dicta, et quid sit, etc.	226
VI. De hominis natura	230
VII. De virtute	233
VIII. De senectute et ejus virtutibus	234

TABLE GÉNÉRALE.

PAGES

PARS POSTERIOR.

FRAGMENTA AD HISTORIAM SPECTANTIA.

I.	Notæ breves ab ann. 1159	235
II.	Chronologicæ notæ	239
III.	Abbatum Lemovicensis S. Martialis monasterii series . . . . , . .	240
IV.	Series alia abbatum chronologice descripta . .	241
V.	Alia abbatum series	243
VI.	Episcopi Lemovicenses	244
VII.	Abbates Sollempniacenses.	245
VIII.	Abbates Cluniacenses	246
IX.	Dignitatum et officiorum monasterii S. Martialis descriptio.	247
X.	Monachi monasterii S. Marcialis, apostoli . .	248
XI.	Monachorum nomina	253
XII.	Sermocinatores quos in capitulo nostro audivi .	254
XIII.	Abbates, capicerii, subpriores, priores, armarii, etc.	256
XIV.	Status abbacie S. Martialis	257
XV.	Nomina monachorum qui redditus adquisierunt	259
XVI.	Obituarium.	261
XVII.	Nomina monachorum qui redditus adquisierunt	267
XVIII.	Idem	269
XIX.	Isti sunt monachi qui nostris temporibus redditus adquisierunt	270
XX.	Obitus anni 1222	272
XXI.	Status abbatiæ S. Martialis	273
XXII.	Nomina monachorum	275
XXIII.	Idem.	276
XXIV.	Nomina monachorum qui redditus adquisierunt	277
XXV.	Idem	279
XXVI.	Idem	280
XXVII.	Nomina monachorum	281
XXVIII.	Nomina monachorum ordine litterarum digesta	282
XXIX.	Nomina monachorum	283
XXX.	Obituarii fragmentum	284
XXXI.	Nomina monachorum qui dona contulere monasterio S. Martialis	287
XXXII.	Isti monachi instituerunt hec festa et dederunt hos redditus.	289

TABLE GÉNÉRALE. 429

	PAGES
XXXIII. Nomina monachorum qui redditus dederunt.	290
XXXIV. De numero cereorum in anniversariis abbatum.	297
XXXV. Narratio de pallio miraculoso altaris S. Salvatoris	298
XXXVI. XXXVII. XXXVIII. } Willelmi La Concha dona, etc.	300
XXXIX. Hec est summa ornamentorum tesaurarie, quam tempore Raimundi abbatis, Mattheus de Userchia custodiendam accepit	309
XL.	318
XLI.	319
XLII. De reliquiis in argentea capsula inclusis	319

VARIA AD POSSESSIONES ET AD BIBLIOTHECAM SPECTANTIA.

I. S. Martialis monasterii polyptychum	320
II. S. Martialis monasterii polyptychum minus.	322
III. In hoc loco continentur omnes libri monasterii S. Martialis, apostoli.	323
IV. Isti sunt libri monasterii S. Martialis apostoli.	327
V. Hic est nostrorum descriptio facta librorum.	330
VI. Librorum monasterii S. Martialis alia descriptio	339
VII.	356
Rerum et nominum index.	357
Additions et corrections	425

Nogent-le-Rotrou, imprimerie de A. Gouverneur.